2015—2016年
中国工业和信息化发展
系列蓝皮书

中国信息化与工业化融合发展水平评估
蓝皮书（2015年）

The Blue Book on the Integration of Informationization
and Industrialization in China(2015)

中国电子信息产业发展研究院　编著

工业和信息化部信息化和软件服务业司　指导

主　编/卢　山

副主编/杨春立

人民出版社

责任编辑：邵永忠

封面设计：佳艺时代

责任校对：吕　飞

图书在版编目（CIP）数据

中国信息化与工业化融合发展水平评估蓝皮书 . 2015 年 / 卢　山　主编；
中国电子信息产业发展研究院　编著 . — 北京：人民出版社，2016.8

ISBN 978-7-01-016505-9

Ⅰ . ①中… Ⅱ . ①卢… ②中… Ⅲ . ①信息化—经济发展水平—研究报告—中国—
2015 ②工业化—经济发展水平—研究报告—中国— 2015 Ⅳ . ① G202 ② F424

中国版本图书馆 CIP 数据核字（2016）第 176333 号

中国信息化与工业化融合发展水平评估蓝皮书（2015年）
ZHONGGUO XINXIHUA YU GONGYEHUA RONGHE FAZHAN SHUIPING PINGGU LANPISHU (2015NIAN)

中国电子信息产业发展研究院　编著
卢　山　主编

人民出版社 出版发行
（100706　北京市东城区隆福寺街 99 号）

北京市通州京华印刷制版厂印刷　　新华书店经销

2016 年 8 月第 1 版　2016 年 8 月北京第 1 次印刷
开本：710 毫米 ×1000 毫米　1/16　印张：23
字数：375 千字

ISBN 978-7-01-016505-9　定价：128.00 元

邮购地址　100706　北京市东城区隆福寺街 99 号
人民东方图书销售中心　电话（010）65250042　65289539

代 序

在党中央、国务院的正确领导下，面对严峻复杂的国内外经济形势，我国制造业保持持续健康发展，实现了"十二五"的胜利收官。制造业的持续稳定发展，有力地支撑了我国综合实力和国际竞争力的显著提升，有力地支撑了人民生活水平的大幅改善提高。同时，也要看到，我国虽是制造业大国，但还不是制造强国，加快建设制造强国已成为今后一个时期我国制造业发展的核心任务。

"十三五"时期是我国制造业提质增效、由大变强的关键期。从国际看，新一轮科技革命和产业变革正在孕育兴起，制造业与互联网融合发展日益催生新业态新模式新产业，推动全球制造业发展进入一个深度调整、转型升级的新时期。从国内看，随着经济发展进入新常态，经济增速换挡、结构调整阵痛、动能转换困难相互交织，我国制造业发展也站到了爬坡过坎、由大变强新的历史起点上。必须紧紧抓住当前难得的战略机遇，深入贯彻落实新发展理念，加快推进制造业领域供给侧结构性改革，着力构建新型制造业体系，推动中国制造向中国创造转变、中国速度向中国质量转变、中国产品向中国品牌转变。

"十三五"规划纲要明确提出，要深入实施《中国制造2025》，促进制造业朝高端、智能、绿色、服务方向发展。这是指导今后五年我国制造业提质增效升级的行动纲领。我们要认真学习领会，切实抓好贯彻实施工作。

一是坚持创新驱动，把创新摆在制造业发展全局的核心位置。当前，我国制造业已由较长时期的两位数增长进入个位数增长阶段。在这个阶段，要突破自身发展瓶颈、解决深层次矛盾和问题，关键是要依靠科技创新转换发展动力。要加强关键核心技术研发，通过完善科技成果产业化的运行机制和激励机制，加快科技成果转化步伐。围绕制造业重大共性需求，加快建立以创新中心为核心载体、以公共服务平台和工程数据中心为重要支撑的制造业创新网络。深入推进制造业与互联网融合发展，打造制造企业互联网"双创"平台，推动互联网企业构建制造业"双创"服务体系，推动制造业焕发新活力。

二是坚持质量为先，把质量作为建设制造强国的关键内核。近年来，我国制造业质量水平的提高明显滞后于制造业规模的增长，既不能适应日益激烈的国际竞争的需要，也难以满足人民群众对高质量产品和服务的热切期盼。必须着力夯实质量发展基础，不断提升我国企业品牌价值和"中国制造"整体形象。以食品、药品等为重点，开展质量提升行动，加快国内质量安全标准与国际标准并轨，建立质量安全可追溯体系，倒逼企业提升产品质量。鼓励企业实施品牌战略，形成具有自主知识产权的名牌产品。着力培育一批具有国际影响力的品牌及一大批国内著名品牌。

三是坚持绿色发展，把可持续发展作为建设制造强国的重要着力点。绿色发展是破解资源、能源、环境瓶颈制约的关键所在，是实现制造业可持续发展的必由之路。建设制造强国，必须要全面推行绿色制造，走资源节约型和环境友好型发展道路。要强化企业的可持续发展理念和生态文明建设主体责任，引导企业加快绿色改造升级，积极推行低碳化、循环化和集约化生产，提高资源利用效率。通过政策、标准、法规倒逼企业加快淘汰落后产能，大幅降低能耗、物耗和水耗水平。构建绿色制造体系，开发绿色产品，建设绿色工厂，发展绿色园区，打造绿色供应链，壮大绿色企业，强化绿色监管，努力构建高效清洁、低碳循环的绿色制造体系。

四是坚持结构优化，把结构调整作为建设制造强国的突出重点。我国制造业大而不强的主要症结之一，就是结构性矛盾较为突出。要把调整优化产业结构作为推动制造业转型升级的主攻方向。聚焦制造业转型升级的关键环节，推广应用新技术、新工艺、新装备、新材料，提高传统产业发展的质量效益；加快发展3D打印、云计算、物联网、大数据等新兴产业，积极发展众包、众创、众筹等新业态新模式。支持有条件的企业"走出去"，通过多种途径培育一批具有跨国经营水平和品牌经营能力的大企业集团；完善中小微企业发展环境，促进大中小企业协调发展。综合考虑资源能源、环境容量、市场空间等因素，引导产业集聚发展，促进产业合理有序转移，调整优化产业空间布局。

五是坚持人才为本，把人才队伍作为建设制造强国的根本。新世纪以来，党和国家深入实施人才强国战略，制造业人才队伍建设取得了显著成绩。但也要看到，制造业人才结构性过剩与结构性短缺并存，高技能人才和领军人才紧缺，基础制造、高端制造技术领域人才不足等问题还很突出。必须把制造业人才发展摆在更加突出的战略位置，加大各类人才培养力度，建设制造业人才大军。以提高现代经营管理水平和企业竞争力为核心，造就一支职业素养好、市场意识强、熟悉国内外经济运行规则的经营管理人才队伍。组织实施先进制造卓越工程师培养计划和专业技术人才培养计划等，造就一支掌握先进制造技术的高素质的专业技术人才队伍。大力培育精益求精的工匠精神，造就一支技术精湛、爱岗敬业的高技能人才队伍。

"长风破浪会有时，直挂云帆济沧海"。2016 年是贯彻落实"十三五"规划的关键一年，也是实施《中国制造 2025》开局破题的关键一年。在错综复杂的经济形势面前，我们要坚定信念，砥砺前行，也要从国情出发，坚持分步实施、重点突破、务求实效，努力使中国制造攀上新的高峰！

工业和信息化部部长 苗圩

2016 年 6 月

前　言

信息化和工业化深度融合是打造产业竞争新优势、抢占未来发展先机的有效途径。大力推进信息化和工业化深度融合，对于新常态下推动我国经济转型升级、重塑国际竞争新优势具有重大战略意义。当前，我国已经进入经济发展新常态，经济正从高速增长转向中高速增长，经济发展方式正从规模速度型粗放增长转向质量效率型集约增长，经济结构正从增量扩能为主转向调整存量、做优增量并存的深度调整，经济发展动力正从传统增长点转向新的增长点。做好信息化与工业化深度融合这篇大文章，是党中央、国务院作出的重大战略部署，是应对新一轮科技革命和产业变革，适应发展新常态、实现发展动力新转换、积极应对发展新趋势的必由之路。2015 年 10 月，十八届五中全会通过的《"十三五"规划建议》强调"加快建设制造强国，实施智能制造工程，构建新型制造体系。"2015 年 6 月，国务院总理李克强视察工信部时指出"要抓住互联网跨界融合机遇，促进大数据、云计算等在制造业全产业链集成应用，推动制造模式变革。"2015 年 11 月，国务院副总理马凯在人民日报发表文章《构建产业新体系》，提出"必须继续做好信息化和工业化深度融合这篇大文章，把智能制造作为两化深度融合的主攻方向，促进信息技术向市场、设计、生产等环节渗透，引导制造业朝着分工细化、协作紧密方向发展，推动生产性服务业与制造业在更高水平上融合发展，走两化融合的产业发展道路。"当前及今后一段时间，我国要以激发制造业创新活力、转型动力和发展潜力为主线，以实现制造业数字化、网络化、智能化为突破口，围绕制造业与互联网融合的关键环节，加快培育新技术、新产品、新业态、新模式，不断充实、提升、再造中国制造全球竞争新优势，着力提高两化融合发展水平，推动制造强国建设。

2015 年，国务院发布一系列重要战略和规划，各级政府和企业大力推进两化融合，传统制造业企业积极探索智能制造，新业态、新产品、新模式层出不穷，工业云、工业大数据涌现出一批典型应用，跨境电商促进制造业走出国门得到广泛关注。2015年，国务院印发《中国制造2025》和《国务院关于积极推进"互联网+"行动的指导意见》，明确了智能制造作为两化深度融合的主攻方向，指出了"互联网+"协同制造等11个重点行动领域。工信部推动成立了国家制造强国领导小组和战略咨询委员会，指导发布了重点领域技术路线图，有序推进编制"X"体系方案。开展了工业强基专项行动，支持118个示范项目，一批关键共性技术和产品实现示范应用。进一步完善国家制造业创新体系，认定了75家国家技术创新示范企业和25家部重点实验室，组织开展了《2015年智能制造试点示范专项行动》，支持新模式应用等93个项目，确定了46个试点示范项目。指导组建了智能制造产业联盟，开展中德智能制造合作。进一步推进两化融合管理体系建设，组织开展了2000家企业贯标。推动出台了"互联网+"以及支持云计算、大数据发展的指导性文件，制定了"互联网+"三年行动计划，支持网络协同制造、个性化定制、众包众创等加快融合创新。继续实施"宽带中国"专项行动，推进全光网城市建设，推动企业持续降费，取消京津冀长途漫游费，全国宽带平均接入速率较2014年增长1.7倍，网间宽带扩容612G。发放了LTE-FDD牌照，4G网络覆盖全国城市。进一步强化网络信息安全管理，完成了反恐维稳、重大活动及突发公共事件应急通信、无线电和网络信息安全保障任务。地方层面，2015年，江苏省出台《关于加快发展互联网经济的意见》，提出实施"互联网+"工业行动计划，并提出"到2017年江苏省两化融合指数达到95，培育10家全国互联网百强企业，建成20个省级互联网产业园、30个省级电子商务示范基地"的目标。黑龙江省制定了《"互联网+工业"行动计划》，提出要加快全省新一代信息技术与工业的深度融合，发挥"互联网+"对工业的重塑作用，促进工业经济提质增效、转型升级，实现由"龙江制造"向"龙江智造"的转变。广东省出台了《"互联网+"行动计划（2015—2020年）》，提出"互联网+先进制造"行动，并提出"到2020年底前，建成100家智能制造示范工厂、200家智能制造示范车间，工业互联网试点企业达300家，工业互联网全面深入应用"的目标。北京市出台了《〈中国制造2025〉北京行动纲要》，提出要以构建产业生态为基础，以推动"在北京制造"向"由北京创造"转型为主线，全面实施"三四五八"行动计划，努力促进制造业创新发展，使北京真正成为京津冀协同发展的增长引擎、引领中国制造由大变强的先行区域和制造业创新发展的战略高地。此外，河南、山东、江西、贵州、四川、河北、湖南、福建、甘肃等省也先后出台了落实"中国制造2025"的行动计划或"互联网+"制造行动，拟在未来3—5年，加快推进两化融合，促进制造业与互联网融合发展，推动工业转型升级和提质增效，加快建设制造强国。

两化融合区域发展水平评估是推进两化融合的有力抓手，也是各地摸清两化融合现状、发现问题、把握发展趋势和规律的重要手段，有利于引导、推动工业转型升级和转变经济发展方式。2012—2014年，在工信部原信息化推进司指导下，中国电子信息产业发展研究院信息化研究中心连续三年开展了全国两化融合区域发展水平评估。评估工作得到了各地的肯定和支持，部分省份还借鉴评估指标体系和工作方法，对本省地市级两化融合发展水平开展评估。2015年，在前三年评估的基础上，中国电子信息产业发展研究院信息化研究中心开展了第四次两化融合区域发展水平评估。为确保评估的连贯性和可比性，2015年评估沿用了之前的指标体系和评估方法，指标体系包括基础环境、工业应用、应用效益三类共23项指标。其中，15项指标数据来自《中国统计年鉴》、《中国互联网络发展状况统计报告》、国家新型工业化产业示范基地评估数据库、工信部相关统计公报等官方统计渠道，工信部规划司和运行监测协调局在数据采集工作中给予了大量支持和帮助。此外，8项指标数据来自抽样调查，在各省（自治区、直辖市）工业和信息化主管部门的帮助下，中国电子信息产业发展研究院信息化研究中心组织开展了大规模企业调查工作，企业样本采集量已由首次评估的2300多家扩大到6000多家。最后，采用综合评分法，借助指数测算软件，计算得出各省（自治区、直辖市）两化融合发展指数，并进行纵向分析和横向区域对比分析。根据数据分析结果，结合各省（自治区、直辖市）两化融合的进展情况和发展特点，编写完成《中国信息化与工业化融合发展水平评估蓝皮书（2015年）》。

《中国信息化与工业化融合发展水平评估蓝皮书（2015年）》对2015年全国区域两化融合发展水平进行了评估分析，同时总结归纳了我国区域两化融合发展的特点，点评了31个省（自治区、直辖市）两化融合的优劣势，并对全国及各省份如何加快推进两化深度融合、进一步完善区域水平评估提出了具体建议。全书共分为三十四章：

第一章主要介绍区域两化融合水平评估指标体系和计算方法。区域两化融合发展水平评估指标体系主要由基础环境、工业应用、应用效益三类指标构成（包括三类23个指标）。

第二章对区域两化融合水平评估结果进行综合分析。通过年度对比分析和区域横向比较，深入分析了2014年和2015年31个省（自治区、直辖市）两化融合发展综合指数及其排名情况，总结归纳出我国区域两化融合发展特点。

第三章至三十三章分别对31个省（自治区、直辖市）两化融合发展情况进行剖析。首先对基础环境、工业应用和应用效益三类指标进行分项比较和定量评价，然后对2015年31个省（自治区、直辖市）的两化融合优劣势进行评析，总结其基本特征，并对各省推进两化融合提出相关建议。

第三十四章主要从完善统筹协调机制、培育"互联网＋"新业态新模式、健全"双创服务体系"、加强人才队伍建设等方面对下一步推进我国两化深度融合提出具体建议。

加快信息化和工业化深度融合，深化制造业与互联网融合是创造新供给、催生新动能、实现发展升级的战略举措，对激发创新活力、推动组织管理变革、培育新业态新模式、构建新型制造体系具有重要意义。今后，我们将继续开展两化融合发展水平评估，进一步扩大和规范样本采集，优化调查企业的数量和企业规模的构成比例，使区域两化融合发展水平评估更加真实、准确地反映各地的经济发展水平，引导全行业开展区域性两化融合评估实践，建立形成有效的两化融合统计、监测、评估体系，促进各地科学务实推进两化深度融合。

目 录

第一章　信息化与工业化融合指标体系

一、评估指标体系

信息化与工业化融合指标体系包括一个发展指数、三个分指数、23 个具体指标（见表 1-1）。第一类是基础环境，共 8 个指标，涵盖网络基础设施建设、移动电话和互联网应用普及、两化融合政策环境建设、中小企业信息化服务体系建设以及工业企业信息化环境建设等方面；第二类是工业应用，共 8 个指标，涵盖工业企业重要信息系统应用、电子商务应用、生产装备信息技术应用以及工业园区信息化应用等方面；第三类是应用效益，共 7 个指标，涵盖工业生产效益和水平、创新能力、节能减排水平以及信息产业发展水平等方面。

表 1-1　区域两化融合发展水平评估基本指标体系

类别	指标及权重	单位	数据来源	计算方法	指标说明
基础环境（25.0）	城（省）域网出口带宽（1.0）	Gbps	工信部运行局统计数据		反映当地网络基础设施建设水平；这里统计省级国内和国际互联网出口带宽总和
	固定宽带普及率（4.0）	个/人	工信部运行局统计数据、《中国统计年鉴》	互联网宽带接入用户数/年平均人口；年平均人口为当年年底人口与当年年初（上年年底）人口的平均数	反映当地宽带网络基础设施覆盖率；互联网宽带接入用户数为工信部运行局统计数据，人口数据来自统计年鉴
	固定宽带端口平均速率（4.0）	Mbps	工信部运行局统计数据		反映当地居民宽带网络享有水平；这里统计宽带用户购买带宽的平均速率
	移动电话普及率（4.0）	部/百人	工信部运行局统计数据		反映当地居民移动信息化应用水平

（续表）

类别	指标及权重	单位	数据来源	计算方法	指标说明
	互联网普及率（4.0）	%	《中国互联网发展状况统计报告》		反映互联网在当地居民工作生活中的渗透率
	两化融合专项引导资金（2.0）	—	当地工业和信息化主管部门	是则记为该项满分，否则记为零分	反映当地两化融合财政支持力度；这里以是否设立省级两化融合专项引导资金来计分
	中小企业信息化服务平台数（3.0）	个	当地工业和信息化主管部门		反映当地面向中小企业信息化服务体系建设水平；这里统计省级以上中小企业信息化服务平台的个数
	重点行业典型企业信息化专项规划（3.0）	%	调查数据	制定企业信息化专项规划的企业数/调查企业总数	反映当地企业对信息化建设的重视程度
工业应用（50.0）	重点行业典型企业ERP普及率（6.0）	%	调查数据	广泛应用ERP的企业数/调查企业总数	广泛应用ERP是指物料需求计划、采购计划、主生产计划、销售执行计划、财务预算、人力资源计划等功能基本实现
	重点行业典型企业MES普及率（6.0）	%	调查数据	广泛应用MES的企业数/调查企业总数	广泛应用MES是指应用MES实现自动排产计划生成、生产过程监控、设备状态监控的车间比例均在80%以上
	重点行业典型企业PLM普及率（6.0）	%	调查数据	广泛应用PLM的企业数/调查企业总数	广泛应用PLM是指应用PLM基本落实企业产品研发管理制度
	重点行业典型企业SCM普及率（6.0）	%	调查数据	广泛应用SCM的企业数/调查企业总数	广泛应用SCM是指供应链信息和协作管理、供应链业务执行等功能基本实现
	重点行业典型企业采购环节电子商务应用（6.0）	%	调查数据	电子商务产生的采购额占采购总额30%以上的企业数/调查企业总数	反映当地工业企业电子商务应用水平
	重点行业典型企业销售环节电子商务应用（6.0）	%	调查数据	电子商务产生的销售额占销售总额30%以上的企业数/调查企业总数	

（续表）

类别	指标及权重	单位	数据来源	计算方法	指标说明
	重点行业典型企业装备数控化率①（7.0）	%	调查数据	调查企业的数控装备数量总和/调查企业的生产装备数量总和	反映当地工业企业生产装备信息技术应用水平
	国家新型工业化产业示范基地两化融合发展水平（7.0）	%	工信部规划司统计数据	由国家新型工业化产业示范基地评估指标体系中"大中型企业数字化设计工具普及率"和"电子商务交易额"两项加权得出	反映当地重点工业园区两化融合发展水平
应用效益（25.0）	工业增加值占GDP比重（4.0）	%	《中国统计年鉴》	工业增加值/GDP	反映当地工业发展对GDP增长的贡献率
	第二产业全员劳动生产率（4.0）	元/人·年	《中国统计年鉴》	第二产业增加值/第二产业从业人员年平均人数	反映当地第二产业从业人员的生产效率；第二产业增加值、第二产业从业人员年平均人数均为统计局数据，再根据计算公式获得
	工业成本费用利润率（4.0）	%	《中国统计年鉴》		反映当地工业企业的盈利能力
	单位工业增加值工业专利量（4.0）（备）	件/亿元	《中国统计年鉴》	规模以上工业企业专利申请数/工业增加值	反映当地工业企业创新能力
	单位地区生产总值电耗（3.0）	千瓦小时/万元	《中国统计年鉴》		反映当地工业节能水平
	电子信息制造业主营业务收入（3.0）	亿元	工信部运行局统计数据		反映当地两化融合带动信息产业发展的能力
	软件业务收入（3.0）	亿元	工信部运行局统计数据		

①装备数控化率是指数控装备占生产装备的比例。

二、指标说明

（一）总体说明

1.统计指标可以在《中国统计年鉴》《各省统计年鉴》《各省国民经济和社会发展统计年度公报》均可以找到的，以《中国统计年鉴》为准。

2.2015 年的评估结果反映的是 2014 年全国各地两化融合发展水平，2014 年统计数据计算截止日期为 2014 年 12 月 31 日。

（二）指标分项说明

1. 城（省）域网出口带宽

该指标反映本地区在数据和互联网业务上与国内和国际其他地区数据传输服务能力。

数据来源：取自工信部运行局 XXXX 年 12 月互联网省际出口带宽数据。

2. 固定宽带普及率

该指标反映本地区人均固定宽带使用水平。

数据来源：互联网宽带接入用户数统计数据取自工信部运行局《XXXX 年全国电信业统计公报》。地区常住人口数（包括户籍人口和持居住证人口）按当地人口统计部门年度 12 月份统计数据为准。

计算方法：互联网宽带接入用户数 / 地区常住人口数。

3. 固定宽带端口平均速率

该指标反映本地区宽带平均接入速率。

数据来源：取自工信部运行局《XXXX 年 12 月电信业主要业务量分省情况》。

计算方法：统计本地区各大互联网宽带服务提供商卖出的固定互联网宽带服务中平均每个宽带端口的名誉速率（不是指实际下载速率）。统计数据以截至统计年度 12 月 31 日仍在有效服务期范围内的固定宽带端口的平均速率为准。

4. 移动电话普及率

该指标反映本地区移动电话普及应用水平。

数据来源：取自工信部运行局《XXXX 年 12 月电话用户分省情况》。

5. 互联网普及率

该指标反映本地区互联网普及应用水平。

数据来源：取自《中国互联网络发展状况统计报告》统计数据。2014 年数据统计取自中国互联网络信息中心 2015 年 1 月份发布的《中国互联网络发展状况统计报告》。

6. 两化融合专项引导资金

反映本级政府对本地两化融合推进资金支持力度。

数据来源：一般为当地工业和信息化主管部门。

计算方法：统计本级政府各职能部门设立的面向两化融合引导专项资金，不包括电子信息产业发展基金、技术改造资金等各类面向其他用途的专项资金。统计数据以截至统计年度 12 月 31 日本级政府各职能部门该年度累计投入的两化融合引导专项资金总和为准。

7. 中小企业信息化服务平台数量

反映本级政府面向中小企业的信息化服务体系建设情况。

数据来源：一般为当地工业和信息化主管部门。

计算方法：统计本级政府投资或合作建立的面向中小企业信息化服务的公共平台数，包括行业协会建立的信息化服务平台，但不包括商业性质的平台。统计数据以截止统计年度 12 月 31 日仍有效服务的中小企业信息化服务平台数量为准。

8. 重点行业典型企业信息化专项规划

该指标反映本地区重点行业典型企业在对企业自身信息化发展上的统筹规划能力。

数据来源：企业调查数据。

计算方法：受调查的本地区重点行业典型企业中制定企业信息化专项规划的企业数／受调查的本地区重点行业典型企业总数。该规划不一定要求在统计年度制定，只需要在统计年度仍然有效执行即可。统计数据以截至统计年度 12 月 31 日是否仍有有效执行的企业信息化专项规划为准。

9. 重点行业典型企业 ERP 普及率

该指标反映本地区重点行业典型企业 ERP 应用情况。

数据来源：企业调查数据。

计算方法：受调查的重点行业典型企业中广泛应用 ERP 的企业数／受调查的重点行业典型企业总数。

工业企业广泛应用 ERP 是指物料需求计划、采购计划、主生产计划、销售执行计划、财务预算、人力资源计划等功能基本实现。

10. 重点行业典型企业 MES 普及率

该指标反映本地区重点行业典型企业 MES 应用情况。

数据来源：企业调查数据。

计算方法：受调查的重点行业典型企业中广泛应用 MES 的企业数／受调查的重点行业典型企业总数。

工业企业广泛应用 MES 是指应用 MES 实现自动排产计划生成、生产过程监控、设备状态监控的车间比例均在 80% 以上。

11. 重点行业典型企业 PLM 普及率

该指标反映本地区重点行业典型企业 PLM 应用情况。

数据来源：企业调查数据。

计算方法：受调查的重点行业典型企业中广泛应用 PLM 的企业数／受调查的重点行业典型企业总数。

工业企业广泛应用 PLM 是指应用 PLM 基本落实企业产品研发管理制度。

12. 重点行业典型企业 SCM 普及率

该指标反映本地区重点行业典型企业 SCM 应用情况。

数据来源：企业调查数据。

计算方法：受调查的重点行业典型企业中广泛应用 SCM 的企业数／受调查的重点行业典型企业总数。

工业企业广泛应用 SCM 是指供应链信息和协作管理、供应链业务执行等功能基本实现。

13. 重点行业典型企业采购环节电子商务应用

反映本地区重点行业典型企业采购信息化水平。

数据来源：企业调查数据。

计算方法：受调查的重点行业典型企业中电子商务产生的采购额占采购总额

30% 以上的企业数 / 受调查的重点行业典型企业总数。统计数据以截止统计年度 12 月 31 日受调查的本地区重点行业典型企业电子商务采购占比为准。

14. 重点行业典型企业销售环节电子商务应用

反映本地区重点行业典型企业销售信息化水平。

数据来源：企业调查数据。

计算方法：受调查的重点行业典型企业中电子商务产生的销售额占销售总额 30% 以上的企业数 / 受调查的重点行业典型企业总数。统计数据以截至统计年度 12 月 31 日受调查的本地区重点行业典型企业电子商务销售占比为准。

15. 重点行业典型企业装备数控化率

反映本地区重点行业典型企业装备数字化水平。

数据来源：企业调查数据。

计算方法：受调查的本地区重点行业典型企业中拥有数控机床总数 / 受调查的本地区重点行业典型企业中拥有的机床总数。统计数据以截至统计年度 12 月 31 日受调查的本地区重点行业典型企业装备数控化率为准。

16. 国家新型工业化产业示范基地两化融合发展水平

反映本地区重点工业园区两化融合发展水平。

数据来源：取自工信部规划司国家新型工业化产业示范基地指标体系的统计数据。

计算方法：由“大中型企业数字化设计工具普及率”和“电子商务交易额”两项数据量化加权得到。

17. 工业增加值占 GDP 的比重

该指标反映本地区工业发展对 GDP 增长的贡献率。

数据来源：工业增加值、GDP 统计数据取自《中国统计年鉴》。

计算方法：工业增加值 /GDP。

18. 第二产业全员劳动生产率

该指标反映本地区第二产业从业人员的劳动生产效率。

数据来源：第二产业增加值、第二产业从业人员年平均人数等统计数据取自《中国统计年鉴》。

计算方法：第二产业增加值 / 第二产业从业人员年平均人数。

19. 工业成本费用利润率

该指标反映本地区工业企业的竞争赢利能力。

数据来源：《中国统计年鉴》。

20. 单位工业增加值工业专利量

该指标反映本地区工业企业创新能力。

数据来源：《中国统计年鉴》。

计算方法：规模以上工业企业专利申请数／工业增加值。

21. 单位地区生产总值电耗

原指标为单位地区生产总值电耗，2013 年评估中开始采用单位地区生产总值电耗作等指数值替换，该指标反映本地区工业耗能水平。

数据来源：来自《中国统计年鉴》。

22. 电子信息制造业主营业务收入

该指标反映本地区两化融合带动电子信息产业发展的能力。

数据来源：取自工信部运行局《XXXX 年规模以上电子信息制造业主要效益指标完成情况》。

23. 软件业务收入

该指标反映本地区两化融合带动软件产业发展的能力。

数据来源：取自工信部运行局《XXXX 年 1—12 月软件产业主要经济指标完成情况》。

三、抽样方法

所有调查数据均采取抽样调查的方式，调查行业应为当地总产值排名前 5 位的重点工业行业，每个行业中调查企业包括大型和中小型企业各 20 家。企业数不足 20 家的，按实际企业数统计。

需要说明的是，集团型企业（是指其下属公司具有法人地位（二级法人）的企业集团）的总部不在调查范围之内，其下属经营实体公司可纳入地方调查范围之内。行业划分按照国家标准（GB/T 4754–2011），中小企业划分标准按照《中小企业划型标准规定》（工信部联企业〔2011〕300 号）规定中的中型企业标准上限即为大型企业标准的下限。

四、指标测算方法

根据区域两化融合发展水平评估基本指标体系，采用无量纲化处理和综合评分法，计算出区域两化融合发展指数。计算方法如下：

（一）指标无量纲化

为了消除各指标单位不同的问题，首先对数据进行无量纲化处理，计算出无量纲化后的相对值。各评估指标原始值记为 X_{ni}（n= 年份，i= 指标），无量纲化后值记为 Z_{ni}。为了避免某年数据变化过大造成无量纲化值突变，消除数值突变对评估效果的影响，这里采用取对数的方式对指标进行无量纲化。考虑到综合计算结果能满足各地自己时间维度上的纵向比较需求，需设定指标基期。选择 2010 年作为基期，将 2010 年的全国各省数据的中间值记为 $\overline{Z}_{(n=2010)i}$ =50。2010 年之后，第 n 年无量纲化后的值为 Z_{ni}（n ≥ 2010）：

正指标计算公式 $Z_{ni} = [Log_2(1+\dfrac{X_{ni}}{\overline{X}_{(n=2010)i}})]*50$

逆指标计算公式 $Z_{ni} = [Log_2(1+\dfrac{\overline{X}_{(n=2010)i}}{X_{ni}})]*50$

其中，对指标体系中"两化融合专项引导资金"指标做特殊处理，"有"则 Z_{ni}=100，"无"则 Z_{ni}=0。

（二）指标权重确定

指标权重确定采取专家打分法（即 Delphi 法）。根据专家意见，三类指标的权重中，基础环境占 25%，工业应用占 50%，应用效益占 25%。

（三）分类指数和发展指数的合成

各评估指标首先计算无量纲化值 Z_{ni}，依据各评估指无量纲化值 Z_{ni} 分别计算出基础环境指数、工业应用指数和应用效益指数，最后，根据基础环境指数、工业应用指数和应用效益指数加权计算出两化融合水平指数。

1.分类指数的合成方法

依据某一类所有指标无量纲化后的数值与其权重计算为：

$$I_{jn} = \frac{\sum\limits_{i=j\min}^{j\max} Z_{ni}W_i}{\sum\limits_{i=j\min}^{j\max} W_i} \qquad (j = 1,2,3)$$

I_{1n}、I_{2n}、I_{3n}分别代表基础环境指数、工业应用指数和应用效益指数。

2.区域两化融合水平发展指数合成方法

依据所有指标无量纲化后的数值与其权重计算为：

$$I_n = \sum_{j=1}^{3}\left(I_{jn} \frac{\sum\limits_{i=j\min}^{j\max} W_i}{\sum\limits_{i=1}^{23} W_i} \right)$$

即
$$I_n = \frac{\sum\limits_{i=1}^{23} Z_{ni}W_i}{\sum\limits_{i=1}^{23} W_i}$$

经过上述计算处理后，便可得到参评对象的两化融合发展水平发展指数。最终测算数据既可以实现同一地区不同年度之间横向比较，又能实现同一年度不同地区之间的纵向比较。

第二章　区域两化融合发展水平总体分析

本章利用第一章提出的区域两化融合指标体系，在对全国 31 个省（自治区、直辖市）6000 多家企业开展网上调查的基础上，对全国各省（自治区、直辖市）区域两化融合发展水平进行评估分析。

一、综合分析

2015 年全国两化融合发展总指数为 72.68，与 2014 年相比增长了 6.54，其中基础环境指数为 75.38，同比增长了 3.67，工业应用指数为 66.04，同比增长了 6.34，应用效益指数为 83.25，同比增长了 9.82。从表 2-1 和图 2-1 可见，2011—2015 年我国两化融合总指数及各项分指数每年均有不同幅度增长，总指数增长幅度呈先降后增态势，两化融合发展步伐不断加快。

表 2-1　2011—2015 年两化融合各类指数发展比较

	基础环境指数	工业应用指数	应用效益指数	总指数
2011年	52.93	50.26	57.47	52.73
增长量	5.43	5.87	8.18	6.34
2012年	58.36	56.13	65.65	59.07
增长量	6.51	1.21	2.62	2.88
2013年	64.87	57.34	68.27	61.95
增长量	6.84	2.36	5.16	4.19
2014年	71.71	59.7	73.43	66.14
增长量	3.67	6.34	9.82	6.54
2015年	75.38	66.04	83.25	72.68

数据来源：中国电子信息产业发展研究院。

11

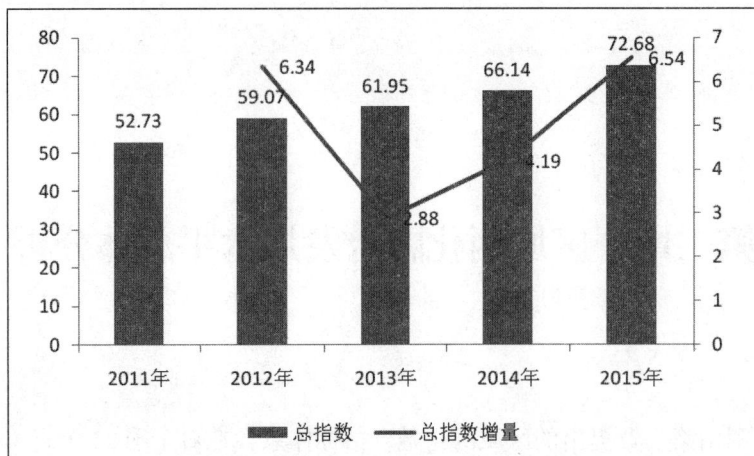

图 2-1　2011—2015年两化融合发展总指数及增量

数据来源：中国电子信息产业发展研究院。

从各省的数据来看，2015年多数省份两化融合发展总指数有不同程度的提升，其中广东、湖北、云南、山东、浙江发展总指数增长最快，天津、贵州、黑龙江、四川、甘肃、安徽、河北、北京、福建发展总指数增速也超过全国平均水平。

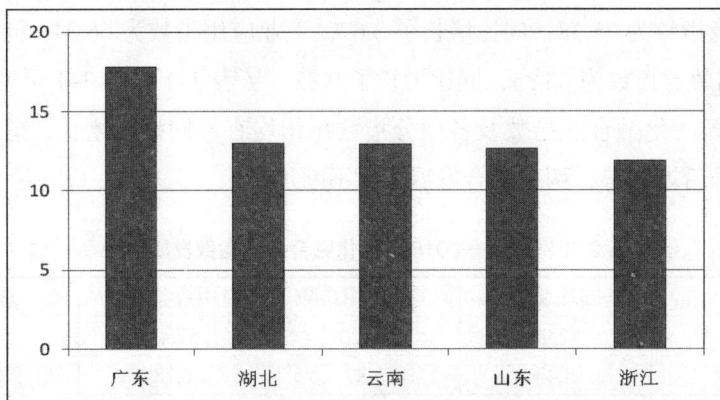

图 2-2　2015年两化融合发展总指数增长前五名

数据来源：中国电子信息产业发展研究院。

在基础环境方面，重庆、内蒙古、河北、贵州、甘肃增长最快。

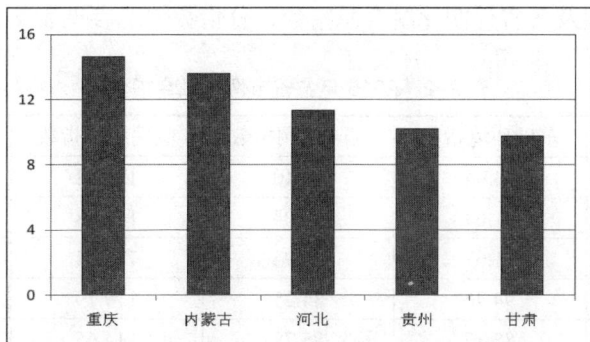

图 2-3　2015年两化融合基础环境类指数增长前五名

数据来源：中国电子信息产业发展研究院。

在工业应用方面，广东、云南、湖北、浙江、天津增长最快。

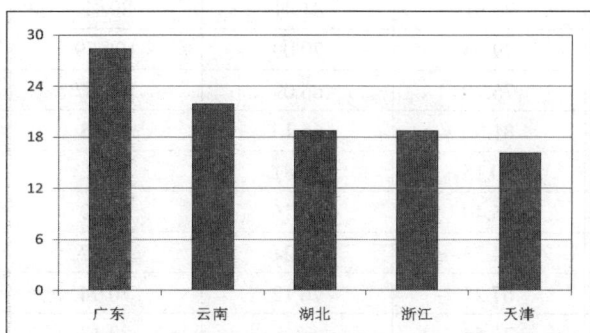

图 2-4 2015年两化融合工业应用类指数增长前五名

数据来源：中国电子信息产业发展研究院。

在应用效益方面，西藏、安徽、河北、广西、山东增长最快。

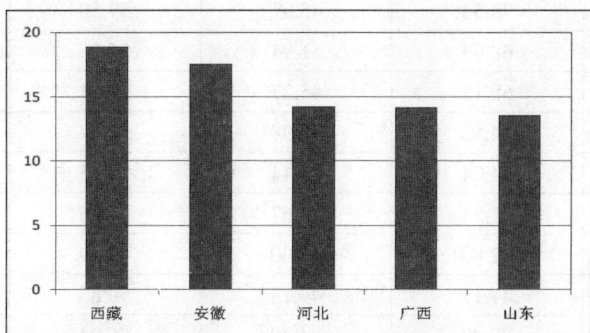

图 2-5　2015年两化融合应用效益类指数增长前五名

数据来源：中国电子信息产业发展研究院。

2015年全国及各省份两化融合总指数、分指数情况参见表2-2及图2-6。

表2-2 2015年各省市两化融合指数

省份	基础环境指数	工业应用指数	应用效益指数	总指数
广东	94.94	82.40	135.62	98.84
浙江	91.64	94.04	112.88	98.15
江苏	91.67	80.94	135.94	97.37
上海	94.46	84.25	119.19	95.54
山东	85.77	85.78	114.65	93.00
北京	97.01	74.68	120.02	91.60
福建	91.03	76.91	101.88	86.68
安徽	70.06	88.22	92.04	84.64
湖北	74.01	81.59	92.44	82.41
湖南	76.91	81.41	89.12	82.22
天津	79.36	70.09	106.89	81.61
四川	76.70	66.09	104.37	78.31
重庆	81.08	65.15	97.63	77.25
黑龙江	80.15	80.81	64.2	76.49
辽宁	85.49	60.16	96.59	75.60
河北	84.73	70.24	71.27	74.12
广西	67.25	76.12	70.94	72.61
河南	76.54	63.9	83.13	71.87
江西	63.54	70.61	77.61	70.59
贵州	72.82	67.11	59.8	66.71
陕西	65.69	56.55	86.13	66.23
吉林	71.66	60.41	70.53	65.75
内蒙古	78.53	45.97	59.50	57.49
新疆	68.63	51.94	55.35	56.96
海南	68.12	45.27	58.04	54.18
宁夏	54.85	53.98	50.17	53.25
山西	64.04	47.44	53.83	53.19
甘肃	71.33	46.67	47.86	53.13
青海	72.80	40.00	45.29	49.52
云南	47.11	44.15	50.86	46.57
西藏	38.87	34.30	56.94	41.10
全国均值	75.38	66.04	83.25	72.68

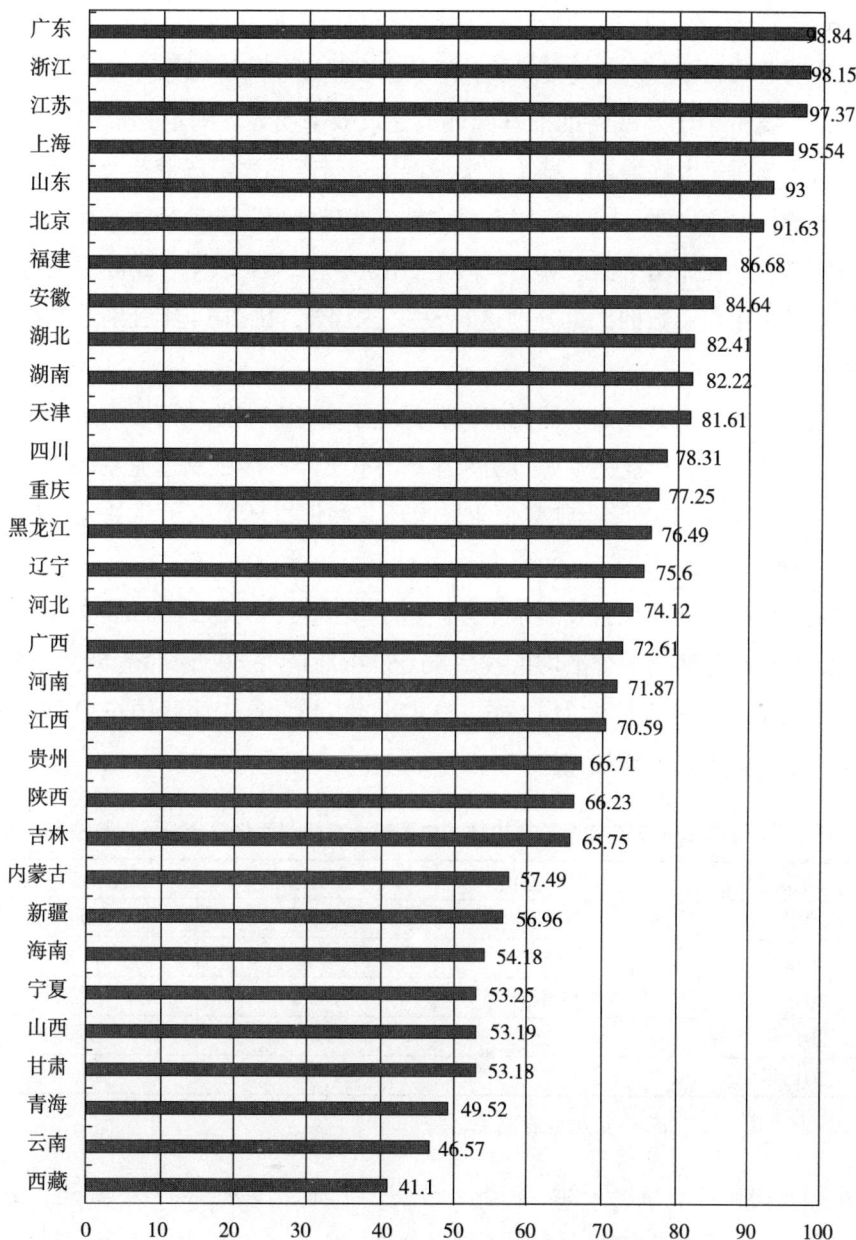

图 2-6　2015年各省市两化融合发展总指数

广东　98.84
浙江　98.15
江苏　97.37
上海　95.54
山东　93
北京　91.63
福建　86.68
安徽　84.64
湖北　82.41
湖南　82.22
天津　81.61
四川　78.31
重庆　77.25
黑龙江　76.49
辽宁　75.6
河北　74.12
广西　72.61
河南　71.87
江西　70.59
贵州　66.71
陕西　66.23
吉林　65.75
内蒙古　57.49
新疆　56.96
海南　54.18
宁夏　53.25
山西　53.19
甘肃　53.18
青海　49.52
云南　46.57
西藏　41.1

可以看出，2015 年全国区域两化融合发展呈现以下特点：

一是全国两化融合进入快速发展期。我国两化融合正步入深化应用、变革创新、引领转型的新阶段，在改造提升传统产业、培育新模式新业态、增强企业创新活力等方面的作用显著增强，2012—2015 年全国两化融合发展总指数分别为

15

59.07、61.95、66.14、72.68，2013—2015 年指数增长量分别是 2.88、4.19、6.54，增长率分别是 4.88%、6.76%、9.89%，增长速度呈逐年加快态势。

二是"宽带中国"战略助推基础环境建设效果明显。固定宽带端口平均速率指数已连续两年大幅增长，城（省）域网出口带宽和固定宽带普及率指数均有不同程度增长，这主要是因为我国全面实施"宽带中国"专项行动，加快推进全光网城市建设，狠抓网络提速降费。截至 2015 年底，8M 以上、20M 以上宽带用户总数占宽带用户总数的比重分别达 69.9%、33.4%，比 2014 年分别大幅提升了 29、23 个百分点。

三是工业电子商务成为发展亮点。我国电子商务正加速从消费领域向工业领域延伸，已成为整合产业链资源、引领生产方式变革、增强制造业发展活力的重要途径。2015 年，重点行业典型企业采购环节和销售环节电子商务应用指数分别增长 8.37 和 10.28，均高于 2014 年的 5.41 和 4.75 的增长量。

四是东中西部两化融合发展水平差距进一步扩大。从表 2-2 和表 2-3 中可以看出，2015 年东部两化融合平均指数是 86.06，中部是 73.40，西部是 59.93，东中、中西、东西部差值分别扩大为 12.66、13.47 和 26.13，这表明我国东中西部两化融合发展水平差距在不断拉大。

表 2-3　2013—2015 年我国东中部、中西部、东西部两化融合发展指数差值

年份	东中部差值	中西部差值	东西部差值
2011年	10.14	10.73	20.87
2012年	10.55	9.41	19.96
2013年	11.44	10.83	22.27
2014年	11.26	9.16	20.42
2015年	12.66	13.47	26.13

数据来源：中国电子信息产业发展研究院。

东部省份包括北京、天津、河北、辽宁、上海、江苏、浙江、福建、山东、广东和海南，中部省份包括山西、吉林、黑龙江、安徽、江西、河南、湖北和湖南，西部省份包括内蒙古、广西、重庆、四川、贵州、云南、西藏、陕西、甘肃、青海、宁夏和新疆。

二、基础环境分析

2015 年全国两化融合发展水平评估基础环境类指标情况如下。

表 2-4　2015 年全国两化融合发展水平评估基础环境类指标情况表

省份	城（省）域网出口带宽指数	固定宽带普及率指数	固定宽带端口平均速率指数	移动电话普及率指数	互联网普及率指数	两化融合专项引导资金指数	中小企业信息化服务平台数指数	重点行业典型企业信息化专项规划指数	基础环境指数
北京	77.4	95.34	97.69	99.97	85.27	100	134.09	77.48	97.01
广东	141.05	90.37	82.31	83.53	80.61	100	150	78.36	94.94
上海	81.41	95.34	117.74	82.07	82.43	100	112.4	77.51	94.46
江苏	129.99	87.74	99.46	68.37	69.36	100	150	70.67	91.67
浙江	99.28	97.71	79.96	81.28	76.53	100	131.22	85.39	91.64
福建	62.83	100	75.35	73.29	78.45	100	150	84.85	91.03
山东	116.54	79.25	80.62	62.67	64.03	100	150	77.18	85.77
辽宁	67.47	85.02	79.56	69.11	73.38	100	150	63.84	85.49
河北	95.89	76.18	81.82	60.77	65.36	100	150	78.66	84.73
重庆	64.84	79.25	76.32	61.82	62.32	100	150	64.47	81.08
黑龙江	53.27	69.62	78.84	63.24	58.57	100	150	73.17	80.15
天津	55.61	72.97	94.03	63.98	75.39	100	104.37	63.25	79.36
内蒙古	49.02	69.62	83.38	70.05	62.32	100	150	40.91	78.53
湖南	63.97	62.4	86.32	53.45	55.52	100	135.94	73.42	76.91
四川	98.44	62.4	111.16	59.06	54.21	100	93.72	63.5	76.7
河南	94.27	66.1	79.56	59.25	53.8	100	150	44.85	76.54
湖北	62	76.18	71.29	58.01	61.95	100	95.34	77.48	74.01
贵州	46.73	54.37	78.32	59.5	51.71	100	150	49.39	72.82
青海	13.4	62.4	69.49	65.03	66.14	100	150	34.75	72.8
吉林	46.57	76.18	69.61	65.4	61.86	100	86.85	64.06	71.66
甘肃	45.54	50	87.16	58.16	53.69	100	150	30.57	71.33
安徽	68.37	54.37	86.32	53.07	53.8	100	81.22	83.02	70.06
新疆	26.45	69.62	106.05	63.93	66.4	0	112.4	42.72	68.63
海南	23.31	69.62	65.88	68.28	63.49	100	92.07	44.77	68.12
广西	67.21	66.1	72.82	55.92	56.12	100	61.12	75.62	67.25

（续表）

省份	城（省）域网出口带宽指数	固定宽带普及率指数	固定宽带端口平均速率指数	移动电话普及率指数	互联网普及率指数	两化融合专项引导资金指数	中小企业信息化服务平台数指数	重点行业典型企业信息化专项规划指数	基础环境指数
陕西	82.32	76.18	83.43	65.8	62.95	100	16.1	52.7	65.69
山西	67.38	79.25	64.45	63.98	66.66	100	36.85	41.87	64.04
江西	70.05	58.5	83.96	50.39	50.86	100	70.75	43.82	63.54
宁夏	15	66.1	84.11	69.92	61.77	0	33.15	43.12	54.85
云南	45.98	54.37	69.31	58.31	51.92	0	11.12	54.24	47.11
西藏	8.75	45.34	51.3	64.76	56.32	0	0	30.7	38.87
全国均值	65.82	72.51	82.18	65.56	63.97	—	108.35	60.85	75.38

数据来源：中国电子信息产业发展研究院。

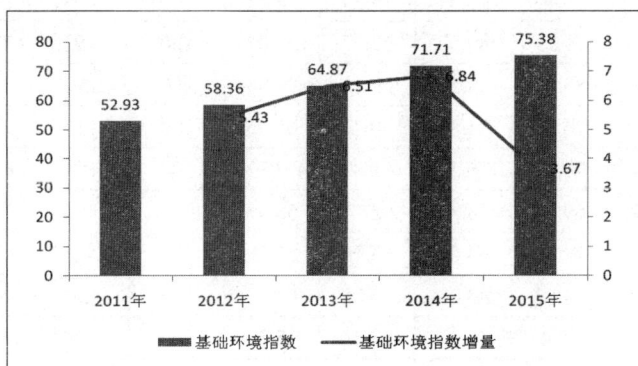

图 2-7　2011—2015年基础环境指数及增量

数据来源：中国电子信息产业发展研究院。

从评估结果看，各地区两化融合基础设施体系日益健全，宽带网络依然是建设重点，中小企业信息化公共服务平台建设正在成为大众创业、万众创新的重要载体，27个省份设立了两化融合专项资金。全国两化融合基础环境指数由2014年的71.71提高到2015年的75.38，增长量为3.67，增幅为历年最低。具体来看，除了固定宽带端口平均速率指数有较大改善以外，其余各项指标增幅有限，均不高于4个点。

北京、广东、上海、江苏、浙江的基础环境明显优于全国平均水平，这主要是因为这些省份的城（省）域网出口带宽、固定宽带普及率、固定宽带端口平均速率、移动电话普及率、互联网普及率均处于全国前列，尤其是宽带网络建设全国领先。山西、江西、宁夏、云南、西藏的基础环境较差，主要原因是这些省份网络基础设施建设水平低于全国平均水平，政府对两化融合的财政支持力度也相对较小。

（一）城（省）域网出口带宽

2015 年全国城（省）域网出口带宽指数为 65.82，各省份情况如下图所示。

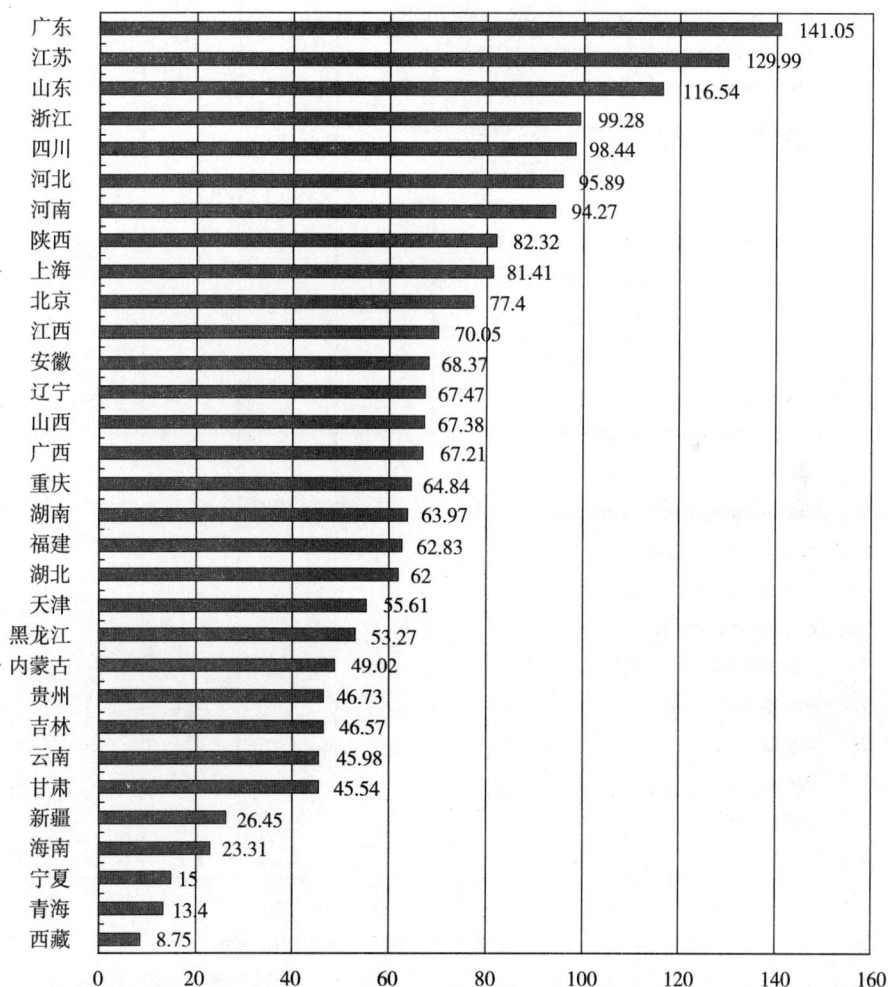

广东 141.05
江苏 129.99
山东 116.54
浙江 99.28
四川 98.44
河北 95.89
河南 94.27
陕西 82.32
上海 81.41
北京 77.4
江西 70.05
安徽 68.37
辽宁 67.47
山西 67.38
广西 67.21
重庆 64.84
湖南 63.97
福建 62.83
湖北 62
天津 55.61
黑龙江 53.27
内蒙古 49.02
贵州 46.73
吉林 46.57
云南 45.98
甘肃 45.54
新疆 26.45
海南 23.31
宁夏 15
青海 13.4
西藏 8.75

0 20 40 60 80 100 120 140 160

图 2-8 2015年城（省）域网出口带宽指数情况

数据来源：中国电子信息产业发展研究院。

2014年全国城（省）域网出口带宽指数为63.42，各省份情况如下图所示。

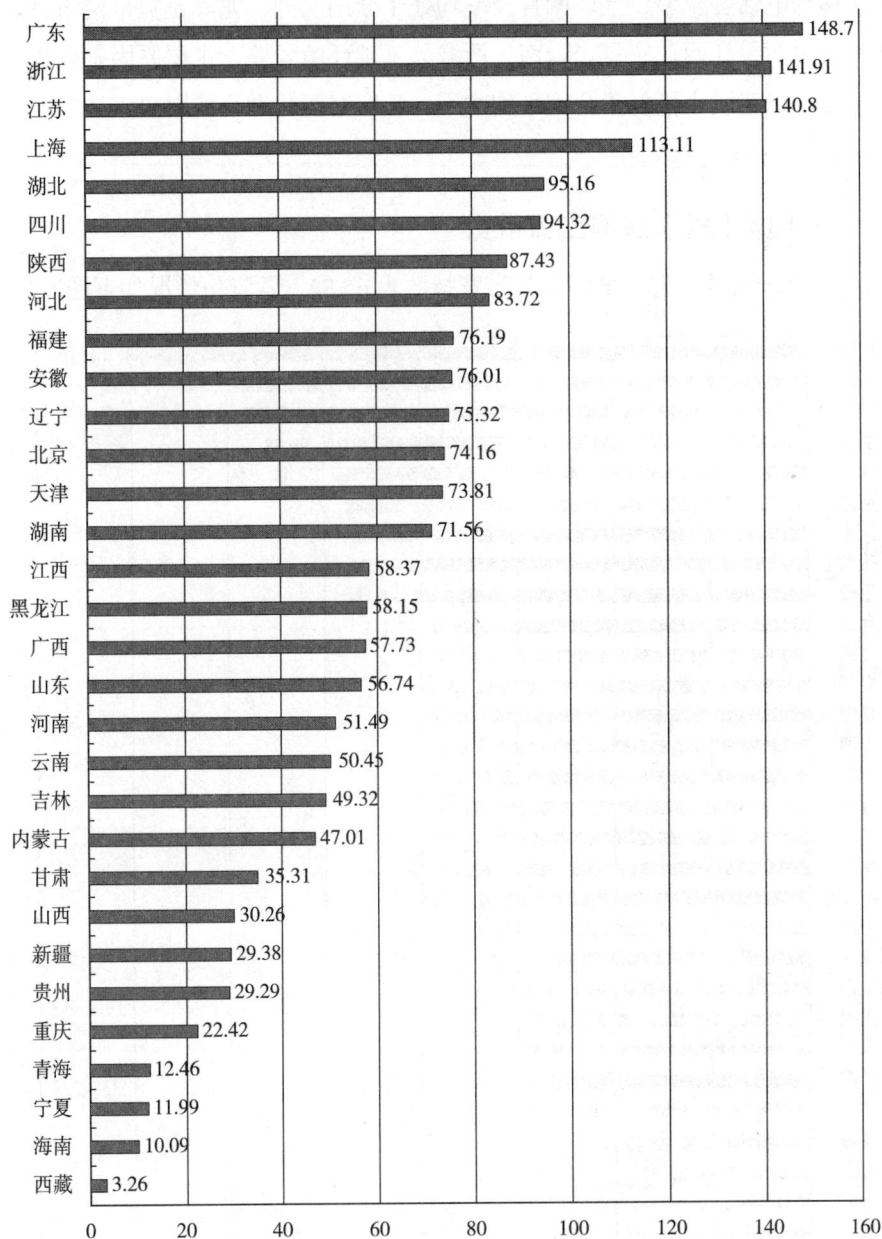

省份	指数
广东	148.7
浙江	141.91
江苏	140.8
上海	113.11
湖北	95.16
四川	94.32
陕西	87.43
河北	83.72
福建	76.19
安徽	76.01
辽宁	75.32
北京	74.16
天津	73.81
湖南	71.56
江西	58.37
黑龙江	58.15
广西	57.73
山东	56.74
河南	51.49
云南	50.45
吉林	49.32
内蒙古	47.01
甘肃	35.31
山西	30.26
新疆	29.38
贵州	29.29
重庆	22.42
青海	12.46
宁夏	11.99
海南	10.09
西藏	3.26

图 2-9　2014年城（省）域网出口带宽指数情况

数据来源：中国电子信息产业发展研究院。

（二）固定宽带普及率

2015 年全国固定宽带普及率指数为 72.51，各省份情况如下图所示。

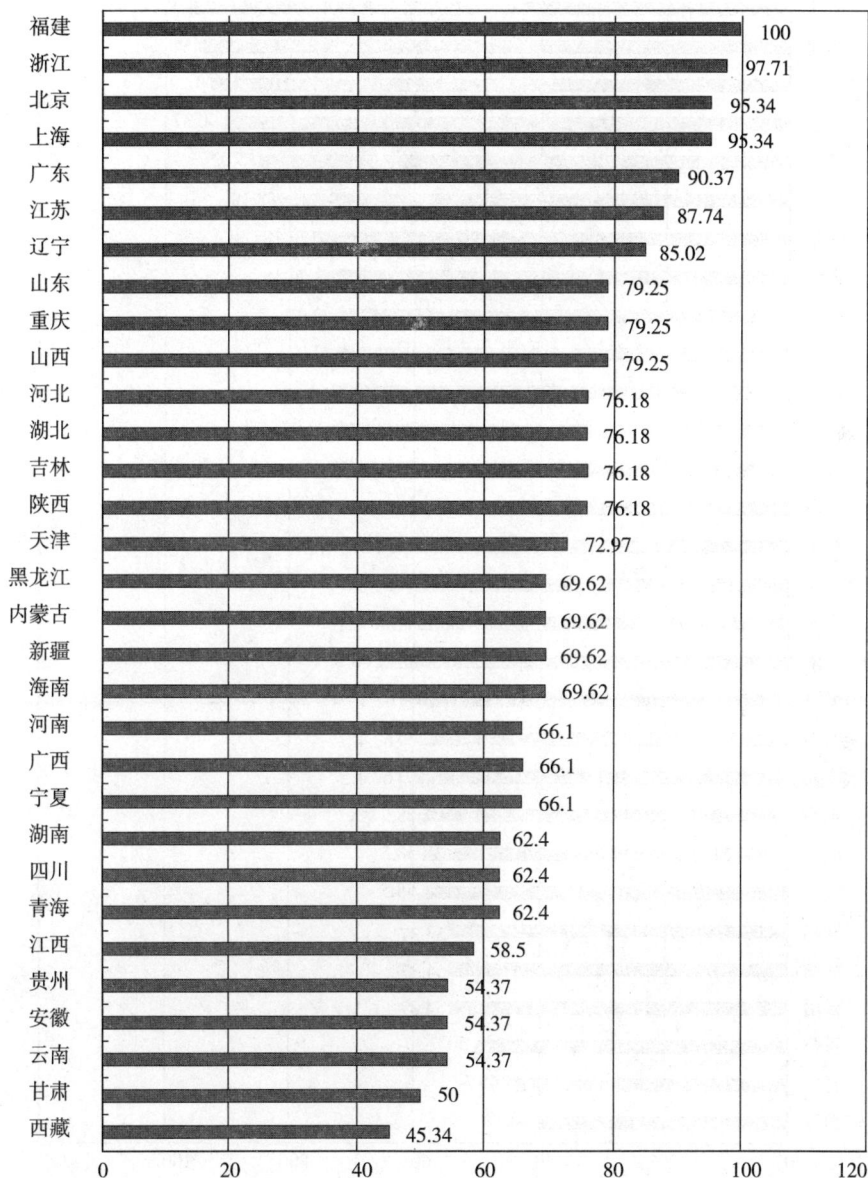

图 2-10 2015年固定宽带普及率指数情况

数据来源：中国电子信息产业发展研究院。

21

2014年全国固定宽带普及率指数为69.49，各省份情况如下图所示。

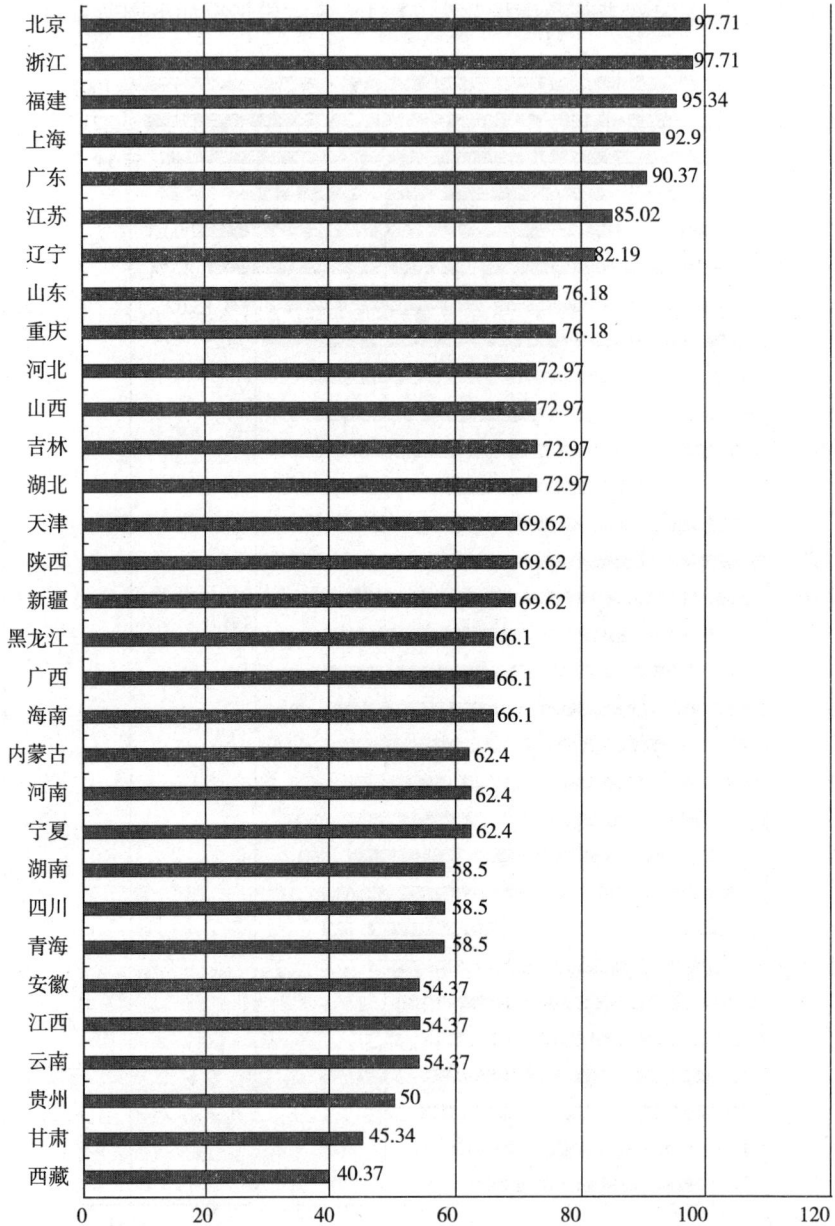

北京	97.71
浙江	97.71
福建	95.34
上海	92.9
广东	90.37
江苏	85.02
辽宁	82.19
山东	76.18
重庆	76.18
河北	72.97
山西	72.97
吉林	72.97
湖北	72.97
天津	69.62
陕西	69.62
新疆	69.62
黑龙江	66.1
广西	66.1
海南	66.1
内蒙古	62.4
河南	62.4
宁夏	62.4
湖南	58.5
四川	58.5
青海	58.5
安徽	54.37
江西	54.37
云南	54.37
贵州	50
甘肃	45.34
西藏	40.37

图2-11　2014年固定宽带普及率指数情况

数据来源：中国电子信息产业发展研究院。

（三）固定宽带端口平均速率

2015 年全国固定宽带端口平均速率指数为 82.18，各省份情况如下图所示。

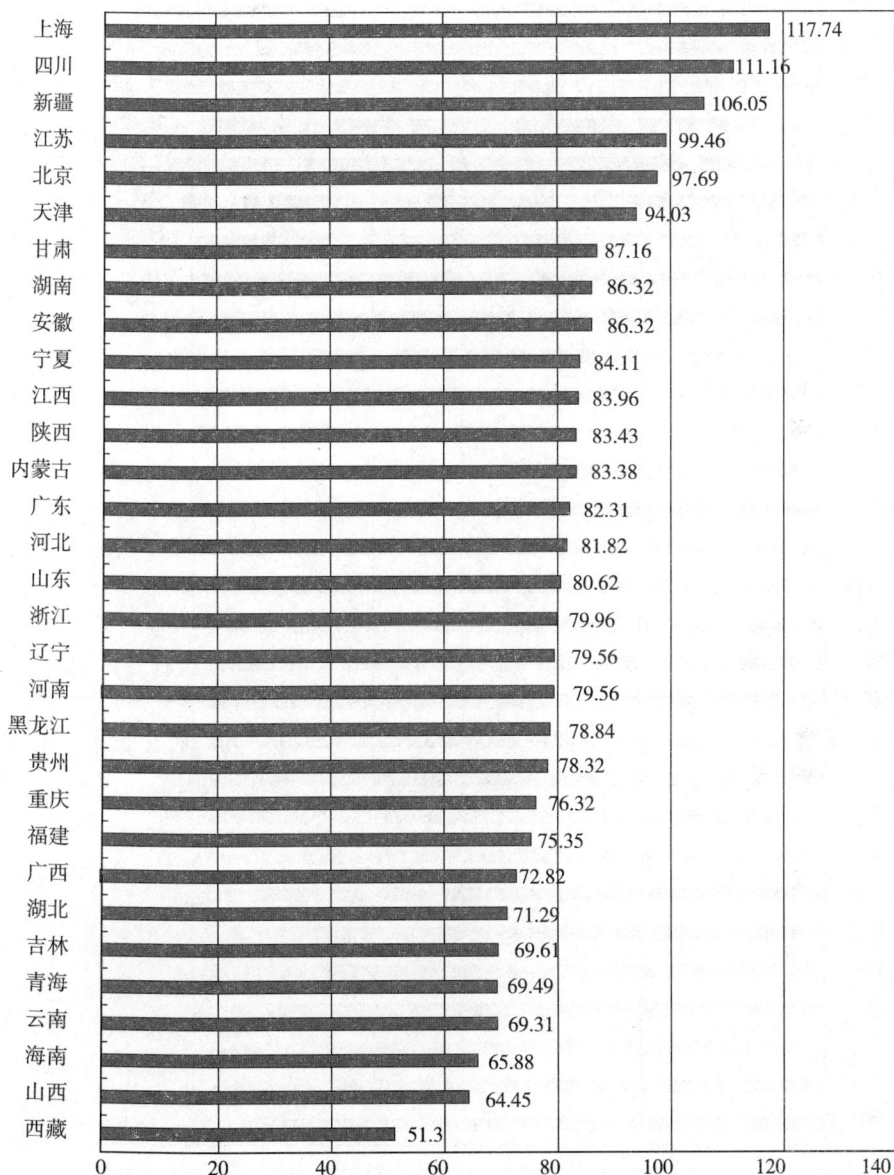

省份	指数
上海	117.74
四川	111.16
新疆	106.05
江苏	99.46
北京	97.69
天津	94.03
甘肃	87.16
湖南	86.32
安徽	86.32
宁夏	84.11
江西	83.96
陕西	83.43
内蒙古	83.38
广东	82.31
河北	81.82
山东	80.62
浙江	79.96
辽宁	79.56
河南	79.56
黑龙江	78.84
贵州	78.32
重庆	76.32
福建	75.35
广西	72.82
湖北	71.29
吉林	69.61
青海	69.49
云南	69.31
海南	65.88
山西	64.45
西藏	51.3

图 2-12　2015 年固定宽带端口平均速率指数情况

数据来源：中国电子信息产业发展研究院。

23

2014 年全国固定宽带端口平均速率指数为 69.55，各省份情况如下图所示。

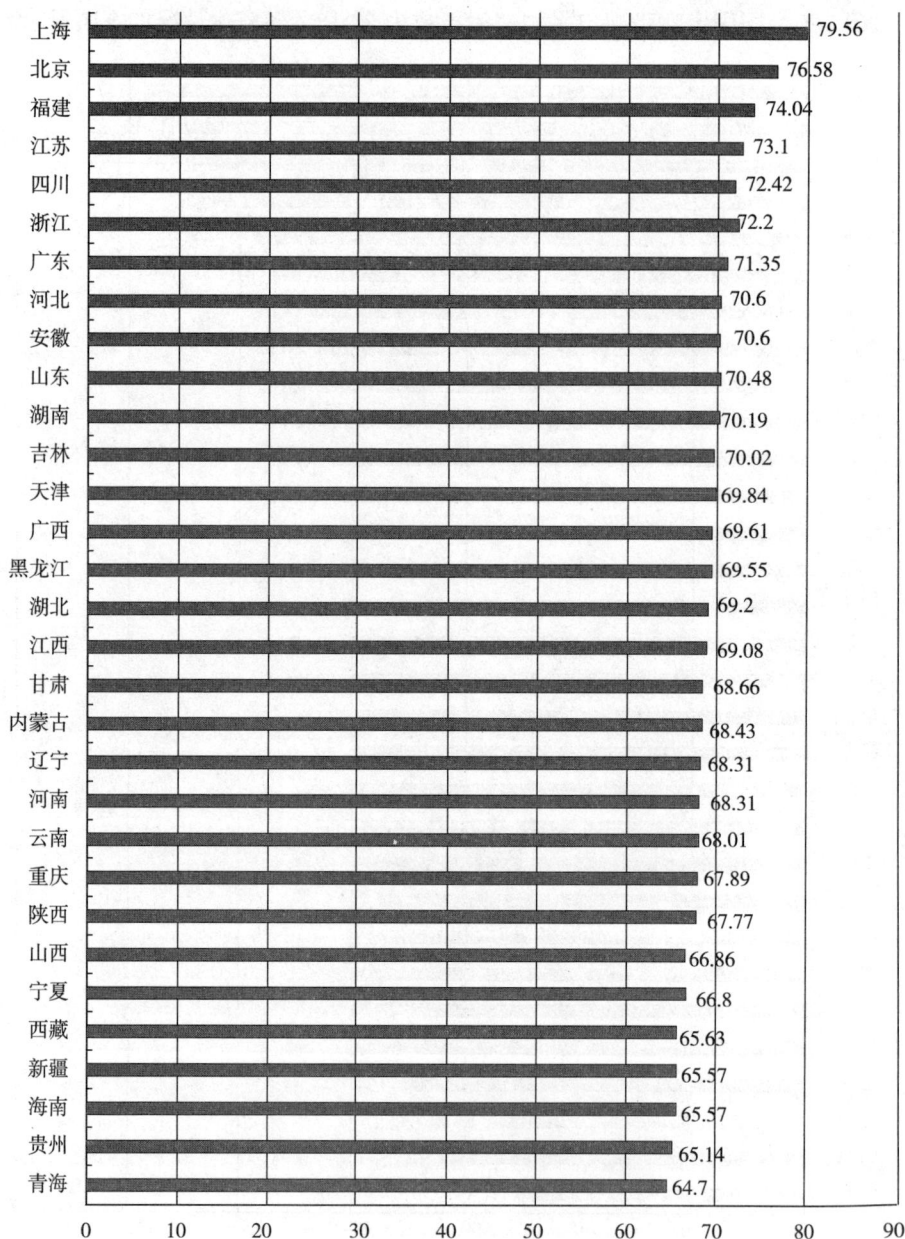

上海	79.56
北京	76.58
福建	74.04
江苏	73.1
四川	72.42
浙江	72.2
广东	71.35
河北	70.6
安徽	70.6
山东	70.48
湖南	70.19
吉林	70.02
天津	69.84
广西	69.61
黑龙江	69.55
湖北	69.2
江西	69.08
甘肃	68.66
内蒙古	68.43
辽宁	68.31
河南	68.31
云南	68.01
重庆	67.89
陕西	67.77
山西	66.86
宁夏	66.8
西藏	65.63
新疆	65.57
海南	65.57
贵州	65.14
青海	64.7

图 2-13　2014年固定宽带端口平均速率指数情况

数据来源：中国电子信息产业发展研究院。

（四）移动电话普及率

2015 年全国移动电话普及率指数为 65.56，各省份情况如下图所示。

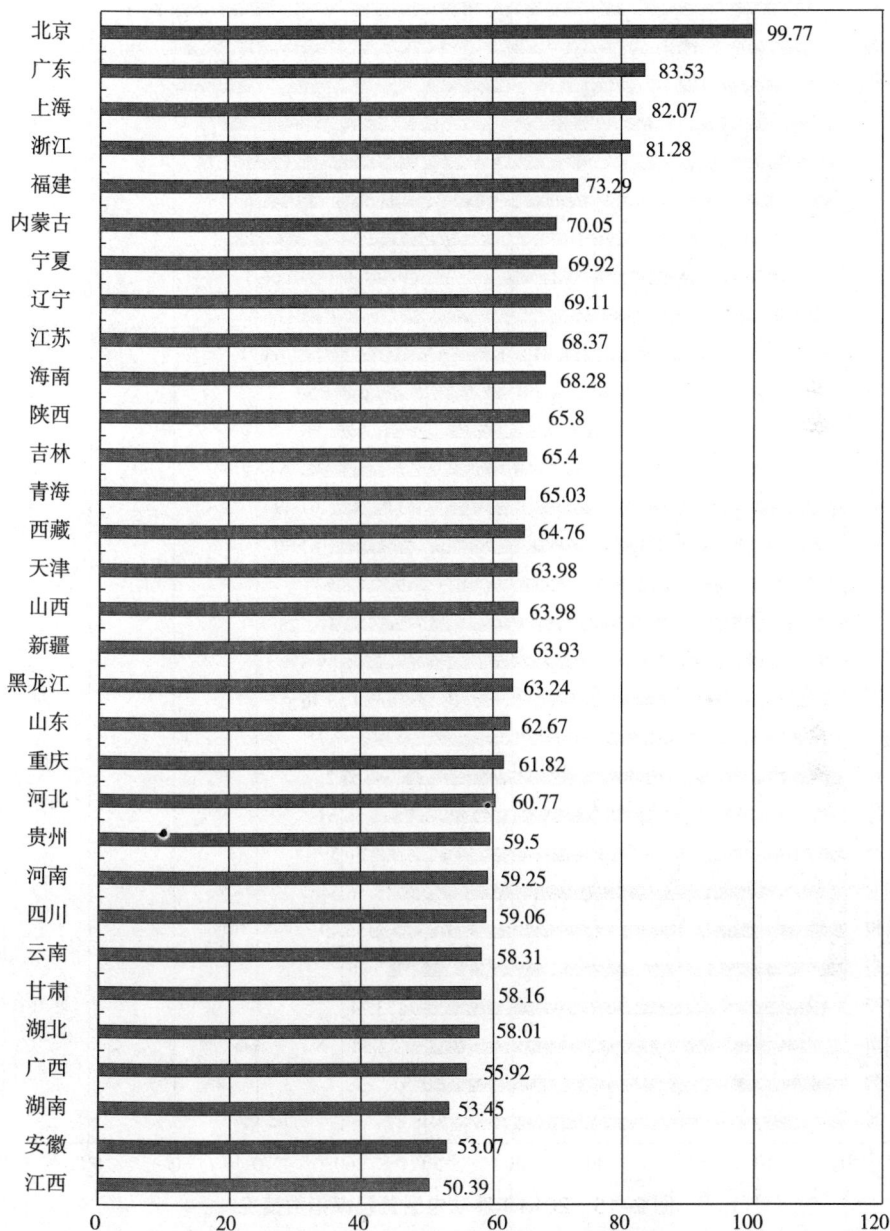

北京	99.77
广东	83.53
上海	82.07
浙江	81.28
福建	73.29
内蒙古	70.05
宁夏	69.92
辽宁	69.11
江苏	68.37
海南	68.28
陕西	65.8
吉林	65.4
青海	65.03
西藏	64.76
天津	63.98
山西	63.98
新疆	63.93
黑龙江	63.24
山东	62.67
重庆	61.82
河北	60.77
贵州	59.5
河南	59.25
四川	59.06
云南	58.31
甘肃	58.16
湖北	58.01
广西	55.92
湖南	53.45
安徽	53.07
江西	50.39

图 2-14　2015年移动电话普及率指数情况

数据来源：中国电子信息产业发展研究院。

2014年全国移动电话普及率指数为63.75，各省份情况如下图所示。

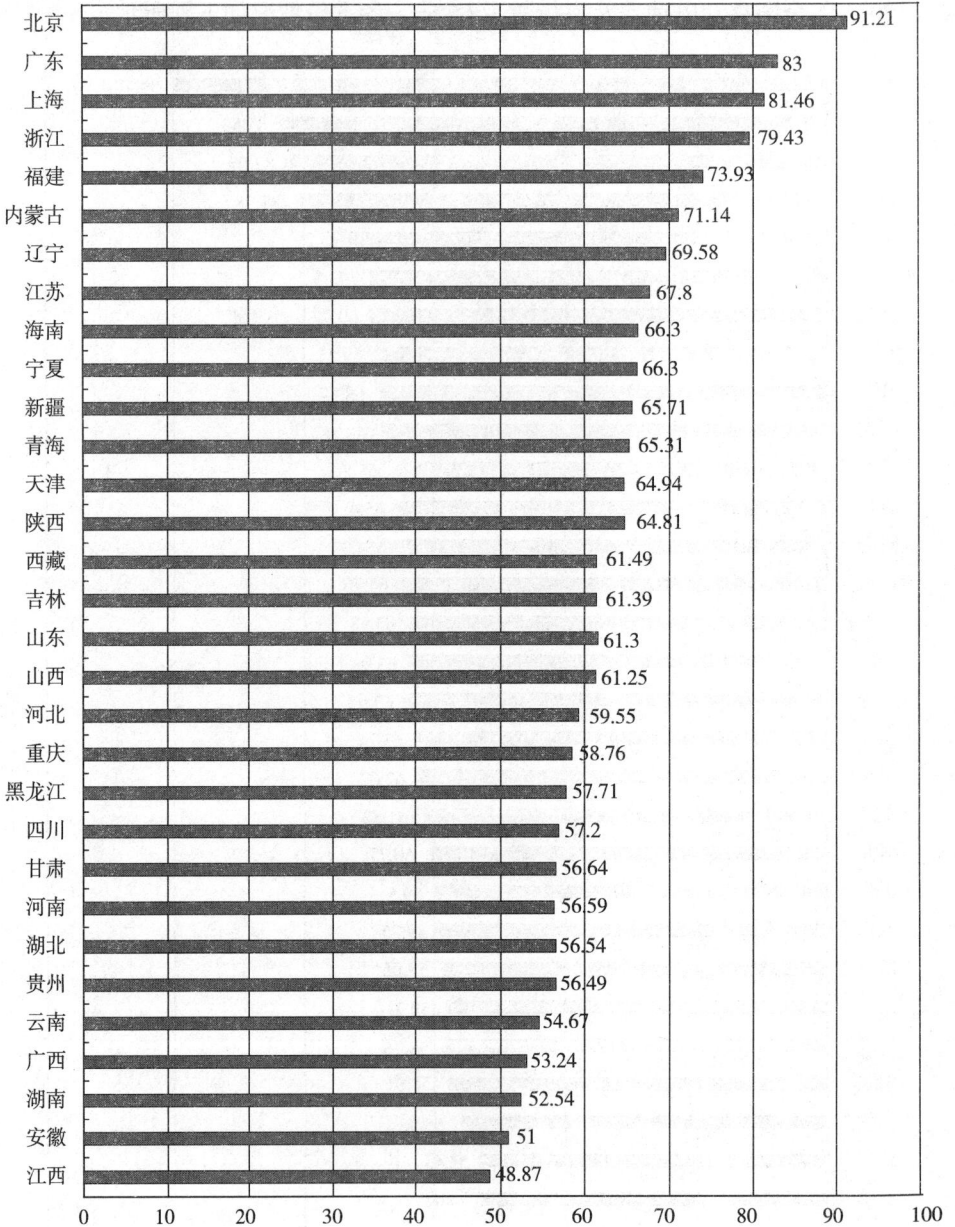

图 2-15　2014年移动电话普及率指数情况

数据来源：中国电子信息产业发展研究院。

（五）互联网普及率

2015 年全国互联网普及率指数为 63.97，各省份情况如下图所示。

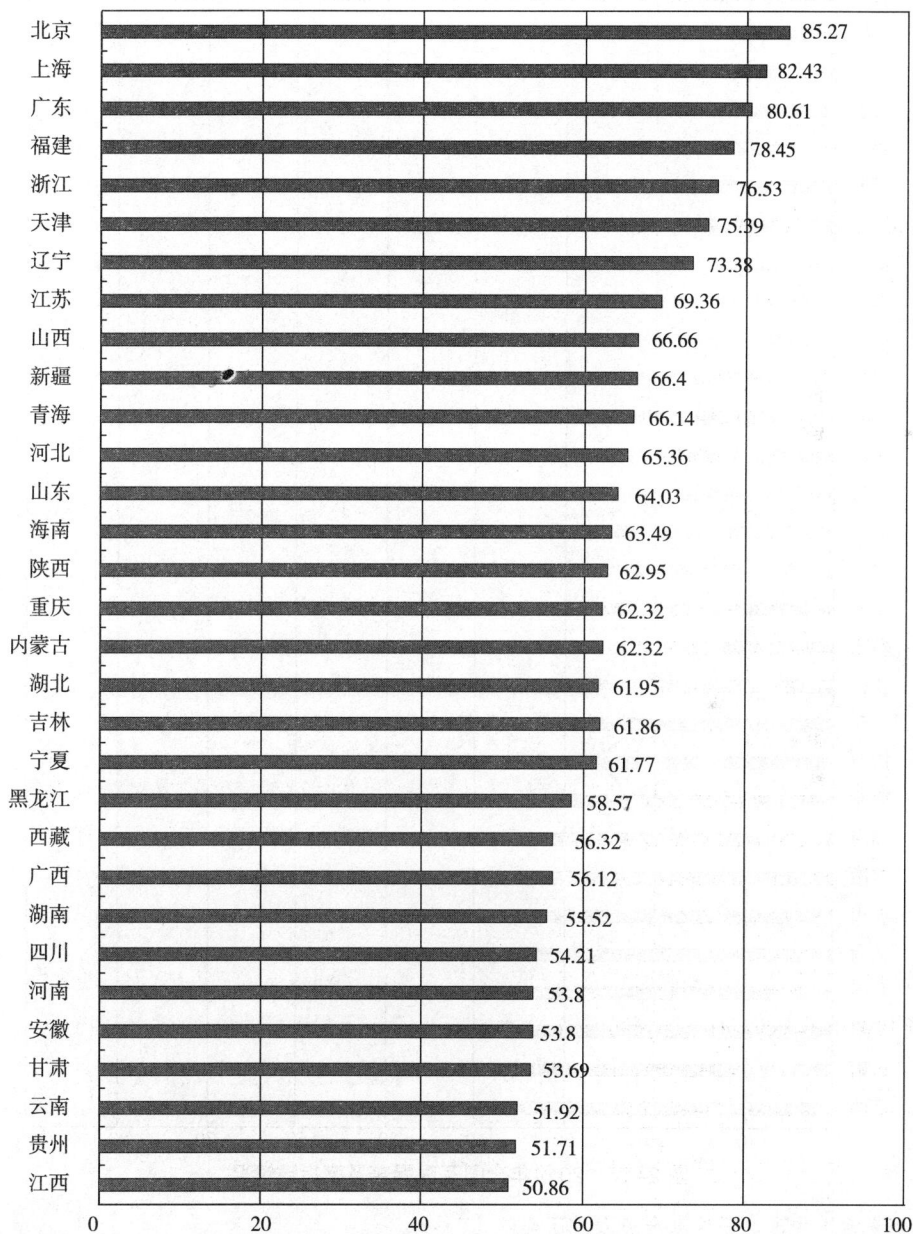

图 2-16 2015年全国互联网普及率指数情况

数据来源：中国电子信息产业发展研究院。

2014年全国互联网普及率指数为62.31，各省份情况如下图所示。

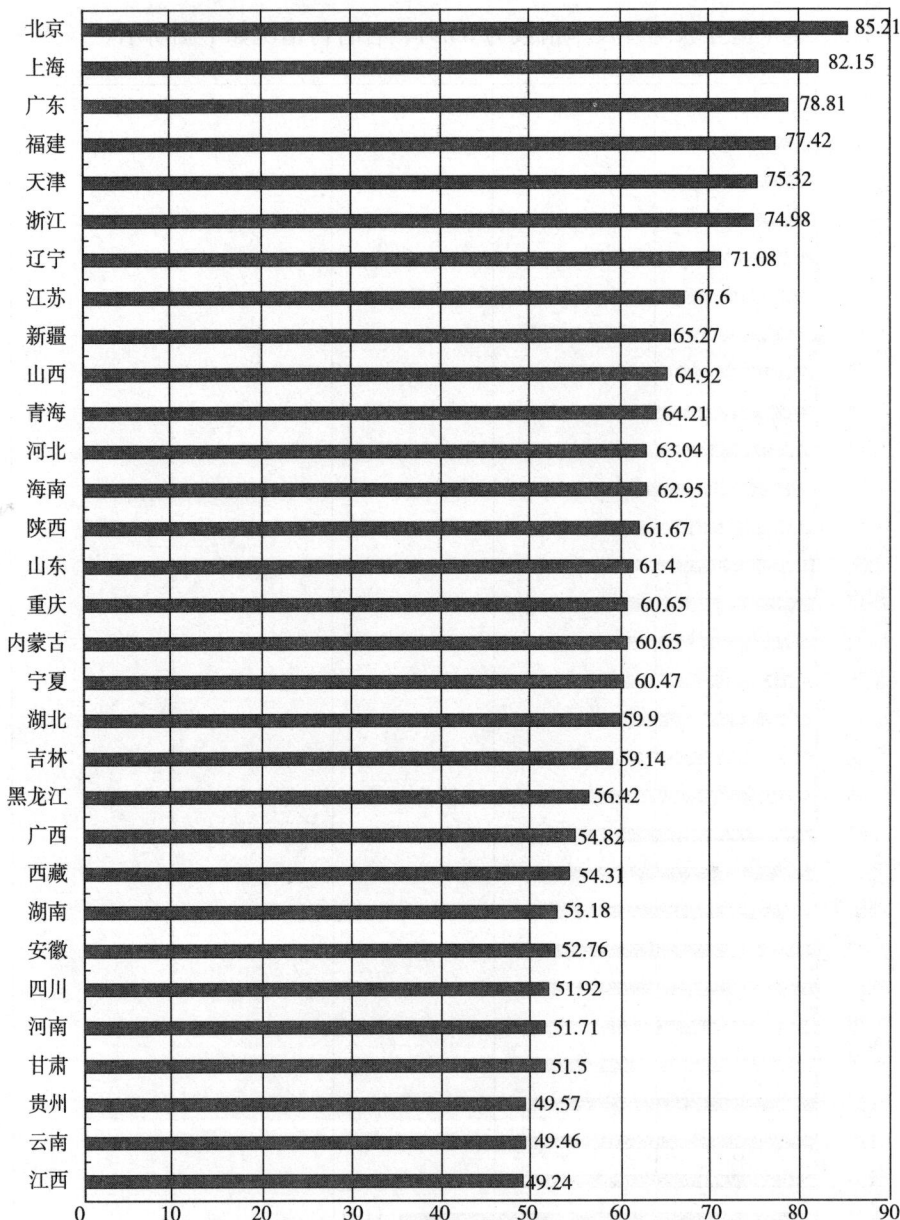

图2-17 2014年全国互联网普及率指数情况

数据来源：中国电子信息产业发展研究院。

（六）两化融合专项引导资金

2015年有27个省份设立了两化融合专项引导资金，其中宁夏、新疆增设了两化融合专项引导资金，河北、海南削减了两化融合专项引导资金，云南、西藏至今未设立两化融合专项引导资金。

（七）中小企业信息化服务平台数

2015年全国中小企业信息化服务平台数指数为108.35，各省份情况如下图所示。

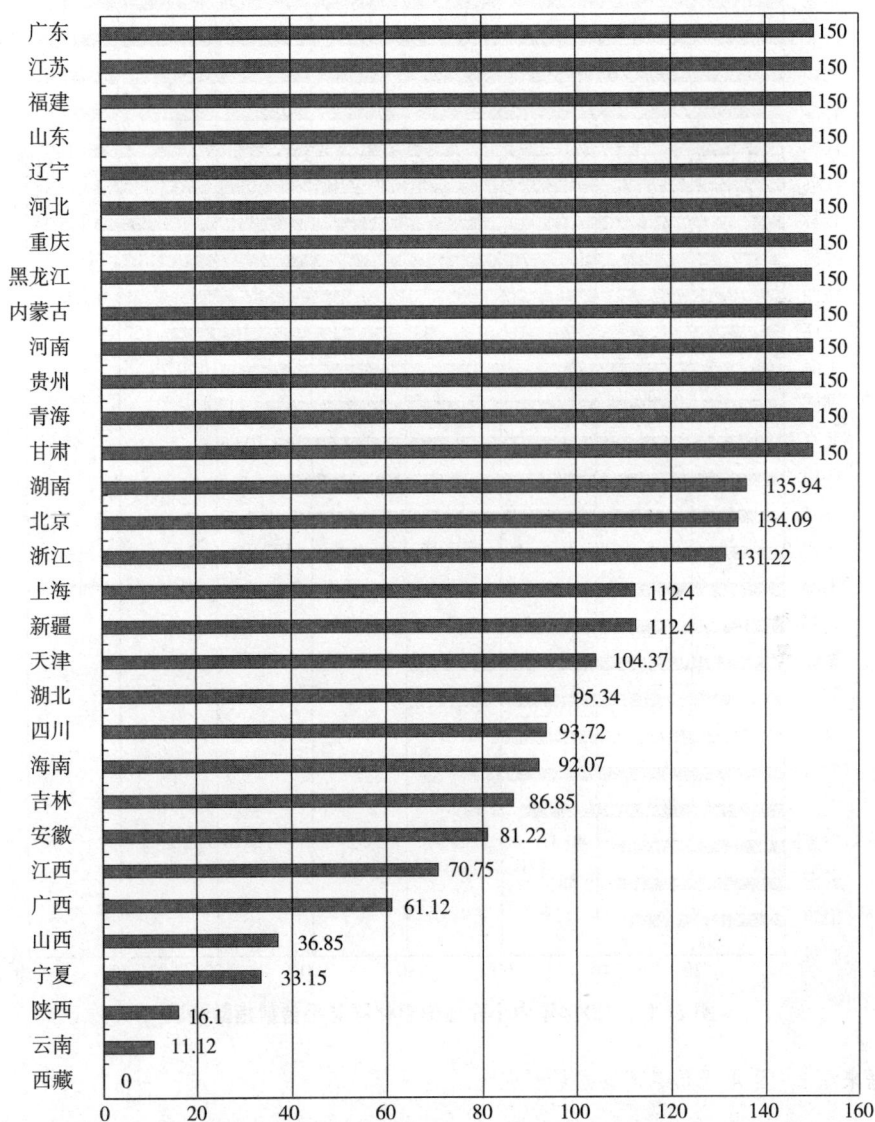

图2-18　2015年中小企业信息化服务平台数指数情况

数据来源：中国电子信息产业发展研究院。

2014年全国中小企业信息化服务平台数指数为107.71，各省份情况如下图所示。

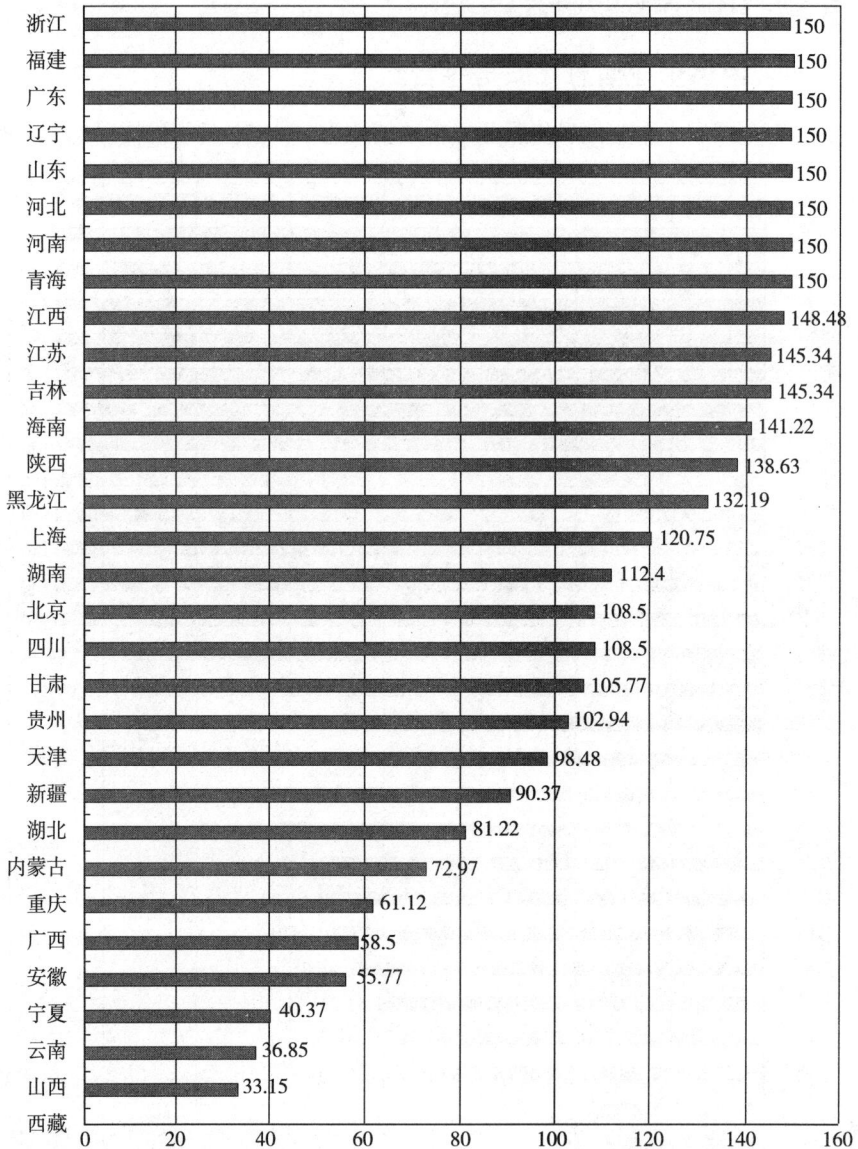

省份	数值
浙江	150
福建	150
广东	150
辽宁	150
山东	150
河北	150
河南	150
青海	150
江西	148.48
江苏	145.34
吉林	145.34
海南	141.22
陕西	138.63
黑龙江	132.19
上海	120.75
湖南	112.4
北京	108.5
四川	108.5
甘肃	105.77
贵州	102.94
天津	98.48
新疆	90.37
湖北	81.22
内蒙古	72.97
重庆	61.12
广西	58.5
安徽	55.77
宁夏	40.37
云南	36.85
山西	33.15
西藏	

图2-19 2014年中小企业信息化服务平台数指数情况

数据来源：中国电子信息产业发展研究院。

（八）重点行业典型企业信息化专项规划

2015年全国重点行业典型企业信息化专项规划指数为60.85，各省份情况如下图所示。

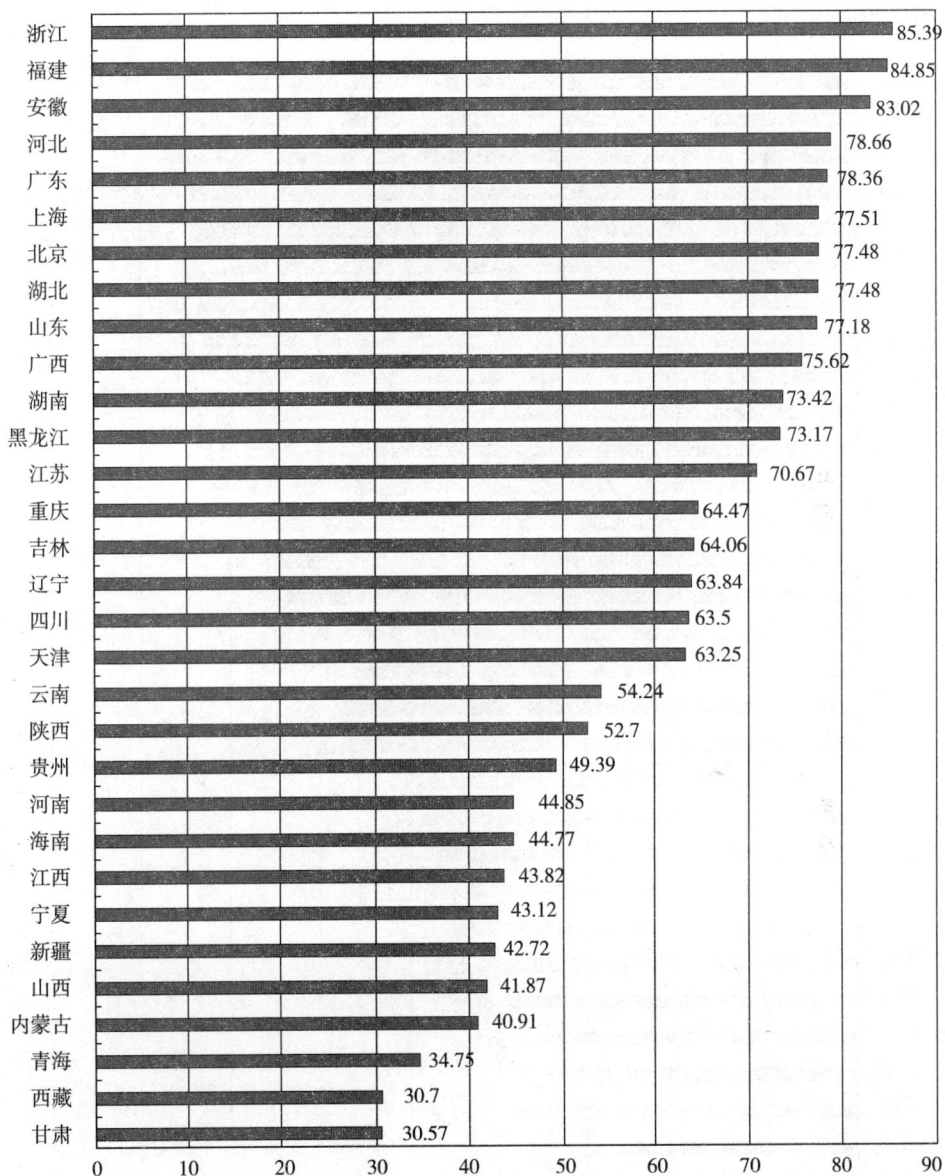

浙江　85.39
福建　84.85
安徽　83.02
河北　78.66
广东　78.36
上海　77.51
北京　77.48
湖北　77.48
山东　77.18
广西　75.62
湖南　73.42
黑龙江　73.17
江苏　70.67
重庆　64.47
吉林　64.06
辽宁　63.84
四川　63.5
天津　63.25
云南　54.24
陕西　52.7
贵州　49.39
河南　44.85
海南　44.77
江西　43.82
宁夏　43.12
新疆　42.72
山西　41.87
内蒙古　40.91
青海　34.75
西藏　30.7
甘肃　30.57

图 2-20 2015年重点行业典型企业信息化专项规划指数情况

数据来源：中国电子信息产业发展研究院。

2014年全国重点行业典型企业信息化专项规划指数为57.18，各省份情况如下图所示。

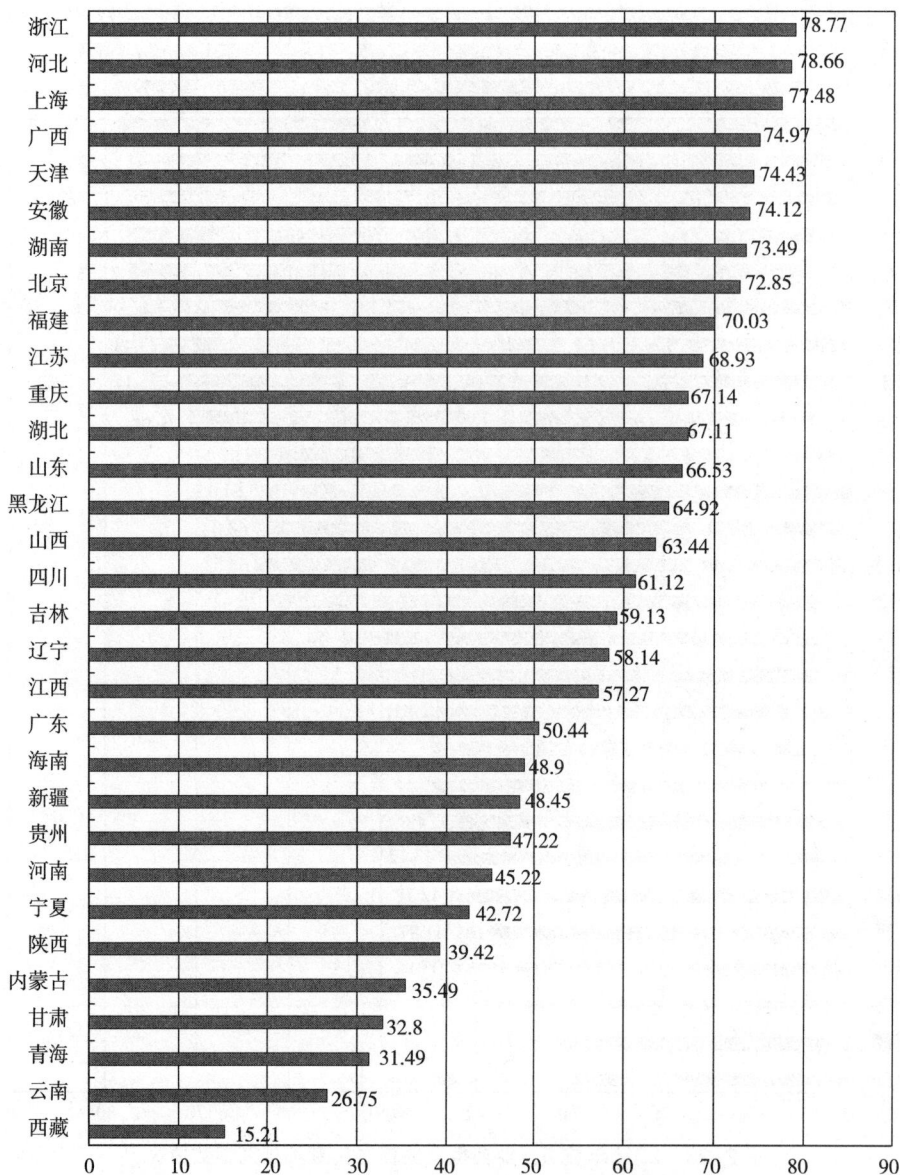

图 2-21　2014年重点行业典型企业信息化专项规划指数情况

数据来源：中国电子信息产业发展研究院。

三、工业应用分析

2015 年全国两化融合发展水平评估工业应用类评估结果如下所示。

表 2-5　2015 年全国两化融合发展水平评估工业应用类指标评估结果

省份	重点行业典型企业ERP普及率指数	重点行业典型企业MES普及率指数	重点行业典型企业PLM普及率指数	重点行业典型企业SCM普及率指数	重点行业典型企业采购环节电子商务应用指数	重点行业典型企业销售环节电子商务应用指数	重点行业典型企业装备数控化率指数	国家新型工业化产业示范基地两化融合发展水平指数	工业应用指数
浙江	75.32	97.62	88.84	69.42	135.42	145.97	74.53	72.08	94.04
安徽	78.48	101.3	81.92	73.26	127.59	140.5	60.76	52.5	88.22
山东	74.8	75.42	84.2	70.63	106.36	108.68	59.11	107.84	85.78
上海	70.92	97.84	80.32	66.08	108.19	117.83	61.2	76.68	84.25
广东	75.19	87.33	77.43	70	116.93	130.9	51.67	58.82	82.4
湖北	66.49	96.33	78.93	66.16	82.5	106.2	68.76	88.34	81.59
湖南	72.7	82.28	67.39	67.39	114.46	121.95	52.27	78.26	81.41
江苏	72.52	81.39	60.63	67.06	113.01	114.08	65.07	77.05	80.94
黑龙江	68.23	76	71.47	65.65	119.17	125.96	55.68	70.3	80.81
福建	76.09	83.61	63.95	67.93	85.79	96.04	55.83	87.71	76.91
广西	69.12	89.13	78.79	64.94	81.43	96.96	68.72	63.27	76.12
北京	66.49	96.33	78.93	66.16	82.5	106.2	68.76	39	74.68
江西	70.91	78.1	51.35	65.01	87.55	100.15	50.89	65.1	70.61
河北	66.49	71.87	57.74	62.75	76.17	80.7	69.78	75.57	70.24
天津	60.67	66.05	48.08	60.39	79.35	81.83	51.09	109.85	70.09
贵州	68.67	83.94	60.66	60.51	78.9	80.11	64.72	43.71	67.11
四川	66.15	57.23	53.99	61.64	67.73	82.21	35.55	103.17	66.09
重庆	68	67.55	58.44	60.83	76.04	69.6	60.6	61.54	65.15
河南	62.05	53.98	68.1	56.39	85.65	71.55	43.82	71.74	63.9
吉林	67.07	57.85	59.45	61.67	74.68	78.88	41.87	47.1	60.41
辽宁	58.34	49.65	52.57	57.44	43.5	52.78	41.53	118.83	60.16
陕西	31.74	54.65	32.97	25.48	78.06	94.94	44.18	87.3	56.55
宁夏	48.97	48.84	55.77	53.14	42.62	40.92	21.39	115.42	53.98
新疆	61.45	57.37	38.75	54.69	41.63	50.63	59.75	50.23	51.94
山西	48.21	59.41	49.36	55.35	39.09	52.54	35.82	42.5	47.44
甘肃	51.98	38.19	50.38	41.94	49.72	28.88	47.34	62.2	46.67
内蒙古	51.27	52.93	44.93	50.35	54.25	44.3	35.84	37.04	45.97

（续表）

省份	重点行业典型企业ERP普及率指数	重点行业典型企业MES普及率指数	重点行业典型企业PLM普及率指数	重点行业典型企业SCM普及率指数	重点行业典型企业采购环节电子商务应用指数	重点行业典型企业销售环节电子商务应用指数	重点行业典型企业装备数控化率指数	国家新型工业化产业示范基地两化融合发展水平指数	工业应用指数
海南	54.26	65.22	41.36	51.15	40.6	57.89	23.02	34.23	45.27
云南	49.9	44.54	50	41.5	26.27	51.77	47.4	41.7	44.15
青海	40.84	48.89	50.77	38.27	34.95	36.11	33.18	38.42	40
西藏	50.81	38.79	11.12	50	31.59	56.65	40.16	0	34.3
全国均值	62.71	69.67	59.63	58.81	76.83	84.64	51.3	67.02	66.04

数据来源：中国电子信息产业发展研究院。

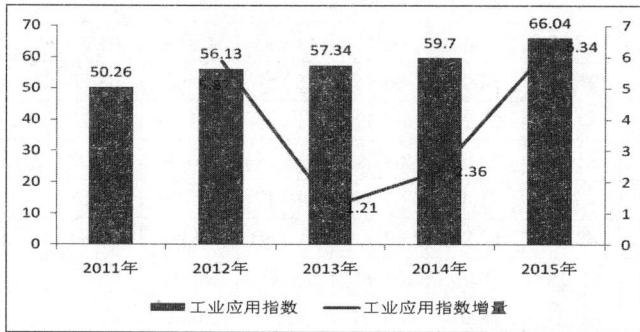

图2-22　2011—2015年工业应用指数及增量

数据来源：中国电子信息产业发展研究院。

从评估结果看，全国工业企业信息化应用水平有明显提高，已经从单项业务的信息技术应用向多业务多技术综合集成转变，从内部信息系统集成向跨企业互联互通转变，从单纯信息技术应用向业务流程再造和组织结构调整转变，从单一企业信息技术应用向产业链上下游协同应用转变。全国两化融合工业应用指数由2014年的59.70提升到了2015年的66.04，增长量是6.34，增幅为历年最高。这主要得益于各省份积极落实《中国制造2025》《国务院关于积极推进"互联网+"行动的指导意见》，开展"工业云""互联网与工业融合创新"试点示范，企业信息化建设积极性得到激发，信息化应用水平普遍提高。

浙江、安徽、山东、上海、广东的工业应用位居全国前列，其中，浙江、山东、上海、广东是传统的工业强省，安徽是新兴工业大省，这些省份在利用信息化技术改造和提升传统产业方面领先全国其他地区，规模以上工业企业信息化应用水平相对较好。内蒙古、海南、云南、青海、西藏的工业应用较差，这主要是因为这些省份的工业基础普遍薄弱，信息技术对传统工业改造提升的推进步伐较缓慢，导致工业企业信息化应用水平普遍较差。

（一）重点行业典型企业ERP普及率

2015年全国重点行业典型企业ERP普及率指数为62.71，各省份情况如下图所示。

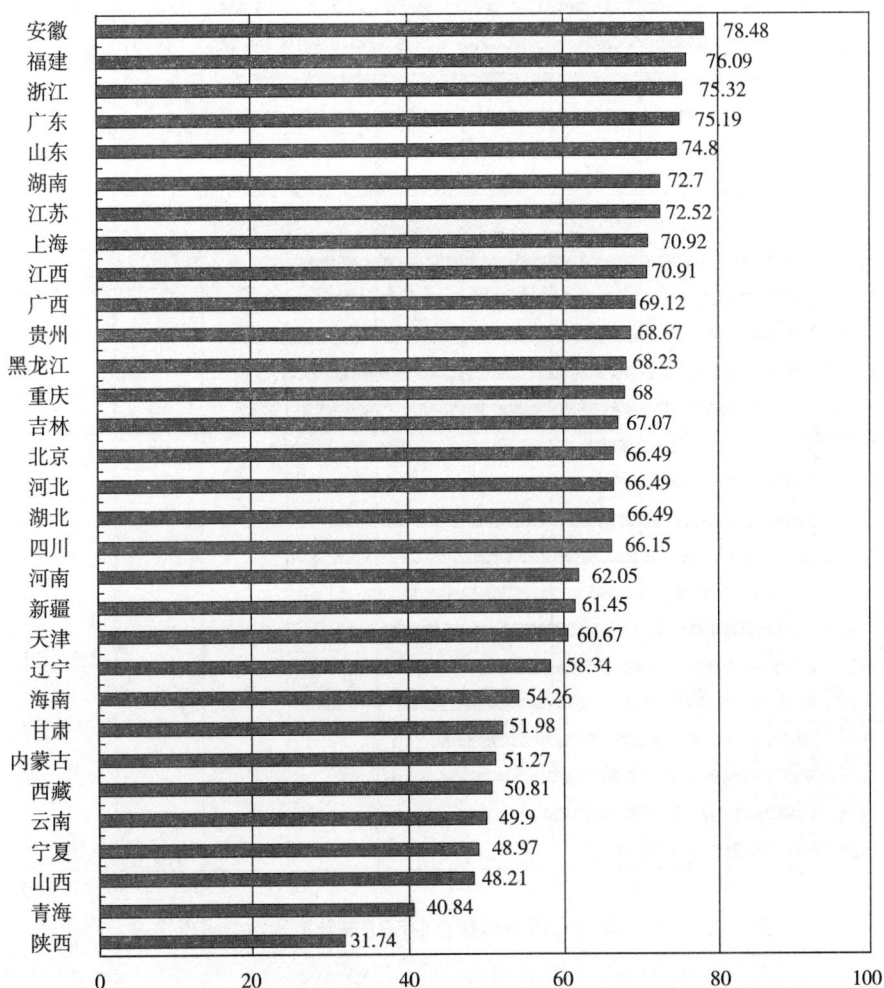

图2-23 2015年重点行业典型企业ERP普及率指数情况

数据来源：中国电子信息产业发展研究院。

2014年全国重点行业典型企业 ERP 普及率指数为 59.57，各省份情况如下图所示。

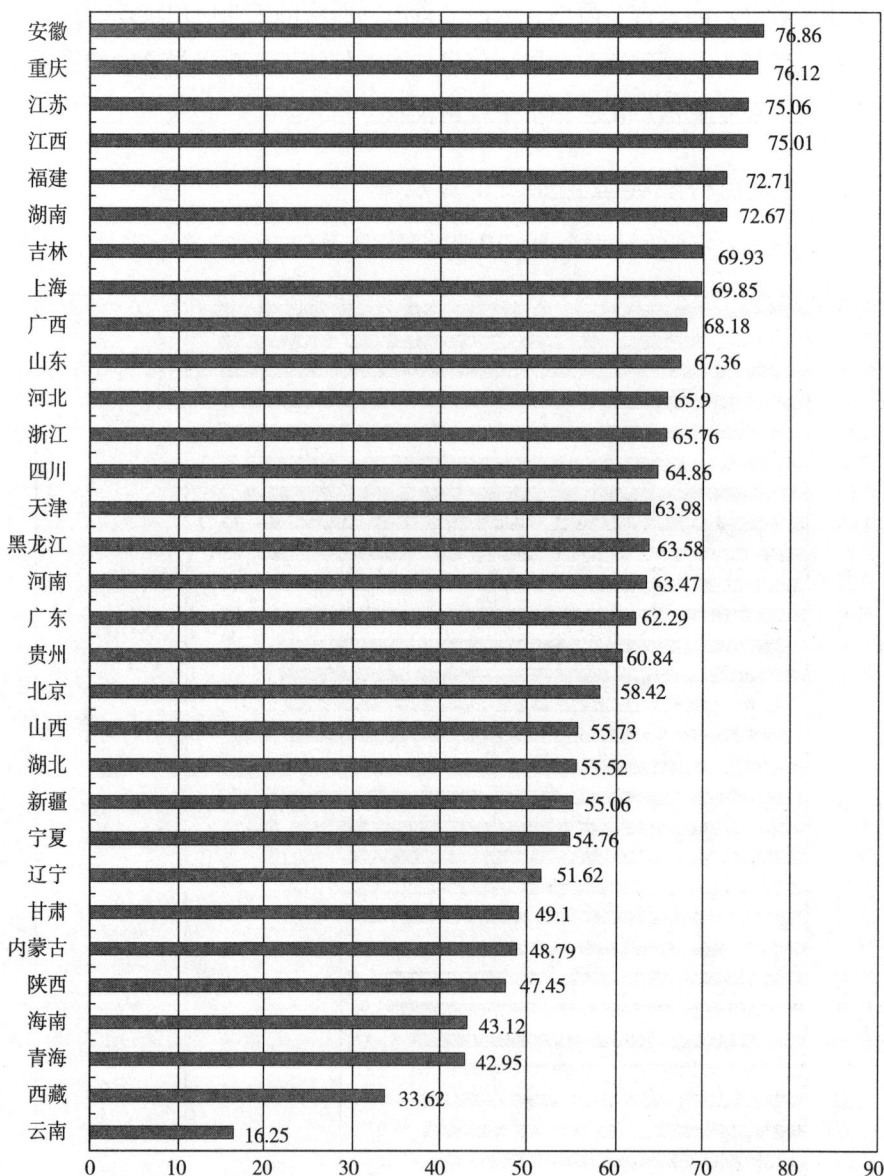

图 2-24 2014年重点行业典型企业ERP普及率指数各省份情况

省份	指数
安徽	76.86
重庆	76.12
江苏	75.06
江西	75.01
福建	72.71
湖南	72.67
吉林	69.93
上海	69.85
广西	68.18
山东	67.36
河北	65.9
浙江	65.76
四川	64.86
天津	63.98
黑龙江	63.58
河南	63.47
广东	62.29
贵州	60.84
北京	58.42
山西	55.73
湖北	55.52
新疆	55.06
宁夏	54.76
辽宁	51.62
甘肃	49.1
内蒙古	48.79
陕西	47.45
海南	43.12
青海	42.95
西藏	33.62
云南	16.25

数据来源：中国电子信息产业发展研究院。

（二）重点行业典型企业MES普及率

2015年全国重点行业典型企业 MES 普及率指数为 69.67，各省份情况如下图所示。

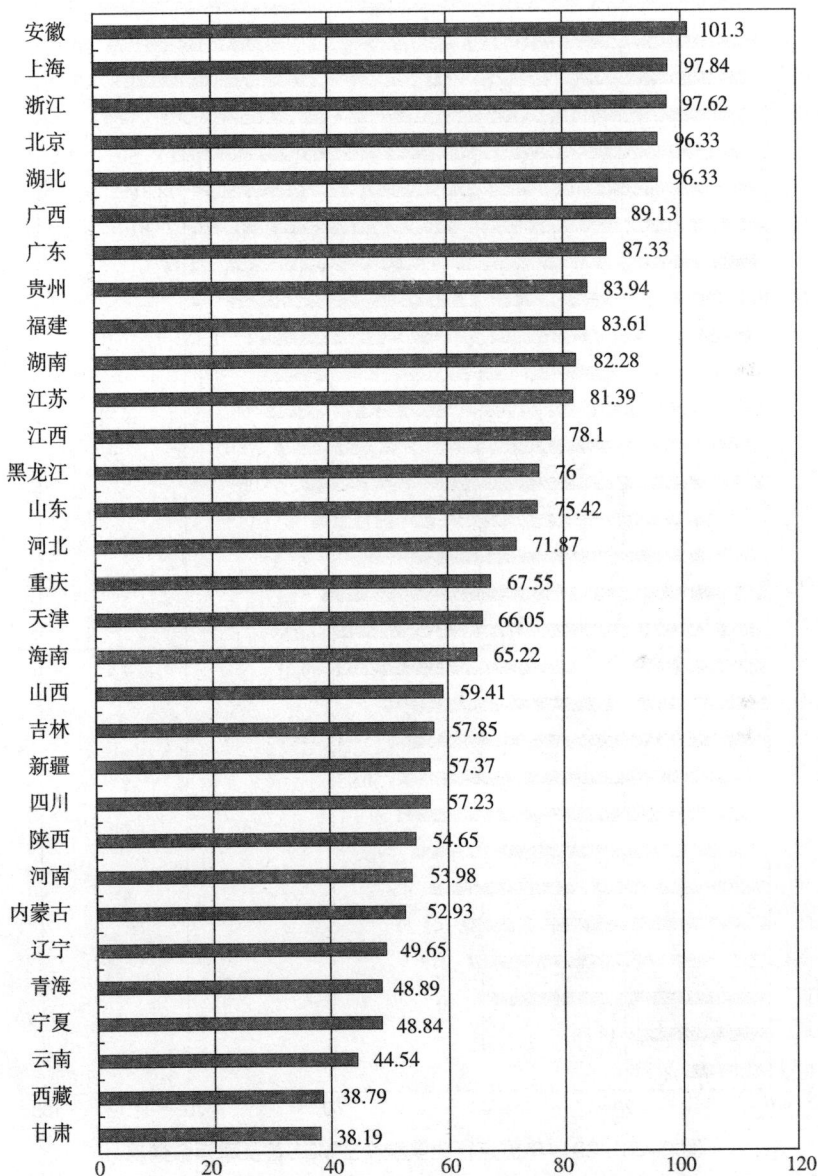

省份	指数
安徽	101.3
上海	97.84
浙江	97.62
北京	96.33
湖北	96.33
广西	89.13
广东	87.33
贵州	83.94
福建	83.61
湖南	82.28
江苏	81.39
江西	78.1
黑龙江	76
山东	75.42
河北	71.87
重庆	67.55
天津	66.05
海南	65.22
山西	59.41
吉林	57.85
新疆	57.37
四川	57.23
陕西	54.65
河南	53.98
内蒙古	52.93
辽宁	49.65
青海	48.89
宁夏	48.84
云南	44.54
西藏	38.79
甘肃	38.19

图 2-25　2015年重点行业典型企业MES普及率指数情况

数据来源：中国电子信息产业发展研究院。

2014年全国重点行业典型企业 MES 普及率指数为 62.92，各省份情况如下图所示。

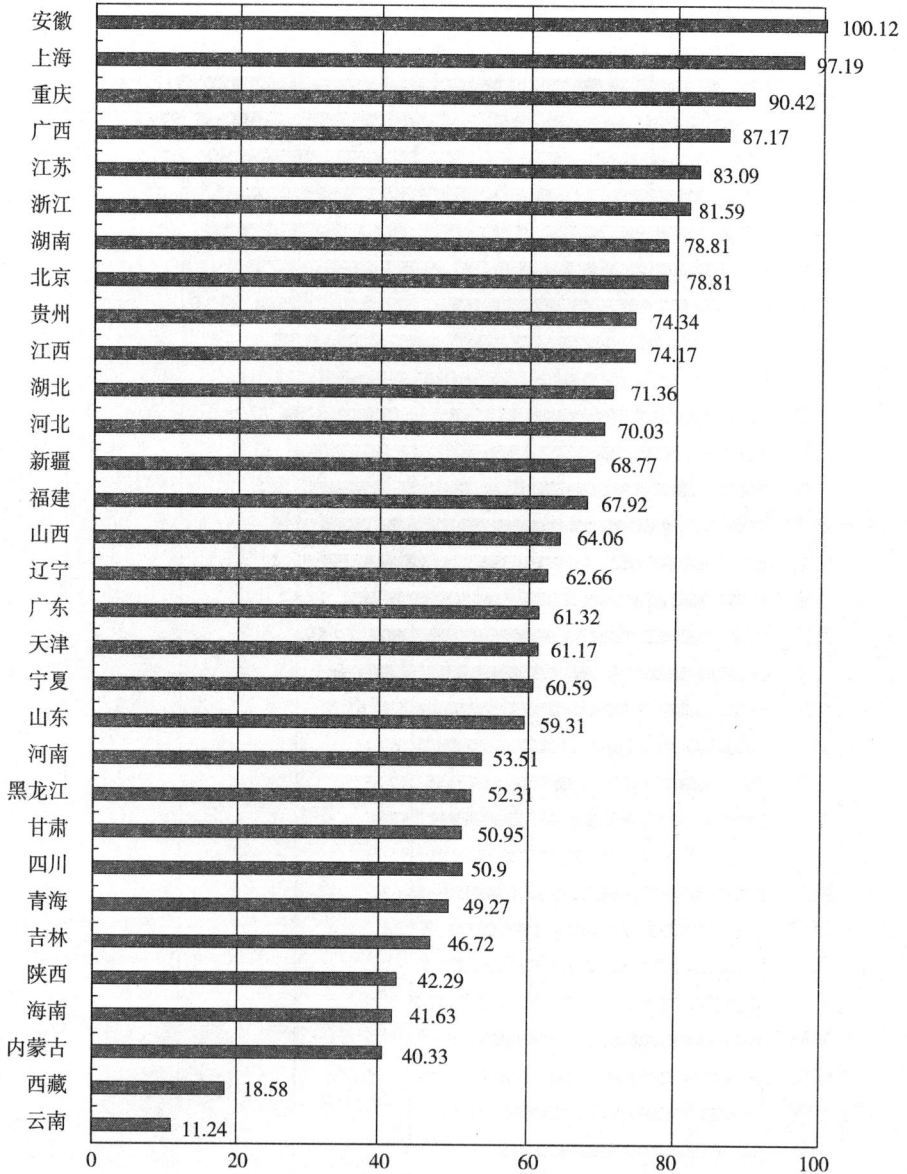

图2-26 2014年重点行业典型企业MES普及率指数情况

数据来源：中国电子信息产业发展研究院。

（三）重点行业典型企业PLM普及率

2015年全国重点行业典型企业 PLM 普及率指数为 59.63，各省份情况如下图所示。

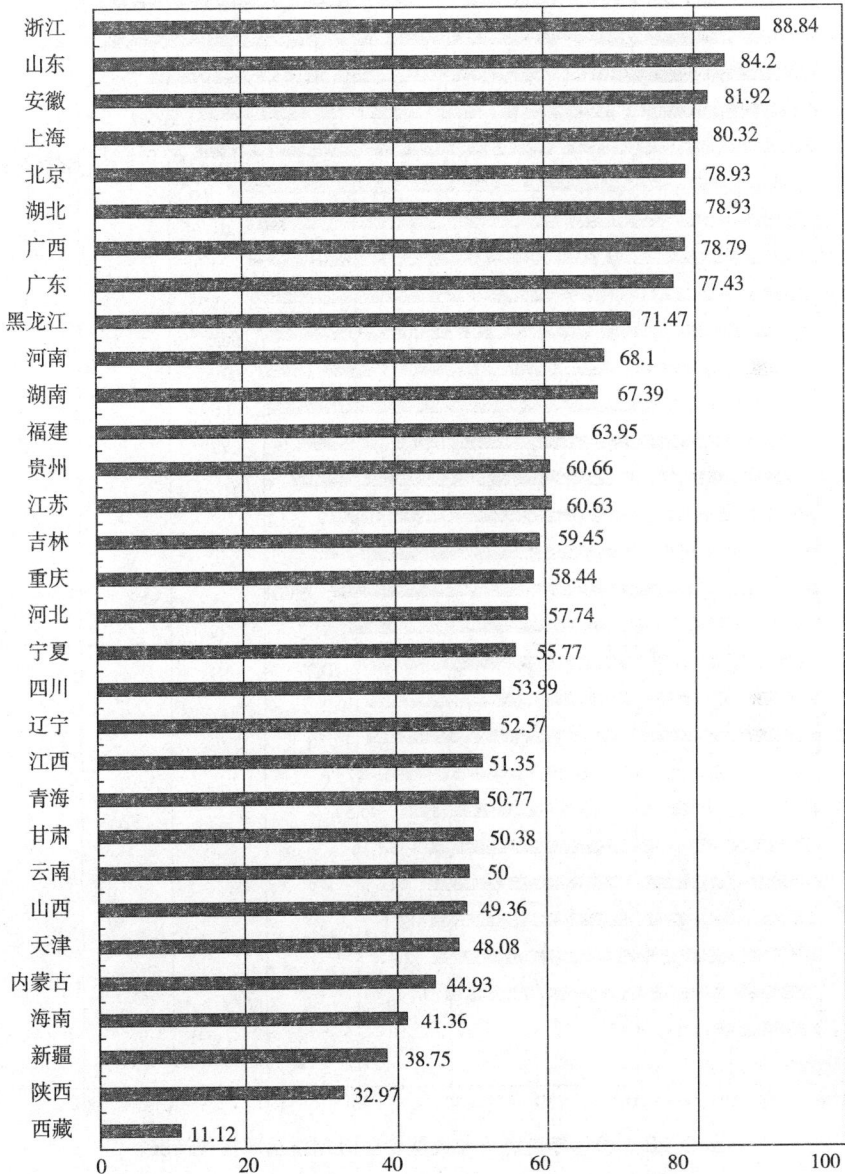

省份	指数
浙江	88.84
山东	84.2
安徽	81.92
上海	80.32
北京	78.93
湖北	78.93
广西	78.79
广东	77.43
黑龙江	71.47
河南	68.1
湖南	67.39
福建	63.95
贵州	60.66
江苏	60.63
吉林	59.45
重庆	58.44
河北	57.74
宁夏	55.77
四川	53.99
辽宁	52.57
江西	51.35
青海	50.77
甘肃	50.38
云南	50
山西	49.36
天津	48.08
内蒙古	44.93
海南	41.36
新疆	38.75
陕西	32.97
西藏	11.12

图 2-27 2015年重点行业典型企业PLM普及率指数情况

数据来源：中国电子信息产业发展研究院。

2014年全国重点行业典型企业 PLM 普及率指数为 53.87，各省份情况如下图所示。

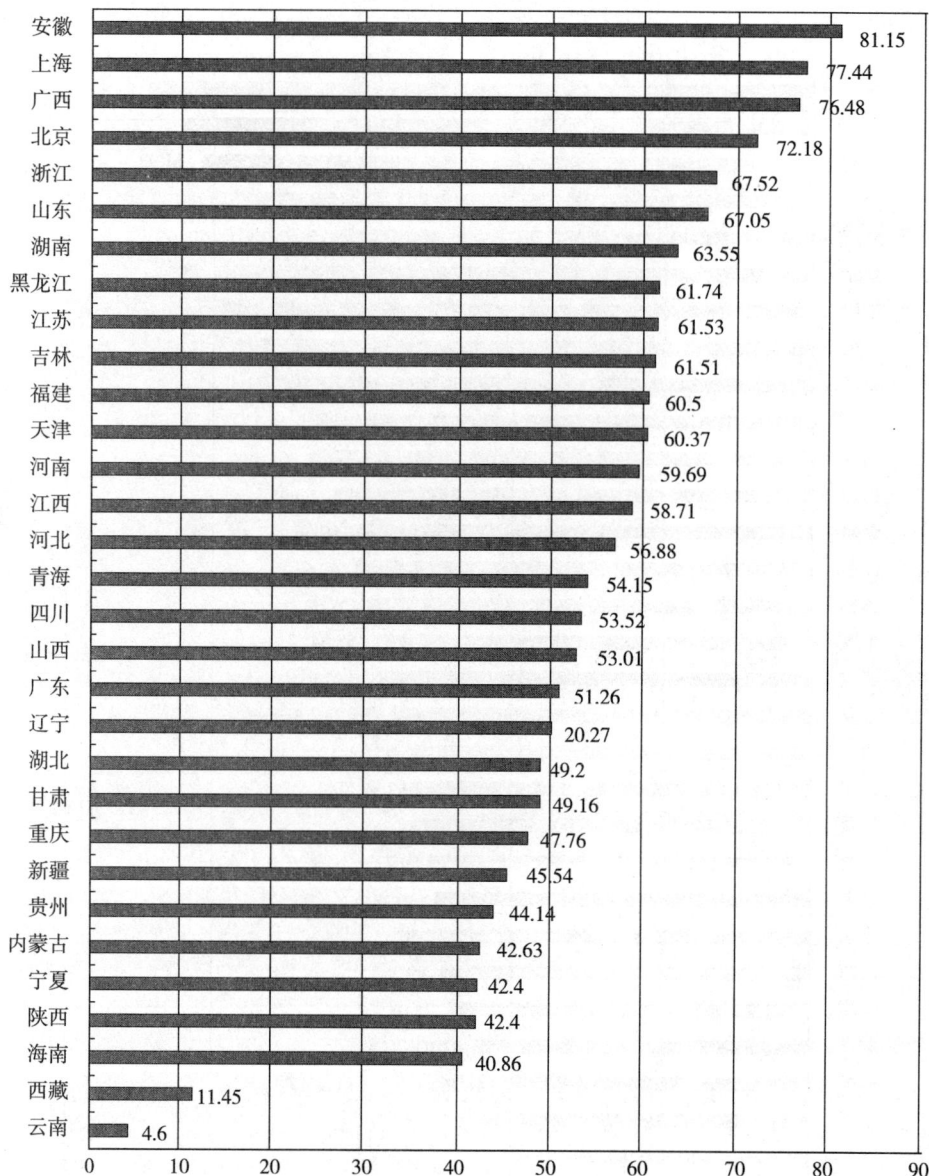

图 2-28 2014年重点行业典型企业PLM普及率指数情况

数据来源：中国电子信息产业发展研究院。

（四）重点行业典型企业SCM普及率

2015年全国重点行业典型企业SCM普及率指数为58.81，各省份情况如下图所示。

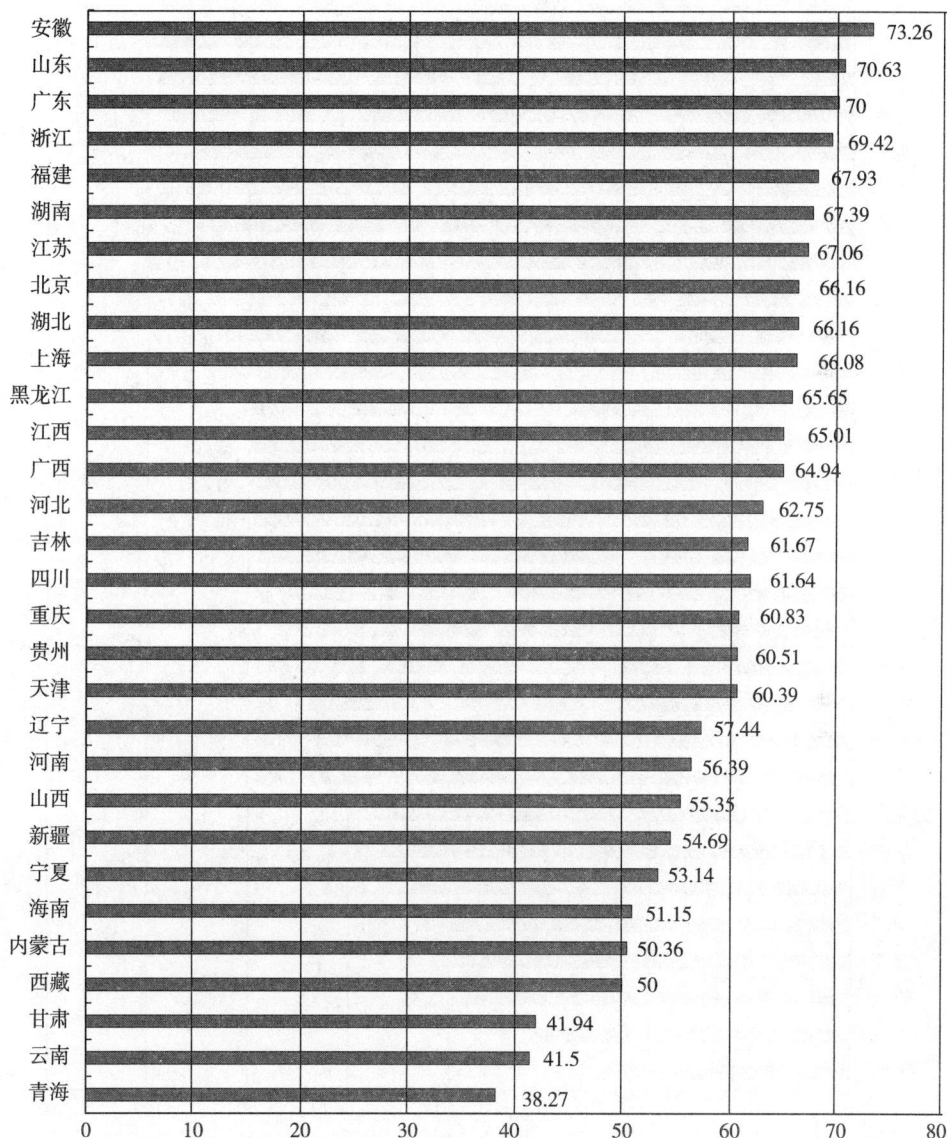

省份	指数
安徽	73.26
山东	70.63
广东	70
浙江	69.42
福建	67.93
湖南	67.39
江苏	67.06
北京	66.16
湖北	66.16
上海	66.08
黑龙江	65.65
江西	65.01
广西	64.94
河北	62.75
吉林	61.67
四川	61.64
重庆	60.83
贵州	60.51
天津	60.39
辽宁	57.44
河南	56.39
山西	55.35
新疆	54.69
宁夏	53.14
海南	51.15
内蒙古	50.36
西藏	50
甘肃	41.94
云南	41.5
青海	38.27

图2-29　2015年重点行业典型企业SCM普及率指数情况

数据来源：中国电子信息产业发展研究院。

2014年全国重点行业典型企业SCM普及率指数为56.20，各省份情况如下图所示。

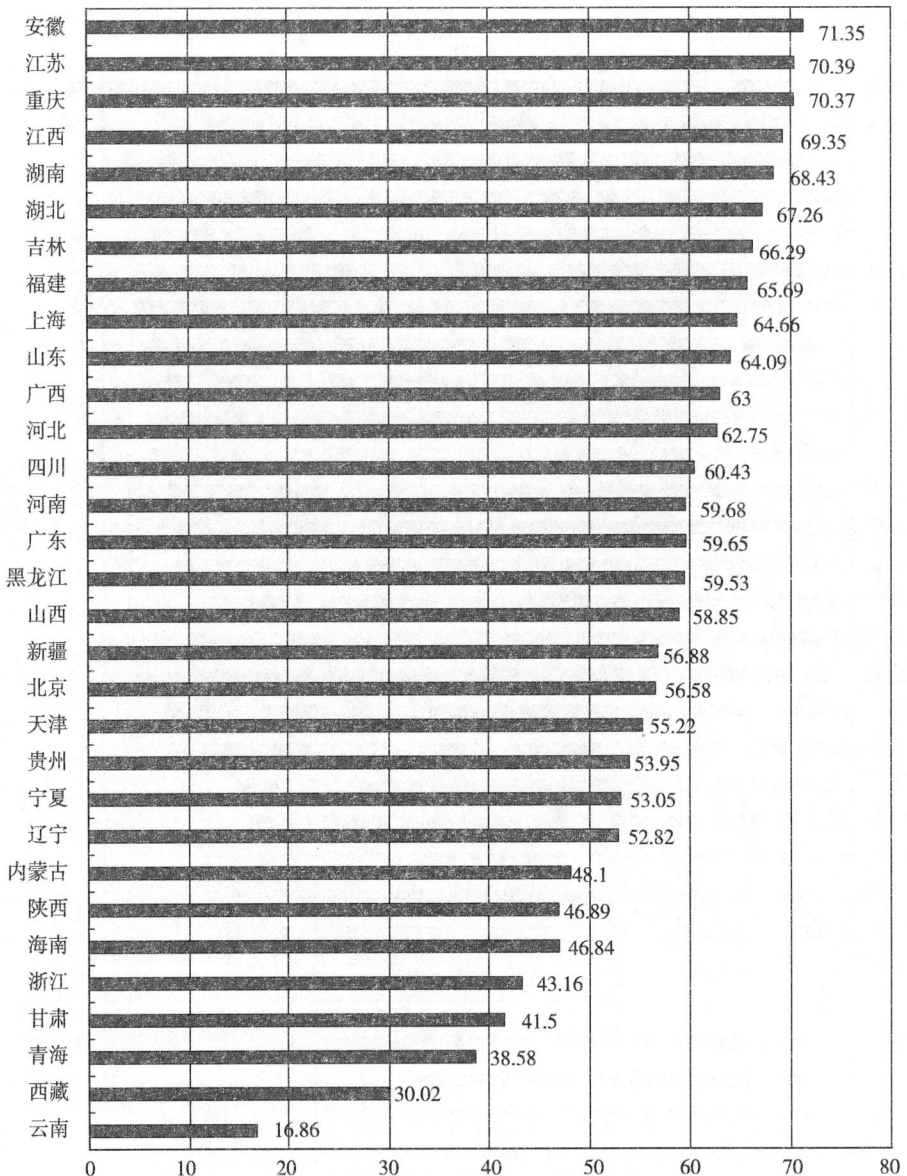

图2-30 2014年重点行业典型企业SCM普及率指数情况

数据来源：中国电子信息产业发展研究院。

（五）重点行业典型企业采购环节电子商务应用

2015 年全国重点行业典型企业采购环节电子商务应用指数为 76.83，各省份情况如下图所示。

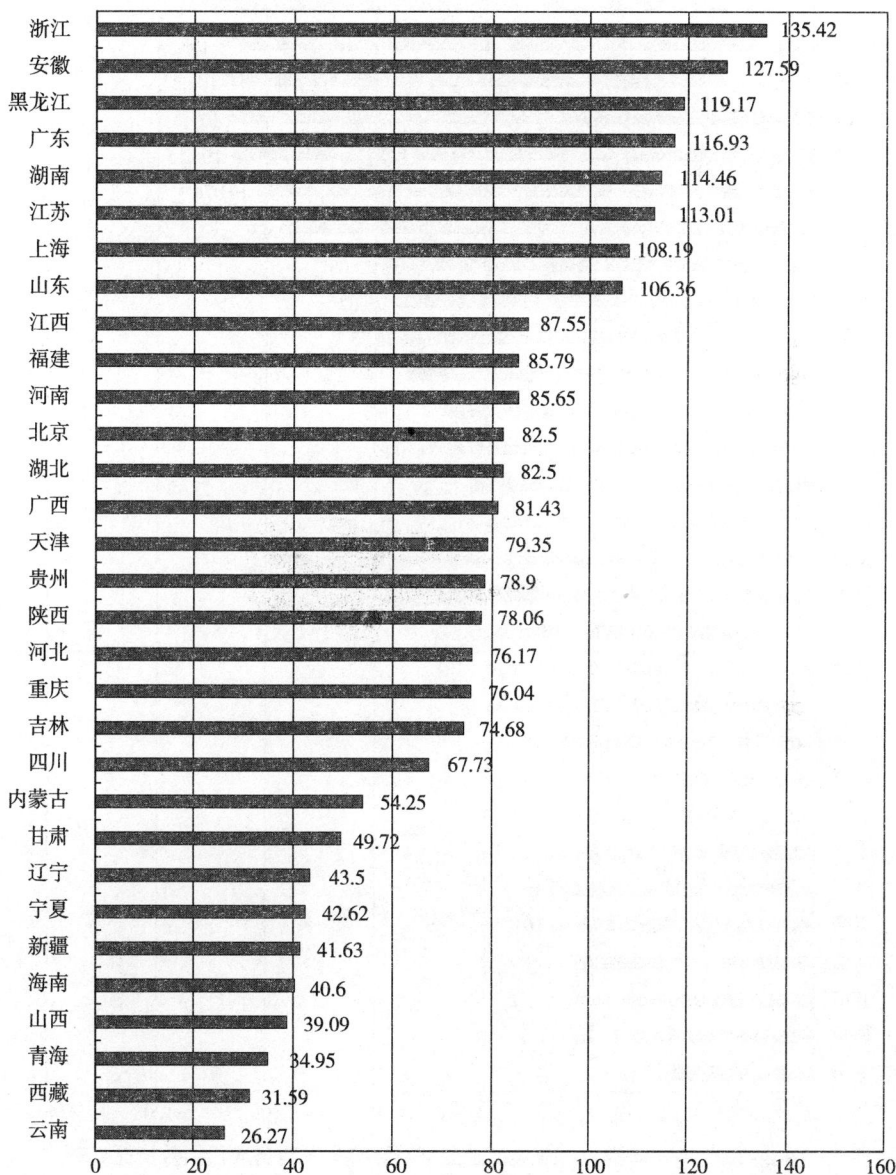

图 2-31 2015年重点行业典型企业采购环节电子商务应用指数情况

数据来源：中国电子信息产业发展研究院。

2014年全国重点行业典型企业采购环节电子商务应用指数为68.46，各省份情况如下图所示。

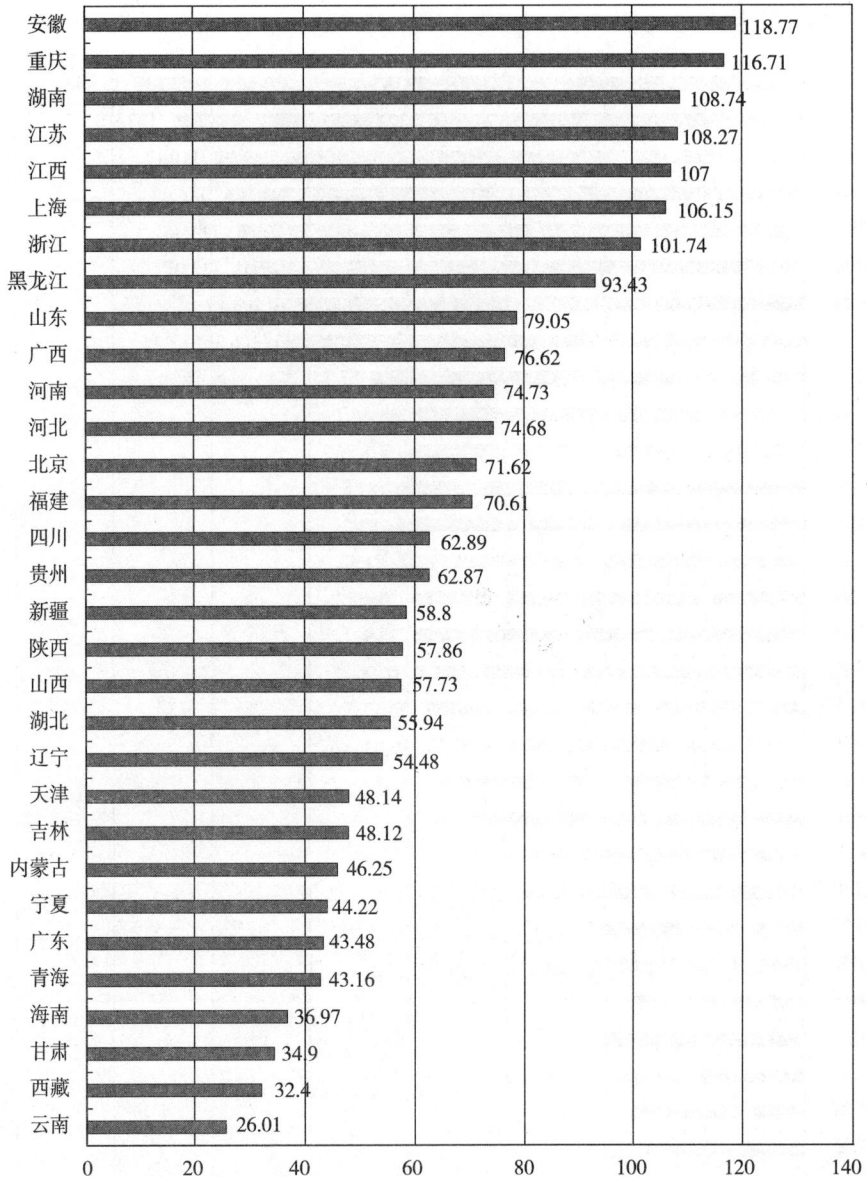

安徽	118.77
重庆	116.71
湖南	108.74
江苏	108.27
江西	107
上海	106.15
浙江	101.74
黑龙江	93.43
山东	79.05
广西	76.62
河南	74.73
河北	74.68
北京	71.62
福建	70.61
四川	62.89
贵州	62.87
新疆	58.8
陕西	57.86
山西	57.73
湖北	55.94
辽宁	54.48
天津	48.14
吉林	48.12
内蒙古	46.25
宁夏	44.22
广东	43.48
青海	43.16
海南	36.97
甘肃	34.9
西藏	32.4
云南	26.01

图2-32　2014年重点行业典型企业采购环节电子商务应用指数情况

数据来源：中国电子信息产业发展研究院。

（六）重点行业典型企业销售环节电子商务应用

2015 年全国重点行业典型企业销售环节电子商务应用指数为 84.64，各省份情况如下图所示。

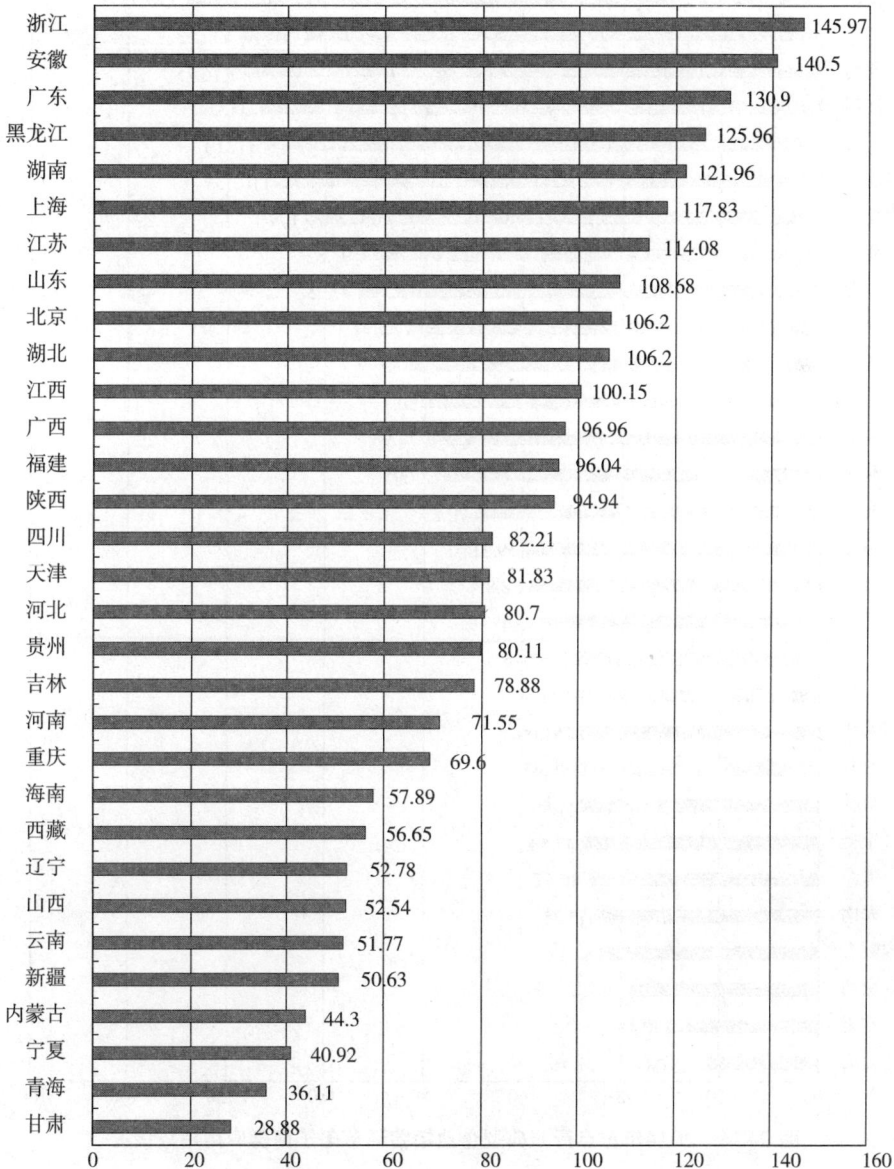

图 2-33　2015 年重点行业典型企业销售环节电子商务应用指数情况

数据来源：中国电子信息产业发展研究院。

　　2014 年全国重点行业典型企业销售环节电子商务应用指数为 74.36，各省份情况如下图所示。

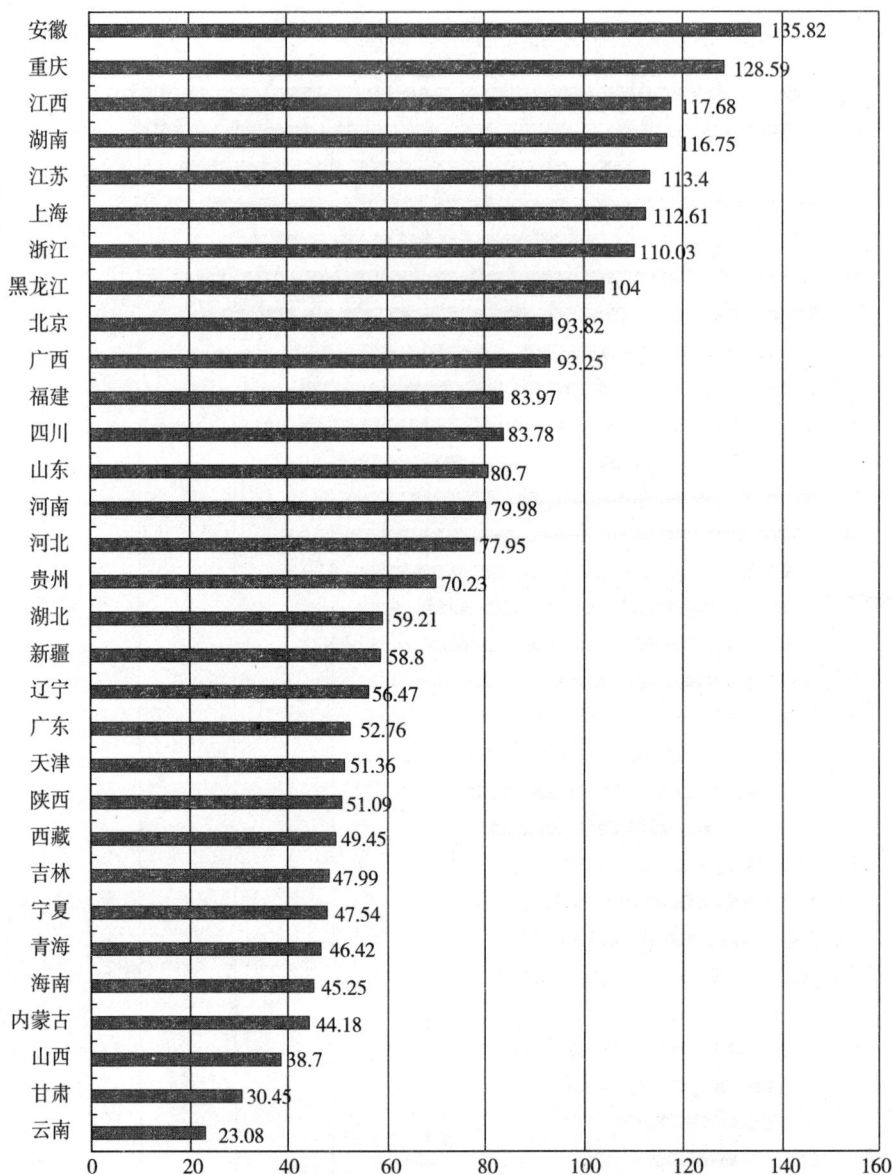

图 2-34　2014年重点行业典型企业销售环节电子商务应用指数情况

数据来源：中国电子信息产业发展研究院。

（七）重点行业典型企业装备数控化率

2015 年全国重点行业典型企业装备数控化率指数为 51.3，各省份情况如下图所示。

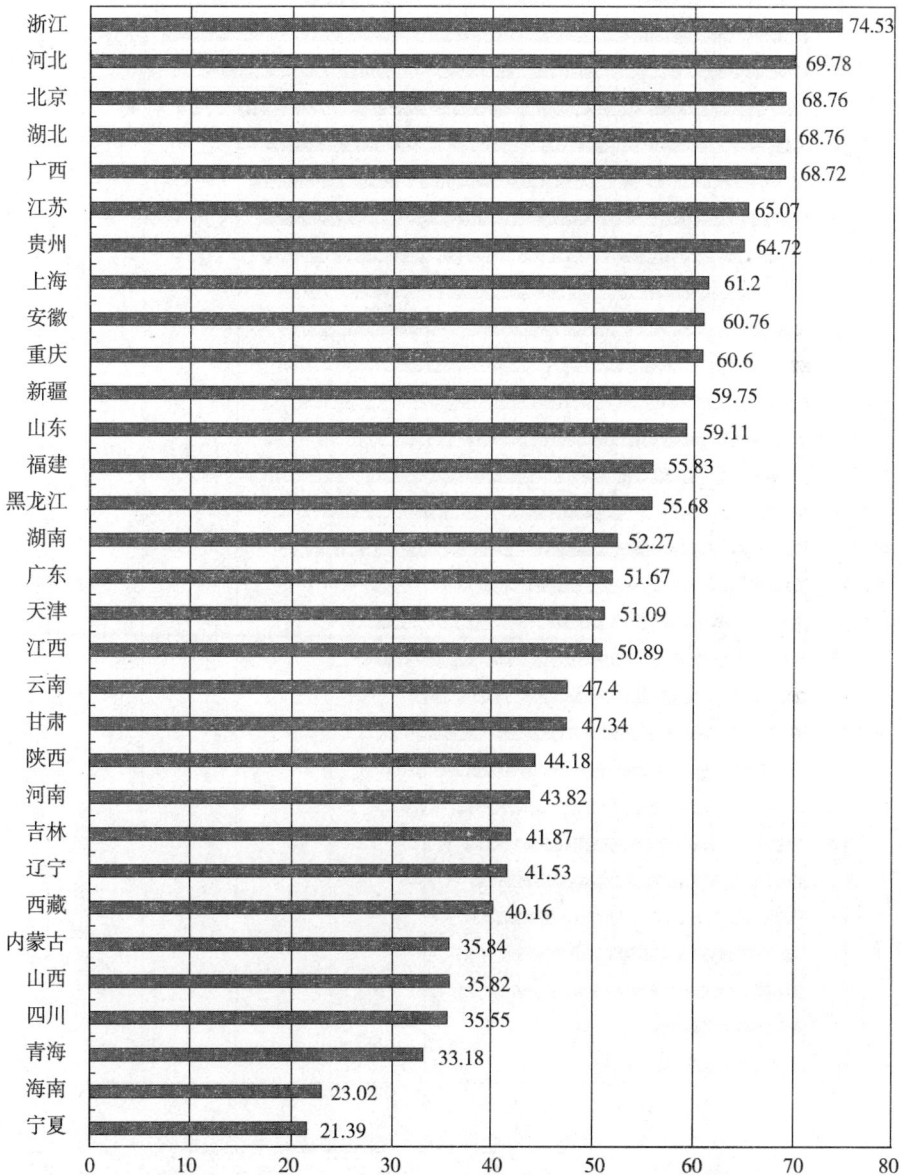

图2-35 2015年重点行业典型企业装备数控化率指数情况

数据来源：中国电子信息产业发展研究院。

2014 年全国重点行业典型企业装备数控化率指数为 48.36，各省份情况如下图所示。

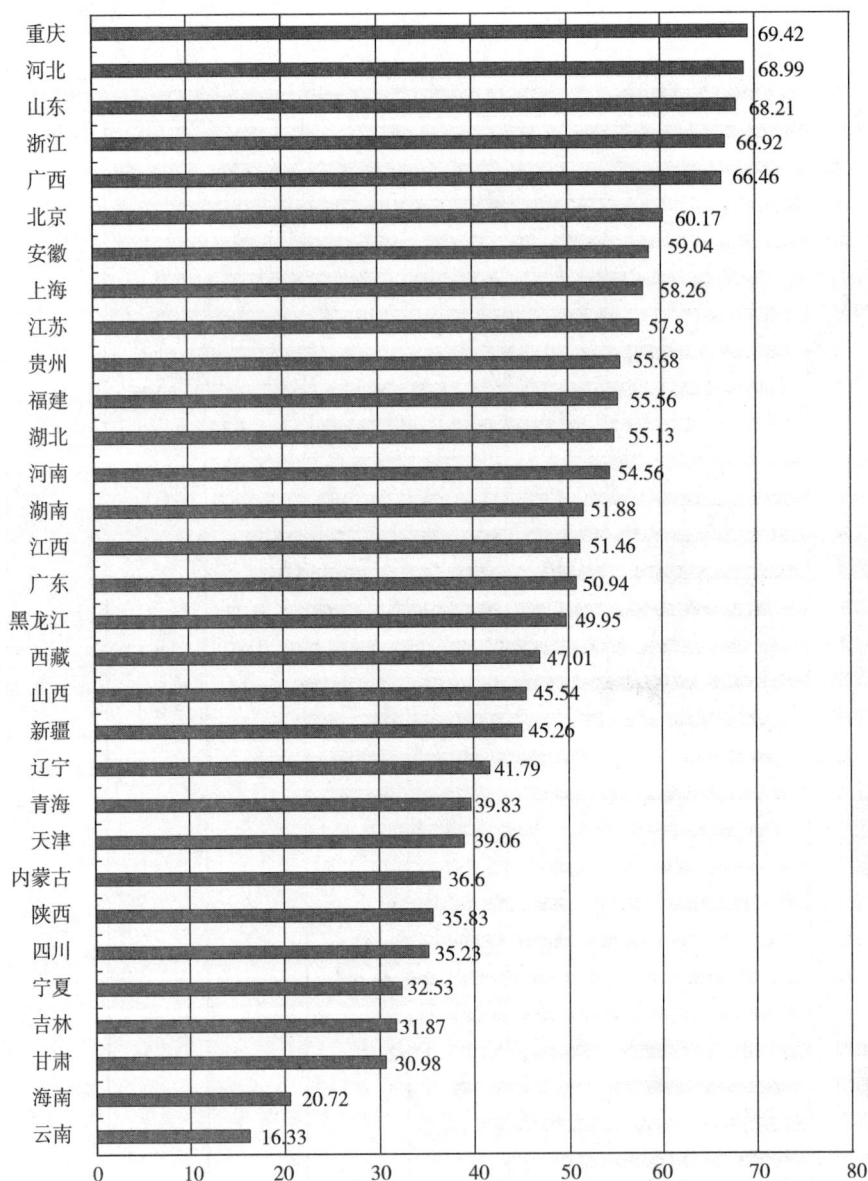

省份	指数
重庆	69.42
河北	68.99
山东	68.21
浙江	66.92
广西	66.46
北京	60.17
安徽	59.04
上海	58.26
江苏	57.8
贵州	55.68
福建	55.56
湖北	55.13
河南	54.56
湖南	51.88
江西	51.46
广东	50.94
黑龙江	49.95
西藏	47.01
山西	45.54
新疆	45.26
辽宁	41.79
青海	39.83
天津	39.06
内蒙古	36.6
陕西	35.83
四川	35.23
宁夏	32.53
吉林	31.87
甘肃	30.98
海南	20.72
云南	16.33

图 2-36 2014年重点行业典型企业装备数控化率指数情况

数据来源：中国电子信息产业发展研究院。

（八）国家新型工业化产业示范基地两化融合发展水平

2015 年全国国家新型工业化产业示范基地两化融合发展指数为 67.02，各省份情况如下图所示。

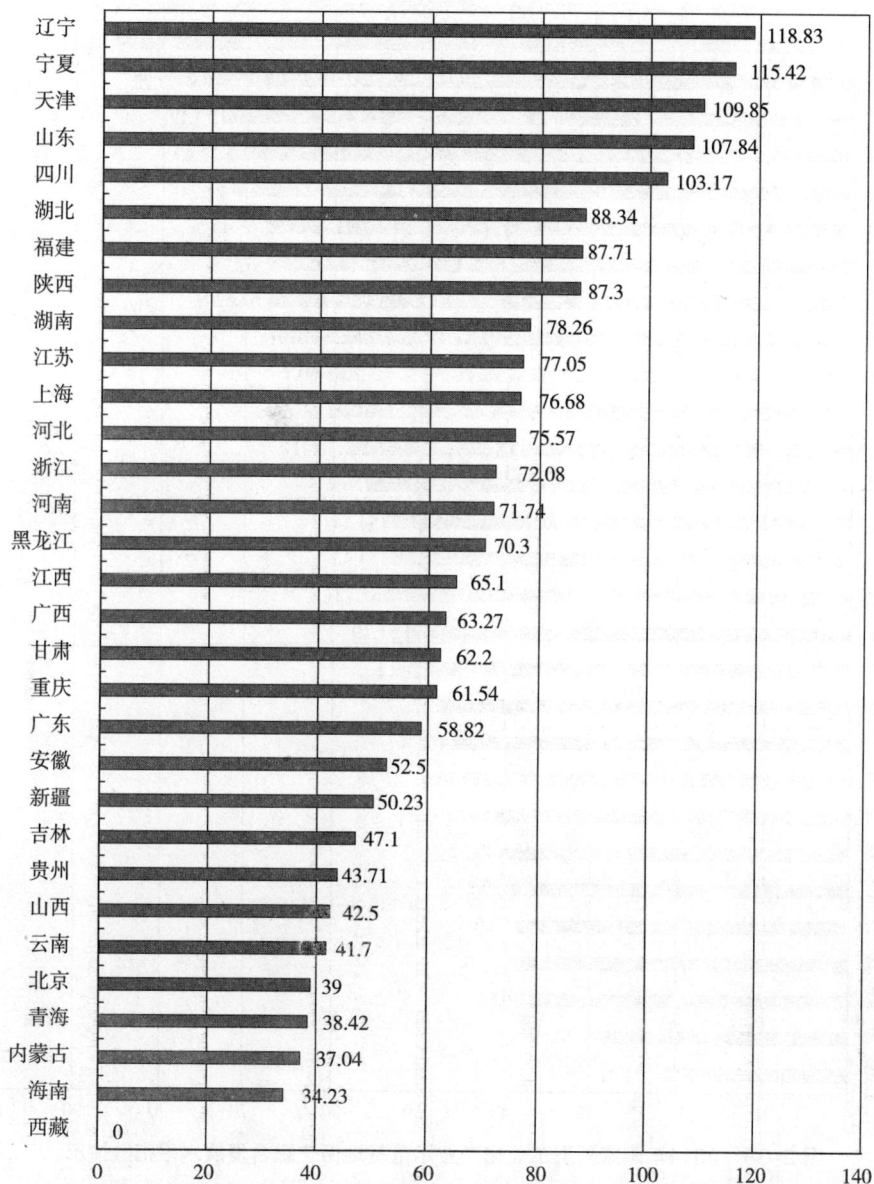

图 2-37　2015年国家新型工业化产业示范基地两化融合发展水平指数情况

数据来源：中国电子信息产业发展研究院。

2014年全国国家新型工业化产业示范基地两化融合发展指数为56.36，各省份情况如下图所示。

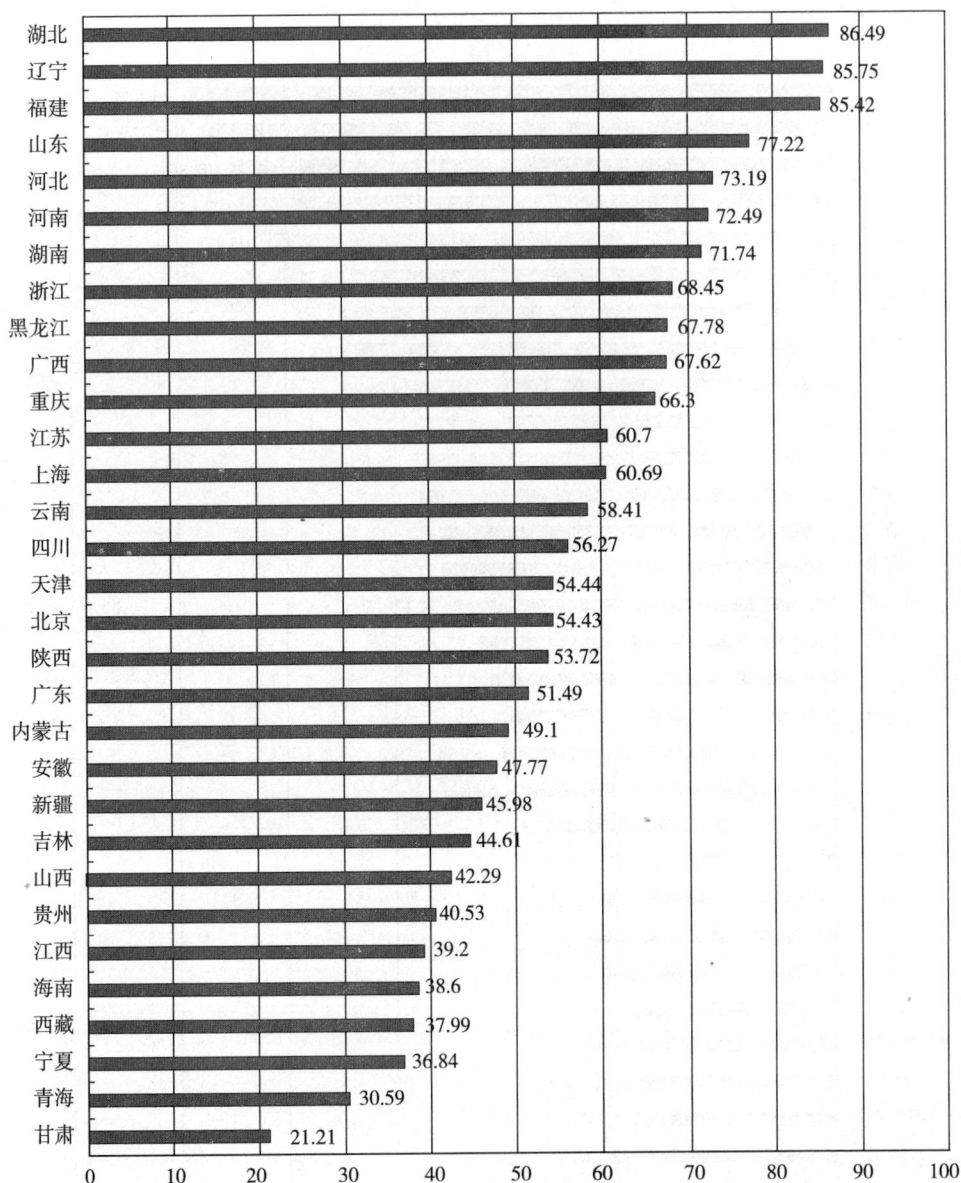

图2-38 2014年国家新型工业化产业示范基地两化融合发展水平指数情况

数据来源：中国电子信息产业发展研究院。

四、应用效益分析

2015 年全国两化融合发展水平评估应用效益类评估结果如下表所示。

表 2-6　2015 年全国两化融合发展水平评估应用效益类指标评估结果

省份	工业增加值占GDP比重指数	第二产业全员劳动生产率指数	工业成本费用利润率指数	单位工业增加值工业专利量指数	单位地区生产总值电耗指数	电子信息制造业主营业务收入指数	软件业务收入指数	应用效益指数
江苏	47.91	98.59	42.28	156.88	92.34	297.57	282.05	135.94
广东	49.6	94.62	40.88	151.3	92.21	309.16	280.27	135.62
北京	24.99	98.92	48.05	170.79	123.66	155.23	264.27	120.02
上海	38.83	106.98	47.83	146.64	107.58	202.83	229.16	119.19
山东	49.6	119.84	41.46	103.21	96.57	206.49	233.54	114.65
浙江	48.76	97.37	38.86	161.35	85.94	175.72	217.21	112.88
天津	51.25	128.72	49.87	120.67	115.51	156.25	151.65	106.89
四川	48.76	113	40.1	100.33	96.92	169.86	200.08	104.37
福建	49.6	102.57	42.42	113.97	92.25	160.32	185.06	101.88
重庆	43.51	104.04	43.51	123.33	105.04	153.26	136.07	97.63
辽宁	50.43	125.6	31	72.85	96.46	102.37	232.92	96.59
湖北	47.05	111.24	39.51	95.95	105.31	125.7	147.65	92.44
安徽	51.25	121.35	36.78	156.43	93.01	131.03	55.26	92.04
湖南	47.05	127.1	36.11	100.65	112.84	127.22	88.07	89.12
陕西	51.25	121.47	60.06	70.92	97.91	64.72	150.2	86.13
河南	51.25	100.53	47.43	76.58	88.14	161.28	75.63	83.13
江西	50.43	107.1	45.36	74.74	101.53	141.03	34.03	77.61
河北	51.25	134.85	37.65	61.49	73.64	83.48	56.47	71.27
广西	46.18	127.1	39.31	64.77	88.2	99.26	33.89	70.94
吉林	52.86	130.49	41.46	37.11	118	20.12	100.38	70.53
黑龙江	39.79	113.86	49.66	69.43	108.49	10.83	52	64.2
贵州	41.67	106.82	48.31	87.11	68.34	13.1	38.36	59.8
内蒙古	50.43	166.87	44.44	30.55	65.24	25.76	15.15	59.5
海南	21.38	123.38	43.46	90.18	95.91	7.44	9.11	58.04
西藏	10.77	155.02	60.62	28.81	134.13	0.13	0	56.94
新疆	41.67	123.42	51.02	63.15	49.13	15.77	23.99	55.35
山西	49.6	100.54	11.39	67.91	63.16	67.55	11.93	53.83
云南	37.85	104.65	35.22	64.77	71	6.66	22.83	50.86
宁夏	42.6	126.82	24.65	83.08	36.06	7.28	5.18	50.17

（续表）

省份	工业增加值占GDP比重指数	第二产业全员劳动生产率指数	工业成本费用利润率指数	单位工业增加值工业专利量指数	单位地区生产总值电耗指数	电子信息制造业主营业务收入指数	软件业务收入指数	应用效益指数
甘肃	40.74	96.02	20.26	80.55	58.44	9.58	14.08	47.86
青海	47.91	130.54	32.54	39.42	35.55	7.26	0.68	45.29
全国均值	44.39	116.76	41.02	92.42	89.31	103.69	107.97	83.25

数据来源：中国电子信息产业发展研究院。

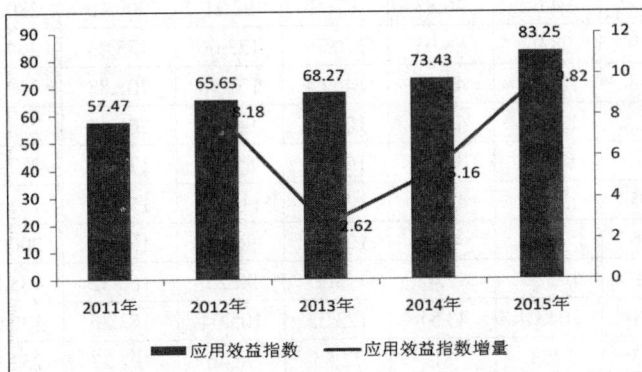

图2-39　2011—2015年应用效益指数及增量

数据来源：中国电子信息产业发展研究院。

从评估结果看，各地两化深度融合的成效开始显现，全国两化融合应用效益指数由2014年的73.43提高到了2015年的83.25，增幅为历年最高，全部省份的工业应用效应指数的增长量均超过了4。工业企业创新意识和创新能力显著增强，工业产品、生产方式和商业模式等方面的创新不断。工业各行业应用信息技术有效实现节能减排，钢铁、石化、有色、建材等行业实现了能源消耗的实时监测和精确控制。电子信息产业、软件和信息服务业快速发展，成为经济发展新的增长点。

江苏、广东、北京、上海、山东、浙江的应用效益明显高于全国其他省份，这主要是因为这些省份的电子信息制造业和软件业发展水平均处于全国上游，信息技术支撑本地企业节能降耗的成效明显。山西、云南、宁夏、甘肃、青海的应用效益较差，其中，由于山西省面临严峻的转型升级困境，工业应用效益落后于全国大部分省份，云南等省份的电子信息制造业和软件业发展较慢，电子信息产业规模小，单位工业增加值工业专利量偏少，是导致其工业应用效益水平不高的主要原因。

（一）工业增加值占GDP比重

2015年全国工业增加值占GDP比重指数为44.39，各省份情况如下图所示。

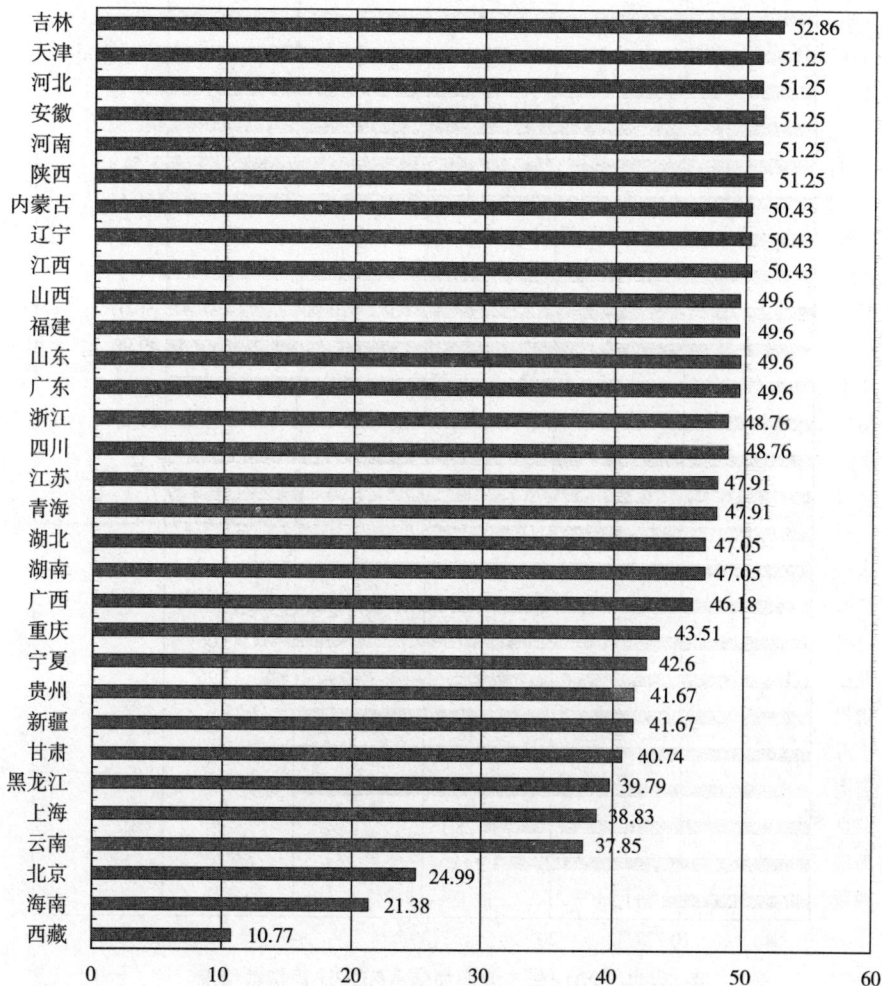

图 2-40　2015年工业增加值占GDP比重指数情况

数据来源：中国电子信息产业发展研究院。

2014年全国工业增加值占GDP比重指数为46.18，各省份情况如下图所示。

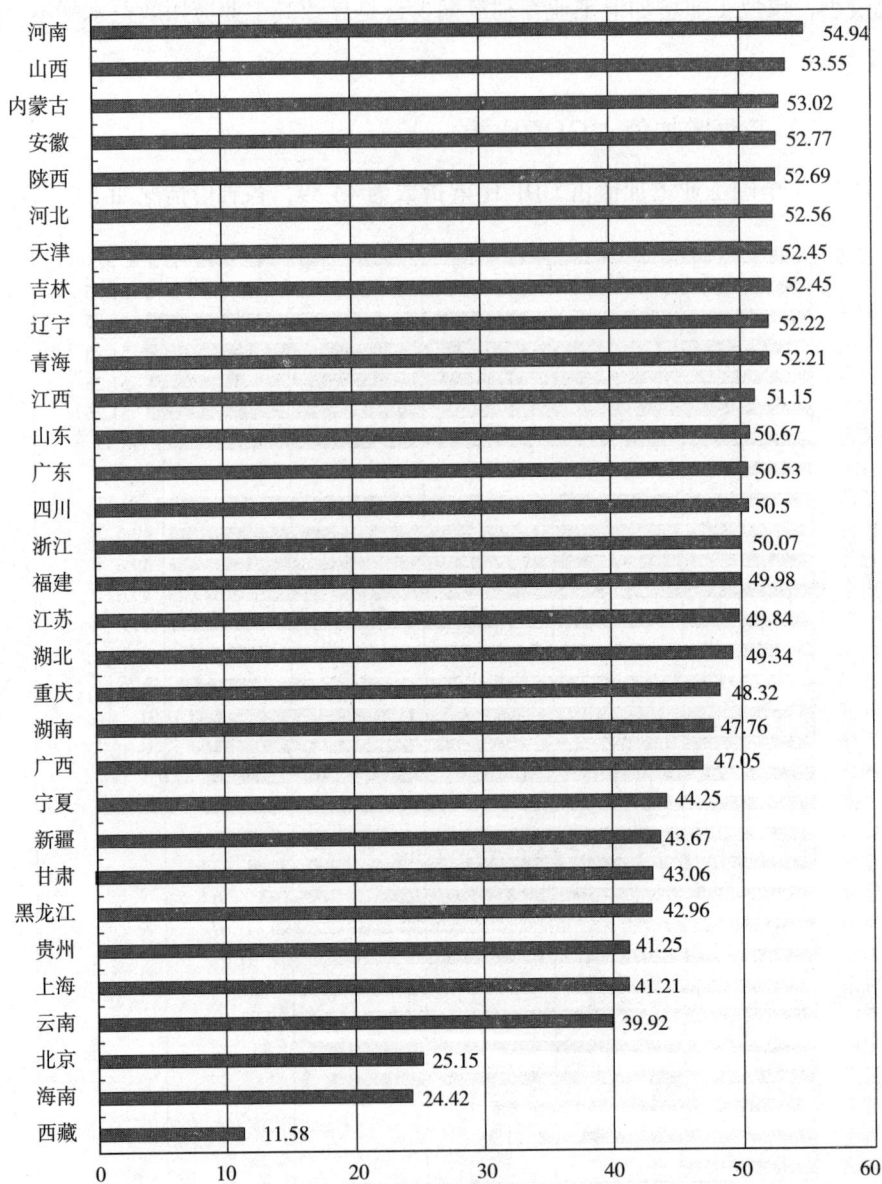

省份	数值
河南	54.94
山西	53.55
内蒙古	53.02
安徽	52.77
陕西	52.69
河北	52.56
天津	52.45
吉林	52.45
辽宁	52.22
青海	52.21
江西	51.15
山东	50.67
广东	50.53
四川	50.5
浙江	50.07
福建	49.98
江苏	49.84
湖北	49.34
重庆	48.32
湖南	47.76
广西	47.05
宁夏	44.25
新疆	43.67
甘肃	43.06
黑龙江	42.96
贵州	41.25
上海	41.21
云南	39.92
北京	25.15
海南	24.42
西藏	11.58

图 2-41 2014年工业增加值占GDP比重指数情况

数据来源：中国电子信息产业发展研究院。

（二）第二产业全员劳动生产率

2015年全国第二产业全员劳动生产率指数为116.76,各省份情况如下图所示。

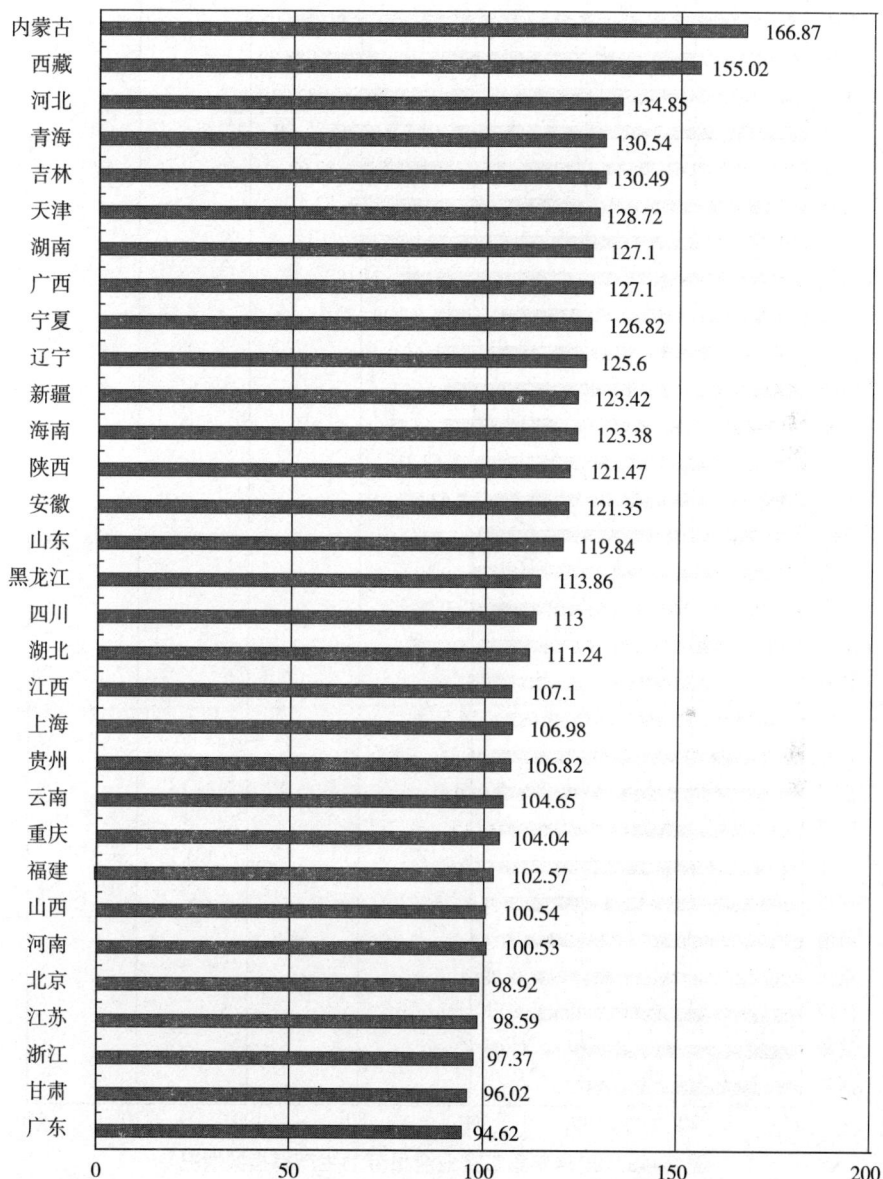

省份	指数
内蒙古	166.87
西藏	155.02
河北	134.85
青海	130.54
吉林	130.49
天津	128.72
湖南	127.1
广西	127.1
宁夏	126.82
辽宁	125.6
新疆	123.42
海南	123.38
陕西	121.47
安徽	121.35
山东	119.84
黑龙江	113.86
四川	113
湖北	111.24
江西	107.1
上海	106.98
贵州	106.82
云南	104.65
重庆	104.04
福建	102.57
山西	100.54
河南	100.53
北京	98.92
江苏	98.59
浙江	97.37
甘肃	96.02
广东	94.62

图 2-42 2015年第二产业全员劳动生产率指数情况

数据来源：中国电子信息产业发展研究院。

2014年全国第二产业全员劳动生产率指数为66.44，各省份情况如下图所示。

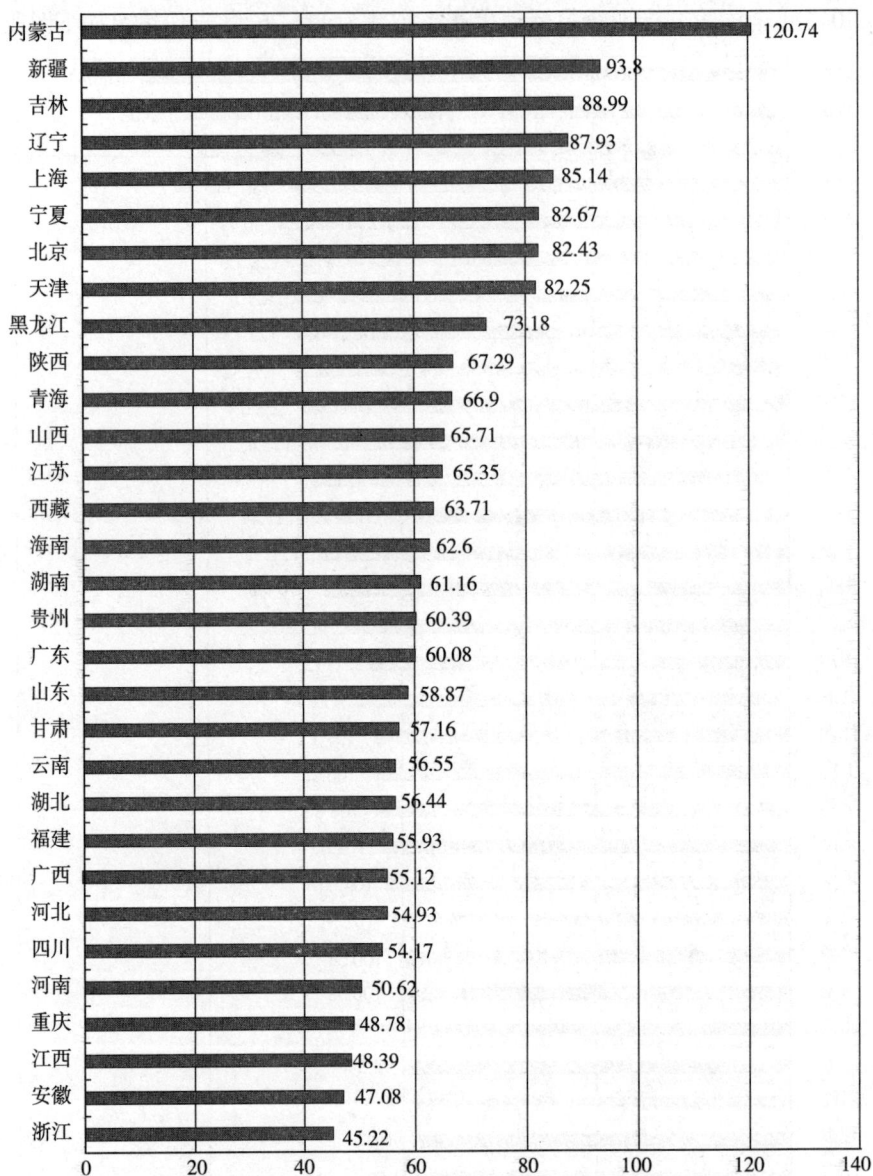

图2-43　2014年第二产业全员劳动生产率指数情况

数据来源：中国电子信息产业发展研究院。

（三）工业成本费用利润率

2015 年全国工业成本费用利润率指数为 41.02，各省份情况如下图所示。

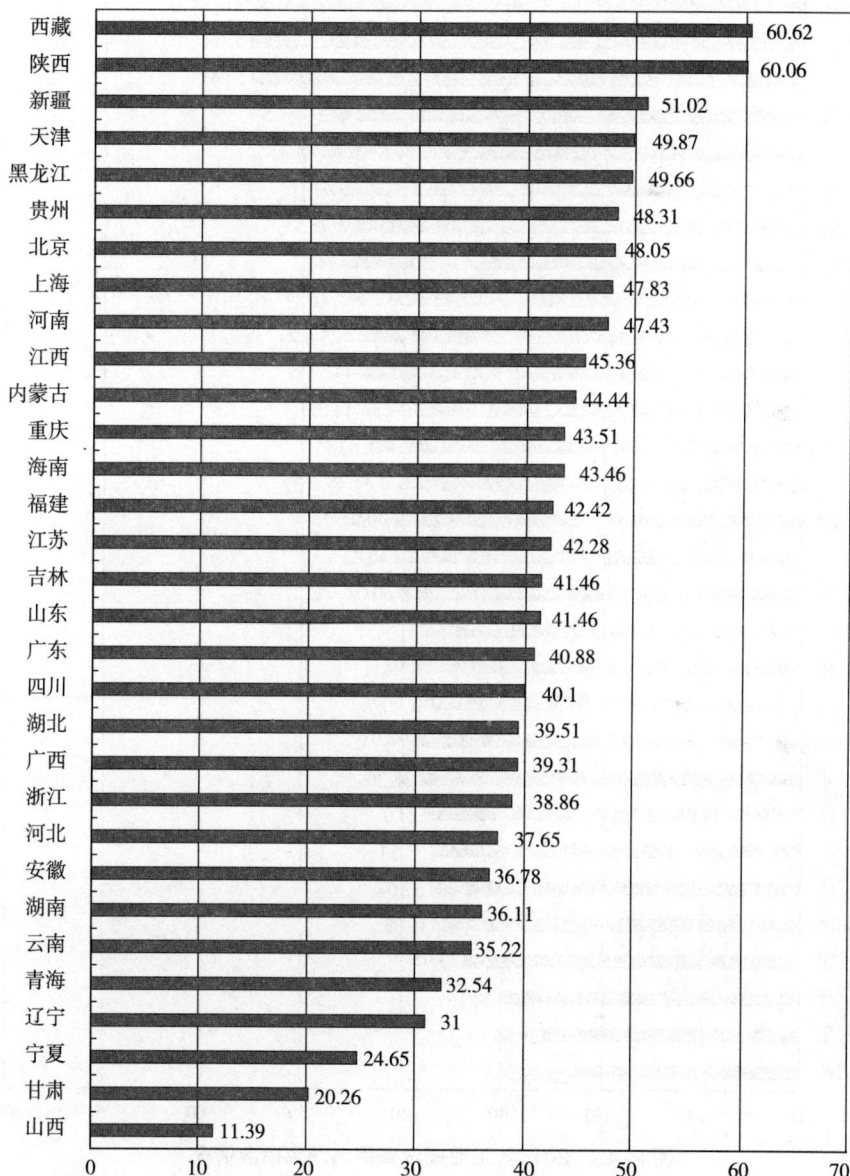

省份	数值
西藏	60.62
陕西	60.06
新疆	51.02
天津	49.87
黑龙江	49.66
贵州	48.31
北京	48.05
上海	47.83
河南	47.43
江西	45.36
内蒙古	44.44
重庆	43.51
海南	43.46
福建	42.42
江苏	42.28
吉林	41.46
山东	41.46
广东	40.88
四川	40.1
湖北	39.51
广西	39.31
浙江	38.86
河北	37.65
安徽	36.78
湖南	36.11
云南	35.22
青海	32.54
辽宁	31
宁夏	24.65
甘肃	20.26
山西	11.39

图 2-44　2015年工业成本费用利润率指数情况

数据来源：中国电子信息产业发展研究院。

2014年全国工业成本费用利润率指数为42.54，各省份情况如下图所示。

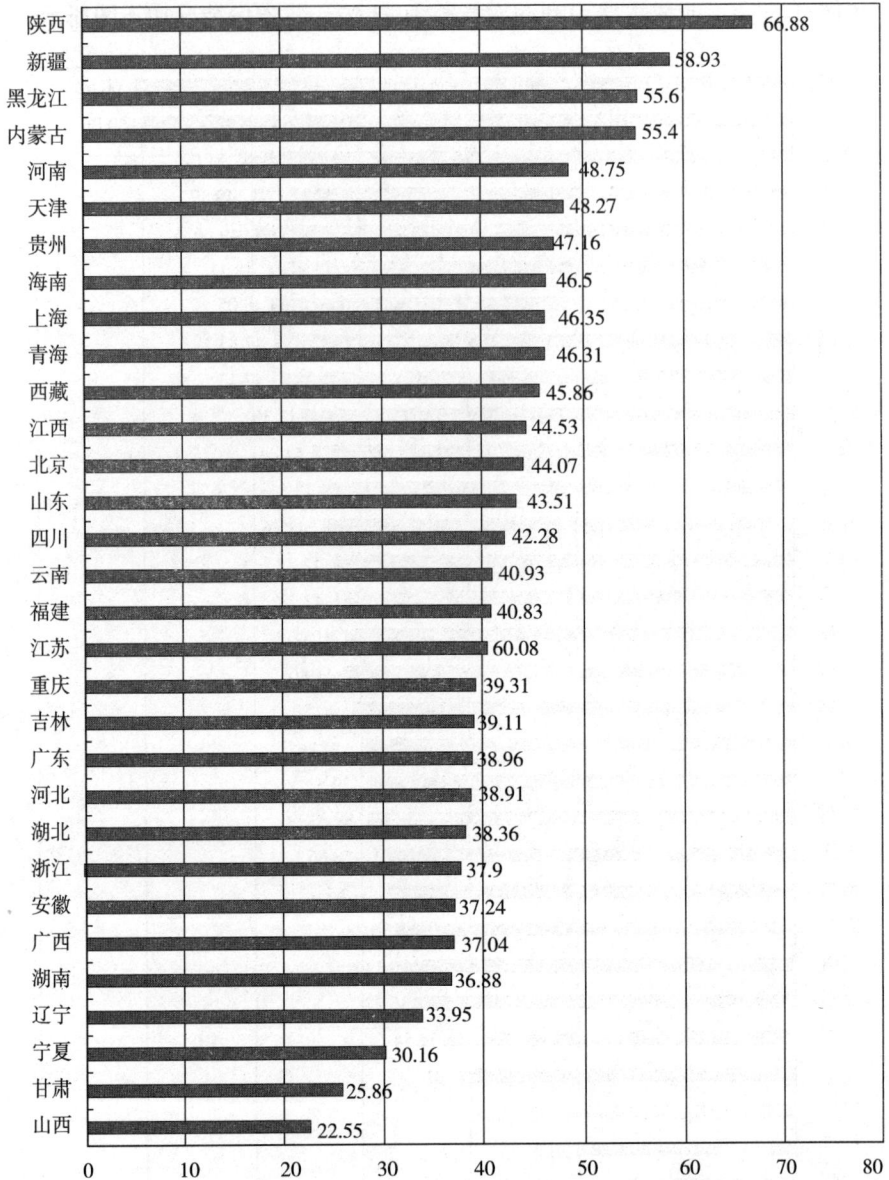

省份	数值
陕西	66.88
新疆	58.93
黑龙江	55.6
内蒙古	55.4
河南	48.75
天津	48.27
贵州	47.16
海南	46.5
上海	46.35
青海	46.31
西藏	45.86
江西	44.53
北京	44.07
山东	43.51
四川	42.28
云南	40.93
福建	40.83
江苏	60.08
重庆	39.31
吉林	39.11
广东	38.96
河北	38.91
湖北	38.36
浙江	37.9
安徽	37.24
广西	37.04
湖南	36.88
辽宁	33.95
宁夏	30.16
甘肃	25.86
山西	22.55

图 2-45　2014年工业成本费用利润率指数情况

数据来源：中国电子信息产业发展研究院。

2015年，工业成本费用利润率继续下降，比2014年减少了1.52个点，原因主要有三点：一是我国人口红利逐渐消失，"用工难、用工贵"问题日益凸显，劳动力成本上升，拉高工业成本费用；二是传统工业产品价格走低、产品销售增长缓慢，压缩盈利空间，新兴工业产品尚未形成一定的市场规模；三是在国家各项政策的指引下，我国工业发展方式开始从以劳动力提供、资本积累为主的要素投入向技术革新转变，工业企业纷纷加大技术研发资金投入力度，致使成本上升，同时技术革新引发的转型升级将会是长远的过程，短期效果尚不明显。

（四）单位工业增加值工业专利量

2015 年全国单位工业增加值工业专利量指数为 92.42,各省份情况如下图所示。

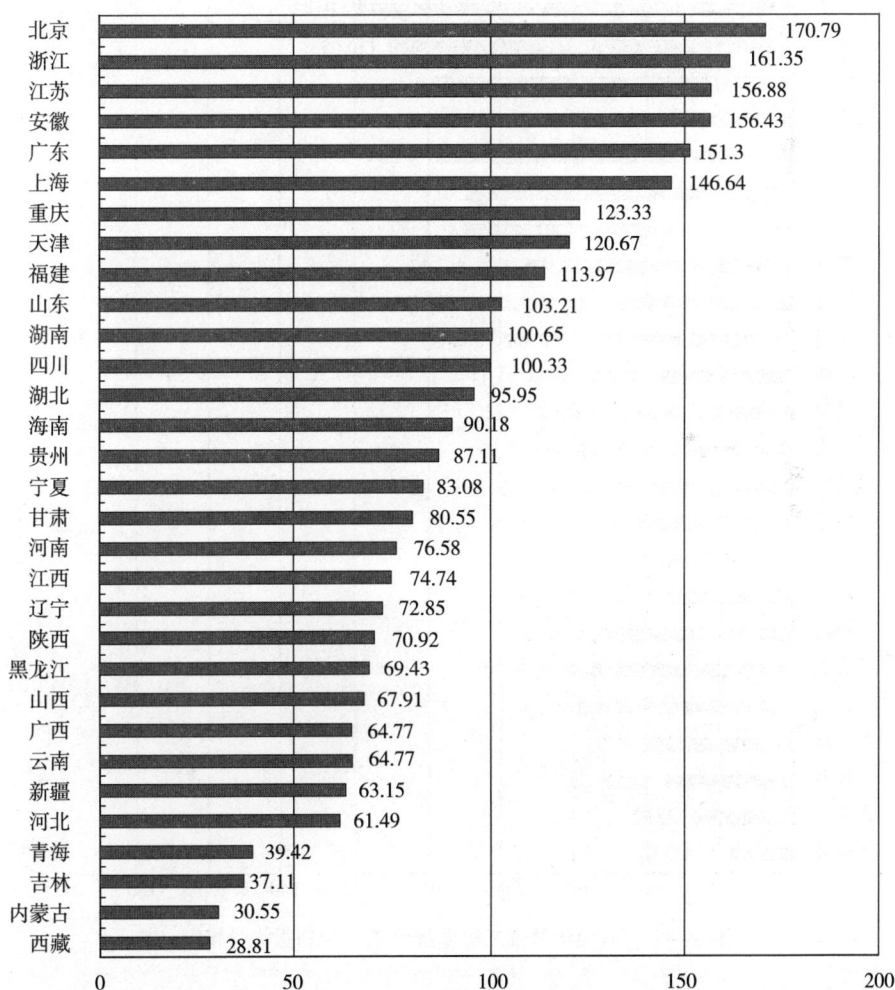

图 2-46　2015年单位工业增加值工业专利量指数情况

数据来源：中国电子信息产业发展研究院。

2014年全国单位工业增加值工业专利量指数为89.60，各省份情况如下图所示。

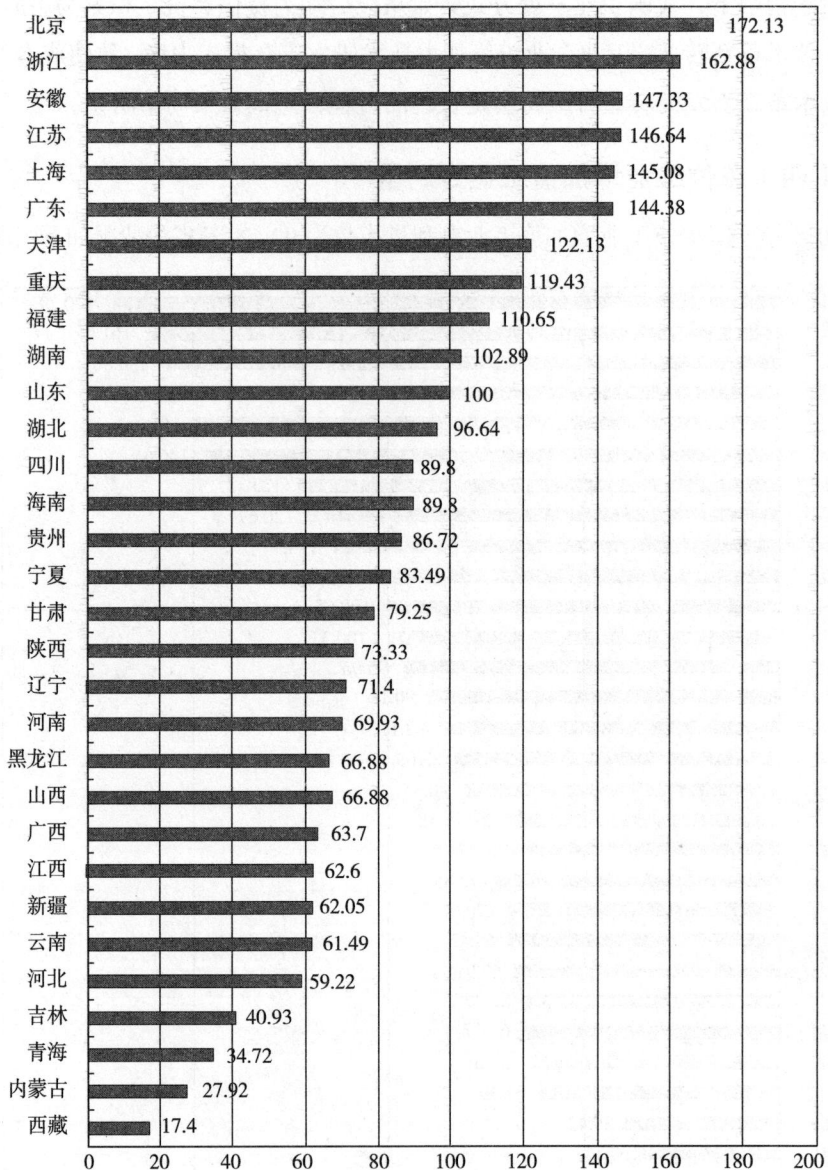

北京	172.13
浙江	162.88
安徽	147.33
江苏	146.64
上海	145.08
广东	144.38
天津	122.13
重庆	119.43
福建	110.65
湖南	102.89
山东	100
湖北	96.64
四川	89.8
海南	89.8
贵州	86.72
宁夏	83.49
甘肃	79.25
陕西	73.33
辽宁	71.4
河南	69.93
黑龙江	66.88
山西	66.88
广西	63.7
江西	62.6
新疆	62.05
云南	61.49
河北	59.22
吉林	40.93
青海	34.72
内蒙古	27.92
西藏	17.4

图2-47 2014年单位工业增加值工业专利量指数情况

数据来源：中国电子信息产业发展研究院。

（五）单位地区生产总值电耗

2015 年全国单位地区生产总值电耗指数为 89.13，各省份情况如下图所示。

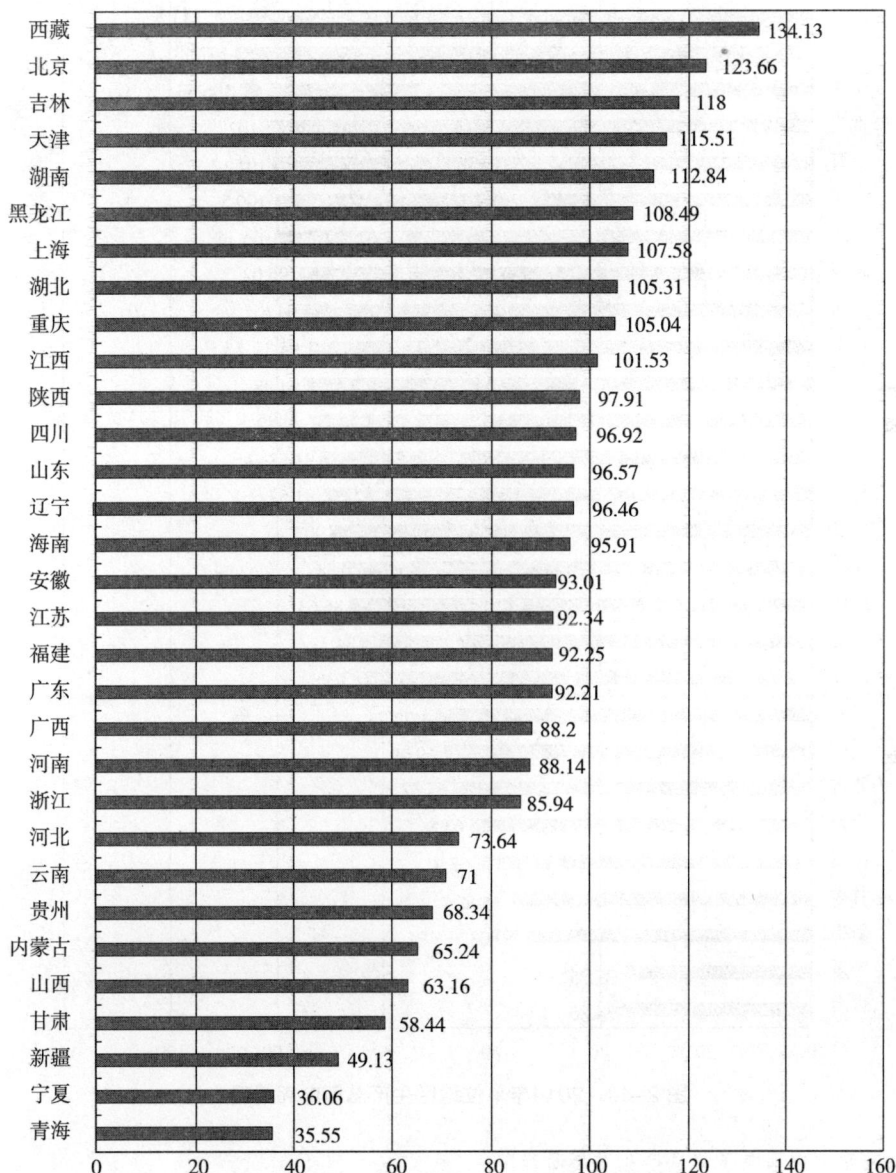

图 2-48　2015年单位地区生产总值电耗情况

数据来源：中国电子信息产业发展研究院。

2014 年全国单位地区生产总值电耗指数为 87.16，各省份情况如图 49 所示。

61

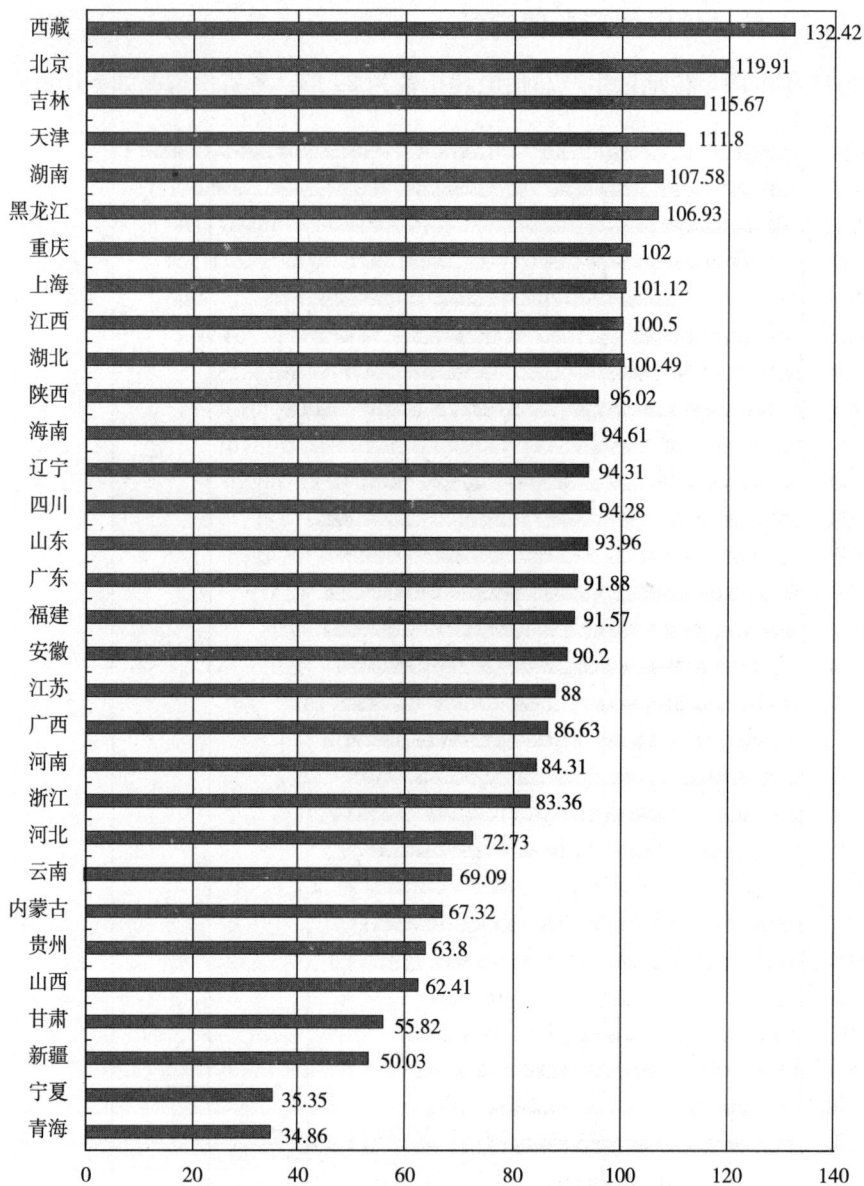

西藏	132.42
北京	119.91
吉林	115.67
天津	111.8
湖南	107.58
黑龙江	106.93
重庆	102
上海	101.12
江西	100.5
湖北	100.49
陕西	96.02
海南	94.61
辽宁	94.31
四川	94.28
山东	93.96
广东	91.88
福建	91.57
安徽	90.2
江苏	88
广西	86.63
河南	84.31
浙江	83.36
河北	72.73
云南	69.09
内蒙古	67.32
贵州	63.8
山西	62.41
甘肃	55.82
新疆	50.03
宁夏	35.35
青海	34.86

图2-49　2014年单位地区生产总值电耗情况

数据来源：中国电子信息产业发展研究院。

（六）电子信息制造业主营业务收入

2015年全国电子信息制造业主营业务收入指数为103.69，各省份情况如图

50 所示。

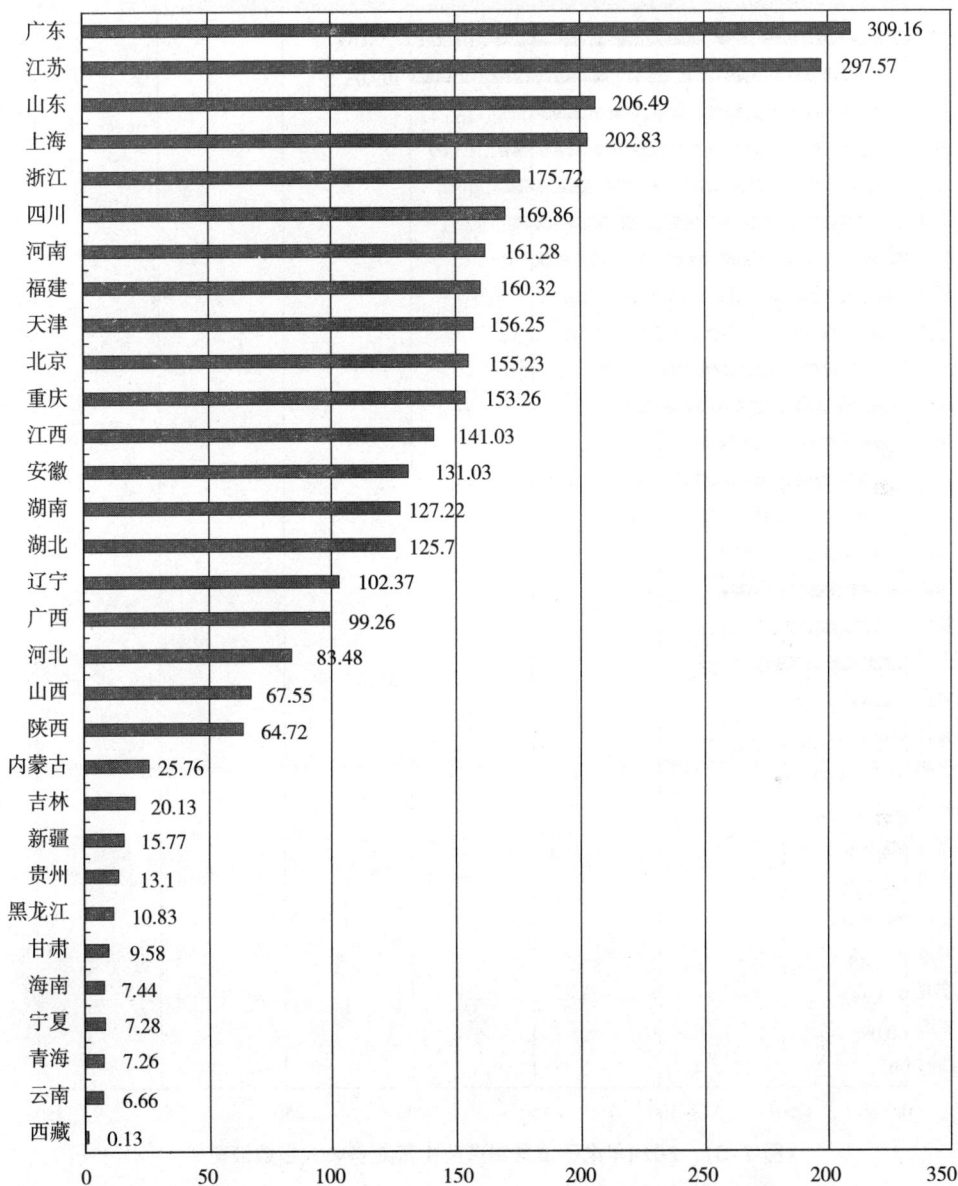

图 2-50 2015年电子信息制造业主营业务收入指数情况

数据来源：中国电子信息产业发展研究院。

2014 年全国电子信息制造业主营业务收入指数为 98.20，各省份情况如图 51 所示。

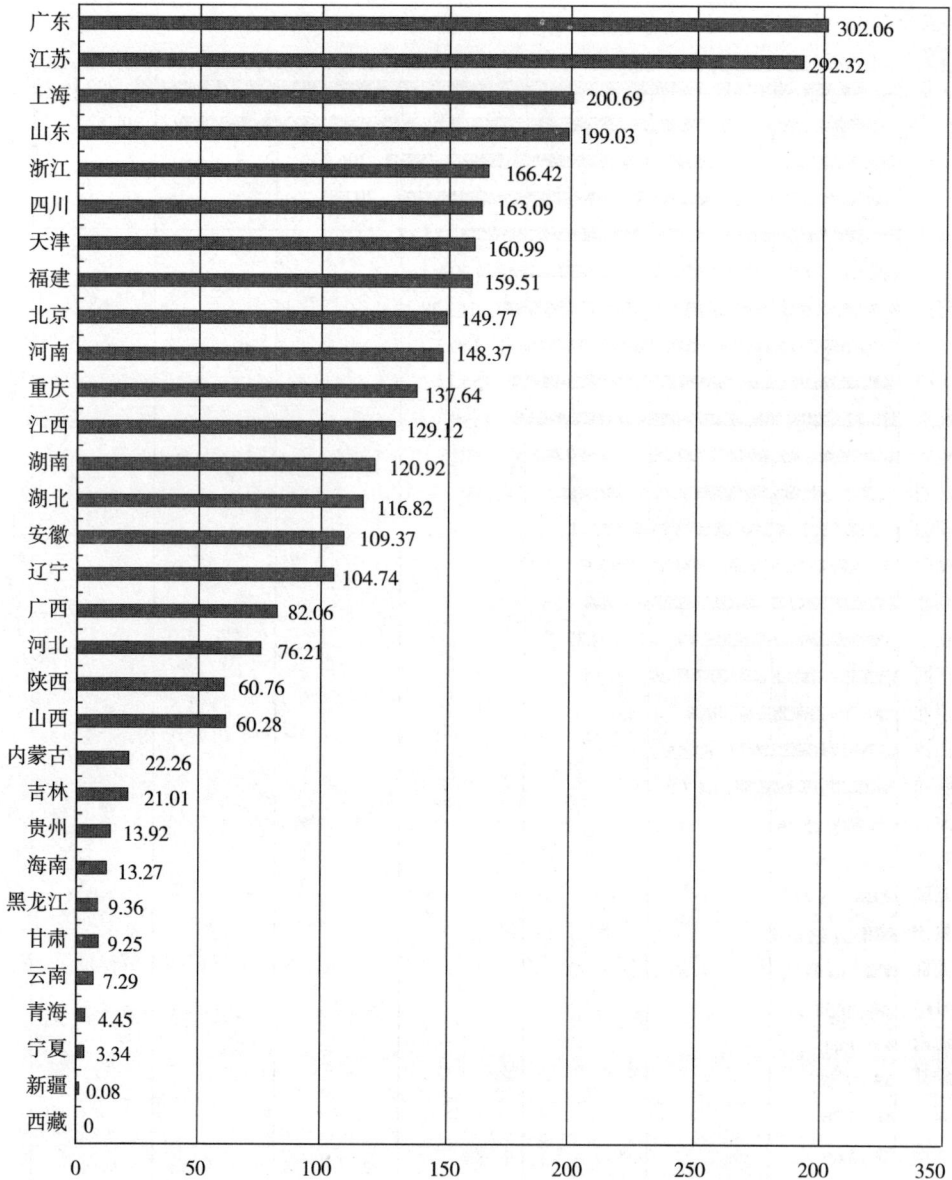

省份	数值
广东	302.06
江苏	292.32
上海	200.69
山东	199.03
浙江	166.42
四川	163.09
天津	160.99
福建	159.51
北京	149.77
河南	148.37
重庆	137.64
江西	129.12
湖南	120.92
湖北	116.82
安徽	109.37
辽宁	104.74
广西	82.06
河北	76.21
陕西	60.76
山西	60.28
内蒙古	22.26
吉林	21.01
贵州	13.92
海南	13.27
黑龙江	9.36
甘肃	9.25
云南	7.29
青海	4.45
宁夏	3.34
新疆	0.08
西藏	0

图 2-51　2014年电子信息制造业主营业务收入指数情况

数据来源：中国电子信息产业发展研究院。

（七）软件业务收入

2015 年全国软件业务收入指数为 107.97，各省份情况如图 52 所示。

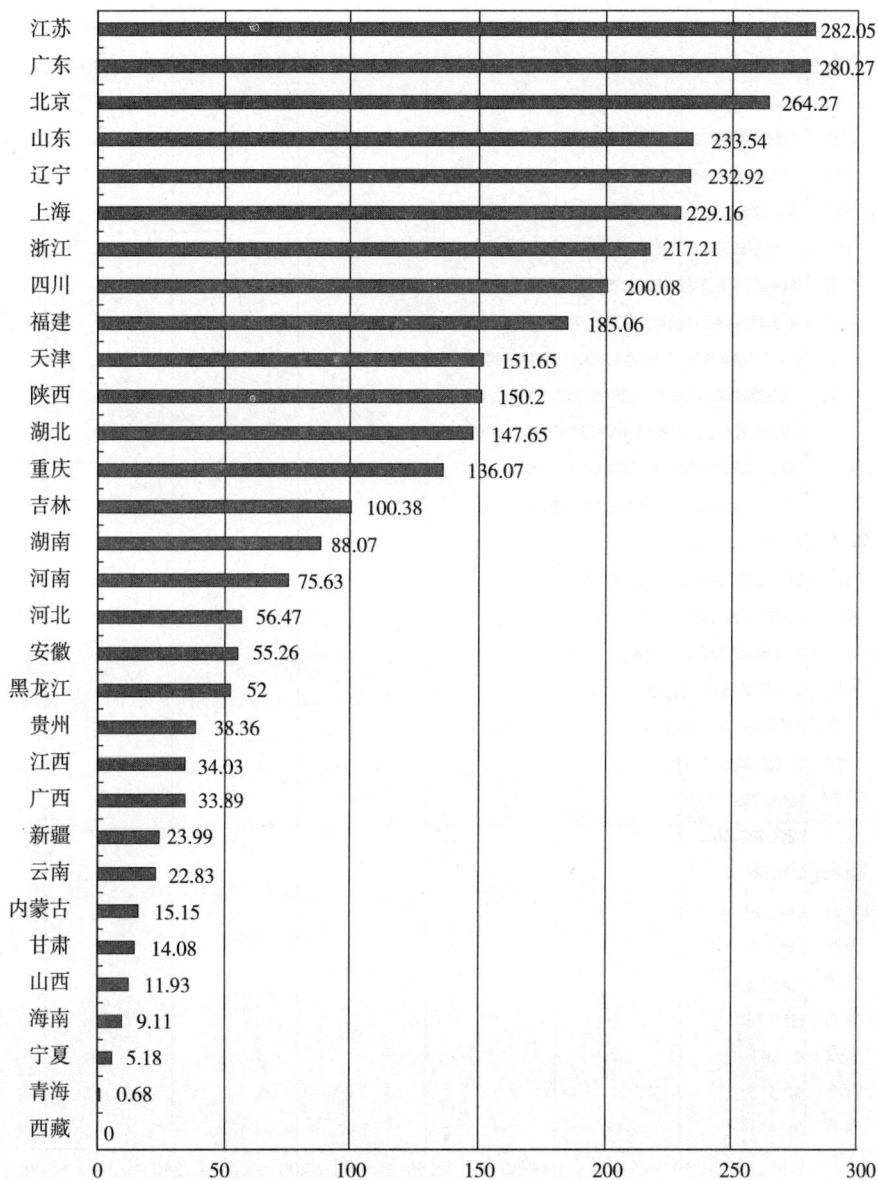

省份	数值
江苏	282.05
广东	280.27
北京	264.27
山东	233.54
辽宁	232.92
上海	229.16
浙江	217.21
四川	200.08
福建	185.06
天津	151.65
陕西	150.2
湖北	147.65
重庆	136.07
吉林	100.38
湖南	88.07
河南	75.63
河北	56.47
安徽	55.26
黑龙江	52
贵州	38.36
江西	34.03
广西	33.89
新疆	23.99
云南	22.83
内蒙古	15.15
甘肃	14.08
山西	11.93
海南	9.11
宁夏	5.18
青海	0.68
西藏	0

图 2-52 2015年软件业务收入指数情况

数据来源：中国电子信息产业发展研究院。

2014 年全国软件业务收入指数为 100.18，各省份情况如图 53 所示。

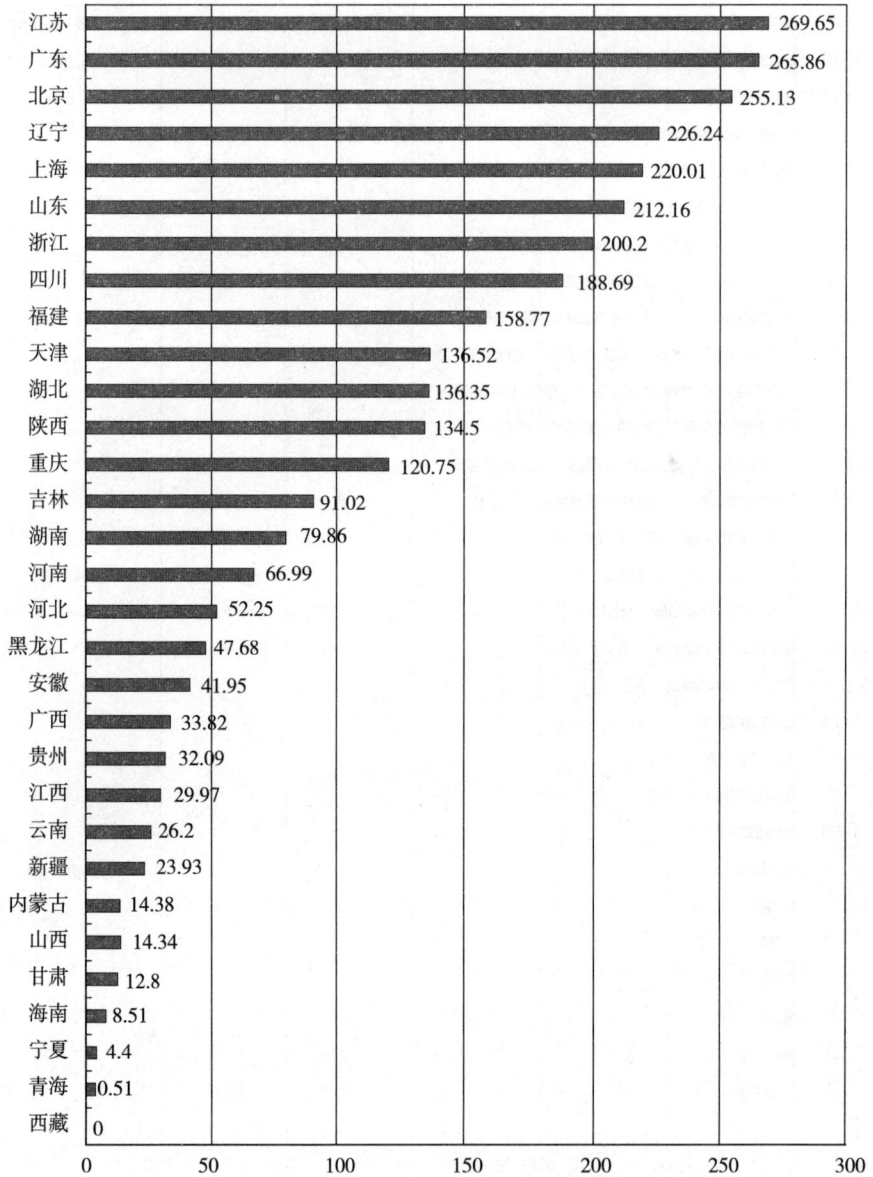

图2-53 2014年软件业务收入指数情况

数据来源：中国电子信息产业发展研究院。

第三章　北京市两化融合发展水平分析

一、总体情况

（一）经济概况

2015 年，北京市全年实现地区生产总值 22968.6 亿元，比上年增长 6.9%。其中，第一产业增加值 140.2 亿元，同比下降 9.6%；第二产业增加值 4526.4 亿元，同比增长 3.3%；第三产业增加值 18302 亿元，同比增长 8.1%。三次产业结构由上年的 0.7:21.4:77.9 变化为 0.6:19.7:79.7。全年实现工业增加值 3662.9 亿元，比上年增长 0.9%。其中，规模以上工业增加值同比增长 1.0%，高技术制造业、现代制造业、战略性新兴产业增加值分别同比增长 6.7%、6.3% 和 1.1%。产业高端化升级加快推进，文化创意产业、高技术产业、信息产业、生产性服务业实现同比增加值 3072.3、5180.8、3508 和 12160.3 亿元，分别比上年增长 8.7%、9.3%、10.6% 和 8.6%，占地区生产总值的比重分别比上年提高 0.2、0.4、0.4、0.4 个百分点。全市完成一般公共财政预算收入 4723.9 亿元，比上年增长 12.3%。[1]

（二）两化融合主要进展

2015 年，北京市围绕"四个中心"建设、构建"高精尖"产业结构和京津冀协同发展战略布局，以推进产业两化深度融合为抓手，充分发挥北京人才、技术和创新优势，通过"搭平台、推试点、建生态"，推动了两化深度融合创新发展。

1. 两化深度融合顶层设计和统筹规划进一步加强

一是制定了 2015 年北京市两化深度融合重点工作任务计划，明确了年度推

---

[1]　北京市统计局：《2015年北京市国民经济和社会发展统计公报》，2016年2月。

进工作目标任务。二是先后邀请行业资深专家深入产业一线，组织了20多次调研和研讨会，并结合"十二五"时期北京市两化融合现状分析报告。编制了《北京市人民政府关于积极推进"互联网+"行动的实施意见》（报审稿），开展了北京市促进制造业与互联网融合发展的行动计和北京市"十三五"两化融合指导意见的编制工作。三是组织开展了北京市"十三五"时期两化融合发展研究、借鉴德国工业4.0推进北京市两化融合发展路径研究等工作，形成了研究成果。四是制定了中关村"互联网+"计划。

2. 两化融合推动产业结构优化步伐加快

一是中关村高新技术产业高度集聚。园区依托现有产业基础，积极引进发展高新技术产业，目前，区内476家规模以上工业企业中，国家高新技术企业有333家，占比达到70%。二是制造业高端环节加速成长。企业充分发挥北京研发与人才优势，集中精力发展研发、设计、销售、管理等高附加值产业链环节，通过将生产制造环节向外转移，实现了产业高端环节的集聚和产业的快速增长，如小米科技、联想等企业将生产制造环节转移，集中进行产品研发设计和销售管理，实现了产品销量的迅速增长。三是总部经济不断发展壮大。依托人才和创新资源优势，积极培育、壮大总部经济，聚集了联想、方正、同方等一批国内外知名的企业总部和跨国公司地区总部，为技术创新、制度创新和商业模式创新逐步走向产业链创新和品牌创新奠定了坚实基础。

3. 两化深度融合试点示范项目取得积极进展

一是继续推进企业两化融合贯标试点。北京市组织了贯标工作推动启动会，2次贯标企业对接会。截至2015年年底，47家贯标试点企业中，京城工业物流、和利时、首钢迁钢等13家企业通过认定，2家企业申请认定，24家企业启动了贯标工作正在按计划推进，推进进度在全国整体靠前。组织完成了2015年两化融合贯标试点企业30家的推荐上报工作。二是开展了"互联网与工业融合创新试点"工作。完成15家"互联网与工业融合创新试点"企业向工信部的推荐和上报工作。三是充分发挥政府财政资金的引导作用。利用信息化发展资金支持了京东、慧聪等电子商务示范企业运用大数据等新技术新应用服务于北京市的传统企业与中小微企业，支持大北农科技建设了垂直类的猪肉行业助农电子商务交易平台，支持东方雨虹、福田康明斯、北京电控、中交兴路等企业利用信息技术进一步优化企业运营管理系统，提升企业运营效率。四是在重点领域开展了试点示范。2015 年，对二商、同仁堂健康药业、燕山石化等 11 家企业，在精准营销、供应链协同、分散集团集中管控、利用云平台实现产品设计和创新融资等方面开展了试点示范。五是积极推进了朝阳区"全国工业电子商务区域试点"相关工作。编制了试点工作方案，召开了国家工业电子商务区域试点工作协调会，组织京东、慧聪、敦煌、金银岛、兰格、易宝天创、数码大方 12 家相关企业共同参与试点建设。六是推进智慧园区建设。制定北京市智慧园区建设及评价指南，对北京空港物流基地、北京天竺空港经济开发区、汇龙森科技园等多个园区，先后支持了 28 个信息化项目。

4. 服务资源开放共享瓶颈取得突破

一是推动了央企中航联创"互联网+"公共服务平台资源对北京制造业的开放共享。二是创新优化"地源"。推进了北京"工业云"服务平台资源的开放共享，组建了北京市工业云服务产业联盟，组织了工业云平台与宁波、太原等城市开展了服务对接，提升了服务全国的能力。三是强化政府"引导"。制定了《2015 年两化融合对接工作方案》，明确全年对接工作目标、任务及时间节点，组织工业云平台与区县中小企业开展了 5 次服务对接。先后开展了电信"互联网+"行动计划，组织了基础和汽车产业"互联网+"培训，节能环保产业"互联网+"行动产品推介等活动。

二、两化融合发展水平分析

（一）综合分析

2015 年，北京市两化融合发展总指数为 91.6，比 2014 年提高了 6.79 个点，三项指数均稳步提升。其中，基础环境指数为 97.01，比 2014 年提高了 8.17 个点，工业应用指数为 74.68，比 2014 年提高了 6.86 个点，应用效益指数为 120.02，比 2014 年提高了 5.24 个点。

表 3-1　2014—2015 年北京市两化融合指数情况

指标	2014年指数	2015年指数	变化情况
基础环境	88.84	97.01	↑8.17
工业应用	67.82	74.68	↑6.86
应用效益	114.78	120.02	↑5.24
总指数	84.81	91.6	↑6.79

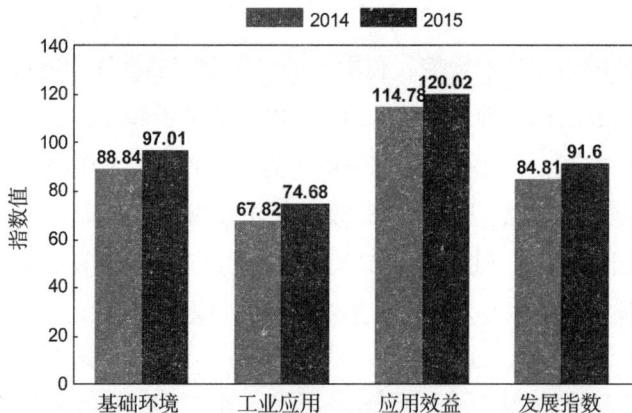

图 3-1　2014—2015年北京市两化融合指数情况

数据来源：中国电子信息产业发展研究院。

（二）具体分析

1. 基础环境指数

2015 年，北京市继续实施《2014—2015 年宽带北京行动计划》，宽带提速效果显著，各区围绕支持中小企业"双创"活动开展加大信息化服务平台建设力度，极大地提升了两化融合基础环境水平，使其始终保持在全国前列。具体来看，北京市城（省）域网出口带宽指数值为 77.4，比 2014 年提高了 3.24 个点；固定宽带普及率指数为 95.34，比 2014 年降低了 2.37 个点；固定宽带端口平均速率有了较大提升，指数达到 97.69，比 2014 年提高了 21.11 个点；移动电话普及率指数为 99.97，比 2014 年提高了 8.76 个点。在互联网应用普及方面，北京市互联网普及率指数为 85.27，比 2014 年提高了 0.06 个点。在两化融合政策环境建设方面，北京市继续设立两化融合专项引导资金，在改善环境指数方面起到了重要作用。中小企业信息化服务平台建设如火如荼，平台数量指数达到 134.09，比 2014 年提高了 25.59 个点；重点行业典型企业信息化专项规划情况指数为 77.48，比 2014 年提高了 24.63 个点。

表 3-2　2014—2015 年北京市两化融合基础环境指数情况

指标	2014年指数	2015年指数	变化情况
城（省）域网出口带宽	74.16	77.4	↑3.24
固定宽带普及率	97.71	95.34	↓2.37
固定宽带端口平均速率	76.58	97.69	↑21.11
移动电话普及率	91.21	99.97	↑8.76
互联网普及率	85.21	85.27	↑0.06
两化融合专项引导资金	100	100	——
中小企业信息化服务平台数	108.5	134.09	↑25.59
重点行业典型企业信息化专项规划	72.85	77.48	↑4.63

数据来源：中国电子信息产业发展研究院。

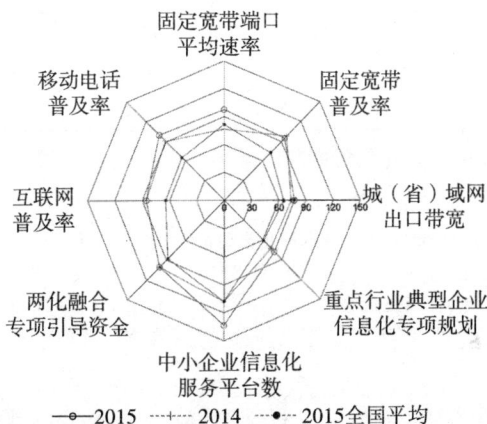

图 3-2　2014—2015年北京市两化融合基础环境指数情况

数据来源：中国电子信息产业发展研究院。

2. 工业应用指数

2015 年，北京市工业企业各项信息技术应用水平均有不同程度的提升，工业应用指数达到74.68，比上年提高了6.86个点。其中，重点行业典型企业 ERP 普及率指数为66.49，比2014 年提高了8.07个点。重点行业典型企业 MES 普及率指数为96.33，比2014 年大幅提高了17.52个点。重点行业典型企业 PLM 普及率指数为78.93，比2014 年提高了6.75个点。重点行业典型企业 SCM 普及率指数为66.16，比2014 年提高了9.58个点。重点行业典型企业采购环节电子商务应用普及率指数为82.5，比2014 年提高了10.88个点。重点行业典型企业销售环节电子商务应用普及率指数为106.2，比2014年得分提高了12.38个点。重点行业典型企业装备数控化率指数为68.76，比2014年提高了8.59个点。相比较而言，国家新型工业化产业示范基地两化融合进展相对滞后，发展水平指数为39，比2014年下降了15.43个点。

表3-3 2014—2015年北京市两化融合工业应用指数情况

指标	2014年指数	2015年指数	变化情况
重点行业典型企业ERP普及率	58.42	66.49	↑8.07
重点行业典型企业MES普及率	78.81	96.33	↑17.52
重点行业典型企业PLM普及率	72.18	78.93	↑6.75
重点行业典型企业SCM普及率	56.58	66.16	↑9.58
重点行业典型企业采购环节电子商务应用	71.62	82.5	↑10.88
重点行业典型企业销售环节电子商务应用	93.82	106.2	↑12.38
重点行业典型企业装备数控化率	60.17	68.76	↑8.59
国家新型工业化产业示范基地两化融合发展水平	54.43	39	↓15.43

数据来源：中国电子信息产业发展研究院。

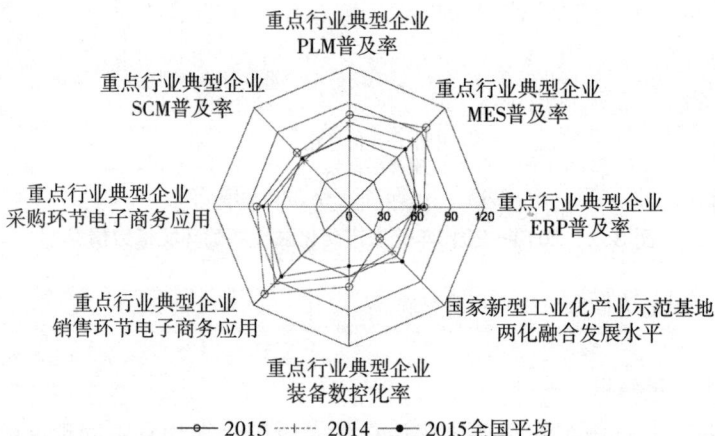

图3-3 2014—2015年北京市两化融合工业应用指数情况

数据来源：中国电子信息产业发展研究院。

3. 应用效益指数

2015年，北京市两化融合应用效益有所提升，应用效益指数为120.02，比2014年提高了5.24个点。在地区工业生产效益和水平方面，北京市工业增加值占 GDP 比重指数为 24.99，比 2014 年下降了 0.16 个点；第二产业全员劳动生产率指数为 98.92，比 2014 年提高了 16.49 个点，上升幅度较大；工业成本费用利润率指数为 48.05，比 2014 年提高了 3.98 个点；单位工业增加值工业专利量有所下降，指数为 170.79，比 2014 年降低了约 1.34 个点。在工业节能减排水平方面有了较快提升，单位地区生产总值电耗指数为 123.66，比 2014 年大幅提升了 3.75 个点。在信息产业发展水平方面，电子信息制造业主营业务收入指数为 155.23，比 2014 年提高了 5.46 个点；软件业务收入在 2015 年提升较快，指数为 264.27，比 2014 年提高了 9.14 个点。

表 3-4　2014—2015 年北京市两化融合应用效益指数情况

指标	2014年指数	2015年指数	变化情况
工业增加值占GDP比重	25.15	24.99	↓0.16
第二产业全员劳动生产率	82.43	98.92	↑16.49
工业成本费用利润率	44.07	48.05	↑3.98
单位工业增加值工业专利量	172.13	170.79	↓1.34
单位地区生产总值电耗	119.91	123.66	↑3.75
电子信息制造业主营业务收入	149.77	155.23	↑5.46
软件业务收入	255.13	264.27	↑9.14

数据来源：中国电子信息产业发展研究院。

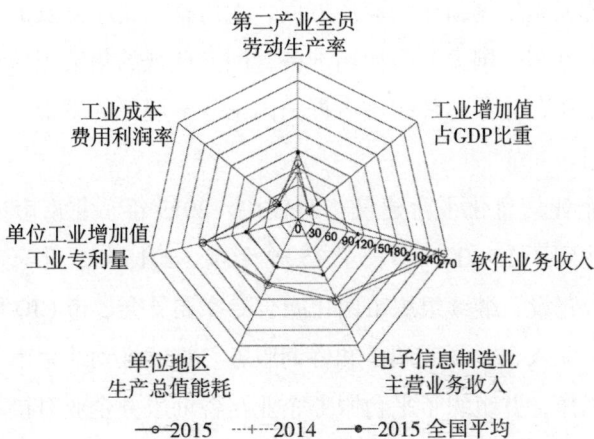

图 3-4　2014—2015年北京市两化融合应用效益指数情况

数据来源：中国电子信息产业发展研究院。

三、优劣势评价

总体来看，北京市两化融合发展水平始终保持在全国前列，发展具有鲜明特点，宽带提速工程显著改善了信息网络环境，大型企业信息化水平较高，依托现代信息技术的平台经济、现代服务业发展较快，在推进工业与互联网融合创新发展、引导工业企业转型升级方面发挥了积极作用。具体来说，北京市在两化融合上的优势如下：

一是两化融合技术创新能力位居全国前列。北京市企业创新势头强劲，涌现出联想、同方威视、小米、大唐、紫光、国电联合动力、四方继保、纵横机电、航天东方红、碧水源等一批具有影响力的创新型企业，成功培育了联想、小米、同方威视等一批世界知名品牌。北京市企业在国际标准制定中的话语权彰显，创制了 SCDMA、TD-SCDMA、TD-LTE、闪联、McWiLL 等一批在国际上有重大影响的国际标准。北京市科研领先能力加快，在电子信息、新材料、生物医药等领域拥有一批国际领先的科技成果，半导体激光器、钛合金、超导滤波器等新型材料研制处于国内国际领先地位，基因工程、生化药物、大流行流感疫苗等生物医药领域科技优势突出；创新成果应用方面，大唐移动自主开发的 TD-LTE 产品与解决方案已在全球多个国家开展商用准备，同方威视的集装箱检查系统已经走向世界，兆易创新在存储器芯片领域占据国内第一，展讯的基带、射频芯片等产品也得到广泛应用。

二是中小企业信息化平台建设相对较快。2015 年，北京市中小企业信息化服务平台指数达到了 134.09，增长了 25.59 个点。2015 年，北京市积极推进了两化融合服务平台建设，继续组织市两化融合专家委员会、市 CIO 联盟、工业云服务联盟等组织，深入企业开展调研和咨询服务。继续推动北京市"工业云"服务产业联盟相关工作，并组织了平台服务企业与咨询服务企业对接培训，培育了中航联创"互联网+"公共平台、慧聪网、兰格电子商务、农场云等一批"互联网+"公共服务平台。

三是两化融合促进产业转型发展成为全国标杆。一是信息技术深度应用助力企业转型。信息技术广泛应用于企业研发、生产、物流、管理、营销等各环节，极大地促进了企业生产和组织方式优化，如同方股份有限公司充分利用信息技术，通过配置智能生产设备，实现了生产过程的自动化和智能化、产品售后服务的网络化跟踪管理，促进了生产方式向自适应生产方式的转变、管理方式向信息自动化管理模式的转变、售后服务向网络信息化管理模式的转变。二是两化深度融合助推企业核心竞争力的提升。企业通过两化深度融合，实现了产业的融合发展。海兰信在船舶导航系统、通信系统、电子集成系统等方面形成产品系列；青云航空建立了能够为多种航空及民用产品研发提供服务的飞控仿真试验中心、产品环境试验中心、数控加工中心及能够满足电子高技术产品生产的电装生产线；康拓科技在工业控制和系统集成、新材料及新能源发展领域贡献显著；航天石化重点为我国能源化工行业提供热能工程、特种泵阀、大型石化专用设备、电子测控设备、环保与节能装置等关键装备和产品。

北京市两化融合发展总体情况较好，但同时也存在一些劣势：

一是企业两化融合发展的能力有待提高。大型企业利用信息化促进企业全面转型升级的主动性还有待增强；中小企业信息化应用意识有待进一步提高，利用信息化提升竞争力的能力还处于较低水平。多数中小企业资金有限、信息化人才匮乏，缺乏应用信息技术的意识和能力，凭自身实力很难跨过"门槛"，迈入快速发展的轨道。北京市多数中小企业实现了信息化与研发设计、生产制造、运营管理等环节的初步融合，但大多数中小企业仍存在应用水平低、资金投入少等问题，信息化的效益潜力还未得到充分挖掘。

二是创新成果产业化发展不足。北京市创新能力始终排在全国首位，但工业应用水平基本处于全国中游水平，高技术制造业和战略性新兴产业竞争能力不够强，关键核心技术和标准还比较缺乏，创新资源优势还未完全转化为产业优势。

三是区域政策缺乏合力。新一代信息通信技术与制造业融合发展过程中的技术、产品、安全、应用协同互动机制尚未建立，技术资本密集型产业融资体系不健全，北京市支持融合发展的财政、税收、金融等政策仍需进一步加强协调配合。

四、相关建议

对北京市两化融合提出以下建议：

一是加强核心技术研发和产业化。围绕制造业创新发展的重大共性需求，采取政府与社会资本合作、产学研用产业创新战略联盟等新机制、新模式，建设一批面向全国的制造业创新中心，构建以企业为主体的产学研用协同创新网络。着力突破信息产业核心技术瓶颈，加快集成电路、高端通用芯片、基础软件等核心关键技术创新。加大自主知识产权工控系统的研发和产业化支持力度，结合重大专项等的实施，发展国产工控芯片、工控操作系统、系统集成技术以及安全防护技术。鼓励企业加大对国产工业软件的研发投入和产品创新，支持重点行业骨干企业优先使用国产工业软件，搭建国产工业软件应用推广平台，促进研制成果的规模化生产和市场化应用。

二是推进"互联网＋"智能制造。按照全国科技创新中心的定位，以"互联网＋"智能制造作为两化深度融合的关键路径和重要手段，做好"互联网＋"智能制造顶层设计工作，努力实现制造业高精尖化，使高精尖产业成为北京城市功能定位的关键支撑，成为增长引擎。积极推动北京企业转变生产方式和经营组织的模式向云制造、分布式制造、生产外包等方式转型发展，向服务化制造、平台化经营和个性化业态转型发展，着力培育服务型制造体系，利用新业态优化组织，建立新型集约体系，大力发展基于互联网的个性化定制。组织推进一批新兴工业化试点项目，利用"互联网＋"推动技术创新方式变革，突破地域、组织、技术的界限，整合政府、企业、协会、院所等优势资源，形成跨领域、网络化的协同创新平台。

三是推动制造业"双创"发展。鼓励电信企业和大型互联网企业打造开放共享的资源平台，与工业园区、产业集聚区开展合作，为小微企业提供低成本、低门槛、以租代建、支持核心业务发展的服务。探索以供应链金融、电子商务信用等缓解小微企业融资难的新模式和新渠道。加强工业云平台对小微企业的服务能力建设，为小微企业提供在线研发设计、安全监控、优化控制、设备管理等软件应用服务。建设一批智慧型小微企业创业创新基地，为创业者和小微企业互联网应用提供基础设施、软件支撑、网络安全、数据存储等应用服务。

第四章　天津市两化融合发展水平分析

一、总体情况

（一）经济概况

2015 年，天津市全年实现地区生产总值 16538.19 亿元，比上年增长 9.3%。分三次产业看，第一产业增加值 210.51 亿元，同比增长 2.5%；第二产业增加值 7723.6 亿元，同比增长 9.2%；第三产业增加值 8604.08 亿元，同比增长 9.6%。三次产业结构为 1.3：46.7：52，服务业增加值比重首次超过 50%。工业实现平稳增长，全年工业增加值 6981.27 亿元，同比增长 9.2%；其中，规模以上工业增加值同比增长 9.3%，规模以上工业总产值 28016.75 亿元，同比增长 0.3%。工业结构调整优化，高技术产业（制造业）增加值占规模以上工业的 13.8%，比 2014 年提高 1.5 个百分点。[1] 航空、电子信息、装备制造等 8 个国家新型工业化产业示范基地建设完成，航空航天、重型装备、重化工业等 10 条产业链发展壮大。

（二）两化融合主要进展

2015 年，天津市以"互联网+"思维推动云计算、大数据、物联网等信息技术与制造业融合创新发展，加快推进信息化与工业化深度融合，全面提升企业在信息化条件下的竞争能力，做大做强"天津制造"。

1. 以政策和资金扶持带动企业在信息化条件下创新能力全面提升

天津市大力推动云计算、大数据、物联网与制造业融合创新，积极组织申报

---

[1]　天津市统计局：《天津市2015年国民经济和社会发展统计公报》，2016年3月。

国家试点示范项目。天津市已有 4 家国家两化融合示范企业，6 个项目列入国家电子商务集成创新试点工程，4 家企业列入 2015 年度互联网与工业融合创新试点。通过总结提炼示范经验和成果，推动行业区域两化融合向更高阶段跃升；市发改委、科委、商务委、农委等单位利用各自专项资金加大对制造业信息化、电子商务、农业信息化等项目的支持。滨海新区组织实施了两化融合"十百千"工程，北辰区、静海区等区县纷纷加大对两化融合典型应用项目的奖励和支持；目前，全市重点企业 ERP 应用达 63.9%，生产环节 MES 普及率为 61.7%，供应链环节 SCM 普及率为 55.2%，数控装备化率 39.1%，企业采购和销售环节电子商务应用率分别达到 15.2% 和 12.6%。

2. 以两化深度融合促进企业实现转型升级

天津市按照万企转型升级领导小组要求，加强组织协调、强化工作考核，制定了两化融合促进万企转型升级方案、考核指标和各区县的任务目标，建成了"天津市企业两化融合水平评估平台"，组织对各区县、工业集团主管部门和转型升级的企业进行专题培训，目前已有 160 家企业完成转型升级工作，两化融合已成为带动企业向智能化、数字化、服务化转型发展的新引擎。

3. 以两化融合管理体系贯标试点为抓手提升企业新型发展能力

2015 年，天津市组织 200 余家企业开展了两化融合发展水平评估试点。从评估结果看，企业两化融合评估平均得分 63.02 分，处于集成提升和创新突破阶段比率达到 43.19% 和 10.33%，分别高于全国 31.5 和 7.33 个百分点。天津市企业两化融合从单项覆盖已向集成提升阶段演进，部分企业已向创新突破阶段跃升；两化融合管理体系贯标是从标准、制度和机制等层面帮助企业建立一套系统完善、标准规范的两化融合推进机制和管理模式，引领企业打造和提升信息化环境下新型能力。天津市已有 26 家企业列入国家两化融合管理体系贯标试点单位，目前天士力等 5 家企业完成管理体系建设并获得认定证书，天津电力等 8 家企业通过认定机构的审核，长城（天津）质量保证中心等 2 家单位列入国家首批两化融合管理体系咨询服务机构。

4. 通过宣传等方式营造良好的两化融合发展氛围

天津市经信委加强了在《天津日报》《今晚报》、天津电视台关于两化融合、电子商务、信息消费的宣传报道，组织了"中国（天津）智能制造高峰论坛""大数据与智能制造论坛"等宣贯活动,邀请国内知名专家围绕《中国制造2025》、"德国工业4.0"等专题进行演讲,举办了面向企业的工业电子商务、信息安全、两化融合管理体系贯标等方面专题培训。

二、两化融合发展水平分析

(一)综合分析

2015年,天津市两化融合发展总指数为81.61,比2014年提高了11.05个点,三项指数均有不同程度的提升,尤其是工业应用指数增幅最大。其中,基础环境指数为79.36,比2014年提高了2.9个点,工业应用指数为70.09,比2014年大幅提高了16.17个点,应用效益指数为106.89,比2014年增长8.96个点。

表4-1 2014—2015年天津市两化融合指数情况

指标	2014年指数	2015年指数	变化情况
基础环境	76.46	79.36	↑2.9
工业应用	53.92	70.09	↑16.17
应用效益	97.93	106.89	↑8.96
总指数	70.56	81.61	↑11.05

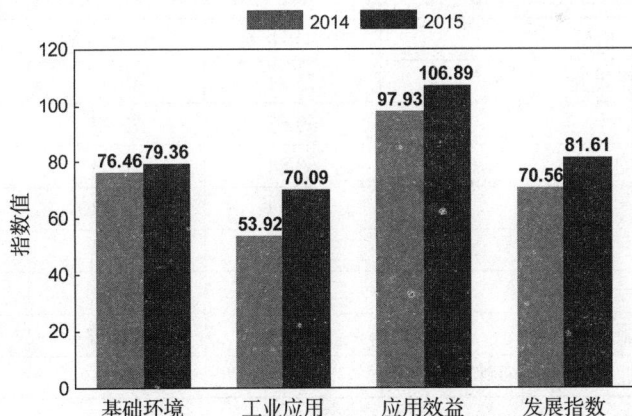

图4-1 2014—2015年天津市两化融合指数情况

数据来源:中国电子信息产业发展研究院。

（二）具体分析

1. 基础环境指数

2015年，天津市两化融合基础环境建设取得进一步进展，虽然城（省）域网出口带宽、重点行业典型企业信息化专项规划实施率均有较大幅度下降，但是在宽带提速等相关工程的实施带动下，固定宽带端口平均速率有了显著提升，促使基础环境指数由2014年的76.46提升至79.36。在信息基础设施建设方面，天津市城（省）域网出口带宽指数值为55.61，比2014年大幅下降了18.2个点；固定宽带普及率指数为72.97，比2014年提高了3.35个点；固定宽带端口平均速率指数为94.03，比2014年大幅提高了24.19个点；移动电话普及率指数为63.98，比2014年下降近1个点。在互联网应用普及方面，2015年天津市互联网普及率略有上升，指数达到75.39，比2014年提高了0.07个点。在两化融合政策环境建设方面，天津市依然设立了两化融合专项引导资金，在引导两化融合建设方面发挥了重要作用；中小企业信息化服务平台数量指数为104.37，比2014年提高了5.89个点；重点行业典型企业信息化专项规划指数为63.25，比2014年下降了11.18个点。

表4-2 2014—2015年天津市两化融合基础环境指数情况

指标	2014年指数	2015年指数	变化情况
城（省）域网出口带宽	73.81	55.61	↓18.2
固定宽带普及率	69.62	72.97	↑3.35
固定宽带端口平均速率	69.84	94.03	↑24.19
移动电话普及率	64.94	63.98	↓0.96
互联网普及率	75.32	75.39	↑0.07
两化融合专项引导资金	100.00	100	——
中小企业信息化服务平台数	98.48	104.37	↑5.89
重点行业典型企业信息化专项规划	74.43	63.25	↓11.18

数据来源：中国电子信息产业发展研究院。

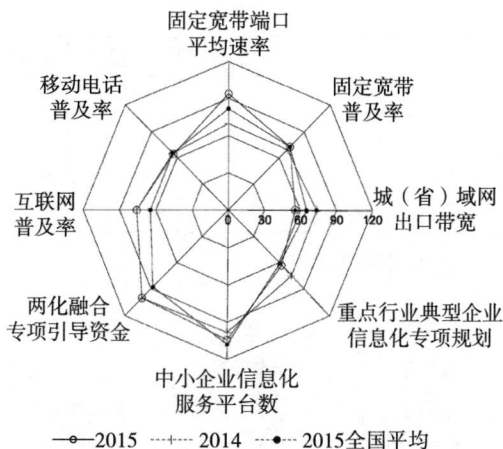

图 4-2　2014—2015年天津市两化融合基础环境指数情况

数据来源：中国电子信息产业发展研究院。

2. 工业应用指数

2015 年，天津市工业应用指数为 70.09，比 2014 年大幅提升 16.17 个点，略高于全国平均水平，信息化在工业生产中的应用日益深化。具体来看，2015 年天津市重点行业典型企业 ERP 普及率指数为 60.67，比 2014 年降低了 3.31 个点。重点行业典型企业 MES 普及率指数为 66.05，比 2014 年提高了 4.88 个点。重点行业典型企业 PLM 普及率指数为 48.08，比 2014 年下降了 12.29 个点。重点行业典型企业 SCM 的普及率指数分别为 60.39，比 2014 年提高了 5.17 个点。重点行业典型企业采购和销售环节电子商务应用普及率指数分别为 79.35 和 81.83，分别比 2014 年提高了 31.21 个点和 30.47 个点，是各分项指标中发展较快的两项。重点行业典型企业装备数控化率指数为 51.09，比 2014 年提高了 12.03 个点。国家新型工业化产业示范基地两化融合发展取得显著进展，发展水平指数为 109.85，比 2014 年大幅提升了 50 多个点，成为增长最快的一项指标。

表 4-3　2014—2015 年天津市两化融合工业应用指数发展情况

指标	2014年指数	2015年指数	变化情况
重点行业典型企业ERP普及率	63.98	60.67	↓ 3.31
重点行业典型企业MES普及率	61.17	66.05	↑ 4.88
重点行业典型企业PLM普及率	60.37	48.08	↓ 12.29
重点行业典型企业SCM普及率	55.22	60.39	↑ 5.17

（续表）

指标	2014年指数	2015年指数	变化情况
重点行业典型企业采购环节电子商务应用	48.14	79.35	↑31.21
重点行业典型企业销售环节电子商务应用	51.36	81.83	↑30.47
重点行业典型企业装备数控化率	39.06	51.09	↑12.03
国家新型工业化产业示范基地两化融合发展水平	54.44	109.85	↑55.41

数据来源：中国电子信息产业发展研究院。

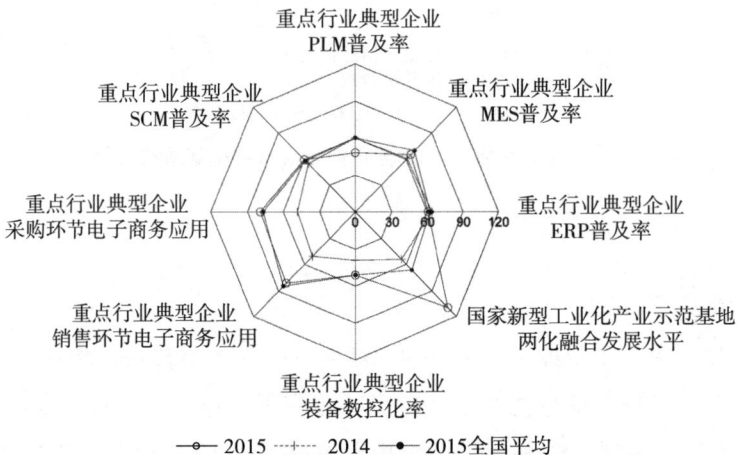

图4-3 2014—2015年天津市两化融合工业应用指数情况

数据来源：中国电子信息产业发展研究院。

3. 应用效益指数

2015年，天津市两化融合应用效益指数为106.89，比2014年增长8.96个点，两化融合推动第二产业全员劳动生产率显著提升。在地区工业生产效益和水平方面，2015年天津市工业增加值占GDP比重指数为51.25，比2014年减少1.2个点；第二产业全员劳动生产率指数为128.72，比2014年提升近50个点；工业成本费用利润率指数为49.87，比2014年增加1.6个点；单位工业增加值工业专利量指数为120.67，比2014年降低1.46个点。在工业节能减排水平方面，单位地区生产总值电耗指数为115.51，比2014年提高了3.71个点，增幅最大。在信息产业发展水平方面，电子信息制造业主营业务收入指数为156.25，比2014年降低了4.74个点；软件业务收入指数为151.65，比2014年提高了15.13个点。

表 4-4　2014—2015 年天津市两化融合应用效益指数情况

指标	2014年指数	2015年指数	变化情况
工业增加值占GDP比重	52.45	51.25	↓1.2
第二产业全员劳动生产率	82.25	128.72	↑46.47
工业成本费用利润率	48.27	49.87	↑1.6
单位工业增加值工业专利量	122.13	120.67	↓1.46
单位地区生产总值电耗	111.80	115.51	↑3.71
电子信息制造业主营业务收入	160.99	156.25	↓4.74
软件业务收入	136.52	151.65	↑15.13

数据来源：中国电子信息产业发展研究院。

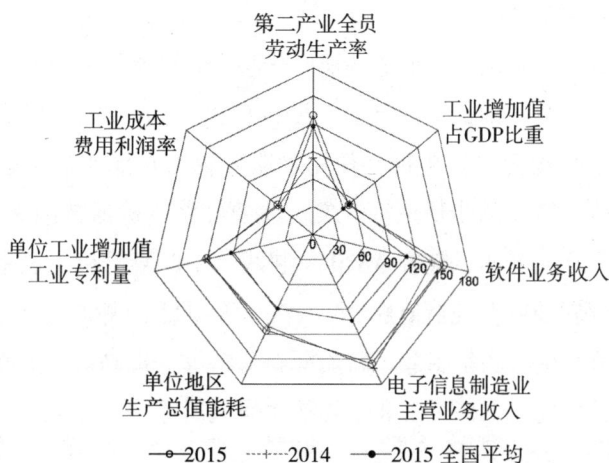

图 4-4　2014—2015年天津市两化融合应用效益指数情况

数据来源：中国电子信息产业发展研究院。

三、优劣势评价

天津市两化融合发展水平提升领先于全国其他地区,发展中存在着突出优势:

一是工业应用取得较大进展。天津市工业应用指数提升较快,除重点行业典型企业 ERP 普及率、PLM 普及率之外,其他各类工业应用指数都得到大幅度提升。信息技术在工业各领域的广泛应用、渗透与融合,有效带动了企业生产管理模式的革新,极大提升了企业技术创新和发展能力。工业企业生产经营管理发生了明显的甚至是根本性的变化，企业的经济社会效益、整体素质，特别是适应市场环境变化的反应能力有了大幅度提升，形成了新的竞争力。

二是新兴产业发展模式值得其他地区借鉴。天津市物联网、云计算、大数据等新一代信息技术产业规模达到4000亿元。聚集了科大讯飞、腾讯、曙光、中科蓝鲸、超算中心、海量信息、南大通用等知名企业，初步形成了较为完整的云计算大数据产业链。滨海高新区列入国家新型工业化示范基地（软件和信息服务业），国家软件出口基地、云计算产业基地等产业园区发展势头良好。国家超算天津中心获批成为国家大数据领域工程实验室。根据《促进大数据发展行动纲要》，加快推动大数据、云计算等信息技术与各领域融合发展，进一步深化大数据应用和产业聚集发展。

三是国家新型工业化产业示范基地两化融合发展水平跃居全国前三位。作为国家新型工业化示范基地，滨海新区功能区建设全面展开，高端产业加快聚集，自主创新能力不断提升，龙头带动作用和服务辐射功能明显增强。高水平现代制造业和研发转化基地初步形成。开发区主要经济指标保持国家级开发区首位，百万吨乙烯、千万吨炼油、空客A320总装线、中航直升机总装基地等项目不断推进，大推力火箭、300万吨造修船、长城汽车等项目加快推进，形成了航空航天、石油化工、电子信息、装备制造、新能源新材料等一批高端产业基地。建成国际生物医药联合研究院、中科院工业生物技术研究所等一批重大科技创新、研发转化平台。

同时，天津市两化融合发展也存在一些劣势：

一是缺乏面向全社会服务、具有影响力的公共信息服务平台。在电子商务、金融服务、数字内容等领域，公共信息服务发展相对滞后，尚未形成具有一定规模和较强影响力的电子商务及信息技术综合服务平台。对于众多中小企业，亟须提升软硬件和应用能力，但由于中小企业资金有限、信息化人才匮乏、意识薄弱，凭自身实力很难开展深入的信息技术应用。

二是企业信息化综合集成水平有待提升。2014年，天津市重点行业典型企业ERP、PLM等指数水平较上年有所下降，在全国排名依然比较靠后，这表明企业信息化应用还有很大的提升空间，信息系统集成建设力度需要加强。可以看出，天津市企业信息化应用水平仍处于初级阶段，信息技术仍以单项应用为主，并且大部分企业信息系统相互独立，企业经营管理方面的决策智能化程度较低，众多企业尚未达到向信息资源整合和业务协同方向发展的级别，信息化应用未能实现从企业内部向供应链上下游延伸，信息化建设力度需要进一步加强。

四、相关建议

对天津市两化融合提出以下建议：

一是加快推进智能制造。围绕智能制造和"互联网+"开展两化融合试点示范项目建设，支持企业数字车间、智能工厂及关键领域综合集成示范，推进互联网与工业融合创新试点建设，启动一批行业云平台和工业大数据平台的建设。

二是推进两化融合管理体系建设。继续推进两化融合管理体系贯标试点建设，在国家贯标试点的基础上，力争启动一批市级试点建设，2016年底前至少有5家以上企业通过认定，同时，优先支持通过认定企业申报国家和市级相关试点示范项目。

三是推广两化融合评估诊断和对标。扩大两化融合评估诊断范围，引导企业利用市级平台开展自评估工作，遴选一批行业特色企业进行诊断分析，与国内同行业企业进行对标。

第五章　河北省两化融合发展水平分析

一、总体情况

（一）经济概况

2015 年，河北省实现地区生产总值 29806.1 亿元，比上年增长 6.8%。其中，第一产业增加值 3439.4 亿元，同比增长 2.5%；第二产业增加值 14388 亿元，同比增长 4.7%；第三产业增加值 11978.7 亿元，同比增长 11.2%。第一产业增加值占全省生产总值的比重为 11.5%，第二产业增加值比重为 48.3%，第三产业增加值比重为 40.2%。全部工业增加值 12626.2 亿元，比上年增长 4.3%。规模以上工业增加值 11244.7 亿元，同比增长 4.4%。其中，装备制造业增加值比上年同比增长 7.0%，钢铁工业同比增长 5.0%，石化工业同比增长 6.1%，医药工业同比增长 4.8%，建材工业同比增长 1.1%，食品工业同比增长 3.2%，纺织服装业同比增长 3.3%。高新技术产业增加值同比增长 11.6%。特别是新材料、高端装备制造、电子信息和新能源四个领域增加值分别为 10.9%、11.8%、13.8% 和 19.7%。全部财政收入 4047.7 亿元，比上年增长 7.5%，其中一般公共财政预算收入 2648.5 亿元，同比增长 8.3%。[1]

（二）两化融合主要进展

河北省继续坚持"点、线、面、体"全方位的推进思路，从企业、行业、区域、环境等层面整体推动两化融合发展，加强政策支持，实施省产业发展、工业技术改造等专项资金向两化融合项目倾斜、两化融合发展水平评估认定等激励机制，加强两化融合服务支撑体系建设，持续推动两化融合发展。

---

[1]　河北省统计局：《河北省2015年国民经济和社会发展统计公报》，2016年3月。

1. 推动企业层面两化融合

一是培育一批企业成为国家和省级试点。截至 2015 年年底，培育省级两化融合重点企业 579 家、两化融合示范企业 94 家，其中 10 家被评为国家级两化融合示范企业。17 家企业分别被列为国家"互联网＋"工业融合创新、电子商务集成创新、农产品冷链、"工业云"等试点。二是国家和省各类专项资金共支持两化融合项目 74 个，获支持资金 2.2 亿元；52 个企业能源管理中心列为国家级示范项目，获得中央财政资金支持 3.7 亿元，年节约标煤 160 万吨。4 家企业列入全国两化融合促进节能减排重点项目，7 家企业列入全国两化融合促进安全生产重点项目，4 家企业被列为国家资源节约型环境友好型试点企业。三是 44 家企业和 2 个服务机构被工信部列为两化融合管理体系贯标试点企业和服务机构，5 家试点企业已经通过国家验收。

2. 推动行业层面两化融合

截至 2015 年年底，河北省共认定两化融合公共服务示范平台 42 个，辐射带动重点产业集群平台 176 个。按细分行业找出了成效明显的典型案例，形成两化融合整体解决方案，在钢铁、装备、食品、建材等 4 个行业召开现场观摩会和推广培训会进行推广。组织召开了钢铁能源中心培训、水泥行业信息化应用论坛、全省两化融合论坛等活动，学习传播优秀企业经验。

3. 推动区域层面两化融合

组织开展县域经济两化融合公共服务平台培育对接活动，10 个省级示范平台与 20 个产业集群签订了合作意向，70 个县制定了两化融合公共服务平台三年培育计划。大力促进信息消费。2014 年 1 月河北省印发了《关于促进信息消费的实施意见》（冀政〔2014〕3 号），石家庄、秦皇岛、唐山、邯郸永年、保定白沟等 5 个市（县）先后被工业和信息化部列为国家信息消费试点城市。

4. 加快两化融合发展环境建设

河北省成立了副省长任组长的省两化深度融合工作领导小组，省直 20 个部门为成员，办公室设在省工信厅。建立了河北省信息化专家人才库，入库专家达到 682 人。向省政府筛选并推荐 70 名专家，省政府成立了新一届河北省信息化专家咨询委员会。截至 2015 年年底，共组织了全国两化融合深度行（石家庄站）、全国两化融合成果展（河北展区）、全省两化融合经验交流会、两化深度融合促进工业转型升级巡回培训、行业两化融合对标等各类活动和培训 180 余场，培训人数达 3 万余人。

5. 重点推进《中国制造 2025》和"互联网 +"行动落实

2015 年,河北省政府印发实施了《关于深入推进〈中国制造 2025〉的实施意见》（冀政发〔2015〕42 号）,制定了战略目标、主要任务和重大工程。启动开展了"互联网 +"工业融合创新试点示范工作,在全省开展了"互联网 +"工业融合创新调研,制定了试点示范实施方案、管理办法,2016 年将选择 21 个项目开展试点。组织开展了国家互联网与工业融合创新试点项目申报工作,推荐项目 15 个,2 个项目列入国家试点。

二、两化融合发展水平分析

（一）综合分析

2015 年河北省两化融合发展总指数为 74.12,比 2014 年提高 7.07 个点。其中,

表 5-1　2014—2015 年河北省两化融合指数情况

指标	2014年指数	2015年指数	变化情况
基础环境	73.37	84.73	↑11.36
工业应用	68.89	70.24	↑1.35
应用效益	57.04	71.27	↑14.23
总指数	67.05	74.12	↑7.07

数据来源:中国电子信息产业发展研究院。

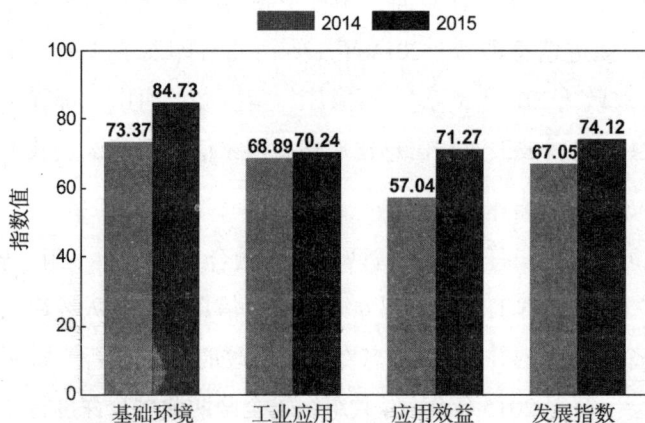

图 5-1　2014—2015 年河北省两化融合指数情况

数据来源:中国电子信息产业发展研究院。

基础环境指数为 84.73，比 2014 年提高了 11.36 个点，连续第三年得到较大改善。工业应用指数为 70.24，比 2014 年提高了 1.35 个点。应用效益指数为 71.27，比 2014 年提高了 14.23 个点，成为三项指数中增长最快的一项。

（二）具体分析

1. 基础环境指数

2015 年，河北省基础环境指数有了较大提升，由 2014 年的 73.37 提升至 84.73。在信息基础设施建设方面，城（省）域网出口带宽指数值为 95.89，比 2014

表 5-2　2014—2015 年河北省两化融合基础环境指数情况

指标	2014年指数	2015年指数	变化情况
城（省）域网出口带宽	83.72	95.89	↑12.17
固定宽带普及率	72.97	76.18	↑3.21
固定宽带端口平均速率	70.60	81.82	↑11.22
移动电话普及率	59.55	60.77	↑1.22
互联网普及率	63.04	65.36	↑2.32
两化融合专项引导资金	0	100	↑100
中小企业信息化服务平台数	150.00	150	——
重点行业典型企业信息化专项规划	78.66	78.66	——

数据来源：中国电子信息产业发展研究院。

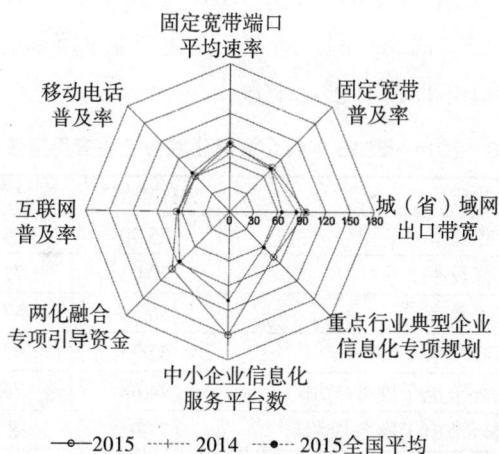

图 5-2　2014—2015年河北省两化融合基础环境指数情况

数据来源：中国电子信息产业发展研究院。

年大幅提高了 12.17 个点；固定宽带普及率指数为 76.18，比 2014 年提高了 3 个点多；固定宽带端口平均速率指数为 81.82，比 2014 年大幅提升了 11.22 个点。移动电话普及率指数为 60.77，比 2014 年提高了 1.22 个点。在互联网应用普及方面，河北省互联网普及率指数为 65.36，比 2014 年提高了 2.32 个点。在两化融合政策环境建设方面，2015 年河北省首次设立两化融合专项引导资金，对于引导各领域两化融合发展起到了至关重要的作用；中小企业信息化服务平台数量和重点行业典型企业信息化专项规划指数分别为 150 和 78.66，与 2014 年持平。

2. 工业应用指数

2015 年，河北省两化融合工业应用总体上略高于全国平均水平，较 2014 年有小幅提升，除重点行业典型企业 SCM 普及率指数外，其余各项指数均有小幅提升。具体来讲，2015 年河北省工业应用指数为 70.24，比 2014 年的 68.89 提高了 1.35 个点。就每个分项指数来看，重点行业典型企业 ERP 普及率为 66.49，比 2014 年提高了 0.59 个点。重点行业典型企业 MES 普及率指数为 71.87，比 2014 年提高了近 2 个点。重点行业典型企业 PLM 普及率指数为 57.74，比 2014 年上升了近 1 个点。重点行业典型企业 SCM 普及率指数为 62.75，与 2014 年持平。重点行业典型企业采购环节电子商务应用指数为 76.17，比 2014 年上升了近 1.5 个点。重点行业典型企业销售环节电子商务应用指数为 80.7，比 2014 年提升了 2.75 个点。河北省重点行业典型企业装备数控化率水平始终保持全国前列水平，重点行业典型企业装备数控化率为 69.78，比 2014 年提高了 0.79 个点，远高于 2015 年全国的平均水平 51.3。河北省国家新型工业化产业示范基地两化融合发展水平指数为 75.57，比 2014 年提高了 2.38 个点。

表5-3　2014—2015 年河北省两化融合工业应用指数情况

指标	2014年指数	2015年指数	变化情况
重点行业典型企业ERP普及率	65.90	66.49	↑0.59
重点行业典型企业MES普及率	70.03	71.87	↑1.84
重点行业典型企业PLM普及率	56.88	57.74	↑0.86
重点行业典型企业SCM普及率	62.75	62.75	——
重点行业典型企业采购环节电子商务应用	74.68	76.17	↑1.49
重点行业典型企业销售环节电子商务应用	77.95	80.7	↑2.75
重点行业典型企业装备数控化率	68.99	69.78	↑0.79
国家新型工业化产业示范基地两化融合发展水平	73.19	75.57	↑2.38

数据来源：中国电子信息产业发展研究院。

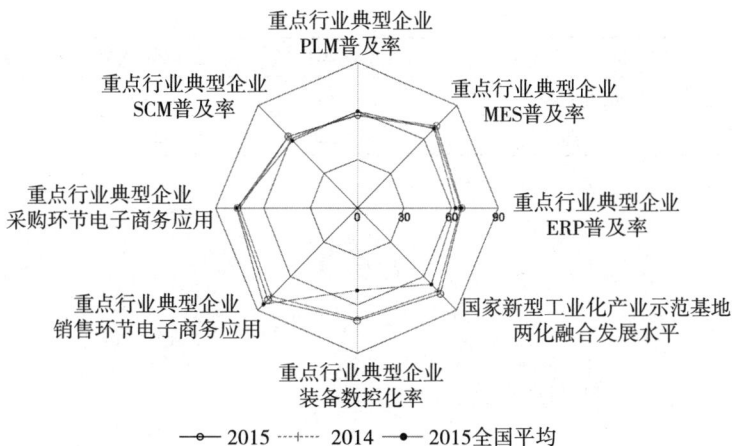

图 5-3　2014—2015年河北省两化融合工业应用指数情况

数据来源：中国电子信息产业发展研究院。

3. 应用效益指数

2015 年，河北省两化融合应用效益指数为 71.27，比 2014 年增加 14.23 个点，表明河北省连续两年通过推动两化融合有效改善应用效益，但与全国平均发展水平的 83.25 相比仍有差距。从应用效益分项指数来看，工业增加值占 GDP 比重指数为 51.25，比 2014 年降低了 1.31 个点；第二产业全员劳动生产率得到明显提升，其指数为 134.85，比 2014 年翻了一番还多；工业成本费用利润率指数为 37.65，比 2014 年下降了 1.26 个点；单位工业增加值工业专利量指数为 61.49，比 2014 年提高了 2.27 个点，表明企业的创新意识和能力在持续提升。在工业节能减排水平方面，单位地区生产总值电耗指数为 73.64，与 2014 年相比提升了近 1 个点。在信息产业发展水平方面，电子信息制造业主营业务收入指数为 83.48，比 2014 年提高了 7.27 个点；软件业务收入指数为 56.47，比 2014 年提高了 4.22 个点。

表 5-4　2014—2015 年河北省两化融合应用效益指数情况

指标	2014年指数	2013年指数	变化情况
工业增加值占GDP比重	52.56	51.25	↓ 1.31
第二产业全员劳动生产率	54.93	134.85	↑ 79.92
工业成本费用利润率	38.91	37.65	↓ 1.26
单位工业增加值工业专利量	59.22	61.49	↑ 2.27
单位地区生产总值电耗	72.73	73.64	↑ 0.91

（续表）

指标	2014年指数	2013年指数	变化情况
电子信息制造业主营业务收入	76.21	83.48	↑7.27
软件业务收入	52.25	56.47	↑4.22

数据来源：中国电子信息产业发展研究院。

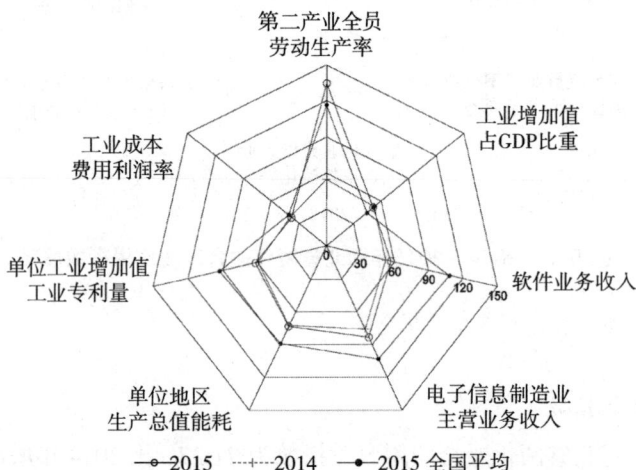

图5-4　2014—2015年河北省两化融合应用效益指数情况

数据来源：中国电子信息产业发展研究院。

三、优劣势评价

总体来看，河北省两化融合发展水平处于全国中游水平，与其他东部沿海省份之间存在一定差距，但河北省具备一些相对优势。

一是中小企业公共信息服务能力全国领先。河北省中小企业公共服务平台数增加值达到150，并列全国第一，表明服务于中小企业的公共服务平台建设成效显著，极大地促进了产业集群的快速发展，全省各类再就业基地、企业孵化园、创业辅导基地等近400家，入驻小微企业上万家，安置就业40多万人。全省各级财政资金扶持力度加大，重点支持中小微型企业信用担保、人才培训、创业辅导等七大中小微型企业服务平台体系建设，开展"订单式"创业辅导服务活动，服务企业4000余家，对促进中小微型企业发展发挥了引导和带动作用。以培育十大两化融合示范区、百个两化融合公共服务示范平台为抓手，推广唐山暨曹妃甸国家级两化融合试验区建设经验。制定了渤海新区高端化工、保定汽车城等17个工业基地发展规划，唐山动车城、冀南新区成为国家新型工业化产业示范基地。

二是高端产业发展潜力相对较大。河北省坚持传统产业"有中生新"，新兴产业"无中生有"，致力于传统产业的创新发展和高端化转型，积极培育高端装备制造、新能源、新一代信息技术、新能源汽车等战略性新兴产业，电子信息制造业、软件业务收入占主营业务收入占比均不断增加，企业创新意识和能力不断得到提升。以邢台市为例，全市坚持创新驱动，大力实施百项技改工程，引进一批战略性新兴产业项目。

三是电子商务发展模式具有推广价值。重点行业典型企业采购环节和销售环节电子商务应用指数均有小幅上升，河北省工业电子商务发展良好。河北省出台了《创建国家电子商务示范城市工作方案》及相关服务配套政策，先后争取到城市共同配送体系建设、电子商务与物流快速协同发展等9项国家试点项目，大力推动电子商务模式创新和产业协同发展。初步建成商务云数据中心，集聚资金、技术、人才等优势资源，推出市场推广、线上营销等免费服务，提供销售和市场供求信息，实现企业与市场的双向沟通交互并能针对性地调整生产和销售计划，提升行业竞争力。

目前河北省两化融合也存在有比较突出的问题，主要表现为：

一是对于两化融合的认识还停留在比较浅的层次，没有将两化融合放到战略层面去认识和推动。

二是两化融合的深度不够，信息化的高投入与应用系统建设低效益的矛盾突出，业务技术两张皮、信息资源开发利用不足、标准建设滞后，信息化的效能没有得到充分发挥和体现。

三是两化融合保障支撑体系不够完善，缺乏有针对性的政策支持，信息化建设资金持续投入力度不够，满足两化融合需要的复合型人才稀缺，本地IT企业服务两化融合的能力和水平较低，不能满足两化融合的需求。

四、相关建议

对河北省两化融合提出以下建议：

一是继续深化信息技术在工业企业中的应用。以加快新一代信息技术与工业深度融合为主线，大力发展智能制造装备和产品，加快推进互联网和工业融合，以应用为核心全面推进企业全产业链智能化改造，发展基于互联网的协同制造新模式。重点推进加快工业研发和协同创新信息化、培育智能制造生产模式、加快传统产业信息化改造和节能环保信息化、大力发展电子商务和在线定制应用、推广质量监测分析和追溯信息化应用、加强工业互联网基础设施和产业聚集区信息化建设、提升信息产业支撑能力、加快工业信息安全体系建设。

二是推动产业集聚区两化深度融合。实施数字化产业集聚区发展战略，完善产业集聚区信息基础设施，优化公共信息服务环境，建设一批网络协同制造、生产服务外包、异地监控、技术交流和应用培训等方面的公共服务平台，实现要素资源集中配置，降低区内企业交易成本，带动产业集群发展。提升产业集聚区的信息化基础设施水平，统筹部署、共建共享园区的网络基础支撑系统 IPv6 改造、下一代互联网驻地网改造以及基于 4G、5G 的无线局域网建设，构建宽带、融合、泛在的工业基础设施环境。推广普及物联网技术，逐步实现制造设备和制造系统的近距离通信和智能化升级。

三是积极培育新一代信息技术等战略性新兴产业。推动新一代移动通信网、物联网、云计算等的应用示范，支持物联网在基础设施、交通运输、工业控制等领域的试点应用，带动研发、设计、制造、软件、系统集成等相关产业创新发展，促进信息服务等新兴业态发展，形成基于基础设施、应用平台和智能终端的价值链生态体系。

四是加快发展电子商务。加快推进河北省电子商务发展顶层设计，明确河北省电子商务发展的总体目标、战略路径和发展重点，为深化电子商务应用和提升电子商务服务能力搭建发展框架，制定支撑体系建设的总体策略。集聚国内外电子商务优势企业，打造电子商务集群，出台产业园促进政策，提升电子商务服务和创新孵化能力。大力支持一批电子商务服务公共平台和新型电子商务市场建设，引导品牌推广、渠道建设、支付结算等环节的革新，开展线上结算、线下体验的O2O模式试点，通过税收优惠政策鼓励发展跨境电子商务。

第六章　山西省两化融合发展水平分析

一、总体情况

（一）经济概况

2015 年，山西省全年生产总值为 12802.6 亿元，较 2014 年增长 3.1%。其中，第一产业增加值 788.1 亿元，同比增长 1.0%，占生产总值的比重为 6.2%；第二产业增加值 5224.3 亿元，同比下降 1.1%，占生产总值的比重为 40.8%；第三产业增加值 6790.2 亿元，同比增长 9.8%，占生产总值的比重为 53.0%。全年规模以上工业增加值下降 2.8%。规模以上工业企业实现主营业务收入 14393.7 亿元，同比下降 16.9%。其中，医药工业实现主营业务收入 171.2 亿元，同比增长 4.0%；煤炭、冶金、装备制造、电力、焦炭、化学、食品和建材工业分别实现主营业务收入 5759.7 亿元、2713.8 亿元、1479.4 亿元、1458.7 亿元、776.9 亿元、740.5 亿元、648.6 亿元和 310.2 亿元，同比分别下降 15.7%、28.6%、9.3%、8.9%、24.7%、12.4%、9.4% 和 15.6%。[1]

（二）两化融合主要进展

2015 年，山西省主动适应经济发展新常态，围绕"四化"同步发展，强化"互联网＋"思维，加快信息基础设施建设步伐，扎实推进信息化与工业化深度融合，不断深化经济和社会各领域信息化应用，建立信息消费持续稳定增长的长效机制，全面提高全省信息化建设质量和水平。

---

[1]　山西省统计局：《山西省2015年国民经济和社会发展统计公报》，2016年3月。

1. 实施宽带山西 2015 专项行动

推动"宽带中国"示范城市建设。积极推动宽带接入速率整体提升，截至 2015 年年底，山西省互联网接入端口达 1208 万个，宽带接入用户数达 598.2 万户，8M 以上的宽带用户 329.8 万户。加速推进 3G 建设和 4G 覆盖。3G 基站总数达 4.1 万个，4G 基站达 3.9 万个；3G 用户数达 764.7 万户，4G 用户数达 1091.6 万户。深入实施重点公共场所 i-Shanxi 无线局域网建设与服务工程。升级完善 i-Shanxi 认证服务平台，实现认证统一管理，i-Shanxi 已覆盖全省 11 个地市的机场、火车站、汽车站、各级行政服务中心、公共文娱场馆、医院、旅游景点等 300 余处公共场所，使用人次过百万。2015 年底启动 i-Shanxi 技术测试服务验收工作，目前已完成太原、吕梁、晋中等地市 120 余处场所测试工作，测试通过率达 80%，对存在的问题场所已要求承建运营商同步进行整改优化。推动三网融合稳步发展。组织省级通信、广电企业通过国家双向业务进入审批，积极开展融合业务。截至 2015 年年底，山西省 IPTV 集成播控平台节目存储量达 150T，在线总量标清为 14000 小时，高清为 4000 小时，具备了支持 130 路标清直播频道、130 路直播频道 1 小时时移、60 路直播频道 72 小时回看能力，截至 2015 年 11 月中旬共发展 IPTV 用户达 57 万户。

2. 深化两化融合管理体系贯标试点

山西省加强对国家第一批两化融合管理体系贯标试点企业的跟踪服务，推动太钢、太重、经纬纺机、山西煤机、中国铝业山西分公司、太重煤机等 6 户首批试点企业顺利达标。根据工信部 2015 年两化融合管理体系工作安排，组织开展了第二批两化融合管理体系试点的申报工作，遴选了"山西汾西重工有限责任公司"等 12 户企业进行申报。山西省的汾西重工、工业设备安装有限公司、普德药业、亚宝药业、永济新时速电机、华鑫电气成为第二批试点。加强县区部门和中小企业对两化融合的认识，扩大两化融合管理体系覆盖范围。组织实施省级两化融合管理体系贯标，确定了 15 户省级两化融合管理体系贯标试点企业。

3. 大力实施两化融合示范引领工程

山西省 2015 年公布了首批 16 户两化融合示范企业和 15 户两化融合试点企业名单。名单公布以来，示范企业和试点企业结合自身信息化建设情况，从组织领导体系、信息化战略规划、信息系统典型应用、信息化综合集成创新等方面认真总结经验，形成了优秀信息化解决方案，树立了企业两化融合建设样板。围绕产品设计研发、生产过程控制、技术工艺应用、企业经营管理、市场营销等方面的信息化应用，认定了 11 户 2015 年度两化深度融合示范和 8 户试点企业，继续培育和打造行业两化融合示范标杆。

4. 组织开展企业两化融合评估诊断

在全省范围内开展企业两化融合评估诊断和对标引导工作。评估诊断工作依据《工业企业信息化和工业化融合评估规范》（GB/23020–2013），并依托中国两化融合咨询服务平台的山西省评估服务分平台展开。截至 2015 年年底，山西已收集了 300 余户企业的两化融合发展数据。通过评估诊断工作，全面了解了山西辖区内各行业企业两化融合总体发展现状，指导企业明确两化融合发展重点和定量目标。推动工业云服务模式发展。支持太钢集团建设中小企业信息化"智助"云平台，采取服务外包方式，向中小企业提供统一应用服务。引导和带动更多企业应用工业云服务。

二、两化融合发展水平分析

（一）综合分析

2015 年，山西省多数行业和企业背负较大的转型压力，两化融合进展有所放缓，工业应用水平呈现下降态势，导致两化融合发展总指数低于 2014 年的54.13，降为 53.19，降低了近 1 个点，与全国平均水平的差距进一步拉大。其中，基础环境指数为 64.04，比 2014 年略微提高 0.68 个点，工业应用指数为 47.44，比 2014 年降低 4.23 个点，应用效益指数为 53.83，比 2014 年提高 4 个点。

表 6-1　2014—2015 年山西省两化融合指数情况

指标	2014年指数	2015年指数	变化情况
基础环境	63.36	64.04	↑0.68
工业应用	51.67	47.44	↓4.23
应用效益	49.83	53.83	↑4
发展指数	54.13	53.19	↓0.94

数据来源：中国电子信息产业发展研究院。

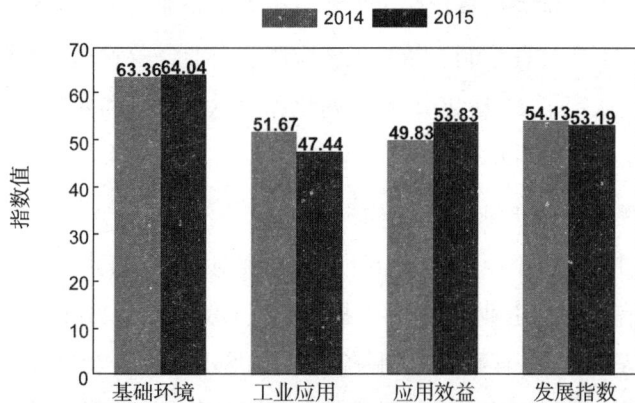

图6-1　2014—2015年山西省两化融合指数情况

数据来源：中国电子信息产业发展研究院。

（二）具体分析

1.基础环境指数

2015年，山西省两化融合基础环境水平小幅提升，由2014年的63.36提升至64.04，宽带网络成为建设重点，重点行业的部分企业由于经济困难普遍削减了信息化投入，不再开展信息化专项规划制定工作，对基础环境指数缓慢增长影响较大。在信息基础设施建设方面，山西省城（省）域网出口带宽指数值为67.38，比2014年翻了一番多；固定宽带普及率指数为79.25，比2014年提高6.28个点；固定宽带端口平均速率指数为64.45，比2014年下降2.41个点；移动电话普及率指数为63.98，比2014年提高2.73个点。在互联网应用普及方面，山西省互联网普及率指数为66.66，比2014年提高1.74个点。在两化融合政策环境建设方面，山西省继续设立了两化融合专项引导资金，支持各行业通过两化融合促进工业转型升级。中小企业信息化服务平台数指数为36.85，比2014年提高3.7个点。重点行业典型企业信息化专项规划指数为41.87，比2014年大幅下降了21.57个点。

表 6-2 2014—2015 年山西省两化融合基础环境指数情况

指标	2014年指数	2015年指数	变化情况
城（省）域网出口带宽	30.26	67.38	↑ 37.12
固定宽带普及率	72.97	79.25	↑ 6.28
固定宽带端口平均速率	66.86	64.45	↓ 2.41
移动电话普及率	61.25	63.98	↑ 2.73
互联网普及率	64.92	66.66	↑ 1.74
两化融合专项引导资金	100.00	100	——
中小企业信息化服务平台数	33.15	36.85	↑ 3.7
重点行业典型企业信息化专项规划	63.44	41.87	↓ 21.57

数据来源：中国电子信息产业发展研究院。

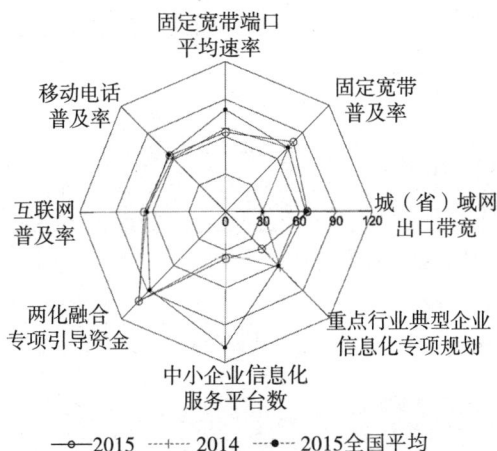

图 6-2 2014—2015年山西省两化融合基础环境指数情况

数据来源：中国电子信息产业发展研究院。

2. 工业应用指数

2015 年，山西省多数企业减少了信息化方面的资金投入和顶层规划，导致在工业应用中，除了重点行业典型企业销售环节电子商务应用水平有所改善、国家新型工业化产业示范基地两化融合发展水平基本保持以外，其余各项指数均有不同程度的下降，工业应用指数降为 47.44，比 2014 年降低了 4.23。具体来看，2015 年山西省重点行业典型企业 ERP 普及率指数为 48.21，比 2014 年降低了 7.52个点。2015 年重点行业典型企业 MES 普及率指数为 59.41，比 2014 年降低了 4.65个点。2015 年重点行业典型企业 PLM 普及率指数为 49.36，比 2014 年降低了 3.65

个点。2015 年重点行业典型企业 SCM 普及率指数为 55.35，比 2014 年降低了 3.5个点。2015 年重点行业典型企业采购环节电子商务应用普及率指数为 39.09，比 2014 年大幅降低了 18.64 个点。2015 年重点行业典型企业销售环节电子商务应用普及率指数为 52.54，比 2014 年提升 13.84 个点。2015 年重点行业典型企业装备数控化率指数为 35.82，比 2014 年下降 9.72 个点。2015 年国家新型工业化产业示范基地两化融合发展水平指数为 42.5，比 2014 年略微提升 0.21 个点。

表 6-3　2014—2015 年山西省两化融合工业应用指数情况

指标	2014年指数	2015年指数	变化情况
重点行业典型企业ERP普及率	55.73	48.21	↓ 7.52
重点行业典型企业MES普及率	64.06	59.41	↓ 4.65
重点行业典型企业PLM普及率	53.01	49.36	↓ 3.65
重点行业典型企业SCM普及率	58.85	55.35	↓ 3.5
重点行业典型企业采购环节电子商务应用	57.73	39.09	↓ 18.64
重点行业典型企业销售环节电子商务应用	38.70	52.54	↑ 13.84
重点行业典型企业装备数控化率	45.54	35.82	↓ 9.72
国家新型工业化产业示范基地两化融合发展水平	42.29	42.5	↑ 0.21

数据来源：中国电子信息产业发展研究院。

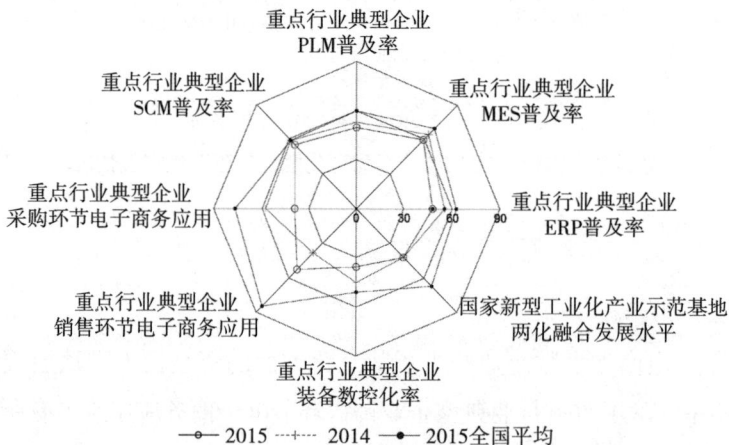

图 6-3　2014—2015年山西省两化融合工业应用指数情况

数据来源：中国电子信息产业发展研究院。

3. 应用效益指数

2015 年，山西省两化融合应用效益指数为 53.83，比 2014 年提高了 4 个点，其中工业成本费用利润率降幅最大。在地区工业生产效益和水平方面，山西省工业增加值占 GDP 比重指数为 49.6，比 2014 年降低 3.95 个点；第二产业全员劳动生产率指数为 100.54，比 2014 年提升 34.83 个点；工业成本费用利润率指数为 11.39，比 2014 年大幅减少 11.16 个点；单位工业增加值工业专利量指数为 67.91，比 2014 年显著提高 1.03 个点。在工业节能减排水平方面，单位地区生产总值电耗指数为 63.16，比 2014 年增加 0.75 个点。在信息产业发展水平方面，电子信息制造业主营业务收入指数为 67.55，比 2014 年提高 7.27 个点；软件业务收入指数为 11.93，比 2014 年降低 2.41 个点。

表 6-4 2014—2015 年山西省两化融合应用效益指数情况

指标	2014年指数	2015年指数	变化情况
工业增加值占GDP比重	53.55	49.6	↓3.95
第二产业全员劳动生产率	65.71	100.54	↑34.83
工业成本费用利润率	22.55	11.39	↓11.16
单位工业增加值工业专利量	66.88	67.91	↑1.03
单位地区生产总值电耗	62.41	63.16	↑0.75
电子信息制造业主营业务收入	60.28	67.55	↑7.27
软件业务收入	14.34	11.93	↓2.41

数据来源：中国电子信息产业发展研究院。

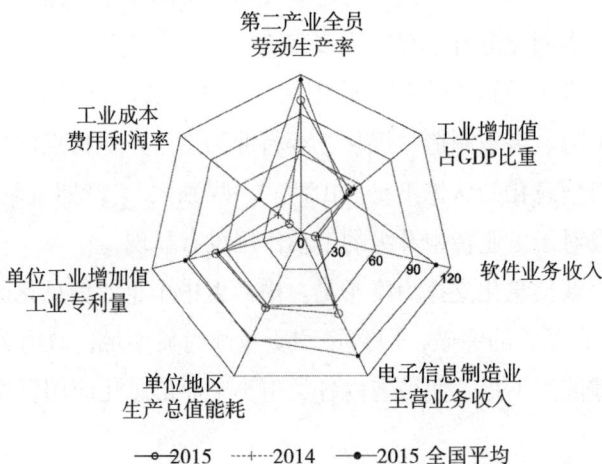

图 6-4 2014—2015年山西省两化融合应用效益指数情况

数据来源：中国电子信息产业发展研究院。

三、优劣势分析

山西省两化融合的优势主要有以下两点：

一是资源型产业节能减排成为典型实践。山西省出台了加快推进工业节能环保产业发展行动方案和《山西省2014—2015年节能减排低碳发展行动计划》，推进实施650项节能改造项目。为推进减排治污，全省实施了燃煤发电机组超低排放改造提速工程，共淘汰黄标车及老旧车21.6万辆，全省PM2.5平均浓度同比下降16.9%。同时，山西省采取多项举措大力发展循环经济，加快太原不锈钢产业园区循环化改造试点和晋城、孝义国家循环经济示范城市创建。

二是软件产业发展政策环境逐步完善。山西省把具有自主知识产权的优秀软件产品、行业解决方案纳入政府采购的推荐目录，在同等条件下优先采购，并给予一定的补贴。在资金方面，对市场前景良好，并具有自主知识产权的软件项目，给予一定比例的补助，对已取得商业贷款且市场前景看好的项目，按1年期银行贷款基准利率给予贴息补助。为鼓励和支持新软件企业发展，在山西新创办的软件服务企业经认定后，享受国家有关所得税减免政策。对国家规划布局内的重点软件生产企业，当年未享受免优惠的，减按10%的税率征收企业所得税。

同时，山西省两化融合也存在诸多劣势：

一是工业企业两化融合发展面临困境。山西是我国的老工业基地，以煤炭、冶金、焦化、电力、装备制造、煤化工等行业为主，产业特点使得工业企业更加重视工业化，对信息化的认识不足。山西"一煤独大"，产能过剩问题十分严重，煤炭信息化建设对于工业转型升级的带动作用没有显现。

二是中小企业信息化支撑力度不足。山西省中小企业信息化服务平台数指标在2012年虽然有了零的突破，但数量和质量都尚显不足，政府为中小企业开展信息化建设支撑能力不足，使得省内各类中小企业信息化应用发展仍严重滞后。

四、相关建议

对山西省两化融合提出以下建议：

一是加快推进网络提速降费。加快高速宽带网络建设，推进电信基础设施共建共享，推动实现网络资费合理下降，加强电信市场监管，增强电信业服务能力，充分发挥宽带网络在山西省稳增长、调结构、促改革、惠民生方面的基础支撑和引导带动作用。

二是继续加快信息基础设施建设。贯彻落实光纤到户国家强制性标准，实施城市光纤到户和宽带乡村工程，全力推进 4G 网络建设，扩大 4G 网络覆盖率。持续推进全省公共场所无线局域网建设，提升全省 Wi-Fi 热点覆盖服务水平。加快推进三网融合，组织广电网络企业围绕全省统一节目信号源，全面展开 NGB 升级工作，建立符合全业务运营要求的技术管理系统和业务支撑系统。

三是推进各领域两化深度融合。深化两化融合管理体系贯标试点，在开展国家两化融合管理体系试点的基础上，扩大试点范围，组织开展省级两化融合管理体系贯标试点。加强定期调研和督促检查，及时总结试点企业的贯标经验，加强宣传推广与交流学习。加强示范企业建设和服务工作，积极探索企业两化融合新模式。以示范企业和示范项目为抓手，提升企业两化融合水平。重点支持企业应用信息技术促进产品研发、内部资源管理、供应链管理和开展信息技术服务等，为各行业企业提供标杆、示范和样板。积极培育工业云平台发展模式。云计算平台和大数据分析是实现海量数据存储、计算和分析的载体，是智能制造的"大脑"。山西省着眼两化融合深度发展需求，采取服务外包方式，构建河北省工业云平台。积极培育云服务模式，面向产业链和产业集群，开展重点企业应用试点，引导和带动更多企业应用工业云服务。

四是积极推动"互联网+"工业发展。推动互联网与相关产业融合发展，深化应用"互联网+"，互联网应用服务产业链进一步拓展。促进工业组织模式、设计模式、生产制造模式、营销模式、服务保障模式创新。细化工业和信息化领域"互联网+"任务分解。通过先行先试抓好试点和项目。积极引导社会资本参与，分步实施一批"互联网+"重大工程，通过重大工程的实施，发展壮大新兴产业，打造新的经济增长点。

第七章　内蒙古自治区两化融合发展水平分析

一、总体情况

（一）经济概况

2015年，内蒙古自治区实现地区生产总值18032.8亿元，比上年增长7.7%。其中，第一产业增加值1618.7亿元，同比增长3.0%；第二产业增加值9200.6亿元，同比增长8.0%；第三产业增加值7213.5亿元，同比增长8.1%。人均生产总值达到71903元，比上年增长7.4%，按年均汇率计算折合为11547美元。全区三次产业比例为9：51：40。全年全部工业增加值7939.2亿元，比上年增长8.2%。其中，规模以上工业企业增加值增长8.6%。在规模以上工业企业中，国有及国有控股企业增加值增长3.2%，集体企业增加值增长7.2%，股份制企业增加值增长9.2%，外商及港澳台投资企业增加值增长6.4%，其他经济类型企业增加值增长22.4%。在规模以上工业企业中，轻工业增加值增长11.3%，重工业增加值增长8.0％。全区规模以上工业企业实现主营业务收入18522.7亿元，比上年下降0.3%；实现利润940.5亿元，同比下降23.8%。全年规模以上工业企业产品销售率96.6%，产成品库存额643.2亿元，同比增长0.7%。[1]

（二）两化融合主要进展

2015年，内蒙古自治区紧紧围绕自治区党委政府"8337"发展思路，按照工信部两化深度融合工作部署要求，大力推进两化深度融合工作，自治区两化深度融合工作在区域、行业、企业层面都取得了显著的进展。

---

[1] 内蒙古自治区统计局：《内蒙古自治区2015年国民经济和社会发展统计公报》，2016年3月。

1. 强化了两化融合组织领导

成立了以自治区政府分管工业和信息化的副主席为组长，自治区相关部门、四市政府领导为副组长，自治区相关部门、四市相关部门为成员的领导小组，负责呼包鄂地区信息化和工业化融合试验区工作的组织领导。下设领导小组办公室和专家咨询组，办公室负责完成领导小组交办的各项工作任务，协调解决试验区工作中出现的问题，专家咨询组主要为试验区提供咨询和技术指导等服务工作。随着两化深度融合工作在全区全面推进，在原有领导小组的基础上增设了自治区两化融合领导小组，成立了自治区经信委主要领导担任组长、分管行业处室的领导为副组长、各相关行业处室处长为成员的两化深度融合推进领导小组，统筹协调全区两化融合工作，指导和部署两化深度融合的各项任务，督促检查各项工作的落实。

2. 建立了贯标推进服务体系

以自治区电子信息产品质量检验院为支撑平台，按照联盟的形式把大专院校、科研机构、行业协会、电信运营商、IT企业，包括典型企业在内的方方面面的第三方力量凝聚在一起，以"政府引导、企业为主、政策支持、联盟提供咨询服务"的工作思路，形成上下协同、各负其责、紧密配合、运转高效的贯标推进和服务体系，为自治区两化融合工作的顺利推进提供强有力的支撑。通过联盟为切入点，组建了自治区两化融合专家库。专家由自治区重点行业协会的专家学者、信息化方面的专家和部分试点企业信息主管等三方组成。

3. 加强两化融合政策引导

根据内蒙古实际两化融合实际发展情况，制订了《内蒙古自治区人民政府关于进一步促进中小企业发展的意见》《内蒙古自治区关于加快推进信息化和工业化融合的指导意见》《内蒙古自治区人民政府关于加快内蒙古电信和邮政业发展的意见》《内蒙古自治区"十二五"信息化规划》《内蒙古自治区两化融合"十二五"专项规划》《内蒙古呼包鄂地区信息化和工业化融合创新试验区实施意见》《内蒙古信息化和工业化深度融合专项行动方案(2015—2020年)》《内蒙古工业云创新行动试点工作方案》《内蒙古网络协同制造试点工作方案》《内蒙古自治区信息化和工业化深度融合发展专项资金管理办法》等政策文件，为两化融合发展营造了良好政策环境。

二、两化融合发展水平分析

（一）综合分析

2015 年内蒙古自治区两化融合发展总指数为 57.49，比 2014 年提高了 6.64 个点。其中，基础环境指数提高较快，达到 78.53，较 2014 年的 64.91 增长 13.62 个点，表明内蒙古基础环境建设取得较大进展，对两化融合发展水平提升的贡献较大；工业应用指数为 45.97，比 2014 年的 44.43 增长 1.54 个点；应用效益指数达到 59.50，比 2014 年的 53.61 有 5.89 个点的提升。

表 7-1　2014—2015 年内蒙古自治区两化融合指数情况

指标	2014年指数	2015年指数	变化情况
基础环境	64.91	78.53	↑13.62
工业应用	44.43	45.97	↑1.54
应用效益	53.61	59.50	↑5.89
总指数	51.85	57.49	↑6.64

数据来源：中国电子信息产业发展研究院。

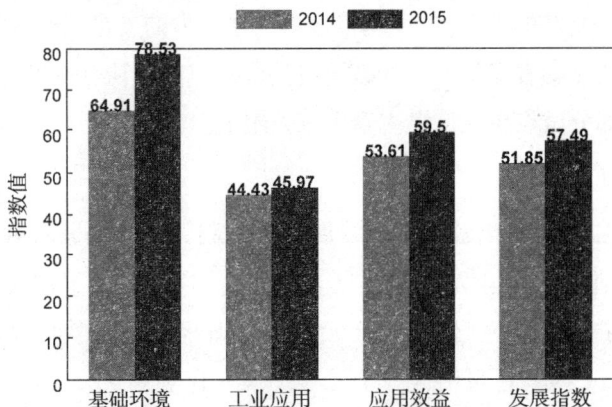

图 7-1　2014—2015年内蒙古自治区两化融合指数情况

数据来源：中国电子信息产业发展研究院。

（二）具体分析

1. 基础环境指数

2015 年，内蒙古自治区两化融合基础环境指数为 78.53，较 2014 年提升

13.62 个点，除移动电话普及率指标外，其他各项分指标均有不同程度增长，其中中小企业信息化服务平台数增长最快，固定宽带端口平均速率位列其次。具体来看，2015 年，内蒙古城（省）域网出口带宽指数为 49.02，比 2014 年的 47.01 增加了 2.01 个点；固定宽带端口平均速率指数由 2014 年的 68.43 提高至 83.38，同比增长 14.95 个点；移动电话普及率指数由 2014 年的 71.14 下降到 70.05，同比降低 1.09 个点；互联网普及率指数由 2014 年的 60.65 提升至 62.32，同比增长 1.67 个点；近三年均设立了两化融合专项引导资金；中小企业信息化服务平台发展水平有了较大改善，由 2014 年的 72.97 猛增至 150，显著提高了 77.03 个点；重点行业典型企业信息化专项规划指数由 2014 年的 35.49 增至 2015 年的 40.91，同比增长 5.42 个点。

表 7-2　2014—2015 年内蒙古自治区两化融合基础环境指数情况

指标	2014年指数	2015年指数	变化情况
城（省）域网出口带宽	47.01	49.02	↑2.01
固定宽带普及率	62.40	69.62	↑7.22
固定宽带端口平均速率	68.43	83.38	↑14.95
移动电话普及率	71.14	70.05	↓1.09
互联网普及率	60.65	62.32	↑1.67
两化融合专项引导资金	100.00	100.00	——
中小企业信息化服务平台数	72.97	150.00	↑77.03
重点行业典型企业信息化专项规划	35.49	40.91	↑5.42

数据来源：中国电子信息产业发展研究院。

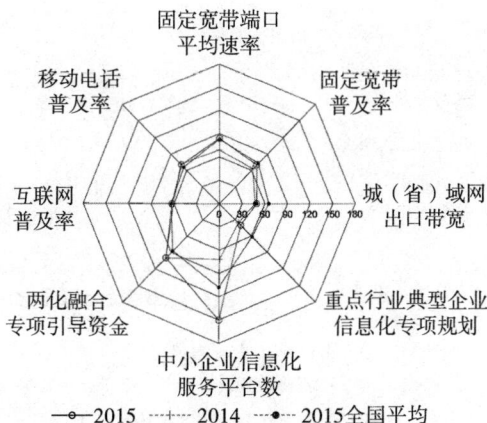

图 7-2　2014—2015年内蒙古自治区两化融合基础环境指数情况

数据来源：中国电子信息产业发展研究院。

2. 工业应用指数

2015 年，内蒙古工业应用水平为 45.97，比 2014 年的 44.43 升高了 1.54 个点。具体来看，2015 年，重点行业典型企业 ERP 普及率、MES 普及率、PLM 普及率、SCM 普及率四项分指数分别为 51.27、52.93、44.93 和 50.35，较 2014 年分别升高 2.48、12.60、2.30 和 2.25 个点，其中重点行业典型企业 MES 普及率上升幅度最为显著；重点行业典型企业采购环节电子商务应用指数为 54.25，较 2014 年提高了 8.00 个点；重点行业销售环节电子商务应用指数为 44.3，较 2014 年分别提升 0.12 个点；重点行业典型企业装备数控化水平出现明显下滑，由 2014 年的 36.60 降至 35.84，下降幅度为 0.76 个点；国家新型工业化产业示范基地两化融合发展水平有所提升，从 2014 年的 49.10 提高至 2015 年的 37.04，降幅为 12.06 个点。

表 7-3　2014—2015 年内蒙古自治区两化融合工业应用指数情况

指标	2014年指数	2015年指数	变化情况
重点行业典型企业ERP普及率	48.79	51.27	↑2.48
重点行业典型企业MES普及率	40.33	52.93	↑12.60
重点行业典型企业PLM普及率	42.63	44.93	↑2.30
重点行业典型企业SCM普及率	48.10	50.35	↑2.25
重点行业典型企业采购环节电子商务应用	46.25	54.25	↑8.00
重点行业典型企业销售环节电子商务应用	44.18	44.30	↑0.12
重点行业典型企业装备数控化率	36.60	35.84	↓0.76
国家新型工业化产业示范基地两化融合发展水平	49.10	37.04	↓12.06

数据来源：中国电子信息产业发展研究院。

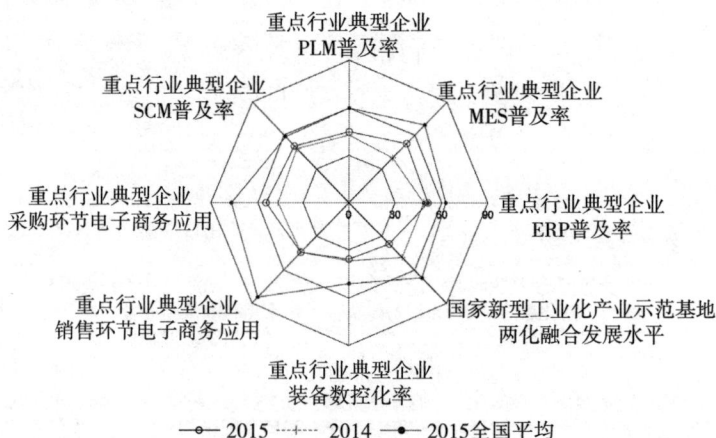

图 7-3　2014—2015年内蒙古自治区两化融合工业应用指标情况

数据来源：中国电子信息产业发展研究院。

3. 应用效益指数

2015年，内蒙古两化融合应用效益指数为 59.50，比 2014 年的 53.61 有 5.89
个点的提升，其中，第二产业全员劳动生产率、单位工业增加值工业专利量、电
子信息制造业主营业务收入、软件业务收入各有提升，工业增加值占 GDP 比重、
工业成本费用利润率、单位地区生产总值电耗则下降较为明显。具体表现为，工
业增加值占 GDP 比重指数为 53.02，较 2014 年降低 2.59 个点；第二产业全员劳
动生产率水平由 2014 年的 120.74 大幅上升 46.13 个点至 166.87；工业成本费用
利润率指数较 2014 年的 55.40 明显下降至 44.44，降幅为 9.96 个点；单位工业增
加值工业专利量发展指数由 2014 年的 27.92 提高 2.63 个点，达到 30.55；单位地

表 7-4 2014—2015 年内蒙古自治区两化融合应用效益指数情况

指标	2014年指数	2015年指数	变化情况
工业增加值占GDP比重	53.02	50.43	↓2.59
第二产业全员劳动生产率	120.74	166.87	↑46.13
工业成本费用利润率	55.40	44.44	↓9.96
单位工业增加值工业专利量	27.92	30.55	↑2.63
单位地区生产总值电耗	67.32	65.24	↓2.08
电子信息制造业主营业务收入	22.26	25.76	↑3.50
软件业务收入	14.38	15.15	↑0.77

数据来源：中国电子信息产业发展研究院。

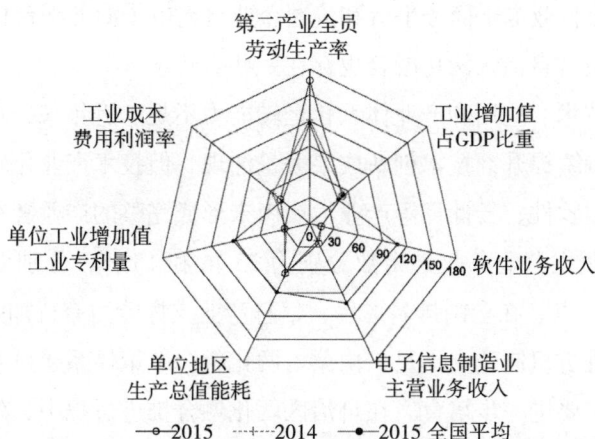

图 7-4 2014—2015年内蒙古自治区两化融合应用效益指数情况

数据来源：中国电子信息产业发展研究院。

区生产总值电耗指数为 65.24，较 2014 年下降 2.08 个点；电子信息制造业主营业务收入发展指数由 2014 年的 25.76 降低了 3.50 个点，降至 22.26；软件业务收入发展指数为，较 2014 年的 14.38 有 0.77 个点的略微提高。

三、优劣势评价

内蒙古自治区两化融合发展具有以下优势：

一是技术创新工作厚植发展优势。内蒙古单位工业增加值工业专利量由 2014 年的 27.92 提升至 30.55，增长 2.63 个点。目前，自治区级企业技术中心已达到 117 家。企业申请发明专利 1924 件，授权 458 件。继续实施质量品牌创新培育工作，节能技术、清洁生产、共性关键技术等产业化率达 70% 以上。

二是电子商务发展成绩显著。内蒙古重点行业典型企业采购环节电子商务应用由 2014 年的 46.25 提升至 54.25，大幅增长 8.00 个点。内蒙古把推动电子商务发展作为两化融合的重点工作，积极培育电子商务服务企业，大力支持行业性专业化电子商务平台建设。全区从事电子商务服务企业达 450 家，从事企业间电子商务服务企业约 190 个，从事网络零售服务企业 250 个。全年电子商务交易总额约 710 亿元，企业间电子商务交易额约为 660 亿元，网络零售交易额约为 50 亿元。内蒙古商网、中国薯网、爱上草原商城、同利家网上商城、乌海市煤焦化交易中心等一批本地化行业电子商务平台和流通企业自建电子商务平台也相继涌现。

同时，内蒙古自治区两化融合也存在一些劣势：

一是信息技术、应用和产业体系化运转能力不足。近年来，自治区电子信息产业发展水平持续提升，技术创新成果大量涌现，但技术产业化转化能力远远落后于先进地区，软件、云计算等产业发展尚未形成完整的产业链布局，电子信息产业和软件企业主营业务收入指数分别为 25.76 和 15.15，分别低于全国平均值 77.93 和 92.82 个点，在全国排名居后，信息产业支撑能力有待加强。

二是协同推进机制建立不足。内蒙古两化融合政策体系建设亟待完善，两化融合发展氛围需要进一步培育。在自治区两化融合推进过程中，各级政府和企业家对两化融合对工业转型升级的引领作用认识较低，部分部门和地方从局部出发认识两化融合，尚未形成统一的认识和全面系统的工作体系，一定程度上影响了两化融合政策的实施，统筹协调机制有待进一步健全。

四、相关建议

对内蒙古自治区两化融合提出以下建议：

一是构建两化融合推进保障体系。围绕推进产业结构优化升级、转变经济发展方式、实现新型工业化为目标，内蒙古应充分发挥市场在资源配置中起决定性作用和更好发挥政府作用，突出企业作为两化深度融合中的主体地位，坚持政府引导、突出重点、分类指导，加快推动区域、行业、企业三个层面深化信息技术在工业企业和行业领域的深度应用，统筹兼顾，合力推进，根据委内行业处室业务职能进行明确分工、各负其责，充分调动各盟市、科研院所、行业协会和地三方机构的积极性，形成上下协同、紧密配合、运转高效的两化深度融合推进保障体系，使两化深度融合成为自治区工业经济增长的倍增器，产业升级的助推器，产业结构调整、发展方式转变的转换器。

二是大力发展"互联网+"工业。紧紧围绕自治区工业"四大基地"建设和工业转型升级需求，内蒙古应以推进两化深度融合为主线，引导工业企业实现生产全流程的互联网转型，推动传统产业实现生产方式、经济模式、产业结构的改造升级，加快信用、物流、安全、大数据分析等工业互联网配套体系建设，推动生产方式和商业模式变革。面向煤炭、电力、冶金、化工、农畜产品加工、装备等重点行业和重点企业，加大"互联网+"推进力度，积极开展智能制造和两化深度融合管理体系贯标对标工作。发展基于互联网的个性化定制、众包设计、云制造等新型制造模式，推动形成基于消费需求动态感知的研发、制造和产业组织方式。加快工业云及工业大数据创新服务平台建设和应用示范，推动软件与服务、设计与制造资源、关键技术与标准的开放共享，催生在线研发设计、协同供应链管理、协同制造等新业态。积极推进智能制造，探索建设智能工厂。加快工业园区信息基础设施优化、开发管理精细化、功能服务专业化、产业发展智能化，打造智慧工业园区。建立工业运行在线监测平台，推动工业运行决策科学化。实施中小企业信息化推进工程，推动基于互联网的信息化服务和中小企业公共服务体系建设。

第八章　辽宁省两化融合发展水平分析

一、总体情况

（一）经济概况

2015年，辽宁省全年地区生产总值28743.4亿元，比上年增长3.0%。其中，第一产业增加值2384.0亿元，同比增长3.8%；第二产业增加值13382.6亿元，同比下降0.2%；第三产业增加值12976.8亿元，同比增长7.1%。三次产业增加值占地区生产总值的比重由上年的8.0：50.2：41.8调整为8.3：46.6：45.1。人均地区生产总值65521元，比上年增长3.1%，按年均汇率折算为10520美元。全年规模以上工业增加值比上年下降4.8%。分门类看，全年采矿业实现工业增加值同比下降5.7%，占全省规模以上工业增加值的9.2%；制造业实现工业增加值同比下降4.9%，占85.8%；电力、燃气及水的生产和供应业实现工业增加值下降1.1%，占5.0%。全年规模以上工业企业高新技术产品增加值比上年增长3.2%。[1]

（二）两化融合主要进展

辽宁省以创新驱动为引领，充分发挥两化融合在促进工业发展转型、经济发展方式转变方面发挥了重大作用，加强信息技术在工业各领域的广泛应用、渗透与融合，不断完善政府引导体系和企业服务体系，重点提升自主创新能力、重大装备成套能力、基础配套能力及生产性服务业支撑能力，两化融合取得显著实效。

1. 完善了两化融合基础设施体系

国家级互联网骨干直联点建成运行。沈阳国家级互联网骨干直联点正式运行，

---

[1]　辽宁省统计局：《2015年辽宁省国民经济和社会发展统计公报》，2016年3月。

互联网网间时延下降27%，下载速度提升21%，沈阳成为信息集散中心和通信网络枢纽，带动了东北三省网站和网民增长，拉动了信息消费，显著改善互联网通信质量。建成了东北地区最大的超算中心——"东北区域超算中心"及"基于超算云计算的面向信息产业共性技术创新平台"，计算能力高达1170万亿次/秒，在全国区域仅次于上海超算中心，东北区域超算中心对用信息技术改造提升制造业、培育发展大数据、云计算、互联网等新一代信息技术产业起到重要的推进作用，将大大提升沈阳大数据产业在全国的竞争力。加快培育物联网发展环境。对沈阳、大连"三网融合"试点区域光纤宽带网络加速升级改造，引导企业开展"宽带商务平台""无线城市 智能公交"等创新应用，通过行业龙头的示范引领效应，推进信息技术在交通、物流等传统产业的深化应用，带动了相关产业的信息化升级。

2. 构建了两化融合服务支撑体系

辽宁省推进重点工业企业两化融合水平测度机制建设。为全面了解辖区内各行业企业两化融合总体发展现状，指导企业明确两化融合发展重点和定量目标，探索科学、分类、定量、持续推进区域两化融合的新模式，建立了省、市协同推进机制，组织省内规模以上工业企业开展两化融合评估诊断工作，目前有400多家工业企业纳入评估体系并且能够及时填报有效数据。积极推进国家两化融合管理体系贯标试点进程。根据工业和信息化部有关《信息化和工业化融合管理体系要求》，辽宁省组织推荐省内行业骨干企业、第三方机构申报国家试点，经审核同意，全省共有沈飞集团、中国华录集团、本钢集团、华锦化工等12家企业为国家首批两化融合管理体系贯标试点企业，沈阳赛宝、沈阳格微以及大连圣达等3家机构入围咨询服务机构，其中鞍钢股份、国网大连公司等6家企业通过国家审核评定。2015年辽宁省抚顺新钢铁、鞍山聚龙股份、阜新环宇橡胶等29户企业又成为国家第二批贯标试点。目前，全省共有国家试点企业41家。

3. 设立了两化融合资金

辽宁省安排了省技改贴息资金7000万元，重点支持沈阳机床数字化企业、沈鼓集团重大能源装备智慧化制造信息平台、华晨汽车集团管控信息系统建设和沈阳远大集团全球战略集成执行系统等7家重点装备制造两化融合项目，总投资9.37亿元。从省重大技术装备首台套专项资金中安排了5840万元，用于支持智能化技术装备项目6项。2015年技术创新专项重点支持了4个两化融合项目，

13 个贯标试点企业，安排资金 1450 万元。

二、两化融合发展水平分析

（一）综合分析

2015 年，辽宁省两化融合发展总指数为 75.6，比 2014 年增长 3.75 个点，其中应用效益指数增长最快，对总指数提升的贡献较大。基础环境方面，2014 年辽宁省基础环境指数为 82.58，2015 年基础环境指数为 85.49，比 2014 年提高 2.91 个点。工业应用方面，2014 年辽宁省工业应用指数为 57.25，2015 年工业应用指数为 60.16，比 2014 年高 2.91 个点。应用效益方面，2014 年辽宁省应用效益指数为 90.31，2015 年应用效益指数为 96.59，比 2014 年大幅提高 6.28 个点。

表 8-1　2014—2015 年辽宁省两化融合指数情况

指标	2014年指数	2015年指数	变化情况
基础环境	82.58	85.49	↑2.91
工业应用	57.25	60.16	↑2.91
应用效益	90.31	96.59	↑6.28
总指数	71.85	75.60	↑3.75

数据来源：中国电子信息产业发展研究院。

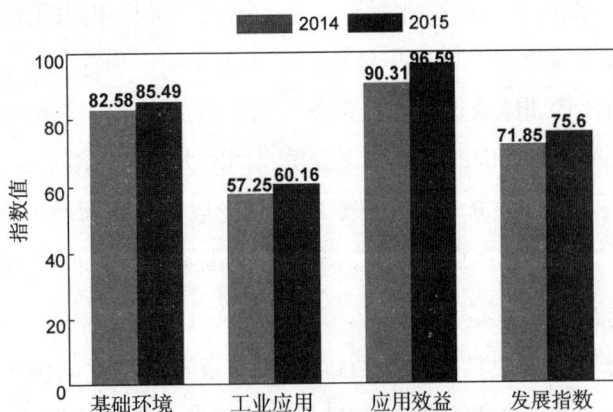

图 8-1　2014—2015年辽宁省两化融合指数情况

数据来源：中国电子信息产业发展研究院。

（二）具体分析

1.基础环境指数

辽宁省两化融合基础环境继续得到改善。2015 年，辽宁省基础环境指数为 85.49，其中固定宽带端口平均速率提升最快，固定宽带普及率、互联网普及率、重点行业典型企业信息化专项规划均有提高，城（省）域网出口带宽、移动电话普及率有所下降。在信息基础设施建设方面，2015 年，辽宁省城（省）域网出口带宽指数为 67.47，比 2014 年的 75.32 降低了 7.85 个点；固定宽带普及率指数为 67.47，比 2014 年下降 7.85 个点；固定宽带端口平均速率为 79.56，比 2014 年大幅提升 11.25 个点；移动电话普及率指数为 69.11，比 2014 年下降 0.47 个点。

表 8-2　2014—2015 年辽宁省两化融合基础环境指数情况

指标	2014年指数	2015年指数	变化情况
城（省）域网出口带宽	75.32	67.47	↓7.85
固定宽带普及率	82.19	85.02	↑2.83
固定宽带端口平均速率	68.31	79.56	↑11.25
移动电话普及率	69.58	69.11	↓0.47
互联网普及率	71.08	73.38	↑2.20
两化融合专项引导资金	100.00	100.00	——
中小企业信息化服务平台数	150.00	150.00	——
重点行业典型企业信息化专项规划	58.14	63.84	↑5.70

数据来源：中国电子信息产业发展研究院。

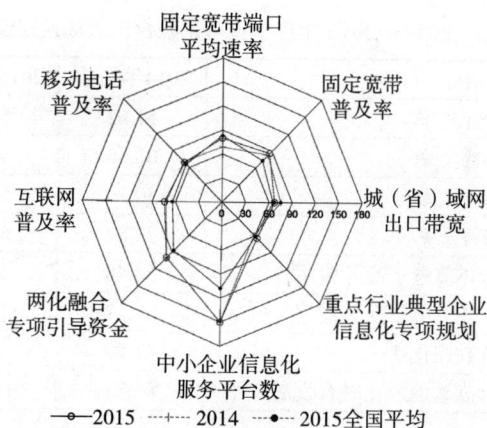

图 8-2　2014—2015 年辽宁省两化融合基础环境指数情况

数据来源：中国电子信息产业发展研究院。

在互联网应用普及方面，2015 年，辽宁省互联网普及率指数为 73.38，比 2014 年提高 2.20 个点。在两化融合政策环境建设方面，2015 年，辽宁省设立了两化融合专项引导资金；中小企业信息化服务平台数指数为 150，与 2014 年持平；重点行业典型企业信息化专项规划指数为 63.84，比 2014 年上升 5.70 个多点。

2. 工业应用指数

2015 年，辽宁省工业应用指数为 60.16，其中重点行业典型企业 MES 普及率比 2014 年有显著下降，重点行业典型企业 ERP 普及率、重点行业典型企业 PLM 普及率、重点行业典型企业 SCM 普及率和国家新型工业化产业示范基地两化融合发展指标也有所增长，除此之外，其他工业应用分项指标均有所下降，重点行业典型企业销售环节电子商务应用指标下降幅度最大。具体来看，2015 年辽宁省重点行业典型企业 ERP 普及率指数为 58.34，比 2014 年上升 6.72 个点。重点行业典型企业 MES 普及率指数为 49.65，比 2014 年下降 13.01 个点。重点行业典型企业 PLM 普及率指数为 52.57，与 2014 年上升 2.30 个点。重点行业典型企业 SCM 普及率指数为 57.44，比 2014 年增长 4.62 个点。重点行业典型企业采购环节电子商务应用普及率指数为 43.50，比 2014 年下降 10.98 个点。重点行业典型企业销售环节电子商务应用普及率指数为 52.78，比 2014 年大幅降低 3.69 个点。重点行业典型企业装备数控化率指数为 41.53，比 2014 年减少 0.26 个点。国家新型工业化产业示范基地两化融合发展水平指数为 118.83，比 2014 年提高 33.08 个点。

表 8-3　2014—2015 年辽宁省两化融合工业应用指数情况

指标	2014年指数	2015年指数	变化情况
重点行业典型企业ERP普及率	51.62	58.34	↑6.72
重点行业典型企业MES普及率	62.66	49.65	↓13.01
重点行业典型企业PLM普及率	50.27	52.57	↑2.30
重点行业典型企业SCM普及率	52.82	57.44	↑4.62
重点行业典型企业采购环节电子商务应用	54.48	43.50	↓10.98
重点行业典型企业销售环节电子商务应用	56.47	52.78	↓3.69
重点行业典型企业装备数控化率	41.79	41.53	↓0.26
国家新型工业化产业示范基地两化融合发展水平	85.75	118.83	↑33.08

数据来源：中国电子信息产业发展研究院。

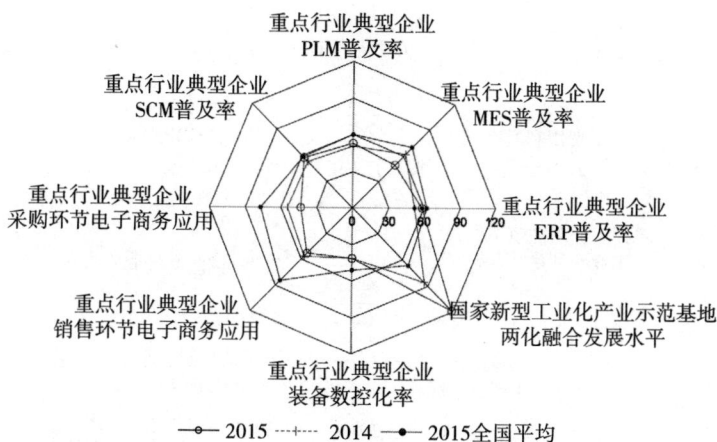

图 8-3　2014—2015年辽宁省两化融合工业应用指数情况

数据来源：中国电子信息产业发展研究院。

3. 应用效益指数

2015年，辽宁省两化融合应用效益指数达到96.59，其中第二产业劳动生产率增长较快，工业增加值占GDP比重、工业成本费用利润率、电子信息制造业主营业务收入略有下降。在地区工业生产效益和水平方面，2015年，辽宁省工业增加值占GDP比重指数为50.43，比2014年下降1.79个点；第二产业全员劳动生产率指数为125.60，比2014年提高37.67个点；工业成本费用利润率指数为31.00，比2014年下降2.95个点；单位工业增加值工业专利量指数为72.85，比2014年提高1.45个点。在工业节能减排水平方面，单位地区生产总值电耗指数为96.46，比2014年大幅提高2.15个点。在信息产业发展水平方面，电子信息制造业主营业务收入指数为102.37，比2014年下降2.37个点；软件业务收入指数为232.92，比2014年提高6.78个点。

表 8-4　2014—205 年辽宁省两化融合应用效益指数情况

指标	2014年指数	2015年指数	变化情况
工业增加值占GDP比重	52.22	50.43	↓1.79
第二产业全员劳动生产率	87.93	125.60	↑37.67
工业成本费用利润率	33.95	31.00	↓2.95
单位工业增加值工业专利量	71.40	72.85	↑1.45
单位地区生产总值电耗	94.31	96.46	↑2.15
电子信息制造业主营业务收入	104.74	102.37	↓2.37
软件业务收入	226.24	232.92	↑6.78

数据来源：中国电子信息产业发展研究院。

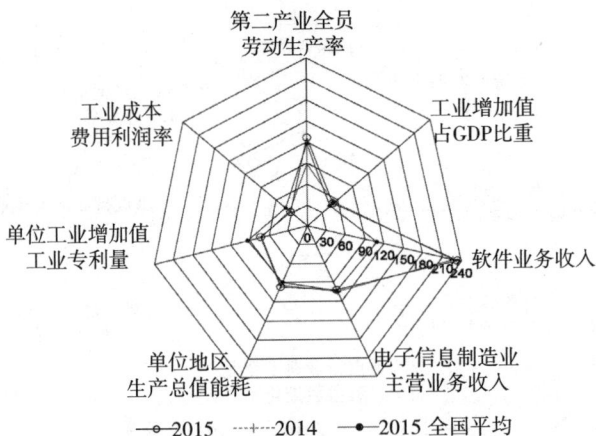

图 8-4 2014—2015年辽宁省两化融合应用效益指数情况

数据来源：中国电子信息产业发展研究院。

三、优劣势评价

辽宁省两化融合发展的优势有：

一是工业基础雄厚，两化融合潜力巨大。辽宁省工业门类比较齐全，拥有基础比较雄厚的工业体系，是中国主要的工业和原材料基地。2014年，辽宁省全年规模以上工业增加值按可比价格计算比上年增长4.8%。许多工业产品在中国占有较大比重。发电量、原油、天然气、原煤、机床、冶金设备、矿山设备、变压器、汽车等产量在中国都占有重要地位。石化、冶金、电子信息、机械仍是辽宁省四大支柱产业。

二是具备较好的两化融合技术知识创新能力。辽宁省现有高校83所，其中软件学院15所。从事科技活动人员24.9万人，其中研究与实验发展(R&D)人员13.5万人，拥有上百家省及中央直属院所，国家及省级工程技术研究中心489个，产业技术创新战略联盟28个。辽宁省是国家知识创新工程先进制造技术的研究与发展基地，是国家软件工程中心等一批国家级先进制造技术研究和工程化的中心，其在产品设计与分析软件和制造过程管控技术、网络化制造等制约企业信息化发展的关键、共性技术技术领域的研究，已达到国际先进和国内领先水平。

辽宁省两化融合的发展也存在不足之处，主要表现在：

一是产业被锁定在中低端环节。2015年，辽宁省工业成本费用利润率指数为31.00，低于全国平均水平10.02个点，位于全国末端行列。全省工业成本持续上升，工业利润持续下降，全省两化融合整体发展水平提升有限。由于全省从事资源开发和成品初级加工的企业较多，工业核心竞争力培育不足，技术创新不活跃，产业发展难以适应未来市场竞争压力。

二是两化融合的广度和深度不足。辽宁省工业企业生产管理环节的信息化建设滞后，大多停留在单项应用阶段，重点行业典型企业ERP普及率、重点行业典型企业MES普及率、重点行业典型企业PLM普及率、重点行业典型企业SCM普及率、重点行业典型企业装备数控化率指数分比为58.34、49.65、52.57、57.44、41.53，分别低于全国平均值4.37、20.02、7.06、1.37和9.77个点，排在全国下游水平，与辽宁的工业大省地位不相适应。

四、相关建议

对辽宁省两化融合提出以下建议：

一是推动传统产业转型升级。以装备制造、冶金、石化等行业龙头企业为核心，推进信息技术在传统产业中广泛应用与综合集成，促进产业结构调整优化升级，提高行业整体竞争力。以信息化创新研发设计手段，推动从计算机辅助设计（CAD）、计算机辅助制造（CAM）向计算机辅助工程（CAE）、虚拟仿真、数字模型方向发展，增强产业自主创新能力；推动生产装备智能化和生产过程自动化，提高精准制造、高端制造、敏捷制造能力，加快建立现代生产体系；推进企业管理信息系统的综合集成，推动信息共享、系统整合和业务协同，形成现代经营管理体系。

二是加快产品智能化提升。通过加快嵌入式芯片、可编程控制器等智能技术在工业产品中的应用，提升工业产品信息技术含量和附加值，在高端装备制造领域每年推出10个智能化工业产品示范，推动工业产品向价值链高端跨越。推进高档数控机床与基础制造装备、自动化成套生产线、轻型工业机器人以及自动化关键基础零部件、元器件及通用部件的发展。提升飞机、汽车、船舶等大型工业产品的智能化水平，研发一批新型智能产品。提升家庭电子产品信息化水平，发展智能家电，建立集智能家电、网络及相关服务为一体的产业发展模式。

三是提升信息产业支撑能力。依托科技重大专项和技术改造，推进信息技术与传统工业技术间的协同创新，加快电子产品的开发和产业化，大力发展高档数控系统、制造执行系统、工业控制系统等工业软件，提高自主产品、解决方案的市场竞争力，着力构建融合、泛在、安全的下一代国家信息基础设施。

第九章　吉林省两化融合发展水平分析

一、总体情况

（一）经济概况

2015 年，吉林省实现地区生产总值 14274.11 亿元，按可比价格计算，比上年增长 6.5%。其中，第一产业增加值 1596.28 亿元，同比增长 4.7%；第二产业增加值 7337.06 亿元，同比增长 5.6%；第三产业增加值 5340.77 亿元，同比增长 8.3%。三次产业的结构比例为 11.2∶51.4∶37.4，对经济增长的贡献率分别为 6.9%、47.4% 和 45.7%。按常住人口计算，全省人均 GDP 达到 51852 元（按年平均汇率折合 8327 美元），比上年增长 6.5%。全省规模以上工业实现增加值 6054.63 亿元，比上年增长 5.3%；其中，轻工业实现增加值 1956.59 亿元，同比增长 6.7%；重工业实现增加值 4098.04 亿元，同比下降 0.2%。在规模以上工业中，汽车制造产业实现增加值 1456.38 亿元，比上年下降 14.0%；石油化工产业实现增加值 720.12 亿元，同比增长 13.9%；食品产业实现增加值 1068.37 亿元，同比增长 4.0%；信息产业实现增加值 133.38 亿元，同比增长 13.6%；医药产业实现增加值 533.78 亿元，同比增长 12.2%；冶金建材产业实现增加值 742.19 亿元，同比增长 4.7%；能源产业实现增加值 107.76 亿元，同比下降 4.2%；纺织产业实现增加值 129.25 亿元，同比增长 3.4%。六大高耗能行业共实现增加值 1238.55 亿元，同比增长 3.4%。高技术制造业实现增加值 577.30 亿元，同比增长 12.6%，占规模以上工业增加值的比重为 9.5%。装备制造业实现增加值 630.43 亿元，同比增长 13.0%，占规模以上工业增加值的比重为 10.4%。[1]

---

[1]　吉林省统计局：《2015年吉林省国民经济和社会发展统计公报》，2016年3月。

（二）两化融合主要进展

吉林省按照工信部推进两化深度融合工作部署，围绕省政府工作重点，结合全省工业和信息化建设实际，以推进信息化和工业化深度融合为主线，着力完善两化融合政策体系，加快两化融合基础设施建设，提升两化融合综合服务能力，推动两化融合试验区建设，推进两化融合管理体系贯标，加大两化融合重点项目支持力度，全省两化融合水平不断提升。

1. 加快两化融合基础设施建设

公共信息网络已覆盖全省所有城乡，行政村全部通电话、通宽带目标全面完成，全省固定电话达到 578.2 万户，固定电话普及率达到 21 线 / 百人，移动电话 2605.8 万户，移动电话普及率达到 94.7 部 / 百人，互联网接入 424.2 万户，移动互联网用户 1661.1 万户，宽带普及率达到 15.4 户 / 百人。第四代移动通信（4G）网络建设和全覆盖进程不断加快，已建 4G 基站 2.4 万个。

2. 提升两化融合综合服务能力

吉林省研究制定了工业企业两化融合评估规范和两化深度融合评估指标评测方法。发挥自主开发的"吉林省两化融合数据采集评估系统"作用，逐步扩大评估范围和评估规模，连续两年形成吉林省两化融合水平分析报告，为统计分析相关数据、掌握全省两化融合情况提供了必要手段。省电子检验院作为省内贯标服务机构完成了省两化融合评估平台建设，指导延边敖东顺利通过国家首批贯标认定，咨询服务能力显著提高。

3. 推进工业与互联网融合创新发展

吉林省建设了创业孵化基地和中小企业服务平台，推进专利新产品生产、专利新技术应用，组织实施了百种重大新产品规模化生产示范工程和百项新产品新技术开发计划。利用互联网平台，探索建立技术产权交易在线市场，加快科技攻关成果实现产业化。开展了吉林市、延边州和长春净月高新区 3 个国家信息消费试点城市建设，组织了一批电子商务应用创新示范项目建设，支持企业加强与户美公司以及阿里巴巴、百度等知名互联网企业合作，建立 O2O 销售网点，引导企业应用电子商务开拓市场。

二、两化融合发展水平分析

（一）综合分析

2015 年，吉林省两化融合发展总指数为 65.75，工业应用和应用效益指数有不同程度的提升，特别是工业应用指数提升最快。基础环境方面，2014 年基础环境指数为 76.67，2015 年基础环境指数为 71.66，比 2014 年下降了 5.01 个点。工业应用方面，2014 年工业应用指数为 51.57，2015 年工业应用指数为 60.41，比 2014 年提升 8.84 个点。应用效益方面，2014 年应用效益指数为 62.76，2015 年应用效益指数为 70.53，比 2014 年提高 5.10 个点。

表 9-1　2014—2015 年吉林省两化融合指数情况

指标	2014年指数	2015年指数	变化情况
基础环境	76.67	71.66	↓ 5.01
工业应用	51.57	60.41	↑ 8.84
应用效益	62.76	70.53	↑ 7.77
总指数	60.65	65.75	↑ 5.10

数据来源：中国电子信息产业发展研究院。

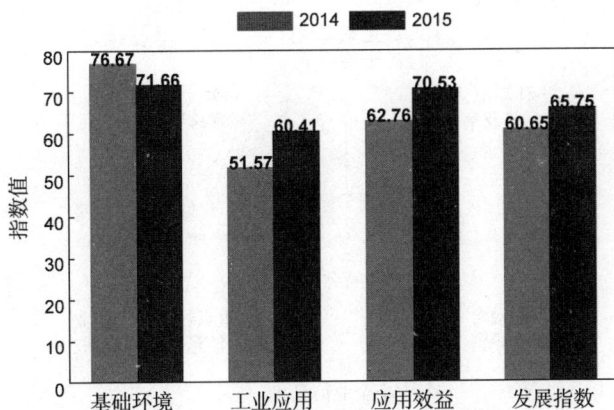

图 9-1　2014—2015 年吉林省两化融合指数情况

数据来源：中国电子信息产业发展研究院。

（二）具体分析

1.基础环境指数

吉林省两化融合基础环境建设发展显著。2015年，吉林省基础环境指数为71.66，其中固定宽带普及率、固定宽带端口平均速率、移动电话普及率、互联网普及率、重点行业典型企业信息化专项规划增长明显。在信息基础设施建设方面，2015年，吉林省城（省）域网出口带宽指数为46.57，比2014年的49.32降低了3.75个点；固定宽带普及率指数为76.18，比2014年提高3.21个点；固定宽带端口平均速率为69.61，比2014年下降0.41个点；移动电话普及率指数

表9-2　2014—2015年吉林省两化融合基础环境指数情况

指标	2014年指数	2015年指数	变化情况
城（省）域网出口带宽	49.32	46.57	↓3.75
固定宽带普及率	72.97	76.18	↑3.21
固定宽带端口平均速率	70.02	69.61	↓0.41
移动电话普及率	61.39	65.4	↑4.01
互联网普及率	59.14	61.86	↑2.72
两化融合专项引导资金	100.00	100	——
中小企业信息化服务平台数	145.34	86.85	↓59.49
重点行业典型企业信息化专项规划	59.13	64.06	↑4.93

数据来源：中国电子信息产业发展研究院。

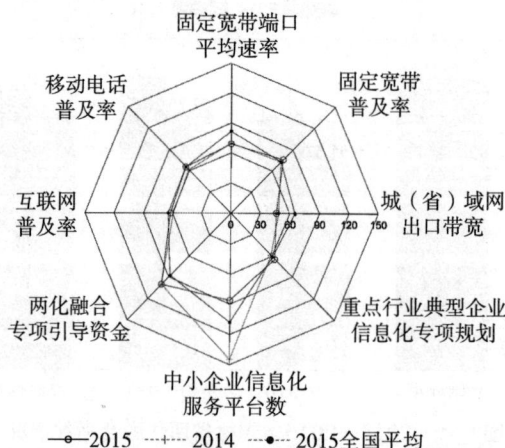

图9-2　2014—2015年吉林省两化融合基础环境指数情况

数据来源：中国电子信息产业发展研究院。

为 65.40，比 2014 年提高 4.01 个多点。在互联网应用普及方面，2015 年吉林省互联网普及率指数为 61.86，比 2014 年提高 2.72 个点。在两化融合政策环境建设方面，2015 年吉林省设立了两化融合专项引导资金；中小企业信息化服务平台数指数为 86.85，比 2014 年下降 59.49 个点；重点行业典型企业信息化专项规划指数为 64.06，比 2014 年提高 4.93 个点。

2. 工业应用指数

2015 年，吉林省工业应用指数为 60.41，其中重点行业典型企业 PLM 普及率、重点行业典型企业 SCM 普及率、重点行业典型企业 MES 普及率、重点行业典型企业采购环节电子商务应用、重点行业典型企业销售环节电子商务应用和重点行业典型企业装备数控化率均比 2014 年有 10 个点以上的显著提升。2015 年，吉林省重点行业典型企业 ERP 普及率指数为 67.07，比 2014 年下降 2.86 个点。重点行业典型企业 MES 普及率指数为 57.85，比 2014 年下降 11.13 个点。重点行业典型企业 PLM 普及率指数为 59.45，比 2014 年下降 2.06 个点。重点行业典型企业 SCM 普及率指数为 61.67，比 2014 年下降 4.62 个点。重点行业典型企业采购环节电子商务应用普及率指数为 74.68，比 2014 年上升 26.56 个点。重点行业典型企业销售环节电子商务应用普及率指数为 78.88，比 2014 年上升 30.89 个点。重点行业典型企业装备数控化率指数为 41.87，比 2014 年提高 10.00 个点。国家新型工业化产业示范基地两化融合发展水平指数为 47.10，比 2014 年提高近 2.49 个点。

表 9-3　2014—2015 年吉林省两化融合工业应用指数情况

指标	2014年指数	2015年指数	变化情况
重点行业典型企业ERP普及率	69.93	67.07	↓2.86
重点行业典型企业MES普及率	46.72	57.85	↑11.13
重点行业典型企业PLM普及率	61.51	59.45	↓2.06
重点行业典型企业SCM普及率	66.29	61.67	↓4.62
重点行业典型企业采购环节电子商务应用	48.12	74.68	↑26.56
重点行业典型企业销售环节电子商务应用	47.99	78.88	↑30.89
重点行业典型企业装备数控化率	31.87	41.87	↑10.00
国家新型工业化产业示范基地两化融合发展水平	44.61	47.1	↑2.49

数据来源：中国电子信息产业发展研究院。

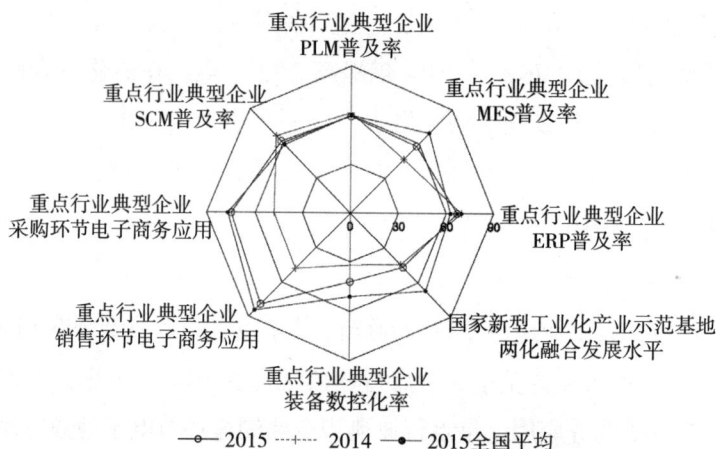

图9-3 2014—2015年吉林省两化融合工业应用指数情况

数据来源：中国电子信息产业发展研究院。

3. 应用效益指数

2015年，吉林省两化融合应用效益指数达到70.53，其中工业增加值占GDP比重、工业成本费用利润率、单位地区生产总值电耗、电子信息制造业主营业务收入、软件业务收入有所增长，单位工业增加值工业专利量、单位地区生产总值电耗均有所下降。在地区工业生产效益和水平方面，2015年，工业增加值占GDP比重指数为52.86，比2014年略上升0.41个点；第二产业全员劳动生产率指数为130.49，比2014年略大幅提升42.50个点；工业成本费用利润率指数为41.46，比2014年上升2.35个点；单位工业增加值工业专利量指数为37.11，比2014年下降3.82个点。在工业节能减排水平方面，单位地区生产总值电耗指数为118，比2014年提升2.33个点。在信息产业发展水平方面，电子信息制造业主营业务收入指数为20.12，比2014年下降0.89个点；软件业务收入指数为，比2014年提高9.36个点。

表9-4 2014—2015年吉林省两化融合应用效益指数情况

指标	2014年指数	2015年指数	变化情况
工业增加值占GDP比重	52.45	52.86	↑0.41
第二产业全员劳动生产率	88.99	130.49	↑42.50
工业成本费用利润率	39.11	41.46	↑2.35
单位工业增加值工业专利量	40.93	37.11	↓3.82

（续表）

指标	2014年指数	2015年指数	变化情况
单位地区生产总值电耗	115.67	118	↓ 2.33
电子信息制造业主营业务收入	21.01	20.12	↓ 0.89
软件业务收入	91.02	100.38	↑ 9.36

数据来源：中国电子信息产业发展研究院。

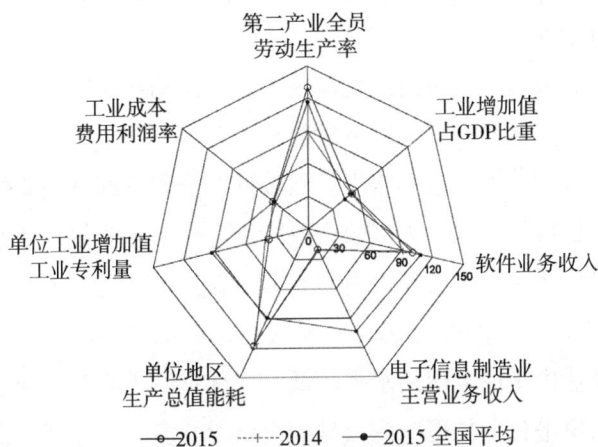

图 9-4　2014—2015年吉林省两化融合应用效益指数情况

数据来源：中国电子信息产业发展研究院。

三、优劣势评价

吉林省两化融合发展的优势有：

一是地域区位优势独特。东北第二条亚欧大陆桥东起珲春，经长春、乌兰浩特直抵阿尔山，是真正意义上通疆连海的国际陆上大通道，并将逐步形成东北各省乃至整个东北亚各国之间资源互补、互利共赢的地缘关系新格局。长吉图开发开放先导区规划和辽宁沿海经济带等规划被纳入国家总体战略后，东北地区的开放程度将进一步提高，进而带动吉林省在更大范围、更广领域、更高层次上参与国际产业分工与合作，为两化融合发展带来难得的机遇。

二是两化融合管理体系贯标工作扎实。吉林省大力开展两化融合管理体系贯标培训活动，已在吉林、四平等市举办4场分片区培训活动，受训企业563户、人员751人，较好地提高省内企业对贯标工作认知度。截至目前，20家企业成为国家贯标试点企业，2015年，中化长山和吉林敖东两家国家首批贯标试点企业已通过国家贯标评定。开展省级两化融合试点企业评定工作，目前共22户企业成为省级试点企业，作为国家试点的后备。

三是两化融合资金雄厚。全省设立省级信息化专项1.75亿元，支持两化融合重点项目213个，涵盖汽车零部件、化工、纺织、医药、软件等产业，带头项目总投资达49.1亿元。

同时，吉林省要进一步推进两化深度融合，推动产业转型升级，提高工业发展水平和质量，还必须着力解决以下劣势：

一是部分企业两化融合应用水平仍然偏低。全省有部分企业的信息化系统建设依旧停留在单机应用阶段，大多数企业特别是中小企业信息技术对工业支撑不足。同时，信息化快速发展的环境尚不完善，在技术、资金、通信基础设施建设和复合型人才教育培训等方面，没有形成良好的外部环境。

二是工业企业电子商务应用水平较低。吉林省电子商务还处于发展初期，基础较弱。目前阿里平台上从事电商交易的企业100多万户，其中吉林省企业不到2000家，全省近20万家中小企业，开展电子商务的比例很低，与发达省份存在较大差距。

三是两化融合促进节能减排、解决产能过剩任务艰巨。吉林省是老工业基地，产业结构偏重，高能耗企业占经济结构比重较大，水泥等原料严重过剩，利用信息化控制节能减排、解决产能过剩任务艰巨。

四、相关建议

对吉林省两化融合提出以下建议：

一是建设工业产业云服务平台。推动建设省级两化深度融合试验区，聚集汽车、轨道客车、化工、医药、纺织等重点行业和产业园区，开展两化深度融合管理体系贯彻国家标准试点，探索建设工业云创新服务平台，重点推动云服务应用示范，打造协同研发设计、协同供应链管理和网络制造产业集群示范区，培育智能制造、云制造等产业新模式、新业态。

　　二是培育发展智慧型企业。着力培育两化深度融合示范企业，支持一批省级两化融合管理体系贯标试点项目，大力推进企业设计数字化、装备智能化、生产自动化、管理网络化、商务电子化，大力发展工业互联网，推广基于互联网的产品设计、柔性制造、个性化定制等新型制造模式，探索建设智能工厂。推动重点行业节能减排信息化应用，加强相关行业互联网安全生产监测管理，推动传统行业绿色安全制造水平提升。

　　三是推进中小企业信息化能力提升。组织中小企业开展"智慧企业"创建活动，引导和组织信息化运营商、信息技术企业开发基于互联网的中小企业信息化产品和服务平台，建设两化融合创新体验中心，为中小企业提供信息化解决方案，大力发展面向中小企业的信息化咨询、培训和技术服务，逐步完善中小企业两化融合服务体系。

第十章　黑龙江省两化融合发展水平分析

一、总体情况

（一）经济概况

2015 年，黑龙江省实现地区生产总值（GDP）15083.7 亿元，同比增长 5.7%。其中，第一产业增长 5.2%，高于全国平均 1.3 个百分点；第二产业由于占规模以上工业半数的能源工业负增长 3.7%，导致增速回落，同比增长 1.4%，低于全国平均值 4.6 个百分点；第三产业增长 10.4%，高于全国平均值 2.1 个百分点。三次产业比重为 17.5∶31.8∶50.7。全省开复工投资 500 万元以上工业项目 6089 个，增长 16.8%，新增规模以上企业 298 户。[1]

（二）两化融合主要进展

2015 年，黑龙江省工信委围绕两化融合总体工作部署，以"中国制造 2025"和"互联网＋"发展战略为指引，将智能制造作为主攻方向，发挥"互联网＋"创新驱动作用，主动适应信息技术变革与产业发展趋势，创新工作机制和推进措施，加快信息技术在各个领域的覆盖渗透和广泛应用，探索互联网和传统产业融合发展的有效路径，找准智能制造的着力点和突破口，积极开展"互联网＋"实践。

1. 建立了工业云创新服务体系

通过市场调研、召开专题推进会等方式，黑龙江省加强对工业云平台的工作指导，科学定制工业云平台服务内容和发展方向；引导优势信息化资源和服务向

---

[1]　《2016年黑龙江省政府工作报告》，2016年1月。

平台集聚，鼓励信息化服务商、IT 企业等积极参与工业云平台建设；建设集体验展示为一体的工业云平台体验中心，深化企业对工业云服务的认识，宣传工业云服务两化融合成效；推动工业云平台进行架构和服务的改版升级，提升工业云服务智能制造的能力，搭建互联网企业与制造业企业的业务合作平台，助力"中国制造 2025"和"互联网 +"发展战略。

2. 推进企业两化融合管理体系贯标

全面做好面向企业的宣传对接、指导管理等工作，依托黑龙江省两化融合管理体系工作平台，指导 2014 年全省 10 户贯标试点企业开展贯标。哈尔滨电机厂、黑龙江飞鹤乳业有限公司、西林钢铁集团有限公司等 3 户试点企业，通过国家评定，成为全国首批达标企业。大庆中蓝石化有限公司、哈尔滨柏朗实业发展有限公司也进入贯标评定环节。2015 年，黑龙江省牡丹江恒丰纸业集团有限责任公司、九三粮油工业集团有限公司、哈尔滨第一工具有限公司、中石油哈尔滨石化分公司等 4 户企业，成为 2015 年国家贯标试点。目前，九三粮油工业集团有限公司等试点已经启动实施贯标。

3. 推进全省重点行业两化深度融合

2015 年，黑龙江省指导全省重点乳制品企业加强完善质量安全可追溯体系建设。一是以两化融合管理体系贯标为契机，依托咨询服务平台，指导飞鹤、完达山等试点企业制定生产管理程序文件，完善面向消费者的实时追溯服务。二是以互联网融合创新试点为抓手，指导黑龙江省万家宝鲜牛奶投资有限公司建立基于全产业链可追溯的数据结构，实施数据统一管理，形成鲜奶类产品的追踪数据模型。三是做好宣传推广，以飞鹤乳业获得国家两化融合最佳实践单位为典型，面向乳制品行业推广基于供应链的全产业链质量安全追溯体系经验成果。

4. 开展装备行业两化融合发展水平评估

黑龙江省以通用机械行业为评估对象，开展了全省装备行业两化融合发展水平评估。在明确评估方法和评估体系的基础上，组织市地工信部门及支撑单位开展企业数据信息采集、审核调查问卷、测算分析数据指标等工作。通过对近 70 家省内通用机械企业数据的整体把握，基本摸清了全省通用机械行业信息化发展的现状、特点、存在的问题，并提出了针对装备行业发展智能制造的政策性建议，形成了通用机械行业两化融合发展水平评估报告。

二、两化融合发展水平分析

（一）综合分析

2015年，黑龙江省两化融合发展总指数为76.49，其中应用效益指数明显提高。基础环境方面，2014年基础环境指数为70.81，2014年基础环境指数为80.15，比2014年提高9.34个点多。工业应用方面，2014年工业应用指数为66.68，2015年工业应用指数为80.81，比2014年上升14.13个点。应用效益方面，2014年应用效益指数为51.85，2015年应用效益指数为64.20，比2014年提高13.35个点。

表 10-1　2014—2015 年黑龙江省两化融合发展指数情况

指标	2014年指数	2015年指数	变化情况
基础环境	70.81	80.15	↑9.34
工业应用	66.68	80.81	↑14.13
应用效益	51.85	64.20	↑13.35
总指数	64.00	76.49	↑12.40

数据来源：中国电子信息产业发展研究院。

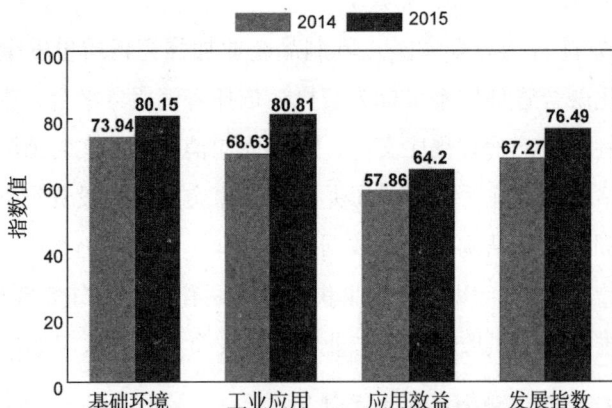

图 10-1　2014—2015年黑龙江省两化融合发展指数情况

数据来源：中国电子信息产业发展研究院。

（二）具体分析

1. 基础环境指数

黑龙江省两化融合基础环境建设持续发展。2015年，黑龙江省基础环境指数为80.15，其中固定宽带普及率、固定宽带端口平均速率、移动电话普及率、互联网普及率、城（省）域网出口带宽、重点行业典型企业信息化专项规划明显提高，城（省）域网出口带宽有小幅下降。在信息基础设施建设方面，2015年黑龙江省城（省）域网出口带宽指数为53.27，比2014年的58.15降低了4.88个点；固定宽带普及率指数为69.62，比2014年提高3.52个点；固定宽带端口平均速率为78.84，比2014年提高9.29个点多；移动电话普及率指数为63.24，比2014年提高5.53个点。在互联网应用普及方面，2015年黑龙江省互联网普及率指数为58.57，比2014年提高2.15个点。在两化融合政策环境建设方面，2015年黑龙江省设立了两化融合专项引导资金；中小企业信息化服务平台数指数为150，比2014提高了17.81个点；重点行业典型企业信息化专项规划指数为73.17，比2014年提升8.25个点。

表10-2　2014—2015年黑龙江省两化融合基础环境指数情况

指标	2014年指数	2015年指数	变化情况
城（省）域网出口带宽	58.15	53.27	↓4.88
固定宽带普及率	66.10	69.62	↑3.52
固定宽带端口平均速率	69.55	78.84	↑9.29
移动电话普及率	57.71	63.24	↑5.53
互联网普及率	56.42	58.57	↑2.15
两化融合专项引导资金	100.00	100.00	——
中小企业信息化服务平台数	132.19	150.00	↑17.81
重点行业典型企业信息化专项规划	64.92	73.17	↑8.25

数据来源：中国电子信息产业发展研究院。

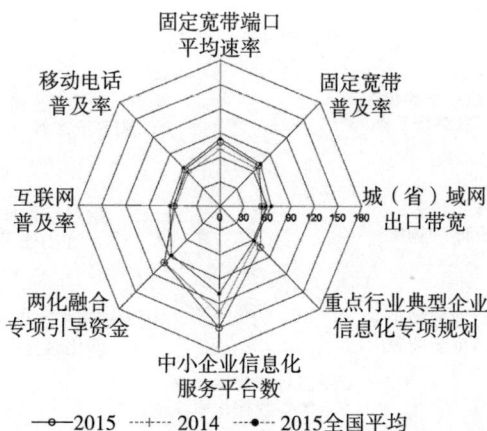

图10-2　2014—2015年黑龙江省两化融合基础环境指数情况

数据来源：中国电子信息产业发展研究院。

2. 工业应用指数

2015 年，黑龙江省工业应用指数为 80.81，主要指标均比 2014 年有所增长。2015 年，黑龙江省重点行业典型企业 ERP 普及率指数为 68.23，比 2014 年提升 4.65 个点。重点行业典型企业 MES 普及率指数为 76.00，比 2014 年提升 23.69 个点。重点行业典型企业 PLM 普及率指数为 71.47，与 2014 年上升 9.73 个点。重点行业典型企业 SCM 普及率指数为 65.65，比 2014 年提升 6.65 个点。重点行业典型企业采购环节电子商务应用普及率指数为 119.17，比 2014 年提高 25.74 个点。重点行业典型企业销售环节电子商务应用普及率指数为 125.96，比 2014 年提高 21.96 个点多。重点行业典型企业装备数控化率指数为 55.68，比 2014 年上升 5.73 个点。国家新型工业化产业示范基地两化融合发展水平指数为，比 2014 年提高近 4 个点。

表 10-3　2014—2015 年黑龙江省两化融合工业应用指数情况

指标	2014年指数	2015年指数	变化情况
重点行业典型企业ERP普及率	63.58	68.23	↑4.65
重点行业典型企业MES普及率	52.31	76.00	↑23.69
重点行业典型企业PLM普及率	61.74	71.47	↑9.73
重点行业典型企业SCM普及率	59.53	65.65	↑6.12
重点行业典型企业采购环节电子商务应用	93.43	119.17	↑25.74
重点行业典型企业销售环节电子商务应用	104.00	125.96	↑21.96
重点行业典型企业装备数控化率	49.95	55.68	↑5.73
国家新型工业化产业示范基地两化融合发展水平	67.78	70.30	↑2.52

数据来源：中国电子信息产业发展研究院。

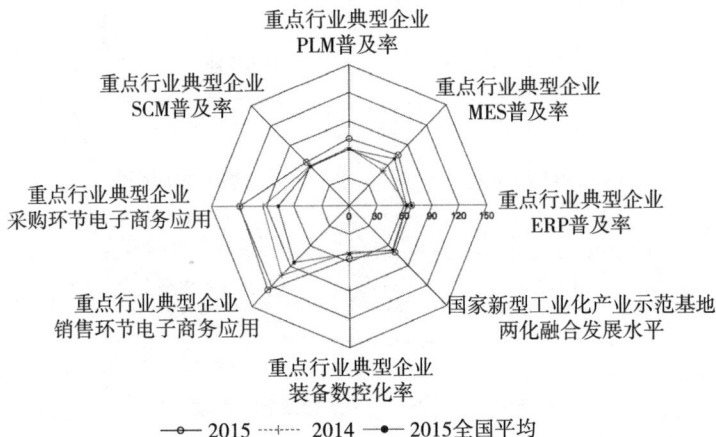

图 10-3　2014—2015年黑龙江省两化融合工业应用指数情况

数据来源：中国电子信息产业发展研究院。

3. 应用效益指数

2015 年，黑龙江省两化融合应用效益指数达到 64.20，其中单位工业增加值工业专利量、单位地区生产总值电耗、第二产业全员劳动生产率有所增长，工业增加值占 GDP 比重、工业成本费用利润率有小幅下降。在地区工业生产效益和水平方面，2015 年，工业增加值占 GDP 比重指数为 39.79，比 2014 年下降 3.17个点；第二产业全员劳动生产率指数为 113.86，比 2014 年下降个 40.68 点；工业成本费用利润率指数为 49.66，比 2014 年下降 5.94 个点；单位工业增加值工业专利量指数为 69.43，比 2014 年提高 2.55 个点。在工业节能减排水平方面，单位地区生产总值电耗指数为 108.49，比 2014 年提高 1.56 个点。在信息产业发展水平方面，电子信息制造业主营业务收入指数为 10.83，比 2014 年提高 1.47个点；软件业务收入指数为 52.00，比 2014 年提高 4.32 个点。

表 10-4 2014—2015 年黑龙江省两化融合应用效益指数情况

指标	2014年指数	2015年指数	变化情况
工业增加值占GDP比重	42.96	39.79	↓3.17
第二产业全员劳动生产率	73.18	113.86	↑40.68
工业成本费用利润率	55.60	49.66	↓5.94
单位工业增加值工业专利量	66.88	69.43	↑2.55
单位地区生产总值电耗	106.93	108.49	↑1.56
电子信息制造业主营业务收入	9.36	10.83	↑1.47
软件业务收入	47.68	52.00	↑4.32

数据来源：中国电子信息产业发展研究院。

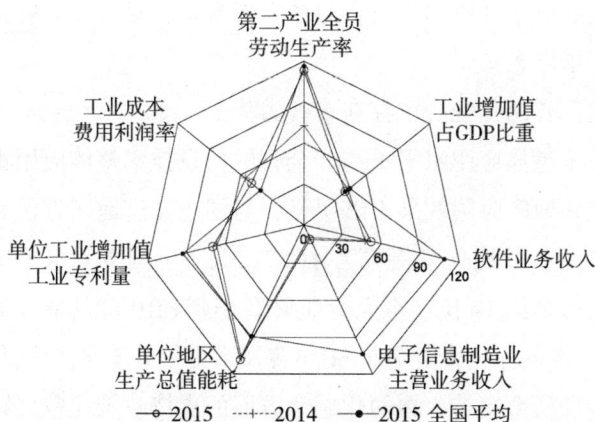

图 10-4 2014—2015年黑龙江省两化融合应用效益指数情况

数据来源：中国电子信息产业发展研究院。

三、优劣势评价

黑龙江省两化融合发展的优势有：

一是地理区位优势明显。黑龙江省地处东北亚腹地，与俄罗斯有近3000公里的边境线，与西伯利亚大铁路相接，有25个国家一类口岸，是连接欧亚国际的"大通道"。在世界经济结构调整和国际产业转移中，黑龙江省优越的区位优势，有利于依托国家振兴东北工业基地的相关政策优势，吸引发达国家的资金和技术，加强与俄、日、韩等国在电子信息领域开展技术交流、产业合作和经贸往来，构筑对外开放的新格局。

二是工业产业门类齐全。黑龙江省经过多年的发展，逐渐形成了以装备、石化、能源、食品、医药、电子、冶金、建材、轻工等为主体、较为完整的产业体系，累计提供了约占全国2/5的原油、1/3的电站成套设备、1/3强的木材、1/10的原煤。

三是企业两化融合评估诊断和对标引导效果凸显。依托两化融合评估服务平台，黑龙江省组织省内规模以上工业企业、不同规模生产服务企业开展网上评估诊断和对标引导，并对企业的调查问卷进行审核分析。目前，共有约940户企业完成了评估诊断，获得了基于全国企业数据对比分析的两化融合评估诊断报告，为企业的两化融合发展建设提供了参考。通过组织开展两化融合评估诊断工作，全面了解省内重点行业企业两化融合总体发展现状，对提高全省企业信息化建设水平，具有重要指导意义。

同时，黑龙江省两化融合也存在一些劣势：

一是信息技术整体应用水平不高。全省的信息技术整体应用水平落后于实际需求，部分领域和地区应用效果不够明显，与国内先进地区省份有较大差距。重点行业典型企业装备数控化率指数为41.87，低于全国平均水平（指数为51.30）9.43个点，全国排名第14位。重点行业典型企业ERP普及率、重点行业典型企业PLM普及率、重点行业典型企业SCM普及率也仅处于全国中游水平。

二是缺乏专项资金支持。在两化融合方面的支持政策比较欠缺，黑龙江省难以根据中央财政资助项目制定明确的配套政策。同时，缺乏国家级两化融合试点示范工程、重大项目、重点产品，难以引导各类资本投向相关项目和企业。

三是行业协会作用不明显。各级行业协会、企业联盟在技术推广、交流合作、项目对接、咨询规划、人才服务、行业统计等方面的作用不够明显，没有发挥协会在政府、企业、研究机构等主体中的桥梁纽带、自律监督作用，致使政府有关部门不能准确掌握行业基本情况，在推进两化融合相关工作中难以做到精准发力。

四是人才引进培养比较滞后。企业主要负责人缺乏两化融合意识，大部分企业未制定首席信息官（CIO）制度。高等院校、职业技术院校面向工业信息化需求的学科和专业调整滞后，相关人才供给无法满足企业需求。

四、相关建议

对黑龙江省两化融合提出以下建议：

一是加快两化融合管理体系贯标。继续依托黑龙江省两化融合咨询服务平台，指导4户试点企业开展贯标工作。同时，以哈尔滨电机厂、黑龙江省飞鹤乳业有限公司等达标企业为典型示范，做好宣传交流，引导更多企业、服务机构参与贯标。

二是实施工业云、互联网等两化融合试点示范项目。继续完善黑龙江省工业云公共服务平台项目，鼓励引导制造企业利用平台开展管理创新。指导黑龙江省互联网融合创新试点实施相关项目。加强对信息消费试点城市和项目的工作指导，统筹开展相关工作。

三是开展区域、行业等两化融合发展水平评估。继续开展市地两化融合发展水平评估相关工作，完成2015年全省区域两化融合评估。研究分析推动全省装备行业快速发展的有效途径。继续鼓励企业通过网上平台开展两化融合评估诊断和对标，研究提出不同行业、不同发展阶段企业的两化融合重点和目标。

四是加快智慧城市建设。推动实施"宽带龙江"发展战略，指导各市地和基础运营商以宽带、融合、安全、泛在为目标，加快构建城市信息基础设施。支持市地申报"宽带中国"城市（城市群）示范城市。以企业推广、产业链协同和电子商务为重点，发展中小企业信息化应用平台建设，构建多方位的中小微企业信息化应用服务体系，建设全省县域经济服务管理公共平台。

第十一章　上海市两化融合发展水平分析

一、总体情况

（一）经济概况

2015 年，上海市实现地区生产总值 24964.99 亿元，比上年增长 6.9%。其中，第一产业增加值 109.78 亿元，同比下降 13.2%；第二产业增加值 7940.69 亿元，同比增长 1.2%；第三产业增加值 16914.52 亿元，同比增长 10.6%。第三产业增加值占上海市生产总值的比重为 67.8%，比上年提高 3.0 个百分点。按常住人口计算的上海市人均生产总值为 10.31 万元。全年实现工业增加值 7109.94 亿元，比上年增长 0.5%。全年完成工业总产值 33211.57 亿元，同比下降 0.5%，其中规模以上工业总产值 31049.57 亿元，同比下降 0.8%。在规模以上工业总产值中，国有控股企业 11528.27 亿元，同比增长 0.7%。全年规模以上工业产品销售率为 99.5%。全年原油加工量 2521.83 万吨，比上年增长 12.6%；工业机器人产量 2.11 万套，同比增长 23.1%；手机产量 6747.50 万台，同比增长 4.7%；汽车产量 242.97 万辆，同比下降 1.8%。全年节能环保、新一代信息技术、生物医药、高端装备、新能源、新材料和新能源汽车等战略性新兴产业制造业完成工业总产值 8064.12 亿元，比上年下降 1.1%。[1]

（二）两化融合主要进展

2015 年，上海加快推进两化融合，基本形成了由人才、标准、研究等基础性工作，企业信息化应用深化与集成、智慧园区和服务平台建设、重点领域信息

---

[1]　上海市统计局：《2015年上海市国民经济和社会发展统计公报》，2016年2月。

化等提升性工作，智能制造、产业互联网、工业大数据等创新性工作，以及信息基础设施、信息安全等保障性工作组成的"3×3+2"的工作推进模式，以传统产业改造提升和"四新"经济培育发展为目标，助力上海具有全球影响力的科技创新中心建设。

1. 推进企业信息化应用深化与集成

上海市聚焦钢铁、装备制造、汽车等重点产业，围绕传统产业信息化改造提升，支持传统企业开展新技术新模式创新、产业服务公共平台建设和信息化系统集成应用等，如宝钢集团通过整合集团内部以及外部相关交易平台、加工配送、支付结算、金融服务等资源和业务，打造国内钢铁交易和服务的综合性平台——欧冶云商，实现集团从制造向服务转型的战略目标。晨光集团通过企业云平台建设，打造了一个以晨光品牌为中心，开放和重塑供应链，集成所有相关软件，连接 6 万家加盟店，22 万个出货终端和内部用户，为最终实现模式和资本联合驱动，成就产业生态系统运营商的目标奠定基础。

2. 推动智慧园区和公共服务平台建设

上海市鼓励智慧园区建设引入"园区服务云"或行业性公共服务平台，目前已完成三批共 30 家智慧园区试点单位申报认定，并加强重点项目建设落实，助力园区企业创新、创业发展。如浦东软件园的"浦软汇智云"，依托园区云平台和资源服务，帮助小微型初创企业无需 IT 投入，就可以实施创业。又如纺织集团"时尚产业园区综合服务平台"，800 秀创意园"创意秀场公共服务支撑平台"，漕河泾松江园区"知识产权统计服务平台"等项目建设，不仅显著提升了园区运营管理效率、专业信息服务能力，而且为建立智慧园区发展生态体系提供了大力支撑。

3. 推进安全、节能等重点领域两化融合

上海市以钢铁、石化、装备、汽车等行业为重点，加快节能减排与新一代信息技术的融合创新。如远景能源通过打造能源互联网平台，借助大数据和高性能计算技术，实现能源管理、能源供应、供需匹配等智慧能源管理云服务，成为全球最大的智慧能源资产管理服务企业；禾丰制药基于大数据打造的智能制造平台，将信息技术、自动化技术融入 GMP 的执行，实现管理和监控药品生产全过程的生产质量，保证了国家紧缺急救药品的高效、安全生产和质量可追溯性。

二、两化融合发展水平分析

（一）综合分析

上海市两化融合水平一直处于全国先进水平，2015年上海市两化融合发展总指数为95.54，比2014年的90.89提高了4.65个点，远远超过72.68的全国平均水平。其中，基础环境建设由2014年的90.08提升到2015年的94.46，提高了4.38个点；工业应用指数为84.25，比2014年提高4.25个点；应用效益指数为119.19，比2014年提高5.73个点。

表11-1 2014—2015年上海市两化融合指数情况

指标	2014年指数	2015年指数	变化情况
基础环境	90.08	94.46	↑4.38
工业应用	80.00	84.25	↑4.25
应用效益	113.46	119.19	↑5.73
总指数	90.89	95.54	↑4.65

数据来源：中国电子信息产业发展研究院。

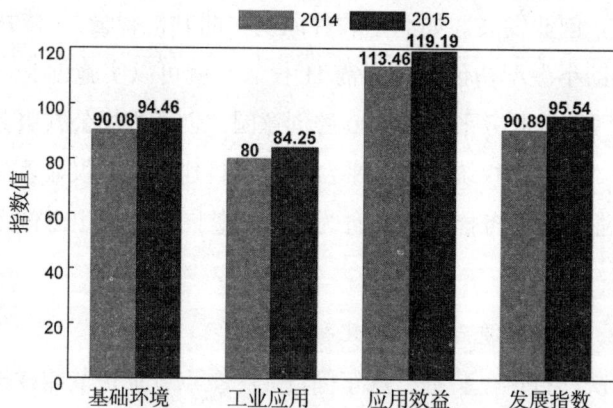

图11-1 2014—2015年上海市两化融合指数情况

数据来源：中国电子信息产业发展研究院。

（二）具体分析

1. 基础环境指数

2015年，上海市基础环境指数为94.46，比2014年增长4.38个点，除城（省）

域网出口带宽、中小企业信息化服务平台数外，其他分项指标指数均有所提升，特别是固固定宽带端口平均速率增幅较大。在信息基础设施建设和应用普及方面，上海市城（省）域网出口带宽指数为81.41，比2014年的113.11降低了31.70个点；固定宽带普及率指数为95.34，比2014年的92.90增长2.44个点；固定宽带端口平均速率指数为117.74，比2014年的79.46显著增长38.18个点；移动电话普及率指数为82.07，比2014年的81.46增长了0.61个点。在互联网应用普及方面，2015年上海市互联网普及率指数为82.43，比2014年的82.15略微增长0.28个点。在两化融合政策环境建设方面，2015年，上海市设立了两化融合专项引导资金，对于引导两化融合的发展至关重要；中小企业信息化服务平台数量指数为112.40，

表 11-2　2014—2015 年上海市两化融合基础环境指数情况

指标	2014年指数	2015年指数	指数变化情况
城（省）域网出口带宽	113.11	81.41	↓ 31.70
固定宽带普及率	92.90	95.34	↑ 2.44
固定宽带端口平均速率	79.56	117.74	↑ 38.18
移动电话普及率	81.46	82.07	↑ 0.61
互联网普及率	82.15	82.43	↑ 0.28
两化融合专项引导资金	100.00	100.00	——
中小企业信息化服务平台数	120.75	112.40	↓ 8.35
重点行业典型企业信息化专项规划	77.48	77.51	↑ 0.03

数据来源：中国电子信息产业发展研究院。

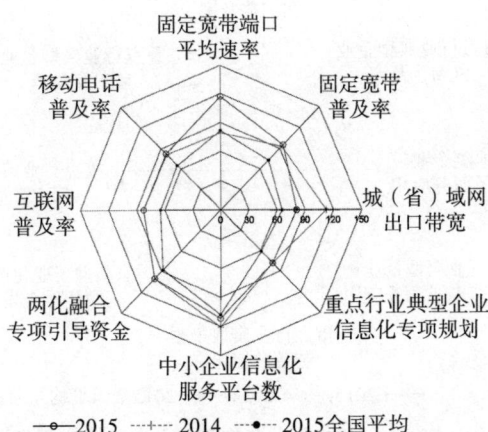

图 11-2　2014—2015年上海市两化融合基础环境指数情况

数据来源：中国电子信息产业发展研究院。

比2014年的120.75下降8.36个点；重点行业典型企业信息化专项规划情况指数为77.51，比2014年的77.48增长0.03个点。

2. 工业应用指数

2015年，上海市工业应用指数为119.19，比2014年增长5.73个点，各项分指标都有不同程度的增长，其中国家新型工业化产业示范基地两化融合发展水平增幅最大。具体来看，2015年上海市重点行业典型企业ERP普及率指数为70.92，比2014年增长1.07个点。重点行业典型企业MES普及率指数为97.84，比2014年增长0.65个点。重点行业典型企业PLM指数为80.32，比2014年提升

表11-3 2014—2015年上海市两化融合工业应用指数情况

指标	2014年指数	2015年指数	变化情况
重点行业典型企业ERP普及率	69.85	70.92	↑1.07
重点行业典型企业MES普及率	97.19	97.84	↑0.65
重点行业典型企业PLM普及率	77.44	80.32	↑2.88
重点行业典型企业SCM普及率	64.66	66.08	↑1.42
重点行业典型企业采购环节电子商务应用	106.15	108.19	↑2.04
重点行业典型企业销售环节电子商务应用	112.61	117.83	↑5.22
重点行业典型企业装备数控化率	58.26	61.20	↑2.94
国家新型工业化产业示范基地两化融合发展水平	60.69	76.68	↑15.99

数据来源：中国电子信息产业发展研究院。

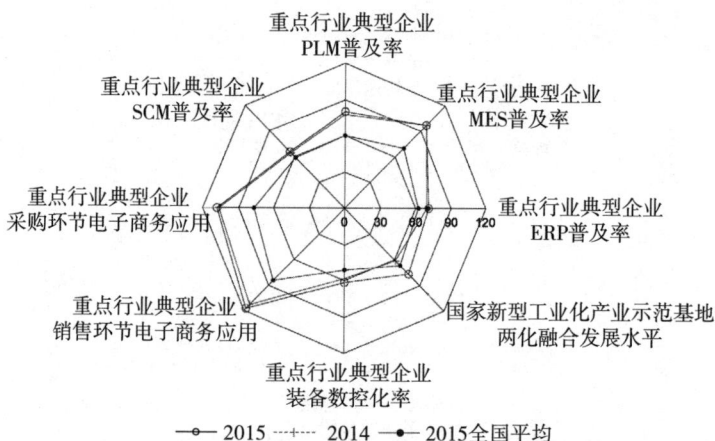

图11-3 2014—2015年上海市两化融合工业应用指数情况

数据来源：中国电子信息产业发展研究院。

2.88 个点。重点行业典型企业 SCM 普及率指数为 66.08，比 2014 年增长 1.42 个
点。重点行业典型企业采购环节电子商务应用普及率指数为 108.19，比 2014 年
增长 2.04 个点。重点行业典型企业销售环节电子商务应用普及率指数为 117.83，
比 2014 年提高 5.22 个点。重点行业典型企业装备数控化率指数为 61.20，比
2014 年上升 2.94 个点。国家新型工业化产业示范基地两化融合发展水平指数为
76.68，比 2014 年提高 15.99 个点。

3. 应用效益指数

2015 年，上海市应用效益指数为 119.19，比 2014 年增长 5.73 个点，其中第
二产业全员劳动生产率、工业成本费用利润率、单位工业增加值工业专利量、单
位地区生产总值电耗、电子信息制造业主营业务收入、软件业务收入等多项分
指标指数都有所增长。在地区工业生产效益和水平方面，2015 年上海市工业增
加值占 GDP 比重指数为 38.83，比 2014 年的 41.21 减少 2.38 个点；第二产业全
员劳动生产率指数为 106.98，比 2014 年的 85.14 略微下降 21.84 个点；工业成本
费用利润率指数为 47.83，比 2014 年的 46.35 提高 1.48 个点；单位工业增加值
工业专利量指数为 146.64，比 2014 年的 145.08 增长 1.56 个点。在工业节能减排
水平方面，2015 年上海市单位地区生产总值电耗指数为 107.58，比 2014 年提高
6.46 个点。受产业转移影响，2015 年上海市电子信息制造业主营业务收入指数
为 202.83，比 2014 年的 200.69 提升 2.14 个点；软件业务收入指数为 229.16，比
2014 年的 220.01 增长了 9.15 个点。

表 11-4　2014—2015 年上海市两化融合应用效益指数情况

指标	2014年指数	2015年指数	变化情况
工业增加值占GDP比重	41.21	38.83	↓2.38
第二产业全员劳动生产率	85.14	106.98	↑21.84
工业成本费用利润率	46.35	47.83	↑1.48
单位工业增加值工业专利量	145.08	146.64	↑1.56
单位地区生产总值电耗	101.12	107.58	↑6.46
电子信息制造业主营业务收入	200.69	202.83	↑2.14
软件业务收入	220.01	229.16	↑9.15

数据来源：中国电子信息产业发展研究院。

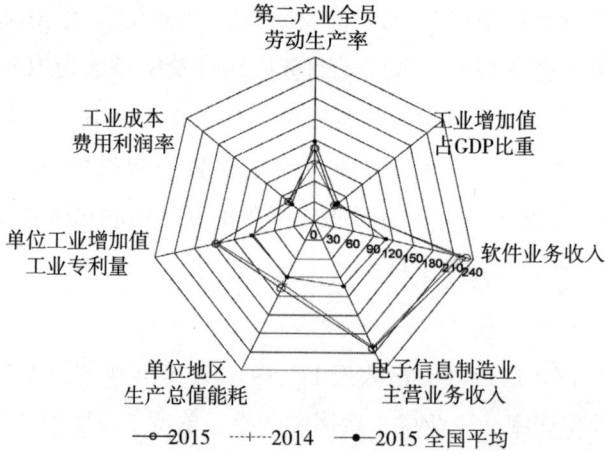

图 11-4　2014—2015年上海市两化融合应用效益指数情况

数据来源：中国电子信息产业发展研究院。

三、优劣势评价

2015 年，上海市两化融合的优势主要有：

一是信息基础建设优势明显。上海市信息化基础设施水平全国领先，基础环境指数 94.46，高于全国均值 19.08 个点。其中，城（省）域网出口带宽、固定宽带普及率、固定宽带端口平均速率、移动电话普及率、互联网普及率等指标在全国排名靠前。截至 2015 年年底，全市各类互联网数据中心机架总量达 4.5 万个。完成亚太直达海光缆崇明和南汇海上登陆施工，互联网国际和省际出口宽带分别达 672G 和 5600G。光纤到户覆盖总量达 910 万户，家庭宽带平均接入达 35.7M，同比增长 54.7%。开展了光纤宽带 1000M 接入能力技术论证和小区试点。推进郊区城镇化地区下一代广播电视网建设，覆盖总量达到 720 万户。提升无线城市能级方面，4G 网络已基本实现全市域覆盖，及重大工程、交通枢纽重点区域的连续覆盖，探索结合市政设施加强小微基站建设试点。全市 3G/4G 用户达 2365 万号，同比增加 65.9%。全市固定宽带接入用户达 700 万户，其中家庭宽带用户 620 万户，普及率为 71%，已达到较高普及水平。

二是具有较为完善的两化融合支撑服务体系。上海市拥有复旦大学等 4 个两化融合研究中心和中国商飞等 10 个两化融合重点实验室，编制了 2015 年度上海信息化与工业化融合发展报告，发布了 2014 年度上海市"两化融合"发展水平评估报告，联合上海社会科学院编制了《上海市两化融合"十三五"规划》，联合上海华东电信研究院启动研究了工业大数据专项课题。组织调研相关重点企业约 30 家，编印工业大数据典型案例，开展工业大数据工作思路研讨和系列宣传报道。

同时，上海市两化融合也还存在一些劣势：

一是资源约束趋紧。环境资源对上海市两化融合发展的桎梏进一步增强，劳动力、土地和原材料价格大幅上升，导致工业生产成本，重化、钢铁、劳动密集型加工制造业增长持续放缓。2015 年，上海市工业增加值占 GDP 比重指数由 2014 年的 41.21 降低到 2015 年的 38.83，降低了 2.41 个点，低于全国平均水平 5.57 个点。

二是生产性服务业经营成本不断上升。上海市土地、房地产价格等生产要素价值迅速攀升，带动生产性服务业成本（土地成本、房屋租赁费、人力成本、交通通讯等）同步升高，这不仅对生产性服务业的发展带来不利影响，也对工业向制造服务化转型带来了不利影响。

四、相关建议

对上海市两化融合提出以下建议：

一是深入推广两化融合管理体系贯标。开展企业两化融合评估诊断和对标引导工作；扩大贯标社会知晓度和行业覆盖面，加大对贯标试点工作的政策支持；加强对贯标试点企业的跟踪服务；鼓励并推荐有条件的第三方服务机构积极申报贯标试点服务机构，加强对服务机构的规范引导，不断充实和完善本市贯标推进服务体系；加强两化融合管理体系与智慧园区标准的融合，推动本市各产业园区的贯标工作

二是分类引导智能制造模式示范。聚焦船舶、装备、汽车等行业，支持运用虚拟仿真技术实现产品辅助设计（CAPP）、数据管理（PDM）、工艺改进、过程控制等的数字化、智能化仿真优化；面向智能装备、工业机器人、3D 打印等应用，推进生产制造设备联网和智能管控，实现企业资源计划系统（ERP）、生产执行系统（MES）等系统集成创新；引导大型企业对现有信息系统和基础设施进行"云"

化改造，建设面向行业和产业链的公共云计算服务平台，带动中小企业信息化应用。

三是重点培育工业互联网发展。加大工业互联网试点经验和模式推广，推动全市在工业设计、供应链金融、在线维护（MRO）、仓储物流、数据分析、信用评估等方面的电子商务集成创新，打造产业电子商务综合服务平台。聚焦研发（创意）、维修检测（设备健康）、物流、管理、能源、商务等六大重点领域，加快工业云平台推广应用，拟联合中小企业办、上海 CIO 联盟、各区县等开展行业性、区域性系列宣传推广活动；加大"工业云"安全可靠性、服务规范标准等研究成果的应用和推广；发挥上海"工业云"创新联盟作用，引进优质资源，优化联盟成员结构，完善联盟相关工作制度。

四是启动布局工业大数据应用。聚焦装备制造、航空航天、船舶、汽车等领域骨干企业，支持建设以提升生产制造、供应链管理、产品营销等环节的智能决策水平和经营效率的企业大数据平台；支持面向中小制造企业提供精准营销、互联网金融等生产性服务，推动大数据在工业行业管理和经济运行中的创新应用；支持面向消费品、食品、能源等重点行业，实现行业内数据共享交换以及动态监控、预测预警、提高行业管理、决策与服务水平的行业大数据平台。筹建大数据联盟工业大数据发展专委会。

第十二章 江苏省两化融合发展水平分析

一、总体情况

（一）经济概况

2015 年，江苏省实现地区生产总值 70116.4 亿元，比上年增长 8.5%。其中，第一产业增加值 3988 亿元，同比增长 3.2%；第二产业增加值 32043.6 亿元，同比增长 8.4%；第三产业增加值 34084.8 亿元，同比增长 9.3%。全省人均生产总值 87995 元，同比增长 8.3%。全社会劳动生产率持续提高，全年平均每位从业人员创造的增加值达 147314 元，同比增加 10584 元。产业结构加快调整。三次产业增加值比例调整为 5.7：45.7：48.6，实现产业结构"三二一"标志性转变。全年规模以上工业增加值比上年增长 8.3%，其中轻工业增长 7.6%、重工业增长 8.6%。分经济类型看，国有工业增长 1.6%，集体工业增长 10.4%，股份制工业增长 10%，外商港澳台投资工业增长 6%。在规模以上工业中，国有控股工业增长 2.1%，私营工业增长 11%。全年规模以上工业企业实现主营业务收入 148283.8 亿元，比上年增长 4.8%；利税 15907.1 亿元，同比增长 9.3%；利润 9617.1 亿元，同比增长 9.1%。企业亏损面 13.8%，比上年末上升 0.9 个百分点。规模以上工业企业总资产贡献率、主营业务收入利润率和成本费用利润率分别为 16.8%、6.5% 和 7%。[1]

（二）两化融合主要进展

2015 年，面对发展新常态，江苏省两化融合发展的整体意识日益增强，正在进入全面普及、深化应用、加速创新、促进转型的新阶段，推动全省工业经济呈现产业结构加快调整态势。

---

[1] 江苏省统计局：《2015年江苏省国民经济和社会发展统计公报》，2016年2月。

1. 智能化整体水平不断提升

江苏省启动实施了大中型企业智慧化推进工程，实现大中型企业电子商务应用全覆盖和智能化装备技术改造大提升，信息技术逐步融入工业研发设计、产品装备、生产管理和市场服务，基础设施及产业支撑水平不断提升，形成一批面向机械、纺织、物流、化工等重点行业的仓储物流、设备远程监控、自动化生产线等系列成套装备和整体解决方案。产品信息技术含量不断提升，重点装备自主创新能力日渐增强，以新型传感器、智能控制系统、工业机器人、自动化成套生产线为代表的智能制造装备产业体系初步形成，全省规模以上企业成套设备信息化率、整机产品信息化率近3年年均提高3个百分点以上。智能装备在重点行业开始广泛普及，全省企业生产设备数字化率达到32.0%，大型企业超过50%。机械、纺织、电子等行业生产设备和重大技术装备的数字化、智能化、网络化改造步伐加快，石化、医药、建材等行业过程控制和制造执行系统全面普及，大幅提高了精准制造、敏捷制造能力。全省少数龙头企业已经开展了以智能工厂为目标的技术改造和重大项目攻坚。

2. 新业态、新模式不断涌现

江苏省加速工程机械、设备制造等行业服务型制造转型，远程诊断、产品全生命周期服务、融资租赁等业务日益成为企业利润的重要来源。纺织、轻工等行业龙头企业正在深化信息技术和互联网创新应用，形成大规模个性化定制、网络化协同制造、开放创新空间等新型生产方式。全省互联网信息服务、数字内容服务、移动互联网应用、互联网金融服务等新业态新模式层出不穷。千米网、太湖云计算、四海商舟、香传电商等专注于提供垂直行业、传统行业两化融合服务解决方案，大大降低了企业信息化建设费用和进入门槛。全省电子商务交易额1.3万亿元，其中B2B电子商务交易额达9200亿元，苏宁易购、中国制造网等企业已列入国家电子商务示范，重点行业电子商务平台已初具规模。

3. 两化融合发展环境日益完善

江苏省坚持产业发展与服务创业互动并进，积极落实各项扶持政策，组织开展专项服务活动，为企业营造良好的发展环境。在六大片区中的五个村援建了光伏扶贫项目，实现了光伏扶贫项目在六大片区的全覆盖，并已全部实现并网发电。推进中小微企业融资平台建设，服务企业超过1.8万家。修订出台了《江苏省企业技术进步条例》，进一步突出了企业在技术进步中的主体地位，明确政府关于企业技术进步工作的引导与服务职能、对企业的激励扶持政策以及政府在企业技术进步工作中的监管义务等。组织实施了企业减负专项行动，加大涉企收费清理力度。积极落实国家重大技术装备引进关键料件免税、技改项目进口设备免税确认、担保公司营业税减免、固定资产增值税进项税抵扣等政策。

二、两化融合发展水平分析

（一）综合分析

2015 年，江苏省两化融合发展总指数为 97.37。其中，基础环境指数为 91.67，比 2014 年增长 5.36 个点。工业应用指数为 80.94，比 2014 年增长 2.94 个点。应用效益指数为 135.94，比 2014 年增长 9.57 个点。在工业应用方面取得较大改善的前提下，江苏省基础环境建设得到持续深化，应用效益也有相应提高。

表 12-1 2014—2015 年江苏省两化融合指数情况

指标	2014年指数	2015年指数	变化情况
基础环境	86.31	91.67	↑5.36
工业应用	78.00	80.94	↑2.94
应用效益	126.37	135.94	↑9.57
总指数	92.17	97.37	↑5.20

数据来源：中国电子信息产业发展研究院。

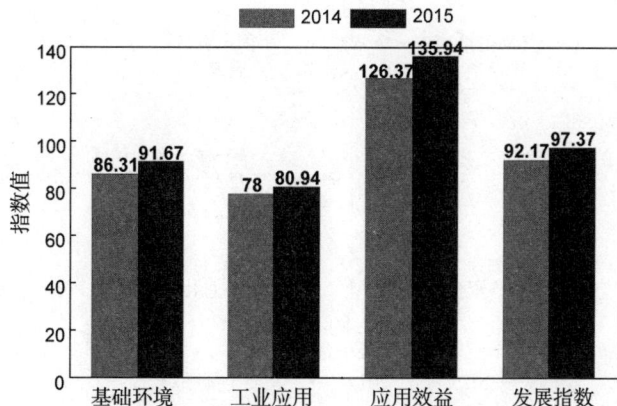

图 12-1 2014—2015年江苏省两化融合指数情况

数据来源：中国电子信息产业发展研究院。

（二）具体分析

1. 基础环境指数

2015 年，江苏省两化融合基础环境指数为 91.67，比 2014 年增长 5.36 个点，基础环境建设各个方面都有所提升，其中固定宽带端口平均速率指标提升最大，对基础环境指数增加的贡献较大。在信息基础设施建设方面，2015 年，江苏省城（省）域网出口带宽指数为 129.99，比 2014 年的 140.80 降低了 10.81 个点；固定宽带普及率指数为 87.74，比 2014 年增长 2.72 个点；固定宽带端口平均速率指数为 99.46，比 2014 年增长 26.36 个点；移动电话普及率指数为 68.37，比

表 12-2　2014—2015 年江苏省两化融合基础环境指数情况

指标	2014年指数	2015年指数	变化情况
城（省）域网出口带宽	140.80	129.99	↓10.81
固定宽带普及率	85.02	87.74	↑2.72
固定宽带端口平均速率	73.10	99.46	↑26.36
移动电话普及率	67.80	68.37	↑0.57
互联网普及率	67.60	69.36	↑1.76
两化融合专项引导资金	100.00	100.00	——
中小企业信息化服务平台数	145.34	150.00	↑4.66
重点行业典型企业信息化专项规划	68.93	70.67	↑1.74

数据来源：中国电子信息产业发展研究院。

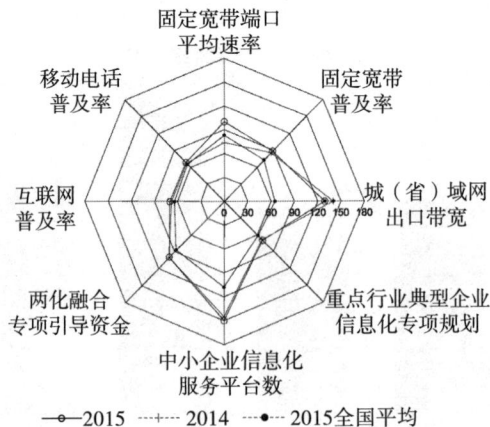

图 12-2　2014—2015 年江苏省两化融合基础环境指数情况

数据来源：中国电子信息产业发展研究院。

2014年增长0.57个点。在互联网应用普及方面，2015年，江苏省互联网普及率指数为69.36，比2014年增长1.76个点。在两化融合政策环境建设方面，2015年，江苏省设立了两化融合专项引导资金；中小企业信息化服务平台数量指数为150.00，比2014年增长4.66个点；重点行业典型企业信息化专项规划情况指数为70.67，比2014年略增长1.74个点。

2. 工业应用指数

2015年，江苏省两化融合工业应用指数为80.94，比2014年增长2.94个点，除重点行业典型企业ERP普及率、重点行业典型企业MES普及率、重点行业典型企业PLM普及率、重点行业典型企业SCM普及率之外，其他分项指标水平均有明显提升。具体来看，2015年，江苏省重点行业典型企业ERP普及率指数为72.52，比2014年下降2.54个点。重点行业典型企业MES普及率指数为81.39，比2014年下降1.70个点。重点行业典型企业PLM指数为60.63，比2014年增长0.90个点。重点行业典型企业SCM普及率指数比2014年增长3.16个点。重点行业典型企业采购环节电子商务应用普及率指数为67.06，比2014年下降3.33个点。重点行业典型企业装备数控化率指数为65.07，比2014年上升7.27个点。国家新型工业化产业示范基地两化融合发展水平指数为77.05，比2014年增长16.35个点。

表12-3 2014—2015年江苏省两化融合工业应用指数情况

指标	2014年指数	2015年指数	变化情况
重点行业典型企业ERP普及率	75.06	72.52	↓2.54
重点行业典型企业MES普及率	83.09	81.39	↓1.70
重点行业典型企业PLM普及率	61.53	60.63	↓0.90
重点行业典型企业SCM普及率	70.39	67.06	↓3.33
重点行业典型企业采购环节电子商务应用	108.27	113.01	↑5.26
重点行业典型企业销售环节电子商务应用	113.40	114.08	↑0.68
重点行业典型企业装备数控化率	57.80	65.07	↑7.27
国家新型工业化产业示范基地两化融合发展水平	60.7	77.05	↑16.35

数据来源：中国电子信息产业发展研究院。

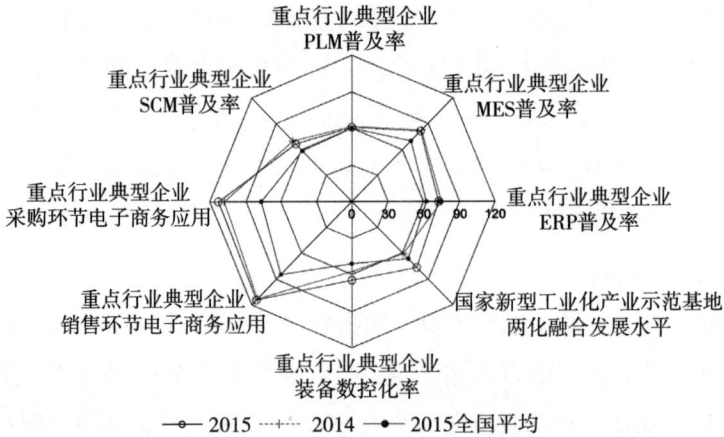

图 12-3 2014—2015年江苏省两化融合工业应用指数情况

数据来源：中国电子信息产业发展研究院。

3. 应用效益指数

2015 年，江苏省两化融合应用效益指数为 135.94，比 2014 年增长 9.57 个点，其中，第二产业全员劳动生产率、单位工业增加值工业专利量、单位地区生产总值电耗、电子信息制造业主营业务收入、软件业务收入等指标有所提升，工业增加值占 GDP 比重、工业成本费用利润率等分项指标有略微下降。具体来讲，工业增加值占 GDP 比重指数为 47.91，比 2014 年减少 2.55 个点；第二产业全员劳动生产率指数为 98.59，比 2014 年增长 33.24 个点；工业成本费用利润率指数为 42.28，比 2014 年下降 1.79 个点；单位工业增加值工业专利量指数为 156.88，比 2014 年增长 10.24 个点。在工业节能减排水平方面，单位地区生产总值电耗指数为 92.34，比 2014 年提高 4.34 个点。2015 年，江苏省电子信息制造业主营业务收入为 297.57，比 2014 年下降了 5.25 个点；软件业务收入指数为 282.05，比 2014 年增长 12.40 个点。

表 12-4 2014—2015 年江苏省两化融合应用效益指数情况

指标	2014年指数	2015年指数	变化情况
工业增加值占GDP比重	49.84	47.91	↓1.93
第二产业全员劳动生产率	65.35	98.59	↑33.24
工业成本费用利润率	40.49	42.28	↓1.79
单位工业增加值工业专利量	146.64	156.88	↑10.24

（续表）

指标	2014年指数	2015年指数	变化情况
单位地区生产总值电耗	88.00	92.34	↑4.34
电子信息制造业主营业务收入	292.32	297.57	↑5.25
软件业务收入	269.65	282.05	↑12.40

数据来源：中国电子信息产业发展研究院。

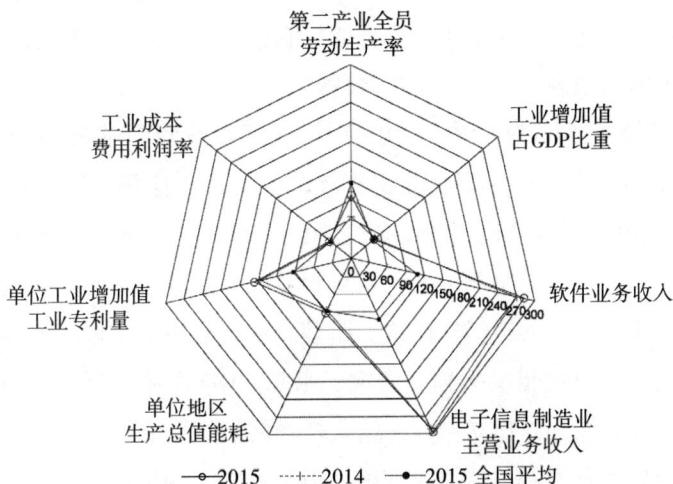

图 12-4　2014—2015年江苏省两化融合应用效益指数情况

数据来源：中国电子信息产业发展研究院。

三、优劣势评价

江苏省两化融合水平领先于全国其他省份，较好的经济基础为促进两化融合发挥了积极作用。具体来说，江苏省两化融合具有以下优势：

一是先进制造业基础雄厚。江苏省计算机、通信和其他电子设备制造业对全省先进制造业贡献占比为 29.71%，电气机械和器材制造业对全省先进制造业贡献占比为 11.80%。新能源汽车、碳纤维、物联网、航空航天装备、高端船舶、工业机器人、高端芯片等一批新兴产业领域的行业成长势头良好。机械、电子、石化、纺织、冶金等重点行业 40% 以上主要设备达到国际先进水平，85% 以上骨干企业实现生产装备自动化，全省工业信息化水平位居全国前列。

二是重点行业创新能力强大。江苏率先提出并大力实施创新驱动核心战略，深入推进科技创新工程，创新型省份建设实现重大进展。江苏区域创新能力连续7年位居全国首位，已经成为我国创新活力最强、创新成果最多、创新氛围最浓的省份之一。中威重工生产的 WE67K-3600/15000 数控折弯机是目前国内最大的 C 型折弯机，折弯压力 3600 吨，工作长度 15 米，获得一次性试车成功，填补了国内空白。江苏赛格纺织机械推出的"新型智能环保高速退煮漂联合机"采用全自动加料系统、水电气消耗和 PH 值智能控制技术具有高度智能化水平，整机技术水平代表了国内最高水平，完全可替代进口产品。

三是信息服务业持续壮大。2015 年，江苏省重点行业典型企业采购环节电子商务应用和重点行业典型企业销售环节电子商务应用指数分别为 113.01 和 114.08，分列全国第六名和第七名。信息服务、制造业服务化等新业态新模式不断涌现，互联网经济规模持续壮大，重点行业电子商务平台初具规模，70% 以上大中型工业企业建立了网络销售模式。服装企业红豆集团采取"连锁专卖 + 电子商务"的模式，一方面借助天猫、淘宝、京东、QQ 商城等第三方网销平台，开设红豆下属品牌店铺，并建立自营一站式购物网站红豆商城。

江苏省两化融合发展总体情况较好，但也存在一些劣势：

一是省内区域发展水平不均衡。江苏省两化融合发展苏南地区（苏州、南京、无锡、常州、镇江）均优于苏中地区（扬州、南通、泰州），苏中地区均优于苏北地区（盐城、淮安、徐州、连云港、宿迁）。全省业务主要集中在苏南地区，该地区信息化水平高、信息服务业密集，政府也在该地区配置了较多的公共服务资源。而苏北地区工业基础较弱，信息服务业落后，政府支持力度也较弱。因此，形成了省内两化融合"数字鸿沟"。长期下去，将不利于区域经济协调发展。

二是关键技术和装备依赖国外。江苏省高新技术、新兴产业的关键技术及装备受制于国外高技术企业，产业发展依赖性较强。制造业对外技术依存度超过30%，大型成套装备、高科技含量装备主要依赖进口。大量技术成果和人才长期沉淀在高校或科研机构，科技成果转化能力较弱，对工业可持续性发展等的支撑能力不足。

四、相关建议

对江苏省两化融合提出以下建议：

一是加大信息化统筹力度。加强统筹协调，建立完善全社会信息化推进机制，建立常态化协同联动推进体系。全面推行政府信息主管（CIO）制度，健全信息化专家咨询机制和信息化服务支撑机构。中央及各级地方财政加大对信息化重点建设项目的资金支持。建立多元化投融资机制，设立智慧城市、互联网经济等领域投资基金，探索采用PPP（公私合作关系）等模式，更有效地引导社会资金支持信息化建设。完善跨部门、跨行业信息资源共享交换机制，推动政府数据共享开放和社会化开发利用，加快普及基于云的移动政务、智能监管等模式。

二是加大政策支持力度。进一步完善两化深度融合政策体系，重大技术改造、高新技术产业化、新兴产业发展等现有政策要向两化融合倾斜。通过两化融合管理体系贯标评定企业或者年信息化投入超过年营业收入2%的企业，给予相关信息化投入费用加计扣除的税收优惠政策，提高企业推进两化融合的积极性。对达到两化融合管理体系标准的企业，参照高新技术企业享受所得税优惠税率等扶持政策。制定基于企业两化融合绩效的激励办法，激发企业持续推进两化融合的内生动力。完善信息消费政策体系，国家层面研究制定出台信息消费鼓励性与差别化政策措施，加强信息消费税收优惠和信贷支持，加快智能终端普及和智能家居应用。

三是加快信息服务业发展。结合产业发展的新变化，参照高新技术产业和科技服务业相关政策，研究出台鼓励软件产业向信息服务转型发展的政策意见，营造良好发展环境，推进信息服务业加快发展，实现软件和信息服务的自主可控，形成两化深度融合的重要产业支撑。

第十三章　浙江省两化融合发展水平分析

一、总体情况

（一）经济概况

2015年，浙江省全年实现地区生产总值42886亿元，比上年增长8%。其中，第一产业增加值1833亿元，第二产业增加值19707亿元，第三产业增加值21347亿元，同比分别增长1.5%、5.4%和11.3%，第三产业对GDP的增长贡献率为65.7%。三次产业增加值结构由上年的4.4∶47.7∶47.9调整为4.3∶45.9∶49.8，三产比重提高1.9个百分点。信息经济和现代服务业等核心产业的引领支撑作用进一步显现。全年信息经济核心产业增加值3310亿元，同比增长15.1%，占GDP的7.7%，比重比上年提高0.6个百分点。全年规模以上工业增加值13193亿元，比上年增长4.4%，轻、重工业增加值分别为5689和7505亿元，同比分别增长3.5%和4.8%。规模以上工业销售产值64544亿元，同比增长0.2%，其中出口交货值11707亿元，同比下降3.7%[1]。

（二）两化融合主要进展

2015年，浙江省强化实体经济导向，围绕"两化深度融合国家示范区"建设，以信息化集成应用推进重点行业企业转型升级，以试点示范加速区域两化融合发展进程，大力发展电子商务，以工业云创新平台着力优化两化融合支撑服务环境，两化深度融合成效日渐凸显。

1."机器换人"全面推进

浙江省以"机器换人"、机器联网为重点的技改投资达到1万亿元，全省工

---

[1]　浙江省统计局：《2015年浙江省国民经济和社会发展统计公报》，2016年2月。

业机器人的使用量已占全国的 15%，成为全国机器人销量第一的省份；通过"机器换人"全省规模以上工业的人均劳动生产率提高了 20%，工人劳动条件有效改善，工业安全生产事故数、伤亡数和直接经济损失近年来逐年下降。全省以"机器换人"为主要内容的技术改造投资 5255 亿元，占工业投资的 75.1，同比增长 19.1%。

2. 智能装备制造业迅猛发展

在两化深度融合应用推动下，浙江省以装备智能化、网络化为重点的现代装备产业得到了快速发展，发展了一批具有国际竞争优势的高端产品，建立了光伏、船舶、现代物流、环保等 8 个具有明确产业方向的省级现代装备产业高新园区。规模以上工业装备制造业增加值同比增长 6.2%，占规模以上工业的比重达到 36.5%，产业规模位居全国第四。

3. 电子商务持续快速发展

2015 年，浙江省实现网络零售 5569.16 亿元，同比增长 47.34%，电子商务成为全省经济发展的亮点和重要增长点。工业企业电子商务销售金额和采购金额的比率分别达到 17.59% 和 20.16%。全国大约有 85% 的网络零售、70% 的跨境电子商务及 60% 的企业之间的电商交易，都是依托浙江的电商平台来完成的。

二、两化融合发展水平分析

（一）综合分析

2015 年，浙江省两化融合发展总指数为 98.15，比 2014 年提高了 11.89 个点。其中，基础环境指数为 91.64，比 2014 年的 93.01 下降提升了近 1.37 个点；工业应用指数为 94.04，比 2014 年的 75.33 增长了 18.71 个多点；应用效益指数为 98.15，比 2014 年增长了 11.89 个点。

表 13-1　2014—2015 年浙江省两化融合指数情况

指标	2014年指数	2015年指数	变化情况
基础环境	93.01	91.64	↓ 1.37
工业应用	75.33	94.04	↑ 18.71
应用效益	101.37	112.88	↑ 11.51
发展指数	86.26	98.15	↑ 11.89

数据来源：中国电子信息产业发展研究院。

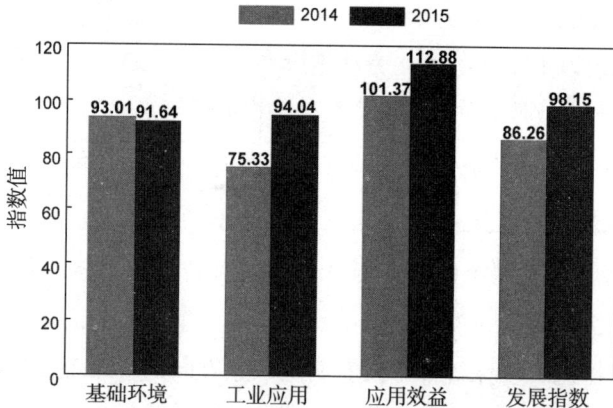

图 13-1　2014—2015年浙江省两化融合指数情况

数据来源：中国电子信息产业发展研究院。

（二）具体分析

1. 基础环境指数

2015 年，浙江省在信息基础设施建设方面继续加大投入力度，基础环境指数由 2014 年的 93.01 下降至 91.64，降幅达到 1.37 个点。其中，中小企业信息化服务平台数的发展速度最快。具体来看，2015 年浙江省城（省）域网出口带宽指数为 99.28，比 2014 年的 141.91 降低了 42.63 个点；固定宽带普及率指数为 97.71，与 2014 年持平；固定宽带端口平均速率指数为 79.96，比 2014 年的 72.2 增长了 7.76 个点；移动电话普及率指数为 81.28，比 2014 年的 79.43 增长了 1.45 个点。在互联网应用普及方面，2015 年，浙江省互联网普及率指数为 76.53，比 2014 年的 74.93 增长了 1.60 个点。在两化融合政策环境建设方面，2015 年，浙江省继续设立两化融合专项引导资金，在吸引社会资本参与信息化建设中发挥了重要作用；中小企业信息化服务平台数量指数为 131.22，比 2014 年的 150 大幅下降了 18.78 个点；重点行业典型企业信息化专项规划情况指数为 85.39，比 2014 年的 78.77 增长了 6.62 个点。

表 13-2　2014—2015 年浙江省两化融合基础环境指数情况

指标	2014年指数	2015年指数	指数变化情况
城（省）域网出口带宽	141.91	99.28	↓42.63
固定宽带普及率	97.71	97.71	——
固定宽带端口平均速率	72.20	79.96	↑7.76
移动电话普及率	79.43	81.28	↑1.85
互联网普及率	74.93	76.53	↑1.60
两化融合专项引导资金	100.00	100.00	——
中小企业信息化服务平台数	150.00	131.22	↓18.78
重点行业典型企业信息化专项规划	78.77	85.39	↑6.62

数据来源：中国电子信息产业发展研究院。

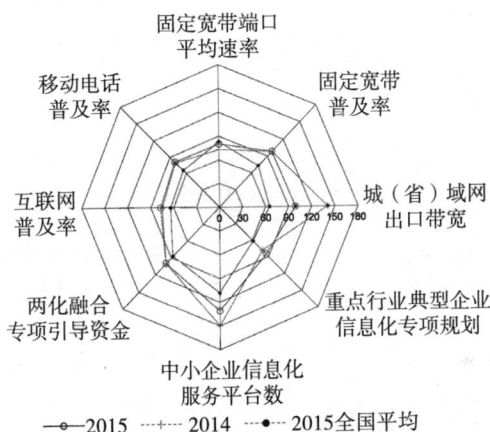

图 13-2　2014—2015年浙江省两化融合基础环境指数情况

数据来源：中国电子信息产业发展研究院。

2. 工业应用指数

2015 年，浙江省工业应用多项指数均呈现较大幅度的上升。具体来看，重点行业典型企业 ERP 普及率指数为 75.32，比 2014 年的 65.76 提升了 9.56 个点。重点行业典型企业 MES 普及率指数为 97.62，比 2014 年的 81.59 增长了 16.03 个点。重点行业典型企业 PLM 指数为　，比 2014 年的 67.52 大幅提升 21.32 个点。重点行业典型企业 SCM 普及率指数为 69.42，比 2014 年的 43.16 提升了 26.26 个点。重点行业典型企业采购环节电子商务应用普及率指数为 135.42，比 2014 年的 101.74 提高了 33.68 个点。重点行业典型企业销售环节电子商务应用普及率指数为 145.97，比 2014 年的 110.03 提高了 35.97 个点。重点行业典型企业装备数控化率指数为 74.53，比 2014 年的 66.92 增长了 7.61 个点。国家新型工业化产业示范基地两化融合发展水平指数为 72.08，比 2014 年的 68.45 增长 3.63 个点。

表 13-3　2014—2015 年浙江省两化融合工业应用指数情况

指标	2014年指数	2015年指数	变化情况
重点行业典型企业ERP普及率	65.76	75.32	↑9.56
重点行业典型企业MES普及率	81.59	97.62	↑16.03
重点行业典型企业PLM普及率	67.52	88.84	↑21.32
重点行业典型企业SCM普及率	43.16	69.42	↑26.26
重点行业典型企业采购环节电子商务应用	101.74	135.42	↑33.68
重点行业典型企业销售环节电子商务应用	110.03	145.97	↑35.94
重点行业典型企业装备数控化率	66.92	74.53	↑7.61
国家新型工业化产业示范基地两化融合发展水平	68.45	72.08	↑3.63

数据来源：中国电子信息产业发展研究院。

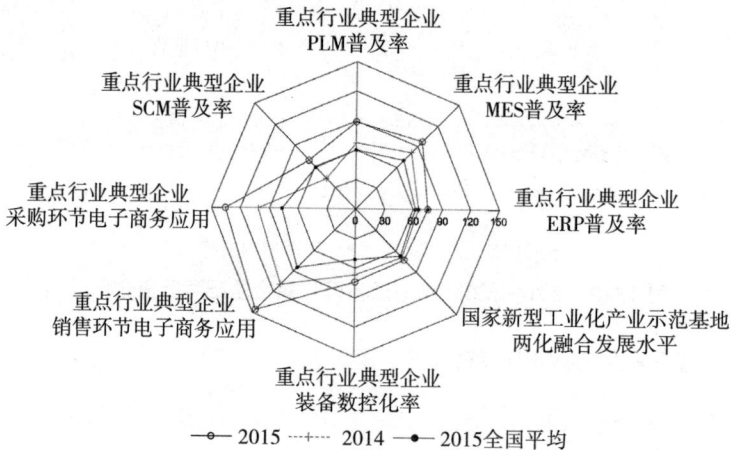

图 13-3　2014—2015 年浙江省两化融合工业应用指数情况

数据来源：中国电子信息产业发展研究院。

3. 应用效益指数

2015 年，浙江省两化融合应用效益水平稳步提升，由 2014 年的 101.37 提升至 112.88，提高了 11.51 个点，其中第二产业全员劳动生产率和软件业务收入两项指标提升较快。在地区工业生产效益和水平方面，2015 年，浙江省工业增加值占 GDP 比重指数为 48.76，比 2014 年的 50.07 下降了 1.31 个点；第二产业全员劳动生产率指数为 97.37，比 2014 年的 45.22 增长了 52.15 个点；工业成本费用利润率指数为 38.86，比 2014 年的 37.9 上升了 0.96 个多；单位工业增加值工业专利量指数为 161.35，比 2014 年的 162.88 下降了 1.53 个点；在工业节能减排水平方面，单位地区生产总值电耗指数为 85.94，比 2014 年的 83.36 下降了 2.58 个点。在信息产业发展水平方面，2015 年，浙江省电子信息制造业主营业务收入指数为 175.72，比 2014 年的 166.42 增加了 9.30 个点；软件业务收入指数为 217.21，比 2014 年的 200.2 大幅提升 17.01 个点。

表 13-4　2014—2015 年浙江省两化融合应用效益指数情况

指标	2014年指数	2015年指数	变化情况
工业增加值占GDP比重	50.07	48.76	↓ 1.31
第二产业全员劳动生产率	45.22	97.37	↑ 52.15
工业成本费用利润率	37.90	38.86	↑ 0.96
单位工业增加值工业专利量	162.88	161.35	↓ 1.53
单位地区生产总值电耗	83.36	85.94	↑ 2.58
电子信息制造业主营业务收入	166.42	175.72	↑ 9.30
软件业务收入	200.20	217.21	↑ 17.01

数据来源：中国电子信息产业发展研究院。

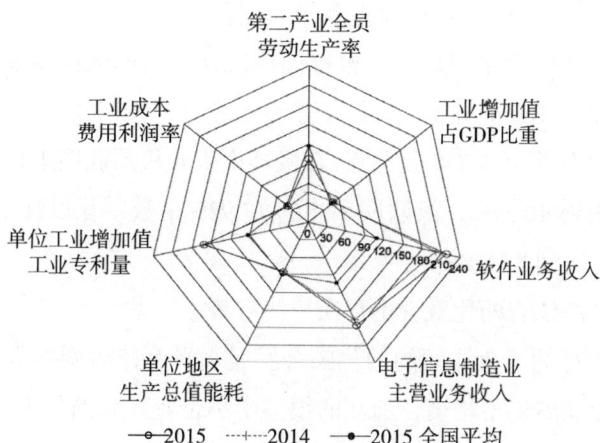

图 13-4　2014—2015年浙江省两化融合应用效益指数情况

数据来源：中国电子信息产业发展研究院。

三、优劣势评价

总体来看，浙江省两化融合水平处于全国前列，而且呈现较好发展态势，主要优势有以下几点：

一是信息产业处于全国先进行列。围绕加快发展信息经济主线，全省信息产业继续稳步增长，效益稳步提升，创新发展动力增强。规模以上电子信息制造业实现增加值1097.5亿元，同比增长8.6%，利税总额同比增长11.3%。据对全省2147家重点软件企业监测统计，全省实现软件业务收入2024.4亿元，同比增长21.5%；实现利税总额593.4亿元，同比增长12.8%；软件出口总额11亿美元，同比增长13%。

二是特色优势企业和产业不断崛起。阿里巴巴、华三通信、海康威视、浙江中控、和利时、大华科技、浙大网新、恒生电子等不仅成为国内同行业的佼佼者，有的甚至进入全球前列，形成了电子商务、现代物流、互联网金融等服务业的竞争优势。支付宝、余额宝、阿里小微贷、众安在线等互联网金融产品快速发展，余额宝货币市场基金规模达到6039亿元，阿里小贷开业累计发放贷款额5095.76亿元，累计服务超过180万小微企业和个人创业者。

三是企业两化融合水平较好。根据抽样统计，当前浙江企业ERP应用比率达到72.99%，比2012年提高23个百分点；企业应用MES（含DCS）比率为28.19%，比2012年提高5.7个百分点；在机器换人和机器联网工程的大力推动下，装备数控化率达到40.39%，机联网率达到17.92%；数字化设计工具仍然是普及率最高的系统，达到83.84%。

与此同时，浙江省两化融合也存在一些劣势：

一是区域、行业、企业间的两化融合发展水平有待协调推进。浙江省区域、行业、企业间的发展仍不均衡，浙江的很多中小企业互联网与工业融合程度相对比较低，利用移动互联网、大数据等新一代信息技术的能力比较弱，全业务全流程的综合性集成创新能力有待挖掘和提高，缺资金、缺人才、缺技术、缺服务等因素导致很多中小企业对两化融合推进力不从心。

二是信息技术跨界融合有待深化。由于传统企业运用云计算、互联网、物联网等信息技术的意识和能力不足，导致以"互联网+"为代表的跨界融合仍然停留在"+互联网"阶段。电子信息产业核心技术、应用等方面创新能力薄弱，缺乏核心技术和标准；信息设备制造业强，软件和信息服务业弱；资金、劳动和管理密集型的产品强，技术和知识密集型的产品弱。

四、相关建议

对浙江省两化融合提出以下建议：

一是加快发展智能制造。进一步加快推进千家规模以上工业企业信息化"登高计划"。建立一批智能工厂示范样板，推进智能制造在全省制造工厂的普及，推进企业信息化从基础应用、单项应用向集成应用、创新应用、产业链协同应用转变。加大力度培育工业信息工程公司，突破工业软件平台、智慧工厂云平台、工业物联网和大数据应用等关键领域技术。

二是加快推进制造业领域"互联网+"行动。制定"互联网+"协同制造专项计划，明确发展方向、目标和路径，重点发展基于互联网的个性化定制、众包设计、网络化制造等新型制造模式，推动形成基于消费需求动态感知的研发、制造和产业组织方式。推进机电一体化产品"互联网+"应用，基于互联网开展故障预警、远程维护、质量诊断、远程过程优化等在线增值服务，拓展产品价值空间，实现从制造向"制造+服务"、服务型制造的转型升级。加快推进工业云及工业大数据创新应用，建设一批高质量的工业云服务和工业大数据平台，推动软件与服务、设计与制造资源、关键技术与标准的开放共享。加强工业控制系统网络安全保障能力建设。

三是加快推进新一代信息基础设施建设。加快建设"宽带浙江"，加强工业互联网基础设施建设规划与布局，建设低时延、高可靠、广覆盖的工业互联网。加快制造业集聚区光纤网、移动通信网和无线局域网的部署和建设。加强大数据开发利用。制定实施浙江省大数据发展行动纲要，推动大数据在工业研发设计、生产制造、经营管理、市场营销、售后服务等产品全生命周期、产业链全流程各环节的应用。建立面向不同行业、不同环节的工业大数据资源聚合和分析应用平台。加快推进小微企业云服务平台建设，积极培育云工程与云服务产业。

第十四章　安徽省两化融合发展水平分析

一、总体情况

（一）经济概况

2015 年，安徽省全年地区生产总值（GDP）22005.6 亿元，比上年增长 8.7%。分产业看，第一产业增加值 2456.7 亿元，同比增长 4.2%；第二产业增加值 11342.3 亿元，同比增长 8.5%；第三产业增加值 8206.6 亿元，同比增长 10.6%。三次产业结构由上年的 11.5∶53.1∶35.4 调整为 11.2∶51.5∶37.3，其中工业增加值占 GDP 比重为 43.9%。全员劳动生产率 50862 元/人，比上年增加 2303 元/人。人均 GDP35997 元，比上年增加 1572 元。全年民营经济增加值 12647.9 亿元，比上年增长 10.4%，占 GDP 比重由上年的 57.3% 提高到 57.5%。全年规模以上工业增加值比上年增长 8.6%，其中国有及国有控股企业增长 4.6%，股份制企业增长 9.5%，外商及港澳台商投资企业增长 6.9%。分门类看，采矿业增长 6.4%，制造业增长 9.3%，电力、热力、燃气及水生产和供应业增长 1.4%。六大工业主导产业增加值增 9.3%，其中装备制造业增长 11.1%，高新技术产业增加值增长 11.8%，战略性新兴产业产值增长 17.6%。[1]

（二）两化融合主要进展

2015 年，安徽省在两化融合整体工作中，突出"四个坚持"，即坚持以政策扶持优化发展环境，坚持以产业引领培育产业支撑，坚持以平台搭建促企"智慧"发展，坚持以示范带动全面提档升级，在技术改造、自主创新、新兴产业培育上抢占制高点。

---

[1]　安徽省统计局：《2015年安徽省国民经济和社会发展统计公报》，2016年2月。

1. 两化融合新型业态成长迅猛

信息科技与全省产业发展融合交汇进程加快,带动两化融合新技术、新产品、新产业、新模式成长迅猛。以"云大物移"、工业机器人、3D 打印为代表的两化融合新型业态行业试点推广和产业城市布局进一步加速,有力支撑传统产业的改造提升和新型高端制造业的发展。服务产业转型的平台经济开始显现,工业电子商务、第三方物流、互联网金融的应用,促进制造企业、互联网企业、信息技术服务等企业开展跨界联合,形成新的经济增长动力,为壮大全省生产性服务业注入新的活力。第三产业增加值占全省生产总值比重超过 51%,信息服务业营业收入和电子商务交易额大幅增长。

2. 积极推进安徽工业云平台建设

一是加强与阿里巴巴集团交流合作。2015 年,赴阿里巴巴集团开展调研活动,围绕工业云、村淘、蚂蚁金服等内容进行了深入交流与合作。二是开展培训工作。在年终全省经信系统工作会议上,邀请阿里集团专家到会,以会代训形式开展工作培训。三是搭建工业云平台。支持安徽昊邦信息科技有限公司与阿里云公司合作,建立安徽工业云平台,借助阿里云计算、云存储和云应用能力,帮助政府治理、做好经济运行、服务中小企业等工作。

二、两化融合发展水平分析

(一)综合分析

2015 年,安徽省两化融合发展指数为 84.64,比 2014 年增长 7.68 个点。基础环境指数为 70.06,比 2014 年的 63.22 增长了 6.84 个点。工业应用指数为 88.22,比 2014 年的 85.04 增长了 3.18 个点。应用效益指数为 92.04,比 2014 年的 74.49 增长了 17.55 个点。

表 14-1 2014—2015 年安徽省两化融合指数情况

指标	2014年指数	2015年指数	变化情况
基础环境	63.22	70.06	↑6.84
工业应用	85.04	88.22	↑3.18
应用效益	74.49	92.04	↑17.55
发展指数	76.92	84.64	↑7.68

数据来源:中国电子信息产业发展研究院。

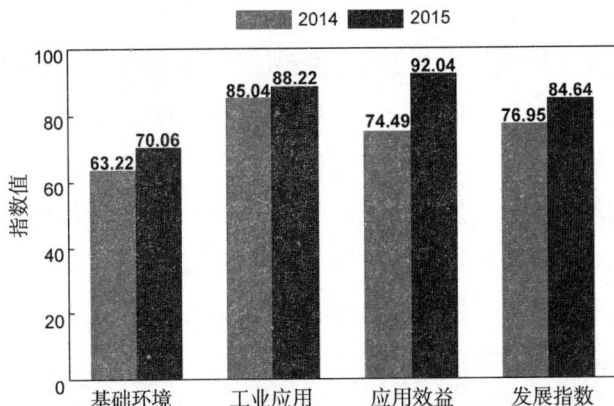

图 14-1　2014—2015年安徽省两化融合指数情况

数据来源：中国电子信息产业发展研究院。

（二）具体分析

1. 基础环境指数

在信息基础设施建设方面，2015年安徽省城（省）域网出口带宽指数为68.37，比2014年的76.01降低了7.64个点；固定宽带普及率指数为54.37，与2014年保持持平；固定宽带端口平均速率指数为86.32，比2014年的70.6增长了15.72个点；移动电话普及率指数为53.07，比2014年的51.00增长了2.07个点。在互联网应用普及方面，2015年，安徽省互联网普及率指数为53.80，比2014年的52.76增长了1.04个点。在两化融合政策环境建设方面，2014年安徽省设立了两化融合专项引导资金；中小企业信息化服务平台数量指数为81.22，比2014年的55.77增长了15.45个点；重点行业典型企业信息化专项规划情况指数为83.02，比2014年的74.12增长9.10个点。

表 14-2　2014—2015 年安徽省两化融合基础环境指数情况

指标	2014年指数	2015年指数	指数变化情况
城（省）域网出口带宽	76.01	68.37	↓7.64
固定宽带普及率	54.37	54.37	——
固定宽带端口平均速率	70.60	86.32	↑15.72
移动电话普及率	51.00	53.07	↑2.07
互联网普及率	52.76	53.80	↑1.04

（续表）

指标	2014年指数	2015年指数	指数变化情况
两化融合专项引导资金	100.00	100.00	—
中小企业信息化服务平台数	55.77	81.22	↑15.45
重点行业典型企业信息化专项规划	74.12	83.02	↑9.10

数据来源：中国电子信息产业发展研究院。

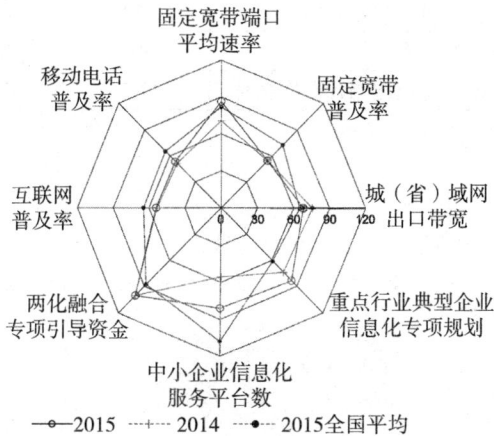

图 14-2　2014—2015年安徽省两化融合基础环境指数情况

数据来源：中国电子信息产业发展研究院。

2. 工业应用指数

2015 年，安徽省工业应用大部分指数出现了不同程度的提升。其中，重点行业典型企业 ERP 普及率指数为 78.48，比 2014 年的 76.86 增长了 1.62 个点。重点行业典型企业 MES 普及率指数为 101.30，比 2014 年的 100.12 增长了 1.18 个点。重点行业典型企业 PLM 指数为 81.92，比 2014 年的 81.15 提升了 0.77 个点。重点行业典型企业 SCM 普及率指数为 73.26，比 2014 年的 71.35 增长了 1.91 个点。重点行业典型企业采购环节电子商务应用普及率指数为 127.59，比 2014 年的 118.77 增长了 8.82 个点。重点行业典型企业销售环节电子商务应用普及率指数为 140.5，比 2014 年的 135.82 增长了 4.68 个点。重点行业典型企业装备数控化率指数为 60.76，比 2014 年的 59.04 增长了 1.72 个点。国家新型工业化产业示范基地两化融合发展水平指数为 52.50，比 2014 年的 47.77 增长 4.73 个点。

表14-3 2014—2015年安徽省两化融合工业应用指数情况

指标	2014年指数	2015年指数	指数变化情况
重点行业典型企业ERP普及率	76.86	78.48	↑1.62
重点行业典型企业MES普及率	100.12	101.30	↑1.18
重点行业典型企业PLM普及率	81.15	81.92	↑0.77
重点行业典型企业SCM普及率	71.35	73.26	↑1.91
重点行业典型企业采购环节电子商务应用	118.77	127.59	↑8.82
重点行业典型企业销售环节电子商务应用	135.82	140.50	↑4.68
重点行业典型企业装备数控化率	59.04	60.76	↑1.72
国家新型工业化产业示范基地两化融合发展水平	47.77	52.50	↑4.73

数据来源：中国电子信息产业发展研究院。

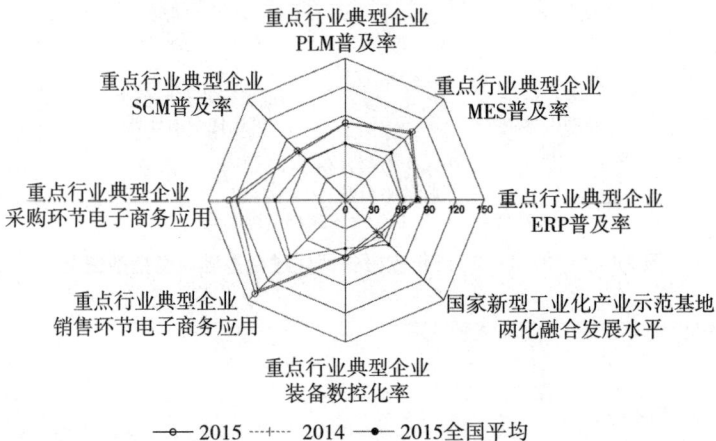

图14-3 2014—2015年安徽省两化融合工业应用指数情况

数据来源：中国电子信息产业发展研究院。

3. 应用效益指数

在地区工业生产效益和水平方面，2015年，安徽省工业增加值占GDP比重指数为51.25，比2014年的52.77下降了1.52个点；第二产业全员劳动生产率指数为121.35，比2014年的47.08增长了74.27个点；工业成本费用利润率指数为36.78，比2014年的37.24减少了0.46个点；单位工业增加值工业专利量指数为156.43，比2014年的147.33增长了9.10个点。在工业节能减排水平方面，单位地区生产总值电耗指数为93.01，比2014年提升2.81个点。在信息产业发展水平方面，2015年，安徽省电子信息制造业主营业务收入指数为131.03，比2014

年的 109.37 增加了 21.66 个点；软件业务收入指数为 55.26，比 2014 年的 41.95 增长了 13.31 个点。

表 14-4　2014—2015 年安徽省两化融合应用效益指数情况

指标	2014年指数	2015年指数	指数变化情况
工业增加值占GDP比重	52.77	51.25	↓1.52
第二产业全员劳动生产率	47.08	121.35	↑74.27
工业成本费用利润率	37.24	36.78	↓0.46
单位工业增加值工业专利量	147.33	156.43	↑9.10
单位地区生产总值电耗	90.20	93.01	↑2.81
电子信息制造业主营业务收入	109.37	131.03	↑21.66
软件业务收入	41.95	55.26	↑13.31

数据来源：中国电子信息产业发展研究院。

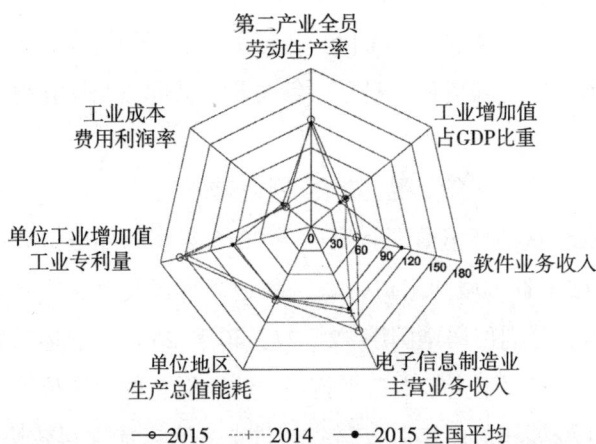

图 14-4　2014—2015年安徽省两化融合应用效益指数情况

数据来源：中国电子信息产业发展研究院。

三、优劣势评价

安徽省 2015 年工业经济和信息化均呈快速发展态势，两化融合发展具有一定优势：

一是工业创新能力持续强势。2015 年，安徽省单位工业增加值工业专利量指数为 156.43，高于全国平均值 64.01 个点，位居全国第四位。鑫晟 8.5 代线成为全球首条使用金属氧化物技术的高端显示面板生产线；量子通信是全球首家通信安全解决方案及成套量子通信产品供应商；"京沪干线"成为我国首个量子通信领域的国家级重大工程；世界吨位最大的拉深液压机、首个单光子空间结构量子存储器、首台单光源 3D 投影机、国内第一套完善的微型 SAR 系统、弧焊机器人和下探式点焊机器人等一批重大创新产品得以成功研发。

二是两化融合工作机制日趋成熟。安徽省制定了《安徽省信息化条例（草案）》，印发《中国制造 2025·安徽篇》，发布企业首席信息官（CIO）制度，推广企业两化融合管理体系。两化融合标准建设和试点示范取得成效。创新构建省市两级区域两化融合发展水平评估指标体系，合肥市列入国家两化融合试点市，省级两化融合示范企业达到 650 户，14 户企业通过国家两化融合管理体系评定，排名位居全国第 4。两化融合开放实施路径逐步清晰，智能制造、标准制定、行业应用领域的示范交流与合作进一步深化。政府引导、部门协作、企业主导、舆论关注的两化融合协同推进机制基本建立，各关联方共同参与两化融合建设的良好氛围业已形成。

同时，安徽省两化融合发展也存在一些劣势：

一是两化融合基础环境薄弱。安徽省 2015 年基础环境指数水平较低，在全国排名 22 位。城（省）域网出口带宽、固定宽带普及率、移动电话普及率、互联网普及率等指标分别位居全国第 12、27、30 和 26 位，总体改善不大，落后于全国平均水平，仅有固定宽带端口平均速率，跃居全国第 8 位。

二是软件业发展相对弱小。安徽省软件业一直未能取得较快发展。2015 年，软件业务收入指数为 55.26，大幅低于全国 52.71 个点。安徽省累计认定软件企业 667 家，累计登记软件产品 4404 件。软件外包服务收入 4785 万美元，落后于江苏、上海、浙江等周边省份。安徽省软件业自主创新能力较弱，产品结构不合理，常处于价值链低端的产品利润空间萎缩，支持技术创新和产业发展的政策措施还不完善。产业整体规模偏小，对经济结构调整升级和信息化建设的拉动力不足。

四、相关建议

对安徽省两化融合提出以下建议：

一是构建两化融合基础支撑体系框架。大力推进"宽带安徽"建设，促进4G网络普及，加速向无线、移动、宽带、泛在的下一代网络基础设施演进。促进省内通信运营商信息基础设施的共建共享和互联互通。推动合肥、芜湖、淮南、宿州大数据中心和云计算基地规模化、集约化、绿色化发展。完善省互联网网络安全防护措施，指导企业强化网络安全技术手段，加强工业信息网络安全监测预警和信息通报，健全网络安全应急工作机制。提升新一代信息技术的自主可控发展水平。发挥合肥、芜湖软件产业基地优势，推动基础工业软件核心关键技术实现突破。在煤炭、钢铁、冶金、汽车制造等领域，组织开发智能控制系统、工业应用软件、故障诊断软件和相关工具、传感和通信系统协议，研发嵌入式系统、工业数据处理等工业基础软件和行业应用软件，支持新型工业移动客户端（APP）软件的研发和应用。

二是提升新一代信息技术的自主可控发展水平。发挥合肥、芜湖软件产业基地优势，推动基础工业软件核心关键技术实现突破。在煤炭、钢铁、冶金、汽车制造等领域，组织开发智能控制系统、工业应用软件、故障诊断软件和相关工具、传感和通信系统协议，研发嵌入式系统、工业数据处理等工业基础软件和行业应用软件，支持新型工业移动客户端（APP）软件的研发和应用。鼓励省内信息技术企业通过原始创新或引进吸收消化再创新方式，在消费品生产、家电制造等领域攻关物联网传感、人机交互、智能控制等关键技术，提升计算机辅助设计仿真（CAD/CAE）、制造执行系统（MES）、产品全生命周期管理（PLM）等工业软硬件研发能力与水平。围绕人工智能在智能制造领域的应用，加强以科大讯飞、美特自动化为代表的智能语音和智能决策控制等关键技术的研发和产业化水平。

三是优化两化融合实施路径，塑造企业发展新能力。全面推广企业两化融合管理体系贯标。引导并支持企业、行业和区域开展两化融合发展水平评估，持续推进企业两化融合管理体系贯标咨询服务和认定工作，建成统一的企业管理体系贯标协同工作平台。培育10家两化融合贯标咨询服务机构，完善市场化模式，建立客观公正、权威可信的两化融合管理体系贯标第三方服务体系。探索两化融合管理体系贯标采信机制，在企业技术改造、工程中心建设、工业强基等重点专项工作中采信两化融合管理体系认定结果。通过贯标工作，优化企业两化融合实施路径，提高企业业务流程的集成管控水平，提升两化融合与企业发展战略的匹配支撑能力。

四是围绕企业价值链配置两化融合资源链。支持和推动企业通过两化深度融合，实现"互联网＋"环境下的业务创新和组织变革，提升企业核心竞争力。顺应全省汽车、家电、纺织、石化、煤炭、装备制造等传统产业转型升级需求，加快两化融合设备、装备、资金、人才等要素资源在企业创新设计、协同研发、柔性生产、节能减排、市场营销等关键环节的投放力度和应用深度，引导企业发展数据驱动、网络协同、精细管理等新型能力，促进传统产业提质增效。面向智能装备、海洋工程装备和高端船舶、航空航天装备、节能和新能源汽车、生物医药等第一批 14 个战略性新兴产业集聚发展基地建设，引导企业充分利用物联网、大数据等信息技术，以实现业务链集成、供应链优化为目标，围绕生产管控、营销服务等重点流程，按需配置"两个 IT"资源，促进新兴产业低碳化、循环化和集约化发展。

第十五章　福建省两化融合发展水平分析

一、总体情况

（一）经济概况

2015 年，福建省全年实现地区生产总值 25979.82 亿元，比上年增长 9.0%。其中，第一产业增加值 2117.65 亿元，同比增长 3.7%；第二产业增加值 13218.67 亿元，同比增长 8.7%；第三产业增加值 10643.50 亿元，同比增长 10.3%。人均地区生产总值 67966 元，比上年增长 8.0%。第一产业增加值占地区生产总值的比重为 8.1%，第二产业增加值比重为 50.9%，第三产业增加值比重为 41.0%。全年居民消费价格比上年上涨 1.7%，其中食品价格上涨 2.3%。固定资产投资价格下降 1.7%。工业生产者出厂价格下降 3.0%。工业生产者购进价格下降 3.9%。农产品生产者价格上涨 1.2%。全年全部工业增加值 10974.42 亿元，比上年增长 8.5%。规模以上工业增加值增长 8.7%。在规模以上工业中，分经济类型看，国有及国有控股企业增长 9.5%；国有企业下降 0.9%，集体企业增长 8.4%，股份制企业增长 11.2%，外商及港澳台商投资企业增长 4.6%；私营企业增长 11.1%。分轻重看，轻工业增长 8.9%，重工业增长 8.6%。分门类看，采矿业增长 8.6%，制造业增长 9.3%，电力、热力、燃气及水生产和供应业增长 0.8%。工业产品销售率 96.74%，比上年下降 0.50 个百分点。[1]

（二）两化融合主要进展

2015 年，福建省高度重视两化融合工作，持续推进两化融合管理体系贯标

---

[1] 福建省统计局：《2015年福建省国民经济和社会发展统计公报》，2016年2月。

试点示范、两化融合水平整体性评估、互联网与工业融合创新试点等相关工作，企业信息化建设明显加快，两化融合水平不断提高。

1. 加大政策和资金支持力度

为贯彻实施工信部两化融合工作部署，福建省经信委组织制定《福建省两化融合2015年专项行动实施方案》，组织各设区市经济和信息化主管部门按照全省统一部署，明确目标、分解任务、组织保障，省市合力推动两化融合工作。2015年安排省级两化融合专项资金2000万元，扶持45个两化融合项目，重点支持企业两化融合重点投资项目、工业互联网平台型企业培育项目、两化融合公共平台项目，并对通过国家级两化融合管理体系评定的企业和服务机构予以奖励。

2. 开展两化融合管理体系贯标试点示范和评估工作

截至2015年年底，福建省级两化融合示范企业有117家，开展两化融合整体性评估的企业超过1000家，通过国家两化融合管理体系贯标评定的企业13家（总数位居全国第5位）。2015年福建省有63家企业列入第二批两化融合管理体系贯标试点名单，其中35家企业为国家贯标试点，28家企业为省级贯标试点。两化融合咨询服务平台最新评估结果显示，电力、生产性服务业、电子信息、装备制造等行业企业的两化融合评估得分相对较高，全省14%的企业尚处于起步建设阶段，49%的企业处于单项应用阶段，23%的企业处于综合集成阶段，14%的企业处于协同创新突破阶段。

3. 加快推进企业信息化建设

企业加强两化融合组织保障能力建设，大部分企业设置专职信息化部门。截至2015年年底，福建省90%企业设有专门的信息化部门，属于专职一级部门的企业占52%；信息化专职主管领导的层级处于中高层占87%；信息化规划制订和执行有企业级规划的企业占61%。企业信息资源受到更多重视，已有42%企业的数据处于分区域管理，51%企业的数据处于统一集中管理；以离线备份为主的企业占53.87%，以双机热备份为主的企业占43.48%，信息安全保障进一步加强。

二、两化融合发展水平分析

（一）综合分析

2015年，福建省两化融合发展指数为86.68，较2014年增长6.74个点。基础环境指数为91.03，比2014年的88.77增长了2.26个点。工业应用指数为76.91，比2014年的70.31增长了6.60个点。应用效益指数为101.88，比2014年增长了11.52个点。

表15-1　2014—2015年福建省两化融合指数情况

指标	2014年指数	2015年指数	变化情况
基础环境	88.77	91.03	↑2.26
工业应用	70.31	76.91	↑6.60
应用效益	90.36	101.88	↑11.52
发展指数	79.94	86.68	↑6.74

数据来源：中国电子信息产业发展研究院。

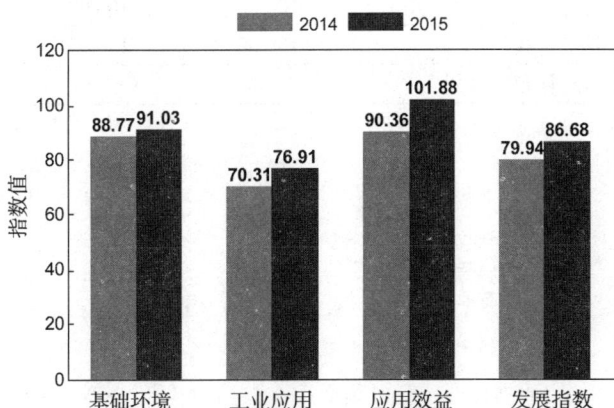

图15-1　2014—2015年福建省两化融合指数情况

数据来源：中国电子信息产业发展研究院。

（二）具体分析

1.基础环境指数

在信息基础设施建设方面，2015年，福建省城（省）域网出口带宽指数为62.83，比2014年的76.19下降了13.36个点；固定宽带普及率指数为100，比2014年的95.34增长了4.66个点；固定宽带端口平均速率指数为75.35，比2014年的74.04增长了1.31个点；移动电话普及率指数为73.29，比2014年的73.93.48下降了0.64个点。在互联网应用普及方面，2015年，福建省互联网普及率指数为78.45，比2014年的77.42增长了1.03个点。在两化融合政策环境建设方面，2015年，福建省设立了两化融合专项引导资金；中小企业信息化服务平台数量指数为150，与2014年保持不变；重点行业典型企业信息化专项规划情况指数为84.85，比2014年的70.03增加了14.82个点。

表 15-2　2014—2015 年福建省两化融合基础环境指数情况

指标	2014年指数	2015年指数	指数变化情况
城（省）域网出口带宽	76.19	62.83	↓13.36
固定宽带普及率	95.34	100.00	↑4.66
固定宽带端口平均速率	74.04	75.35	↑1.31
移动电话普及率	73.93	73.29	↓0.64
互联网普及率	77.42	78.45	↑1.03
两化融合专项引导资金	100.00	100.00	—
中小企业信息化服务平台数	150.00	150.00	—
重点行业典型企业信息化专项规划	70.03	84.85	↑14.82

数据来源：中国电子信息产业发展研究院。

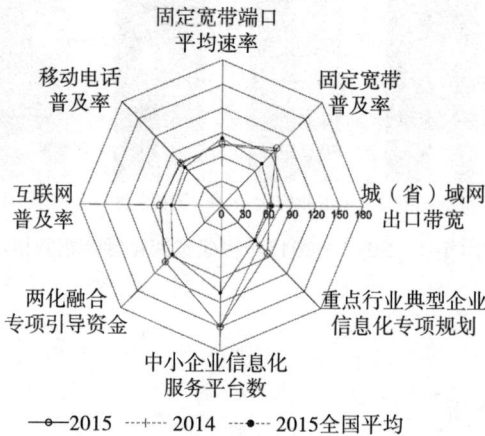

图 15-2　2014—2015年福建省两化融合基础环境指数情况

数据来源：中国电子信息产业发展研究院。

2. 工业应用指数

2015 年，福建省重点行业典型企业 ERP 普及率指数为76.09，比2014年的72.71上升了3.38个点。重点行业典型企业 MES 普及率指数为83.01，比2014年的67.92增加了15.09个点。重点行业典型企业 PLM 指数为63.95，比2014年的60.50增加了3.45个点。重点行业典型企业 SCM 普及率指数为67.93，比2014年的 65.69 增加了 2.24 个点。重点行业典型企业采购环节电子商务应用普及率指数为 85.79，比 2014 年的 70.61 增长了 15.18 个点。重点行业典型企业销售环节电子商务应用普及率指数为 96.04，比 2014 年的 83.97 增长了 12.07 个点。重点行业典型企业装备数控化率指数为 55.83，比 2014 年的 55.56 增加了 0.27 个点。国家新型工业化产业示范基地两化融合发展水平指数为 87.81，比 2014 年的 85.42 增加了 2.39 个点。

表 15-3　2014—2015 年福建省两化融合工业应用指数情况

指标	2014年指数	2015年指数	指数变化情况
重点行业典型企业ERP普及率	72.71	76.09	↑3.38
重点行业典型企业MES普及率	67.92	83.01	↑15.09
重点行业典型企业PLM普及率	60.50	63.95	↑3.45
重点行业典型企业SCM普及率	65.69	67.93	↑2.24
重点行业典型企业采购环节电子商务应用	70.61	85.79	↑15.18
重点行业典型企业销售环节电子商务应用	83.97	96.04	↑12.07
重点行业典型企业装备数控化率	55.56	55.83	↑0.27
国家新型工业化产业示范基地两化融合发展水平	85.42	87.81	↑2.39

数据来源：中国电子信息产业发展研究院。

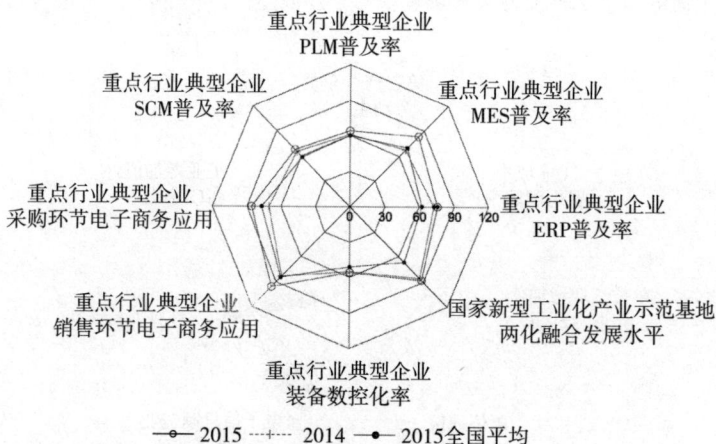

图 15-3　2014—2015年福建省两化融合工业应用指数情况

数据来源：中国电子信息产业发展研究院。

3. 应用效益指数

在地区工业生产效益和水平方面，2015 年，福建省工业增加值占 GDP 比重指数为 49.60，比 2014 年的 49.98 减少了 0.38 个点；第二产业全员劳动生产率指数为 102.57，比 2014 年的 55.93 增加了 46.64 个点；工业成本费用利润率指数为42.42，比 2014 年的 40.83 增加了 1.59 个点；单位工业增加值工业专利量指数为113.97，比 2014 年的 110.65 增长了 3.32 个点。在信息产业发展水平方面，2015 年，福建省电子信息制造业主营业务收入指数为 160.32，比 2014 年的 159.51 增加了0.81 个点；软件业务收入指数为 185.06，比 2014 年的 158.77 增加了 26.29 个点。

表 15-4   2014—2015 年福建省两化融合应用效益指数情况

指标	2014年指数	2015年指数	指数变化情况
工业增加值占GDP比重	49.98	49.60	↓ 0.38
第二产业全员劳动生产率	55.93	102.57	↑ 46.64
工业成本费用利润率	40.83	42.42	↑ 1.59
单位工业增加值工业专利量	110.65	113.97	↑ 3.32
单位地区生产总值能耗	91.57	92.25	↑ 0.68
电子信息制造业主营业务收入	159.51	160.32	↑ 0.81
软件业务收入	158.77	185.06	↑ 26.29

数据来源：中国电子信息产业发展研究院。

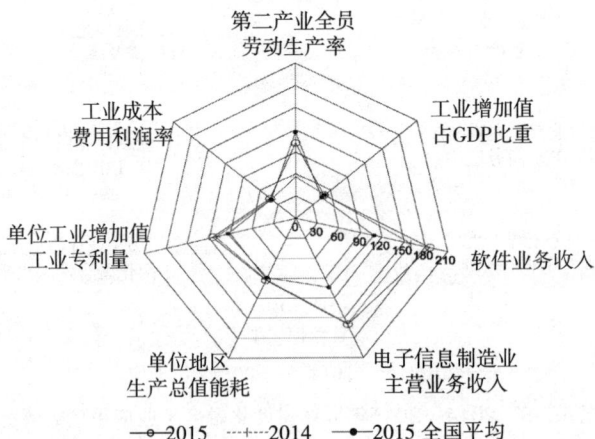

图 15-4   2014—2015年福建省两化融合应用效益指数情况

数据来源：中国电子信息产业发展研究院。

三、优劣势评价

福建省两化融合水平位居全国前列，具有一定的发展优势：

一是企业生产设备数字化率好于全国平均水平。全省工业企业生产设备数字化率为56%，高于全国45%的平均水平。福建省企业自动化生产设备资产占生产设备总资产的比例约56%，计算机辅助编程（CAM）的数控供需数量占数控供需总量的20%，应用了可编程控制器（PLC）/分布式控制系统（DCS）的生产线（装置）数占生产线（装置）总数的比例为23%，自动生成配送计划的物料占全部配送物料的比例为22%。从行业看，冶金、电子等行业自动化生产设备占企业生产设备总资产的比例较高，分别为97%、73%。从区域来看，厦门、泉州、宁德等地企业自动化生产设备占生产设备总资产的比例相对较高，分别为80%、72%、70%。

二是企业数字化研发设计工具普及率较高。截至2015年年底，福建省可建立产品级数字化预装配模型的企业占32%，可建立部件级数字化预装配模型的企业占31%；能够构建数字样机的企业占样本企业的48%。在产品性能与功能的数字化验证情况方面，全省能够在产品级性能仿真基础上实现可制造性分析、能够在部件级性能仿真基础上实现产品级性能仿真和能够在零件级性能仿真基础上实现部件级性能仿真的企业占比分别为21%、21%和18%。在二维数字化模型产品使用占比方面，福建省装备制造、纺织服装和冶金等行业企业的二维数字化模型产品使用率较高，分别为66%、57%和54%；在三维数字化模型产品使用占比方面，全省装备制造、电子信息和纺织服装行业占比较高，分别为48%、36%和33%。

三是具有较好的信息基础设施。近年来，福建省信息基础设施发展迅速，为两化深度融合发展夯实了基础。2015年福建省两化融合基础环境指数为91.03，位居全国第6，高于全国平均水平15.65个点。到2015年年底，福建省电话用户总数达到5300万户，互联网用户达到4100万户，全省移动电话普及率达到115%，移动互联网普及率达到83%，城市光纤到户覆盖率达到79%，3G/4G用户渗透率达到50%，固定宽带家庭普及率达到65%，智能手机普及率达到55%，社会信息化综合指数达到 0.83。

福建省两化融合水平已取得较大进步，但推进过程中仍存在一些困难和问题：

一是企业两化融合的层次仍有待提升。不少传统工业企业还未能有效实施两化融合或实施进度较慢，能从设计、生产、经营到办公管理进行一体化信息系统综合集成应用的成功企业为数不多，能实现上、下游企业协同经营、协同管理的行业性综合应用的更少。

二是推进两化融合的基础环境仍需进一步完善。科研机构、高等院校、软件与信息服务商等两化融合服务资源较为分散，制造业企业、信息技术企业、第三方咨询服务机构等供需方对接不畅；全省能够提供智能制造、互联网＋等两化融合整体性解决方案的高水平服务机构偏少，公共平台和服务机构亟须加快培育。

此外，还存在政策扶持和刺激力度不够强、信息化专业人才和组织保障不足、企业信息安全认识有待提高等困难和问题。

四、相关建议

对福建省两化融合提出以下建议：

一是明确将智能制造作为两化融合的主攻方向。制定智能制造发展规划，确定发展路线图，实施智能制造重大工程，围绕培育智能制造生产模式、发展智能制造技术、智能装备和智能产品，组织实施智能制造计划，普及推广智能制造新模式、新业态。不断扩大智能制造试点示范领域和范围，在基础较好、需求迫切的行业、地区和企业，组织智能工厂应用示范和智能制造示范城市（区）建设。研究和推广智能制造标准规范体系，破解信息系统不兼容、集成协同难的瓶颈，加快建立现代生产体系。

二是大力推动工业互联网融合发展。加快制订出台"互联网＋工业"行动计划，研究制定重点行业工业互联网发展路线图，明确工业互联网发展路径。制订工业互联网整体网络架构方案，科学规划互联网地址资源。深化物联网应用，培育智能检测、全产业链追溯等新模式。组织开发信息物理系统（CPS）相关工具和应用软件、传感和通信系统协议，在制造业、智慧城市、网络和信息安全等领域加强前瞻部署和应用推广。

三是深入开展两化融合行业试点示范。以试点企业和示范项目为突破口，重点支持企业应用信息技术促进产品研发、内部资源管理和开展信息技术服务等，为各行业企业提供标杆、示范和样板，培育打造不同行业两化融合的领军企业，充分发挥辐射带动作用，做到企业有示范、行业有标准、园区有试点，带动全行业两化融合水平大幅提升。重点支持装备制造、纺织服装、食品加工、冶金及建材、电子信息、化工和节能环保等产业应用信息技术、产品和装备，提高生产线的自动化控制水平，实现产品开发生产的高效率、高品质；在企业管理和服务的各个环节推广自动化、智能化和现代化管理，加快两化融合发展；通过信息化工程的实施，提高生产自动化和工艺集成水平，加强能源管控，提高安全生产、节能降耗水平。

四是不断完善两化融合公共平台。扶持基于云计算的行业性、区域性骨干公共技术平台建设，推进研发设计、数据管理、工程服务等制造资源面向重点产业集群、园区和中小企业开放共享，降低企业的信息化实施成本。支持第三方大数据平台建设，推动大数据在企业经济活动中的应用，实现基于大数据驱动的市场机遇，把握产品精准营销。建立基于新一代信息技术的物流信息化公共服务平台，推动第三方物流企业融入生产企业供应链管理。培育一批提供两化深度融合整体实施方案的平台型企业，重点鼓励有条件的龙头企业、高端装备企业、两化融合示范企业将工业技术和信息技术的综合集成能力剥离输出，引导软件企业转型成为两化融合综合实施方，支持专业化的科研院所加快两化融合关键技术开发并以市场化方式推广。大力扶持中小企业公共服务平台建设，提升新型信息化能力，为中小企业提供专业信息化服务。

第十六章　江西省两化融合发展水平分析

一、总体情况

（一）经济概况

2015 年，江西省全年实现地区生产总值（GDP）16723.8 亿元，比上年增长 9.1%。其中，第一产业增加值 1773.0 亿元，同比增长 3.9%；第二产业增加值 8487.3 亿元，同比增长 9.4%；第三产业增加值 6463.5 亿元，同比增长 10.0%。三次产业结构由上年的 10.7∶52∶36.8 调整为 10.6∶50.8∶38.6,三次产业对 GDP 增长的贡献率分别为 4.2%、60.7% 和 35.1%。人均生产总值 36724 元，同比增长 8.5%，按年均汇率折算为 5898 美元。全年财政总收入 3021.5 亿元，比上年增长 12.7%，财政总收入占生产总值的比重为 18.1%，比上年提高 1.0 个百分点。全年规模以上工业增加值 7268.9 亿元，比上年增长 9.2%。分轻重工业看，轻工业增加值 2731.2 亿元，同比增长 7.7%；重工业 4537.7 亿元，同比增长 10.1%。全年规模以上工业 38 个行业大类中，34 个实现增长，占比近九成。其中，电子、电气机械、纺织、农副食品、医药和有色等六大重点行业表现突出。高新技术产业增加值 1869.7 亿元，同比增长 10.4%，占规模以上工业的比重为 25.7%，比上年提高 0.8 个百分点。抚州、赣州、吉安高新区晋升为国家级高新技术开发区，年末国家级高新技术开发区 7 家，居全国第 6、中部第 1；省级高新技术产业园区 3 家，比上年新增 1 家；国家高新技术产业化基地 27 个，居全国第 1。[1]

---

[1]　江西省统计局：《2015年江西省国民经济和社会发展统计公报》，2016年4月。

（二）两化融合主要进展

2015 年，江西省大力推动两化融合发展，促进信息技术在工业各领域的推广应用，增强了制造业企业技术创新和发展能力，对加快制造业转型升级起到了积极作用。

1. 统筹推进两化融合发展

江西省政府办公厅出台《大力推进信息化与工业化深度融合加快制造业转型升级的意见》，明确了信息化与工业化深度融合的目标、任务和措施，统筹推进两化融合发展。在省委省政府指导下，江西省工信委出台《关于有序推进全省智慧园区建设的指导意见》，确定智慧园区建设指导目录，明确了园区要做什么和怎么做，哪些项目是必须开展，哪些项目可以根据实际情况有选择性的开展，指导园区和企业开展智慧园区和智慧工厂建设，引导园区和企业开展两化融合工作。

2. 与央企共同打造工业云平台

江西省工信委积极与央企对接，签订了两个合作框架协议，引进了两个云平台。一是与中国航天科工集团公司签订框架协议，合作开展江西航天云网建设，充分利用航天科工在云计算、大数据、云制造等新一代信息技术领域的创新成果，吸引江西省广大企业上线并发布、共享与使用云服务，建设以航天云制造为核心业务，项目拟落户南昌高新区，从南昌高新区开始试点，全省几万家企业将上线。另一个平台是中华工业云为江西省乃至全国中小微企业提供信息化应用、信用及评估、融投资、市场营销、大数据运营等服务，目前以"中华工业云 + 新能源"为切入点，大力助推光伏产业发展。

3. 开展两化融合发展水平评估和贯标对标工作

江西省开展企业两化融合评估，深入推进企业对标。开通江西省两化融合咨询服务平台，在各设区市和县开设分平台，不定期组织企业上平台参加评估诊断，开展两化融合发展水平自评估，定量摸清企业信息化情况，让企业查找在全国、同行业的差距和潜力。成立江西省两化融合推进联盟，助力两化融合管理体系推进工作，培育第三方两化融合咨询服务机构，鼓励第三方机构积极开展两化融合对标工作。在全省推广两化融合管理体系，帮助企业开展贯标试点工作，以管理体系对标为手段，深入推进企业两化融合。

二、两化融合发展水平分析

（一）综合分析

2015 年，江西省两化融合发展指数为 70.59，位于全国中下游水平。基础环境指数为 63.54，比 2014 年的 70.47 下降了 6.93 个点。工业应用指数为 70.61，比 2014 年的 72.92 减少了 2.31 个点。应用效益指数为 77.61，比 2014 年的 64.22 增长了 13.39 个点。

表 16-1　2014—2015 年江西省两化融合指数情况

指标	2014年指数	2015年指数	变化情况
基础环境	70.47	63.54	↓6.93
工业应用	72.92	70.61	↓2.31
应用效益	64.22	77.61	↑13.39
发展指数	70.13	70.59	↑0.46

数据来源：中国电子信息产业发展研究院。

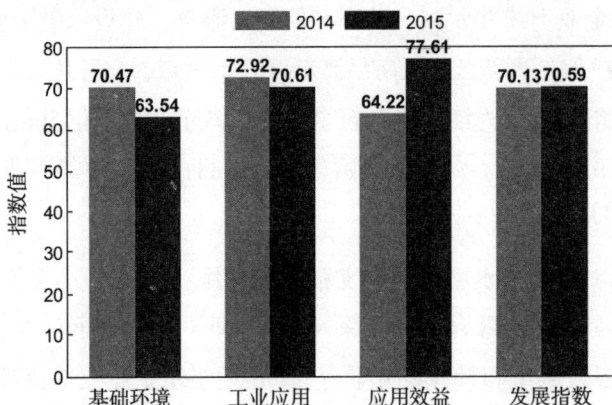

图 16-1　2014—2015年江西省两化融合指数情况

数据来源：中国电子信息产业发展研究院。

（二）具体分析

1. 基础环境指数

在信息基础设施建设方面，固定宽带普及率指数为 58.50，比 2014 年的

54.37 增长了 4.13 个点；固定宽带端口平均速率指数为 83.96，比 2014 年的 69.08 增长了 14.88 个点；移动电话普及率指数为 50.39，比 2014 年的 48.87 增长了 1.52 个点。在互联网应用普及方面，2015 年，江西省互联网普及率指数为 50.86，比 2014 年的 49.24 增长了 1.62 个点。在两化融合政策环境建设方面，2015 年，江西省设立了两化融合专项引导资金；中小企业信息化服务平台数量指数为 70.75，比 2014 年的 148.48 减少了 77.73 个点；重点行业典型企业信息化专项规划情况指数为 43.82，比 2014 年的 57.27 减少了 13.45 个点。

表 16-2　2014—2015 年江西省两化融合基础环境指数情况

指标	2014年指数	2015年指数	指数变化情况
城（省）域网出口带宽	58.37	70.05	↑11.68
固定宽带普及率	54.37	58.50	↑4.13
固定宽带端口平均速率	69.08	83.96	↑14.88
移动电话普及率	48.87	50.39	↑1.52
互联网普及率	49.24	50.86	↑1.62
两化融合专项引导资金	100.00	100.00	—
中小企业信息化服务平台数	148.48	70.75	↓77.73
重点行业典型企业信息化专项规划	57.27	43.82	↓13.45

数据来源：中国电子信息产业发展研究院。

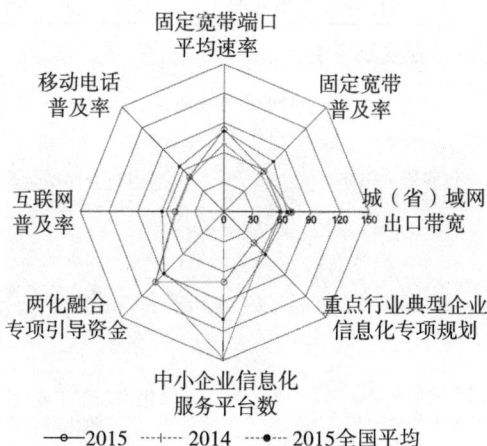

图 16-2　2014—2015年江西省两化融合基础环境指数情况

数据来源：中国电子信息产业发展研究院。

2. 工业应用指数

2015 年，江西省重点行业典型企业 ERP 普及率指数为 70.91，比 2014 年的

75.01 减少了 4.1 个点。重点行业典型企业 MES 普及率指数为 78.10，比 2014 年的 74.17 增加了 3.93 个点。重点行业典型企业 PLM 指数为 51.35，比 2014 年的 58.71 减少了 7.36 个点。重点行业典型企业 SCM 普及率指数为 65.10，比 2014 年的 69.35 减少了 4.25 个点。重点行业典型企业采购环节电子商务应用普及率指数为 87.55，比 2014 年的 107 减少了 19.45 个点。重点行业典型企业销售环节电子商务应用普及率指数为 100.15，比 2014 年的 117.68 减少了 17.53 个点。重点行业典型企业装备数控化率指数为 50.89，比 2014 年的 51.46 减少了 0.57 个点。国家新型工业化产业示范基地两化融合发展水平指数为 65.10，比 2014 年的 39.2 增加了 25.9 个点。

表 16-3 2014—2015 年江西省两化融合工业应用指数情况

指标	2014年指数	2015年指数	指数变化情况
重点行业典型企业ERP普及率	75.01	70.91	↓ 4.10
重点行业典型企业MES普及率	74.17	78.10	↑ 3.93
重点行业典型企业PLM普及率	58.71	51.35	↓ 7.36
重点行业典型企业SCM普及率	69.35	65.10	↓ 4.25
重点行业典型企业采购环节电子商务应用	107.00	87.55	↓ 19.45
重点行业典型企业销售环节电子商务应用	117.68	100.15	↓ 17.53
重点行业典型企业装备数控化率	51.46	50.89	↓ 0.57
国家新型工业化产业示范基地两化融合发展水平	39.20	65.10	↑ 25.9

数据来源：中国电子信息产业发展研究院。

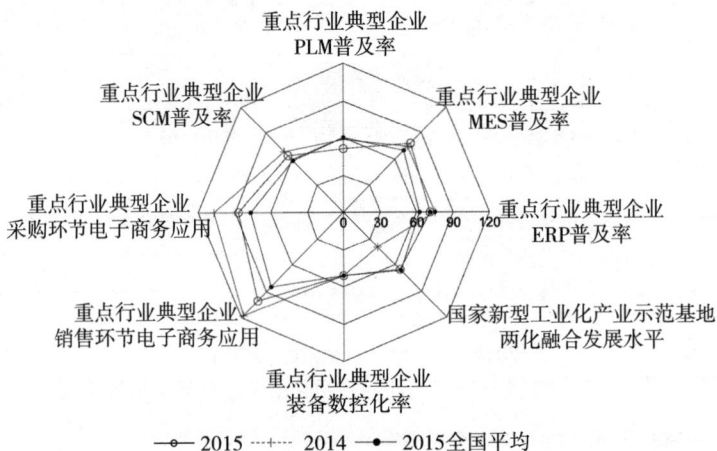

图 16-3 2014—2015年江西省两化融合工业应用指数情况

数据来源：中国电子信息产业发展研究院。

3. 应用效益指数

在地区工业生产效益和水平方面，2015年，江西省工业增加值占GDP比重指数为50.43，比2014年的51.15减少了0.72个点；第二产业全员劳动生产率指数为107.1，比2014年的48.39增加了58.71个点；工业成本费用利润率指数为45.36，比2014年的44.53增加了0.83个点；单位工业增加值工业专利量指数为74.74，比2014年的62.6增长了12.14个点。在信息产业发展水平方面，2015年，江西省电子信息制造业主营业务收入指数为141.03，比2014年的129.12增加了11.91个点；软件业务收入指数为34.03，比2014年的29.97增加了4.06个点。

表16-4　2014—2015年江西省两化融合应用效益指数情况

指标	2014年指数	2015年指数	指数变化情况
工业增加值占GDP比重	51.15	50.43	↓0.72
第二产业全员劳动生产率	48.39	107.1	↑58.71
工业成本费用利润率	44.53	45.36	↑0.83
单位工业增加值工业专利量	62.6	74.74	↑12.14
单位地区生产总值能耗	100.5	101.53	↑1.03
电子信息制造业主营业务收入	129.12	141.03	↑11.91
软件业务收入	29.97	34.03	↑4.06

数据来源：中国电子信息产业发展研究院。

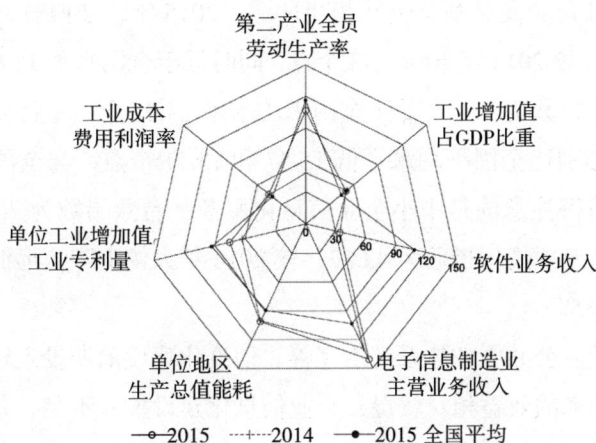

图16-4　2014—2015年江西省两化融合应用效益指数情况

数据来源：中国电子信息产业发展研究院。

三、优劣势评价

江西省两化融合发展在以下两方面存在一定优势：

一是工业园区信息化基础设施较好。工业园区积极推进"数字园区"建设，实现宽带 100% 到达园内企业，建立了数字园区的信息发布平台。全省 96 个工业园区都已实现宽带网络覆盖企业，大多数工业园区积极推进"信息化入园区"工程建设，建立了数字园区的信息发布平台。

二是两化融合支撑服务体系较为完善。江西省经信委与江西财经大学、华东交通大学等高等院校签订委校合作框架协议，共建信息化与工业化深度融合发展研究中心，开展两化融合基本理论与推进两化融合发展战略研究，有利于高等院校人才和资源优势的发挥。此外，江西电信、江西移动、江西联通、江西省工业和信息产品监督检验院、江西省工业和信息化技术创新推进中心、贝谷科技股份有限公司等 6 家单位成为首批江西省信息化和工业化深度融合发展技术支持中心，为江西省工业企业两化融合提供技术服务。

同时，江西省也存在较为明显的劣势：

一是两化融合的发展基础仍然相当薄弱。2015 年，江西省两化融合基础环境指数为 63.54，较 2014 年下降 6.93 个点，同时低于全国水平 11.84 个点。其中，固定宽带普及率指数为 58.5，低于全国平均水平 14.01 个点；移动电话普及率和互联网普及率分别比全国平均水平低 15.57 和 13.11 个点，与全国平均水平的差距继续放大。值得注意的是中小企业信息化服务平台数指数为 70.75，重点行业典型企业信息化专项规划指数为 43.82，较 2014 年大幅下降，远低于全国平均水平 108.35 和 60.85。

二是中小企业公共服务体系尚不完善。信息化建设前期投入较大，且需要持续性投入，但带来的效益相对较慢，企业信息化建设投入不足。尤其是资金实力并不雄厚的中小企业，面对较大的经济下行压力，缺乏信息化持续投入的直接动力。从江西省两化融合发展指数中可以看到，2015 年，江西省中小企业信息化服务平台数指数为 70.75，较 2014 年的 148.48 大幅下降了 77.73 个点。

四、相关建议

对江西省两化融合提出以下建议：

一是做好"十三五"时期两化融合发展规划。江西省要贯彻落实中国制造2025等国家重大战略规划，深刻领会国家"十三五"发展规划和信息化发展规划思想，结合实际情况，突出自身特色，承上启下、承前启后，正确把握政府与市场的关系，充分发挥两化融合的市场主体作用，做好江西省两化融合发展规划部署，统筹推进智能制造、工业互联网、工业云、工业大数据、工业控制系统及安全等发展。

二是加快建设两化融合基础设施。夯实两化融合发展基础环境，补上信息基础设施短板。继续贯彻实施"宽带中国"战略，推动光纤入户到村改造，扩大光纤覆盖范围。鼓励第三方服务商在江西省重点场所、景区等人流密集场所广泛部署免费WIFI。引导电信运营商加快建设4G网络，增加4G使用用户。鼓励建设云计算基地、大数据中心等，规划布局新一代信息基础设施。

三是继续开展两化融合示范区建设。在企业、行业、园区三个层面，开展两化融合应用示范，推动"点线面"相结合的推进格局走向深入，提升区域经济的发展质量和综合竞争力。总结骨干企业成功经验，形成典型案例，带动上下游产业链进行信息化改造；发挥行业协会引导、示范作用，加快制定行业两化融合示范标准，搭建行业两化融合服务平台；以智慧园区为依托，推动工业园区两化融合发展，开展两化融合帮扶工程，采用"以通信企业为投资主体，示范园区购买服务（或组织企业购买服务），省里支持一点，市里配套一点"的建设模式，加强示范园区两化融合建设，实现互利双赢。

第十七章　山东省两化融合发展水平分析

一、总体情况

（一）经济概况

2015 年，山东省实现生产总值（GDP）63002.3 亿元，按可比价格计算，比上年增长 8.0%。其中，第一产业增加值 4979.1 亿元，同比增长 4.1%；第二产业增加值 29485.9 亿元，同比增长 7.4%；第三产业增加值 28537.4 亿元，增长 9.6%。产业结构调整优化，三次产业比例由上年的 8.1∶48.4∶43.5 调整为 7.9∶46.8∶45.3。人均生产总值 64168 元，同比增长 7.3%，按年均汇率折算为 10305 美元。居民消费价格总水平上涨 1.2%。其中，城市上涨 1.4%，农村上涨 0.9%；服务项目价格上涨 1.6%，消费品价格上涨 1.1%。农业生产资料价格下降 0.7%，农产品生产者价格上涨 0.1%。工业生产者出厂价格下降 4.8%，购进价格下降 5.0%。固定资产投资价格下降 2.3%。全部工业增加值 25910.8 亿元，比上年增长 7.4%。其中，规模以上工业增加值增长 7.5%。在规模以上工业中，轻工业增长 7.4%，重工业增长 7.5%。41 个行业大类中，36 个行业增加值实现增长，14 个行业增加值过千亿。新产业发展加快。高新技术产业产值增长 10.5%，占规模以上工业总产值的比重为 32.5%，比上年提高 1.1 个百分点。[1]

（二）两化融合主要进展

2015 年，山东省高度重视两化融合发展，在已有基础之上取得了以下两方面进展：

---

[1] 山东省统计局：《2015年山东省国民经济和社会发展统计公报》，2016年2月。

1. 开展两化融合发展水平评估工作

山东省经信委下发评估文件到各地、市经信委，按规模以上工业企业的 5% 抽取企业在"山东省两化融合服务平台"评估系统中进行登录评估，各地、市经信委审核后上报。山东省经信委根据企业评估规范和区域评估指标体系，分别编制《企业两化融合发展水平报告》和《区域两化融合发展水平报告》。2015 年，山东省 17 市科学发展综合考核指标标准中首次把企业信息化指数纳入考核范围，对两化融合发展起到较大的推进作用。

2. 实施互联网与工业融合创新试点

山东省积极申报工信部互联网与工业融合创新试点，有 4 家企业列入首批国家试点。围绕先进制造、现代服务业、数字农业、节能环保等重点领域，着力信息技术推广、数字化装备制造、供应链信息化管理和能源监测自动化控制等 4 个重点，实施了两化融合"四个一百"工程，连续 4 批认定培育示范工程项目 371 个，进行行业树标引导。

3. 大力推进落后产业节能减排

山东省通过推广应用智能技术、生产各工序和全线过程的自动化控制系统，企业用水、电、煤、原材料明显降低，涌现出山钢、重汽等一批应用信息技术促进节能降耗的先进典型。山钢集团实施信息化项目后，平均吨钢综合耗水由 21 立方米下降到目前的 5 立方米，降低了 77%。吨钢综合能耗由 1200 千克标准煤下降到 700 千克，降低了 42%。通过推广污染排放主要生产线和关键设备自动控制技术，应用环境监测、污染源监控等信息系统，在冶金、电力、石化、建材、造纸等高污染行业，污染物排放得到最大限度控制，重大污染物排放隐患得到有效消除。据第三方机构评测，通过两化融合山东省落后行业减少了约 9% 的碳排放，涌现出山水集团、华泰集团等一批示范企业。山水集团通过信息技术改造，水泥生产中二氧化碳、二氧化硫和粉尘的排放量得到了有效控制，排放量分别较项目实施前年减少 37%，32% 和 34%。

二、两化融合发展水平分析

（一）综合分析

2015 年，山东省两化融合发展指数为 93，较 2014 年上升 12.65 个点；基础环境指数为 85.77，比 2014 年的 79.35 增长了个 6.42 个点；工业应用指数为 85.78，比 2014 年的 70.47 增长了 15.31 个点；应用效益指数为 114.65，比 2014 年的 101.11 增长了 13.54 个点。

表 17-1　2014—2015 年山东省两化融合指数情况

指标	2014年指数	2015年指数	变化情况
基础环境	79.35	85.77	↑6.42
工业应用	70.47	85.78	↑15.31
应用效益	101.11	114.65	↑13.54
发展指数	80.35	93.00	↑12.65

数据来源：中国电子信息产业发展研究院。

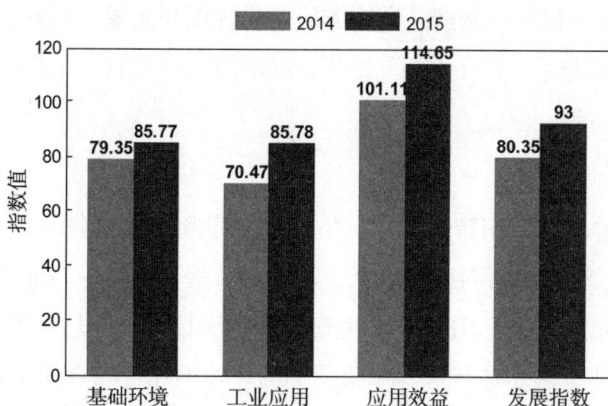

图 17-1　2014—2015年山东省两化融合指数情况

数据来源：中国电子信息产业发展研究院。

（二）具体分析

1. 基础环境指数

在信息基础设施建设方面，2015 年，固定宽带普及率指数为 79.25，比 2014 年的 76.18 增长了 3.07 个点；固定宽带端口平均速率指数为 80.62，比 2014 年的 70.48 增长了 10.14 个点；移动电话普及率指数为 62.67，比 2014 年的 61.3 增长了 1.37 个点。在互联网应用普及方面，2015 年，山东省互联网普及率指数为 64.03，比 2014 年的 61.41 增长了 2.62 个点。在两化融合政策环境建设方面，

2015 年，山东省设立了两化融合专项引导资金；中小企业信息化服务平台数量指数为 150；重点行业典型企业信息化专项规划情况指数为 77.18，比 2014 年的 66.53 增加了 10.65 个点。

表 17-2 2014—2015 年山东省两化融合基础环境指数情况

指标	2014年指数	2015年指数	变化情况
城（省）域网出口宽带	56.74	116.54	↑59.80
固定宽带普及率	76.18	79.25	↑3.07
固定宽带端口平均速率	70.48	80.62	↑10.14
移动电话普及率	61.30	62.67	↑1.37
互联网普及率	61.41	64.03	↑2.62
两化融合专项引导资金	100.00	100.00	—
中小企业信息化服务平台数	150.00	150.00	—
重点行业典型企业信息化专项规划	66.53	77.18	↑10.65

数据来源：中国电子信息产业发展研究院。

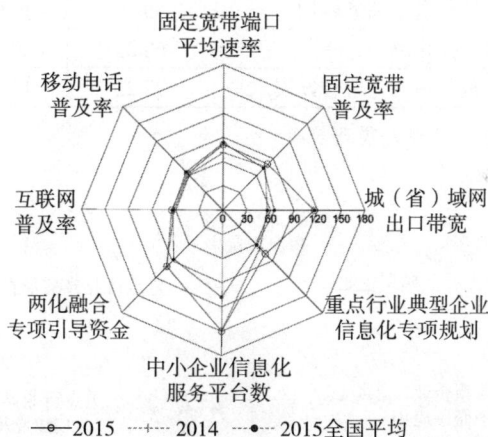

图 17-2 2014—2015年山东省两化融合基础环境指数情况

数据来源：中国电子信息产业发展研究院。

2. 工业应用指数

2015 年，山东省重点行业典型企业 ERP 普及率指数为 74.8，比 2014 年的 67.36 增长了 7.44 个点；重点行业典型企业 MES 普及率指数为 75.42，比 2014 年的 59.31 增长了 16.11 个点；重点行业典型企业 PLM 指数为 84.2，比 2014 年的

67.05 增长了 17.15 个点；重点行业典型企业 SCM 普及率指数为 70.63，比 2014 年的 64.08 增长了 6.55 个点；重点行业典型企业采购环节电子商务应用普及率指数为 106.36，比 2014 年的 79.05 增长了 27.31 个点；重点行业典型企业销售环节电子商务应用普及率指数为 108.68，比 2014 年的 80.7 增长了 27.98 个点；重点行业典型企业装备数控化率指数为 59.11，比 2014 年的 68.21 下降了 9.1 个点；国家新型工业化产业示范基地两化融合发展水平指数为 107.84，比 2014 年的 77.22 上升了 30.62 个点。

表 17-3　2014—2015 年山东省两化融合工业应用指数情况

指标	2014年指数	2015年指数	指数变化情况
重点行业典型企业ERP普及率	67.36	74.80	↑ 7.44
重点行业典型企业MES普及率	59.31	75.42	↑ 16.11
重点行业典型企业PLM普及率	67.05	84.20	↑ 17.15
重点行业典型企业SCM普及率	64.08	70.63	↑ 6.55
重点行业典型企业采购环节电子商务应用	79.05	106.36	↑ 27.31
重点行业典型企业销售环节电子商务应用	80.70	108.68	↑ 27.98
重点行业典型企业装备数控化率	68.21	59.11	↓ 9.10
国家新型工业化产业示范基地两化融合发展水平	77.22	107.84	↑ 30.62

数据来源：中国电子信息产业发展研究院。

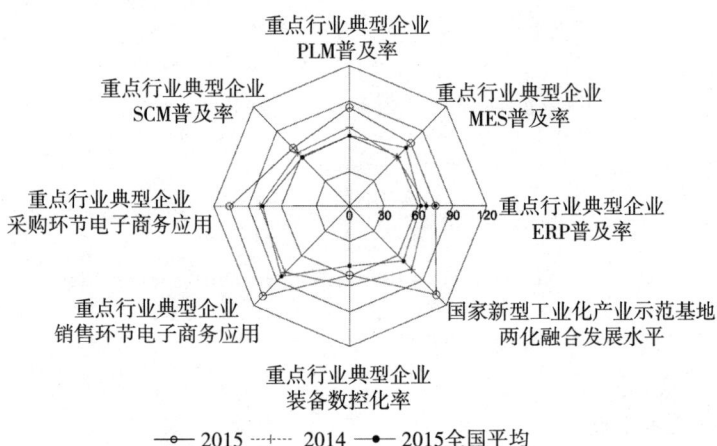

图 17-3　2014—2015年山东省两化融合工业应用指数情况

数据来源：中国电子信息产业发展研究院。

3. 应用效益指数

在地区工业生产效益和水平方面，2015年，山东省工业增加值占GDP比重指数为49.6，比2014年的50.67减少了1.07个点；第二产业全员劳动生产率指数为119.84，比2014年的58.87上升了60.97个点；工业成本费用利润率指数为41.46，比2014年的43.51减少了2.05个点；单位工业增加值工业专利量指数为103.21，比2014年的100增长了3.21个点。在信息产业发展水平方面，2015年，山东省电子信息制造业主营业务收入指数为206.49，比2014年的199.03增长了7.46个点；软件业务收入指数为233.54比2014年增长了21.38个点。

表17-4　2014—2015年山东省两化融合应用效益指数情况

指标	2014年指数	2015年指数	变化情况
工业增加值占GDP比重	50.67	49.60	↓1.07
第二产业全员劳动生产率	58.87	119.84	↑60.97
工业成本费用利润率	43.51	41.46	↓2.05
单位工业增加值工业专利量	100.00	103.21	↑3.21
单位地区生产总值能耗	93.96	96.57	↑2.61
电子信息制造业主营业务收入	199.03	206.49	↑7.46
软件业务收入	212.16	233.54	↑21.38

数据来源：中国电子信息产业发展研究院。

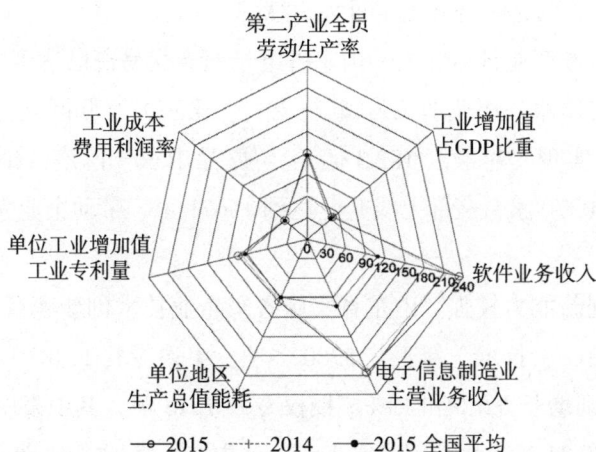

图17-4　2014—2015年山东省两化融合应用效益指数情况

数据来源：中国电子信息产业发展研究院。

三、优劣势评价

目前，山东省两化融合发展走在全国前列，总体来看，其发展优势在于：

一是具有较好的信息化发展基础。2015年，山东省两化融合基础环境指数为85.77，高于全国平均水平19.73个点，位于全国第7。其中，城（省）域网出口带宽指数为116.54，远高于全国平均水平50.72个点。近年来，山东省加大对信息基础设施投入，全省光纤城镇覆盖率超过95%，工业企业互联网普及率达98%以上，信息基础保障能力不断增强。青岛、淄博、威海、临沂被确定为首批"宽带中国"示范城市。

二是信息产业发展势头迅猛。山东省信息产业快速增长，产值规模居全国前三位。从事两化融合开发生产的企业占到全部软件企业总数的50%，涌现出了浪潮、中创、东方电子、集成电子、胜利软件等一批知名两化融合软件企业，浪潮ERP、东方电子生产监控管理系统、蓝光采矿设计与安全系统等一批软件产品、技术在全国领先，轻工行业的光机电一体化技术、机械行业的集成制造系统、建材行业的分布式余热余压控制系统、冶金行业的制造执行系统等在全国拥有较高的市场占有率，为两化融合做出了重大贡献。

三是电子商务产业日益壮大。山东省电子商务交易额已达到1.8万亿元，面向电子商务的支撑服务快速增长，"联行支付"第三方互联网支付平台新增企业用户1.3万家，实现支付额度182.3亿元。"好品山东"网络营销管理服务平台新增上线企业10370家，全部上线企业达到15671家，带动企业完成网上交易额509亿元。

四是企业创新能力较强。山东省实施省级企业技术创新项目4120项，形成省级以上新产品、新技术、新工艺5700多项。申请专利11483项，其中发明专利3643项，分别增长6.6%和13%；授权专利7718项，其中发明专利1341项，分别增长4.7%和31.2%。培育国家级工业设计中心5家，省级工业设计中心62家，2项产品获得首届中国优秀工业设计奖十大金奖。

与此同时，山东省两化融合也存在一些劣势：

一是企业信息化向中高级阶段迈进面临瓶颈。总体来看，山东省处于集成提升阶段的企业占 30.11%，处于创新突破阶段的企业占 7.14%，还有 54.63% 的企业两化融合水平处于单项覆盖阶段，总体处于由单项业务应用向综合集成应用过渡阶段，致使一些企业长期以来始终处于加工制造产业链中低端。

二是企业信息化资金持续投入不足。特别是最近两年经济下行，多数行业市场需求不足、盈利水平大幅下降、企业生产经营困难加大，导致企业信息化投资动力不足。2015 年前 2 个月，全省新开工技改项目总投资同比下降 21%，企业信息化投入资金较难满足两化融合发展水平的持续提高。

四、相关建议

对山东省两化融合提出以下建议：

一是加强统筹协调。按照中国制造 2025 战略规划和《山东省推进工业转型升级行动计划（2015—2020 年）》的总体要求，把推进两化融合的着力点放在以信息技术改造提升六大传统产业上，努力实现 5 个目标、着力完成 4 项重点任务、推进 7 个专项行动、实施 700 个配套项。坚持"一张蓝图绘到底""敲开核桃、一行业一对策"，把推动两化融合落实到具体工业项目上，推动发展理念、定位、动力和途径的根本转变，构建自主创新强、质量效益好、发展潜力大的先进工业体系，实现山东工业由大到强的战略提升。

二是大力推进智能制造。深入开展国家互联网＋专项行动，以高端装备制造产业园区为依托，开展数字化车间示范，培育一批无人生产线、数字车间和智能工厂。积极推动互联网与工业融合创新，继续抓好两化融合管理体系贯标。培育济南保税区等 20 个智慧园区。加快工业云平台建设。积极培育基于互联网的按需制造、众包设计等云制造模式。

三是拓宽两化融合投融资渠道。加大财政资金投入力度，探索建立财政和社会资本共同筹资的两化融合发展基金，鼓励金融机构、风险资本、信息企业创新产品和服务，加大对企业两化融合项目的支持。鼓励社会力量建设两化融合投融资公共服务平台，为两化融合提供更多的投融资渠道。财政、税务、金融等部门要制定更加优惠政策，研究出台税收返还奖励，加大对两化融合工作的扶持力度。

第十八章　河南省两化融合发展水平分析

一、总体情况

（一）经济概况

2015 年，河南省全年生产总值 37010.25 亿元，比上年增长 8.3%。其中：第一产业增加值 4209.56 亿元，同比增长 4.4%；第二产业增加值 18189.36 亿元，同比增长 8.0%；第三产业增加值 14611.33 亿元，同比增长 10.5%。三次产业结构为 11.4：49.1：39.5。全年居民消费价格比上年上涨 1.3%。其中，食品类价格上涨 1.8%。商品零售价格下降 0.2%。工业生产者出厂价格下降 4.6%。工业生产者购进价格下降 4.6%。固定资产投资价格下降 2.4%。农业生产资料价格上涨 0.3%。全年地方财政总收入 4426.96 亿元，比上年增长 8.1%。地方一般公共预算收入 3009.65 亿元，同比增长 9.9%。全年工业增加值 16100.92 亿元，比上年增长 8.0%。规模以上工业增加值增长 8.6%，其中，轻工业增长 8.1%，重工业增长 8.9%，轻、重工业比例 35.3：64.7。产品销售率 98.3%。电子信息、装备制造、汽车及零部件、食品、现代家居、服装服饰等高成长性制造业比上年增长 11.4%，对全省规模以上工业增长的贡献率为 59.9%。[1]

（二）两化融合主要进展

2015 年，河南省积极推进信息化与工业化融合发展，取得较大进展：

---

[1]　河南省统计局：《2015年河南省国民经济和社会发展统计公报》，2016年2月。

1. 加强企业两化融合标准化建设

2015 年，河南省按照工业和信息化部部署，引导工业企业参与企业两化融合管理体系国家标准及相关技术规范的建设工作，推动企业对照标准和规范，建立和实施和改进两化融合管理体系。有 20 家企业被确定为国家两化融合管理体系贯标试点企业，机械工业第六设计研究院有限公司、河南省科学院应用物理研究所有限公司被确定为国家两化融合管理体系贯标咨询服务机构。同时，积极开展企业两化融合对标，依托国家两化融合评估系统，通过与智能制造试点示范、"互联网＋"工业创新试点等方面的工作相结合，带动企业参与两化融合评估诊断和对标引导，目前已有近 200 家企业完成两化融合对标。

2. 促进工业电子商务快速发展

河南省积极推动工业企业与电商企业对接，提高传统企业电子商务应用水平，对促进本地经济发展方式转变和产业结构调整发挥了积极作用。2015 年 6 月位于郑东新区国家级电子商务示范基地的"豫货通天下"互联网渠道交易所正式启用，服务范围涵盖企业互联网渠道战略咨询、产品展示、品牌和产品线上推广、产品销售、交易询盘、客户洽谈、线下体验、物流通达、市场求购传导、新品发布等方面，目前交易所已于与中国 Global Source、韩国 EC21、南非 Junkmail、印度 Tradeindia、斯里兰卡 ikman 等开展合作。此外，安阳被工业和信息化部作为国家工业电子商务区域试点，围绕纺织服装、食品、装备制造、冶金建材等主导产业，支持林州汽配、殷都钢铁、曲沟铁合金、内黄陶瓷、汤阴食品、华豫内衣、龙泉花木等专业市场建设线上、线下展示交易相结合的特色行业电商交易平台，为工业产品开辟新的市场空间。

3. 加快培育发展信息产业

河南省加快培育信息产业发展，不断增强信息产业支撑能力。2015 年，全省电子信息制造业主营业务收入预计达到 3900 亿元，居中部地区首位，其中郑州航空港区手机年产量 2 亿部，占全球智能手机供货量的七分之一；软件业务收入预计达到 281 亿元，形成郑州软件园、金水科教新城、洛阳软件园等产业园区，以及信息安全、电力信息、轨道交通、地理信息、金融税务、医疗卫生、工业控制、物联网等优势软件产品。

二、两化融合发展水平分析

（一）综合分析

2015 年，河南省两化融合发展指数为 71.87，处于全国中游水平。基础环境指数为 76.54，比 2014 年的 71.73 增长了 4.81 个点。工业应用指数为 63.9，比 2014 年的 64.71 减少了 0.81 个点。应用效益指数为 83.13，比 2014 年的 71.84 增长了 11.29 个点。

表 18-1　2014—2015 年河南省两化融合指数情况

指标	2014年指数	2015年指数	变化情况
基础环境	71.73	76.54	↑4.81
工业应用	64.71	63.90	↓0.81
应用效益	71.84	83.13	↑11.29
发展指数	68.25	71.87	↑3.62

数据来源：中国电子信息产业发展研究院。

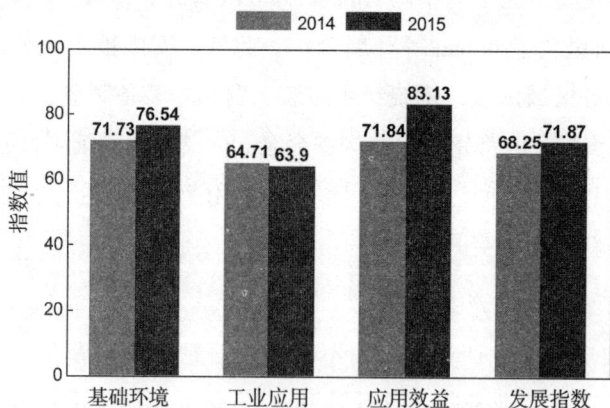

图 18-1　2014—2015年河南省两化融合指数情况

数据来源：中国电子信息产业发展研究院。

（二）具体分析

1. 基础环境指数

在信息基础设施建设方面，2015 年，城（省）域网出口带宽指数为 94.27，较 2014 年 51.49 增加了 42.78 个点；固定宽带普及率指数为 66.1，比 2014 年的 62.4 增长了 3.7 个点；固定宽带端口平均速率指数为 79.56，比 2014 年的 68.31 增长了 11.25 个点；移动电话普及率指数为 59.25，比 2014 年的 56.59 增长了 2.66 个点。在互联网应用普及方面，2015 年，河南省互联网普及率指数为 53.8，比 2014 年的 51.71 增长了 2.09 个点。在两化融合政策环境建设方面，2015 年，河南省设立了两化融合专项引导资金；中小企业信息化服务平台数量指数为 150；重点行业典型企业信息化专项规划情况指数为 44.85，比 2014 年的 45.22 减少了 0.37 个点。

表 18-2　2014—2015 年河南省两化融合基础环境指数情况

指标	2014年指数	2015年指数	指数变化情况
城（省）域网出口带宽	51.49	94.27	↑42.78
固定宽带普及率	62.40	66.10	↑3.70
固定宽带端口平均速率	68.31	79.56	↑11.25
移动电话普及率	56.59	59.25	↑2.66
互联网普及率	51.71	53.80	↑2.09
两化融合专项引导资金	100.00	100.00	—
中小企业信息化服务平台数	150.00	150.00	—
重点行业典型企业信息化专项规划	45.22	44.85	↓0.37

数据来源：中国电子信息产业发展研究院。

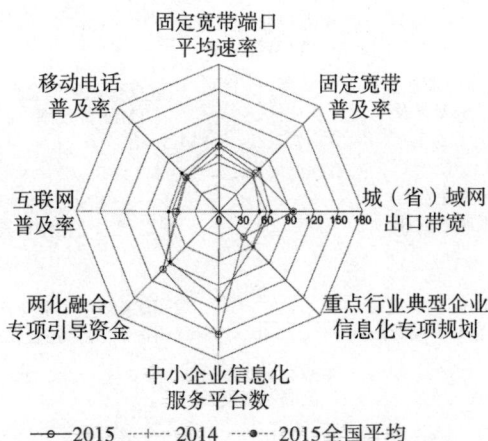

图 18-2　2014—2015年河南省两化融合基础环境指数情况

数据来源：中国电子信息产业发展研究院。

2. 工业应用指数

2015年，河南省重点行业典型企业ERP普及率指数为62.05，比2014年的63.47减少了1.42个点。重点行业典型企业MES普及率指数为53.98，比2014年的53.51增加了0.47个点。重点行业典型企业PLM指数为68.1，比2014年的59.69增长了8.41个点。重点行业典型企业SCM普及率指数为56.39，比2014年的59.68下降了3.29个点。重点行业典型企业采购环节电子商务应用普及率指数为85.65，比2014年的74.73上升了10.92个点。重点行业典型企业销售环节电子商务应用普及率指数为71.55，比2014年的79.98减少了8.43个点。重点行业

表18-3 2014—2015年河南省两化融合工业应用指数情况

指标	2014年指数	2015年指数	指数变化情况
重点行业典型企业ERP普及率	63.47	62.05	↓1.42
重点行业典型企业MES普及率	53.51	53.98	↑0.47
重点行业典型企业PLM普及率	59.69	68.10	↑8.41
重点行业典型企业SCM普及率	59.68	56.39	↓3.29
重点行业典型企业采购环节电子商务应用	74.73	85.65	↑10.92
重点行业典型企业销售环节电子商务应用	79.98	71.55	↓8.43
重点行业典型企业装备数控化率	54.56	43.82	↓10.74
国家新型工业化产业示范基地两化融合发展水平	72.49	71.74	↓0.75

数据来源：中国电子信息产业发展研究院。

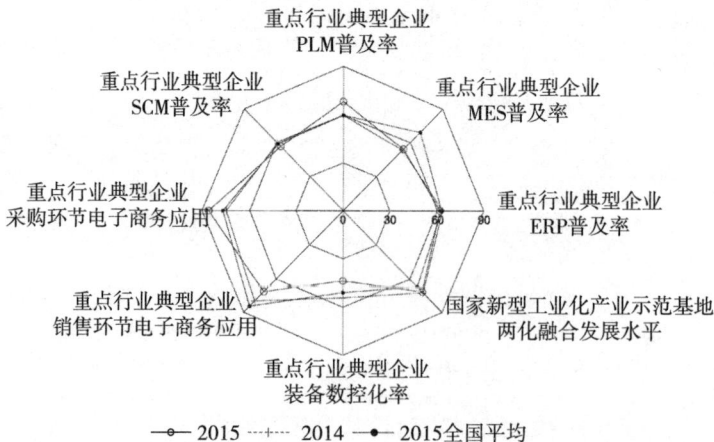

图18-3 2014—2015年河南省两化融合工业应用指数情况

数据来源：中国电子信息产业发展研究院。

典型企业装备数控化率指数为 43.82，比 2014 年的 54.56 减少了 10.74 个点。国家新型工业化产业示范基地两化融合发展水平指数为 71.74，比 2014 年的 72.49 减少了 0.75 点。

　　3. 应用效益指数

　　在地区工业生产效益和水平方面，2015 年，河南省工业增加值占 GDP 比重指数为 51.25，比 2014 年的 54.94 减少了 3.69 个点；第二产业全员劳动生产率指数为 100.53，比 2014 年的 50.62 增长了 49.91 个点；工业成本费用利润率指数为 47.43，比 2014 年的 48.75 下降了 1.32 个点；单位工业增加值工业专利量指数为 76.58，比 2014 年的 69.93 增长了 6.65 个点。在信息产业发展水平方面，2015 年，河南省电子信息制造业主营业务收入指数为 161.28，比 2014 年的 148.37 增加了 12.91 个点；软件业务收入指数为 75.63，比 2014 年的 66.99 增长了 8.64 个点。

表 18-4　2014—2015 年河南省两化融合应用效益指数情况

指标	2014年指数	2015年指数	指数变化情况
工业增加值占GDP比重	54.94	51.25	↓ 3.69
第二产业全员劳动生产率	50.62	100.53	↑ 49.91
工业成本费用利润率	48.75	47.43	↓ 1.32
单位工业增加值工业专利量	69.93	76.58	↑ 6.65
单位地区生产总值能耗	84.31	88.14	↑ 3.83
电子信息制造业主营业务收入	148.37	161.28	↑ 12.91
软件业务收入	66.99	75.63	↑ 8.64

数据来源：中国电子信息产业发展研究院。

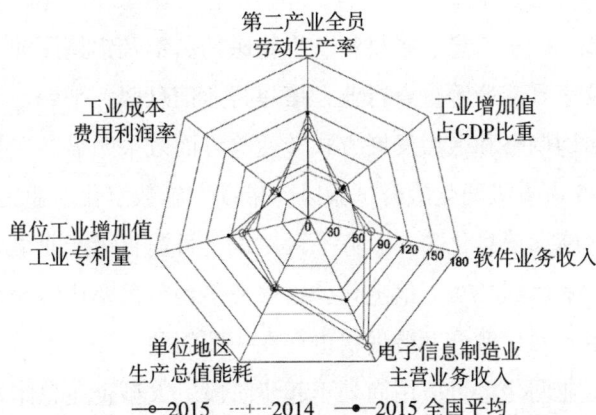

图 18-4　2014—2015 年河南省两化融合应用效益指数情况

数据来源：中国电子信息产业发展研究院。

三、优劣势评价

河南省正处于工业化中后期阶段，具有较好的工业基础，同时也面临转型升级的压力，总体来看主要有几方面优势：

一是中小企业信息技术公共服务平台建设较好。河南省中小企业公共服务平台初步建成以统筹全省服务资源的省级平台为枢纽，以 28 个综合窗口平台（18 个省辖市、10 个省直管县）、30 个产业集聚区窗口平台为骨干框架，省、市、县三级联动的中小企业公共服务平台网络体系。依托电信运营商，组织开展了"创新中国行"中小企业信息化推广活动、中小企业"数字企业（智慧企业）"建设活动，累计覆盖中小企业超过 3 万家。2015 年，河南省中小企业信息化服务平台数指数为 150，位于全国第 8 位，高于全国平均水平 41.65 个点。

二是信息基础设施较为完善。2015 年河南省城（省）域网出口带宽指数为 94.27，高于全国平均水平 28.45 个点。河南省实施"宽带中原"战略，加快二代电信网络升级和 3G、4G 网络建设，郑州国家级互联网骨干直联点开通运行，信息集散中心和通信网络交换枢纽地位进一步强化；中国联通中原数据基地、中国移动（郑州）数据中心、洛阳景安云计算和互联网数据中心、浪潮集团云海科技园等一批重点项目相继投入建设，两化融合发展基础环境不断优化。

三是区域两化融合水平提升较快。郑州市作为国家级两化融合试验区，围绕汽车及装备制造、电子信息、新材料、生物医药、铝及铝精深加工、现代食品制造、品牌服装及家具制造等重点行业，搭建行业信息服务平台，在推动企业竞争力提升、产业结构调整和区域发展方式转变等方面效果明显。在县域产业集聚区层面，已认定 25 家省级两化融合试验区，带动实施数字化产业集聚区建设工程，加快信息基础设施和信息化公共服务平台建设，目前省级产业集聚区规模以上工业企业光纤接入率达到 77%、信息化公共服务平台覆盖率达到 58%。

同时，河南省两化融合发展现状也存在一些问题：

一是中小企业两化融合应用尚处于起步阶段。大型企业总体处于集成应用阶段的中后期，物联网、云计算等新一代信息技术得到广泛应用。规模以上企业总体处于深化普及阶段，企业资源计划、制造执行、产品生命周期管理、供应链管理等重点信息系统建设不断加快。但中小企业由于信息化意识不高，以及信息化建资金、人才和技术不足等因素，大体仍处于点状应用阶段。

二是信息技术服务支撑能力不强。河南电子信息制造业和软件业主营业务收入指数分别为161.28、75.63，较2014年增长较快，尤其是电子信息制造业主营业务收入指数高于全国平均水平57.59个点。虽然实现了持续较快增长，但业务收入分别仅占全国的3.2%和0.6%，与新兴工业大省的地位严重不相匹配，且企业数量偏少、规模普遍偏小，对两化融合的技术支撑能力不强；同时，河南在高端生产装备和基础工业软件方面发展滞后，工业企业尤其是大型骨干企业信息化建设主要依靠采购国外的生产装备和信息系统，两化融合核心技术和知识产权受制于人。

四、相关建议

对河南省两化融合发展提出以下建议：

一是创新两化融合发展投融资机制。探索政府与民营资本、私营企业的PPP合作模式，加强与信息服务重点企业就PPP建设模式进行讨论，鼓励民间力量参与《河南省工业云平台框架设计方案》，共同建设涵盖信息资源服务平台、能力要素纵向整合服务平台、工业大数据应用服务、工业电子商务等内容的综合性工业云平台，面向工业企业提供全方位全过程信息化支撑服务。

二是推动中小企业信息化工业应用推广。加快完善以28个综合窗口平台、30个产业集聚区窗口平台为骨干框架的中小企业公共服务平台网络体系，强化对中小企业信息化建设的支撑服务能力。加强与电信运营商合作，发挥移动、联通、电信在资金、技术、人才方面的优势，为中小企业提供网络基础设施和经营、管理环节信息化应用服务。

三是开展智能制造试点示范。依托机械工业第六设计研究院开展"互联网+"智能制造专题研究，明确今后一个时期的指导思想、发展目标、主要任务和政策措施；制定《河南省智能工厂/数字化工厂评价规范》和《河南省智能车间/数字化车间评价规范》，提高智能制造的标准化、规范化建设水平。依托大型企业开展数字化车间/智能车间试点示范建设，推动装备智能化升级、工艺流程改造和基础数据共享，实现企业设计、工艺、制造、管理、物流各环节的集成优化。

依托龙头企业开展数字化工厂/智能工厂试点示范建设，推动新一代信息技术与制造技术的融合创新，实现企业资源配置优化、实时在线优化、生产管理精细化和智能决策科学化。

四是推动互联网与工业融合创新。以国家互联网与工业融合创新试点企业为重点，探索按需制造、众包设计、智能检测、全产业链追溯等工业互联网新模式，促进工业全产业链、全价值链信息交互和集成协作，加快工业生产向网络化、智能化、柔性化和服务化转变。

第十九章 湖北省两化融合发展水平分析

一、总体情况

（一）经济概况

2015 年，湖北省全省完成生产总值 29550.19 亿元，同比增长 8.9%。其中：第一产业完成增加值 3309.84 亿元，同比增长 4.5%；第二产业完成增加值 13503.56 亿元，同比增长 8.3%；第三产业完成增加值 12736.79 亿元，同比增长 10.7%。三次产业结构由 2014 年的 11.6∶46.9∶41.5 调整为 11.2∶45.7∶43.1。在第三产业中交通运输仓储和邮政业、批发和零售业、住宿和餐饮业、金融业、房地产业、营利性服务业及非营利性服务业增加值分别增长 4.4%、7.8%、7.1%、16.6%、6.5%、13.7% 和 12.6%。全省居民消费价格水平上涨 1.5%，其中：城市上涨 1.4%，农村上涨 1.7%。工业生产保持稳定增长。全省全部工业增加值 11532.63 亿元，同比增长 8.5%。年末全省规模以上工业企业达到 15894 家，比上年净增 1052 家，同比增长 7.1%。规模以上工业增加值增长 8.6%。其中：国有及国有控股企业增长 3.7%；集体企业增长 1.2%；股份合作企业增长 2.4%；外商及港澳台投资企业增长 7.1%；其他经济类型企业增长 8.3%。轻工业增长 9.8%；重工业增长 7.8%。[1]

（二）两化融合主要进展

2015 年，湖北省坚持把两化融合作为加快转变发展方式的重大举措，加快制造业转型升级，全面提升工业企业的智能化、网络化和数字化水平。

---

[1] 湖北省统计局：《2015年湖北省国民经济和社会发展统计公报》，2016年2月。

1. 继续开展两化融合试点示范

湖北省坚持示范引导，积极开展国家级试点示范企业和省级两化融合试点示范工作。截至2015年年底，湖北省有12家企业被评为国家级信息化和工业化深度融合示范企业，13家企业被评为国家电子商务创新示范，涉及钢铁、纺织、装备、轻工等领域，成为全省两化融合标杆企业。省级两化融合试点示范企业达到312家，引导和推动试点示范企业应用信息技术改造生产过程和运营模式，推进了企业管理网络化、智能化和集成化，提高了产品质量和附加值，提升了企业创新能力和可持续发展能力，形成了一批具有推广性、示范性的典型经验和解决方案，强化了典型带动效应。

2. 推动两化融合贯标试点工作

湖北省2015年有16家企业成为国家两化融合管理体系贯标试点企业，获得工信部贯标补助资金的支持，目前全省共有13家企业进入实质贯标阶段；制信科技成为全国首批推荐两化融合贯标服务机构。组织开展了全省企业两化融合工作现状调查，以及部分重点区域和企业的标准评估，建立了网上数据库，摸清家底，分析问题，把握方向，应用和完善评估成果。

3. 以信息化促进传统产业转型升级

湖北省围绕"两计划一工程"实施，开展人工转机械、机械转自动、单台转成套、数字转智能，推动产品、装备、工艺、管理、服务的全方位改造。加快交通运输、现代物流、金融服务、工业设计等生产性服务业与信息技术融合发展，推动电子商务、物联网、云计算等新一代信息技术在工业广泛应用，加快传统产业转型升级步伐。

二、两化融合发展水平分析

（一）综合分析

2015年，湖北省两化融合发展指数为82.41，比2014年上升13个点。基础环境方面，2015年湖北省基础环境指数为74.01，比2014年的70.98上升3.03个点；工业应用方面，2015年湖北省工业应用指数为81.59，比2014年的62.85上升18.74个点；应用效益方面，2015年湖北省应用效益指数为92.44，比2014年的80.96上升了11.48个点。

表 19-1　2014—2015 年湖北省两化融合指数情况

指标	2014年指数	2015年指数	变化情况
基础环境	70.98	74.01	↑3.03
工业应用	62.85	81.59	↑18.74
应用效益	80.96	92.44	↑11.48
发展指数	69.41	82.41	↑13.00

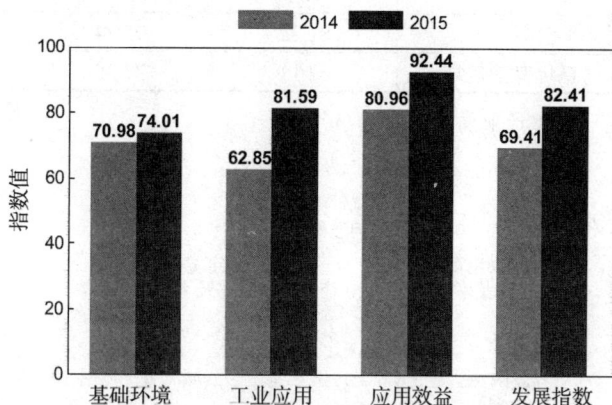

图 19-1　2014—2015年湖北省两化融合指数情况

数据来源：中国电子信息产业发展研究院。

（二）具体分析

1. 基础环境指数

在两化融合基础环境方面，2015 年，湖北省城（省）域网出口带宽指数为 62，较 2014 年的 95.16 下降 33.16 个点；固定宽带普及率指数为 76.18，比 2014 年的 72.97 上升了 3.21 个点；固定宽带端口平均速率为 71.29，比 2014 年的 69.2 提高 2.09 个点；移动电话普及率指数为 58.01，比 2014 年上升 1.47 个点。在互联网应用普及方面，2015 年，湖北省互联网普及率指数 61.95，比 2014 年的 59.9 上升 2.05 个点。在两化融合政策环境建设方面，2015 年，湖北省设立了两化融合专项引导资金，中小企业信息化服务平台数量指数为 95.34，与 2014 年水平相比上升 14.12 个点；重点行业典型企业信息化专项规划指数为 77.48，比 2014 年的 67.11 上升 10.37 个点。

表 19-2　2014—2015 年湖北省两化融合基础环境指数情况

指标	2014年指数	2015年指数	变化情况
城（省）域网出口带宽	95.16	62	↓33.16
固定宽带普及率	72.97	76.18	↑3.21
固定宽带端口平均速率	69.2	71.29	↑2.09
移动电话普及率	56.54	58.01	↑1.47
互联网普及率	59.9	61.95	↑2.05
两化融合专项引导资金	100	100	—
中小企业信息化服务平台数	81.22	95.34	↑14.12
重点行业典型企业信息化专项规划	67.11	77.48	↑10.37

数据来源：中国电子信息产业发展研究院。

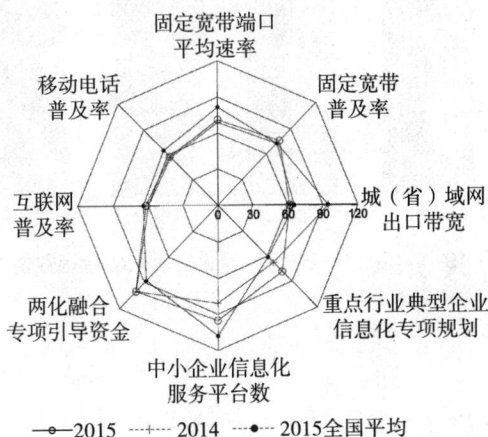

图 19-2　2014—2015年湖北省两化融合基础环境指数情况

数据来源：中国电子信息产业发展研究院。

2. 工业应用指数

2015 年，湖北省重点行业典型企业 ERP 普及率指数为 66.49，比 2014 年的 55.52 上升了 10.97 个点；重点行业典型企业 MES 普及率指数为 96.33，比 2014 年的 71.36 上升 24.97 个点；重点行业典型企业 PLM 普及率指数为 78.93，比 2014 年增加 29.73 个点。重点行业典型企业 SCM 普及率指数为 66.16，比 2014 年的 67.26 有 1.1 个点的略微下降；重点行业典型企业采购环节电子商务应用普及率指数 82.55，比 2014 年增加了 26.56 个点；重点行业典型企业销售环节电子商务应用普及率指数为 106.2，比 2014 年的 59.21 大幅增加了 46.99 个点；重点行业典型企业装备数控化率指数为 68.76，比 2014 年提高了 13.63 个点；国家新型工业化产业示范基地两化融合发展水平指数为 88.34，与 2014 年相比，上升 1.85个点。

表 19-3 2014—2015 年湖北省两化融合工业应用指数情况

指标	2014年指数	2015年指数	变化情况
重点行业典型企业ERP普及率	55.52	66.49	↑10.97
重点行业典型企业MES普及率	71.36	96.33	↑24.97
重点行业典型企业PLM普及率	49.20	78.93	↑29.73
重点行业典型企业SCM普及率	67.26	66.16	↓1.10
重点行业典型企业采购环节电子商务应用	55.94	82.50	↑26.56
重点行业典型企业销售环节电子商务应用	59.21	106.20	↑46.99
重点行业典型企业装备数控化率	55.13	68.76	↑13.63
国家新型工业化产业示范基地两化融合发展水平	86.49	88.34	↑1.85

数据来源：中国电子信息产业发展研究院。

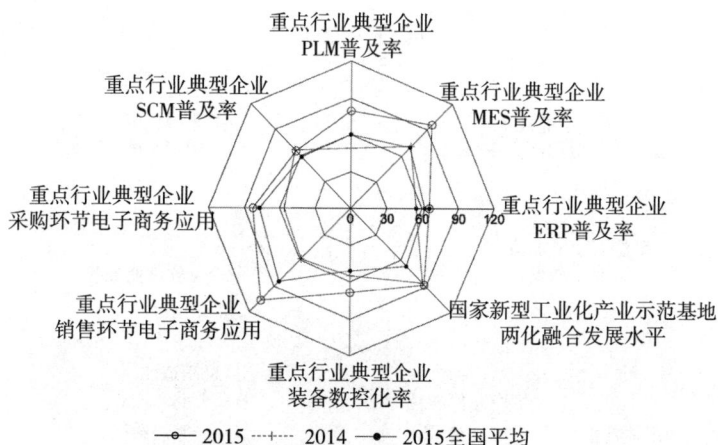

图 19-3 2014—2015年湖北省两化融合工业应用指数情况

数据来源：中国电子信息产业发展研究院。

3. 应用效益指数

2015 年，湖北省工业增加值占 GDP 比重指数为 47.05，比 2014 年的 49.34下降 2.29 个点；第二产业全员劳动生产率指数为 111.24，比 2014 年增加 54.8 个点；工业成本费用利润率指数为 39.51，比 2014 年的 38.36 下降 1.15 个点；单位工业增加值工业专利量指数为95.95，比2014年略微下降0.69个点；在工业节能减排方面，单位地区生产总值能耗指数为105.31，比2014年提高4.82个点；在信息产业发展水平方面，电子信息制造业主营业务收入指数为125.7，比2014年提升8.88个点；软件业务收入指数为147.65，较2014年水平提升11.3个点。

表19-4　2014—2015年湖北省两化融合应用效益指数情况

指标	2014年指数	2015年指数	变化情况
工业增加值占GDP比重	49.34	47.05	↓2.29
第二产业全员劳动生产率	56.44	111.24	↑54.80
工业成本费用利润率	38.36	39.51	↑1.15
单位工业增加值工业专利量	96.64	95.95	↓0.69
单位地区生产总值能耗	100.49	105.31	↑4.82
电子信息制造业主营业务收入	116.82	125.70	↑8.88
软件业务收入	136.35	147.65	↑11.30

数据来源：中国电子信息产业发展研究院。

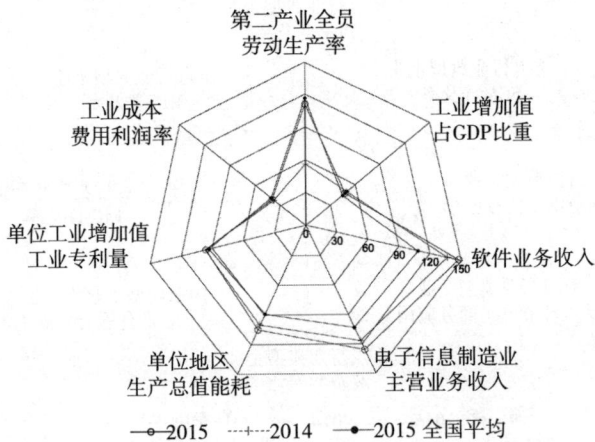

图19-4　2014—2015年湖北省两化融合应用效益指数情况

数据来源：中国电子信息产业发展研究院。

三、优劣势评价

湖北省推进两化融合发展取得了初步成效，具备一定的优势：

一是两化融合工业应用指数较高。信息系统在企业应用推广取得较大成效。从工业应用指数可以看到，2015 年，湖北省重点行业典型企业 ERP、MES、PLM 等信息系统普及率指数分别上升了 10.97、24.97 和 29.73 个点，增幅较大，且均高于全国平均水平。重点行业典型企业 SCM 普及率指数虽较 2014 年下降 1.1 个点，但仍高于全国平均水平 7.35 个点，位居全国第 9 位。同时，重点行业典型企业装备数控化率指数 2015 年达到 68.76，同比增加 13.63 个点。以上可以看出湖北省在企业信息化建设方面取得的进步。

二是工业电子商务发展迅速。2015 年，湖北省企业在采购和销售环节的电子商务应用突飞猛进，重点行业典型企业采购环节和销售环节电子商务应用指数增幅达到 26.56 和 46.99 个点。湖北省大力推进制造业电子商务，出台全省电子商务发展意见，支持企业建设电商平台，通过互联网销售产品。截至 2015 年年底，湖北省大型企业电子商务应用普及率近 70%，中小企业超过 50%，越来越多的企业正在"触电"发展，湖北省 B2B 交易额突破 7,000 亿元。

三是信息产业支撑能力较强。湖北省信息产业经过 2014 年的高速发展，2015 年继续走高，产业规模和质量效益均具有一定优势。电子信息制造业主营业务收入指数和软件业务收入指数在 2014 年基础之上分别上升 8.88 和 11.3 个点，达到 125.7 和 147.65。信息产业发展领域由单纯电子制造向制造业、软件业和信息服务业综合发展转变，产业支撑由主要依靠重大项目向重大项目、重点企业、自主创新中小企业多点支撑转变。

四是两化融合支撑保障体系较为完善。两化融合综合推进体系和工作机制初步形成，工作目标、任务举措和责任划分不断细化。湖北省连续三年召开全省两化融合工作会议，总结经验，分析问题，部署工作。在行政推动层、企业负责人和技术人员等多个层面分类进行两化融合培训，提高人才队伍信息素质。在骨干企业和试点示范企业中推行 CIO 制度，开展年度企业 CIO 十佳评选活动，成立湖北省 CIO 联盟，打造推动两化融合发展的助推平台。

与此同时，湖北省两化融合发展仍存在一些亟待解决的问题，主要表现在：

一是信息基础设施薄弱。2015 年湖北省城（省）域网出口带宽、固定宽带普及率、固定宽带端口平均速率、移动电话普及率等指数虽有所提高，但总体水平较为落后，信息基础设施与发达地区相比存在较大差距，对两化融合发展的支撑能力不足。

二是两化融合发展水平不均衡。湖北省两化融合在不同区域、行业之间以及不同规模的企业信息化发展很不均衡。装备制造、汽车及零部件、食品等高成长性制造业的信息化水平总体高于有色、建材、化工等传统支柱产业。大企业信息化建设和集成应用程度较深，但有相当数量的中小企业对信息化的作用、效果和政策还了解不够、理解不深、重视不足。

三是缺乏两化融合复合型人才。人才是制约湖北省两化融合发展的瓶颈，主要体现在缺乏既懂信息技术又兼具行业背景的专业人才。尤其是缺乏能突破关键技术、推动自主创新、促进两化深度融合的高端人才。制造业企业过去往往"重工业化、轻信息化"，使得信息化专业人才明显匮乏。

四、相关建议

对湖北省两化融合提出以下建议：

一是科学制定发展规划。两化融合发展需要加强规划引导，做好顶层设计。建议把握好四个基本原则：首先是创新发展，塑造转型升级新动力。坚持把增强创新发展能力作为信息化与工业化深度融合的战略基点和改造提升传统制造业的优先目标，以信息化促进研发设计创新、业务流程优化和商业模式创新，构建产业竞争新优势。第二是绿色发展，构建两型产业体系。坚持把节能减排作为信息化与工业化融合的重要切入点，加快信息技术与环境友好技术、资源综合利用技术和能源资源节约技术的融合发展，促进形成低消耗、可循环、低排放、可持续的产业结构和生产方式。第三是智能发展，建立现代生产体系。坚持把智能发展作为信息化与工业化融合长期努力的方向，推动云计算、物联网等新一代信息技术应用，促进工业产品、基础设施、关键装备、流程管理的智能化和制造资源与能力协同共享，推动产业链向高端跃升。第四是协调发展，统筹推进深度融合。坚持发挥企业主体作用，引导企业将信息化作为企业战略的重要组成部分，调动和发挥各方面积极性，形成推进合力。切实推动信息技术研发、产业发展和应用需求的良性互动，提升产业支撑和服务水平。注重以信息技术应用推动制造业与服务业的协调发展，促进向服务型制造转型。

二是坚持抓应用示范，继续推进两化融合试点示范工程。在标准体系、智能制造、电子商务等方面选择不同企业、不同行业、不同地区，进一步扩大试点范围，形成有代表性的两化融合试点示范体系。围绕重点领域、关键环节，加大信息技术应用，推进试点示范工作深入开展，不断探索两化融合的有效途径和实现方式。

三是大力推进中小企业信息化，提升中小企业发展水平。要大力实施中小企业信息化应用推广工程，加大对中小企业信息化的政策引导和扶持力度，不断提高中小企业信息化水平。实施"信息化助推中小企业成长工程"，开展中小企业信息化应用示范，促进"专精特优"中小企业发展。同时，推进中小企业信息化平台建设，搭建面向中小企业的公共信息服务平台，鼓励通讯、软件等IT企业和信息化咨询服务机构向中小企业提供专业化外包服务。此外，推进IT企业与中小企业供需对接，支持中小企业开展信息化改造，为中小企业提供适合自身发展需要的信息化解决方案。

第二十章　湖南省两化融合发展水平分析

一、总体情况

（一）经济概况

2015年，湖南省全省地区生产总值29047.2亿元，同比上年增长8.6%。其中，第一产业增加值3331.6亿元，同比增长3.6%；第二产业增加值12955.4亿元，同比增长7.4%；第三产业增加值12760.2亿元，同比增长11.2%。按常住人口计算，人均地区生产总值42968元，同比增长7.9%。全省三次产业结构为11.5：44.6：43.9，第一、二、三次产业对经济增长的贡献率分别为4.5%、42.0%和53.5%。全省工业增加值11090.8亿元，比上年增长7.5%。规模以上工业增加值增长7.8%。在规模以上工业中，新产品产值增长18.8%，占工业总产值比重为17.8%，比上年提高4.5个百分点。高加工度工业和高技术制造业增加值分别增长8.7%和13.3%；占规模以上工业增加值的比重分别为37.2%和10.5%，分别比上年提高0.6个和0.2个百分点。六大高耗能行业增加值增长7.0%，占规模以上工业的比重为30.3%，比上年下降0.9个百分点[1]。

（二）两化融合主要进展

2015年，湖南加速推进两化深度融合，全面推动信息技术在工业领域的深入应用，促进工业转型升级，进一步提升区域、行业、企业的两化融合水平。

1. 大力推动"互联网+"融合发展

湖南省贯彻落实国务院"互联网+"行动计划,制定出台了《湖南省实施"互

---

[1]　湖南省统计局：《2015年湖南省国民经济和社会发展统计公报》，2016年3月。

联网 +"三年行动计划》，提出了未来三年全省推进互联网与各行业融合发展的总体要求、发展目标、主要任务和保障措施。设立了信息产业和信息化、移动互联网等多个专项资金，出台了鼓励支持移动互联网产业、集成电路产业发展等一系列政策文件，着力引导互联网经济加快发展，提升全省经济社会信息化水平。

2. 推广两化融合管理体系贯标

截至 2015 年年底，湖南省有 32 家企业被列为工信部两化融合管理体系试点。通过组织开展专题培训会、搭建交流平台等手段大力推进贯标工作，三一集团、中联重科、株洲南车等多家企业通过了工信部两化融合管理体系贯标认定。

3. 实施"传统产业 + 互联网"行动

湖南省围绕传统特色产业，提出了让制造业主动拥抱互联网，制定了《实施"传统产业 + 互联网"行动推进传统产业转型升级工作方案》，建立了"传统产业+ 互联网"行动的分行业、分领域推进机制。推进装备制造、钢铁产业、有色金属、石油化工、烟花陶瓷、医药食品、纺织服装等七个行业开展互联网融合创新的示范工程。确定了 30 个示范项目，纳入全省绩效评价考核，同时在省新型工业化、战略新兴产业、信息化等专项资金中给予重点支持。

二、两化融合发展水平分析

（一）综合分析

2015 年，湖南省两化融合发展指数为 82.22，较 2014 年增长 6.16 个点。基础环境方面，2015 年基础环境指数为 76.91，比 2014 年提高 6.24 个点。工业应用方面，2015 年工业应用指数为 81.41，比 2014 年提高 3.03 个点。应用效益方面，2015 年应用效益指数为 89.12，比 2014 年的 76.79 提高了 12.33 个点。

表 20-1　2014—2015 年湖南省两化融合指数情况

指标	2014年指数	2015年指数	变化情况
基础环境	70.67	76.91	↑6.24
工业应用	78.38	81.41	↑3.03
应用效益	76.79	89.12	↑12.33
发展指数	76.06	82.22	↑6.16

数据来源：中国电子信息产业发展研究院。

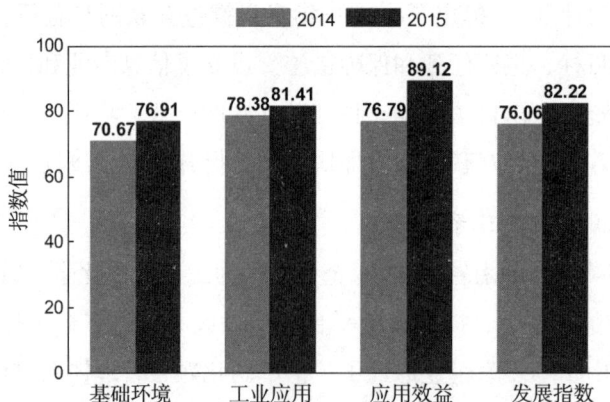

图 20-1　2014—2015年湖南省两化融合指数情况

数据来源：中国电子信息产业发展研究院。

（二）具体分析

1. 基础环境指数

在信息基础设施建设方面，2015 年，湖南省城（省）域网出口带宽指数为 63.97，较 2014 年的 71.56 下降 7.59 个点；固定宽带普及率为 62.4，比 2014 年提高 3.9 个点；固定宽带端口平均速率为 86.32，比 2014 年的 70.19 提高 16.13 个点；移动电话普及率指数为 53.45，比 2014 年提高 0.91 个点。在互联网应用普及方面，2015 年，湖南省互联网普及率指数为 55.52，比 2014 年提高 2.34 个点。在两化融合政策环境建设方面，2015 年，湖南省设立了两化融合专项引导资金；中小企业信息化服务平台数指数为 135.94，比 2014 年提高 23.54 个点；重点行业典型企业信息化专项规划指数为 73.42，比 2014 年提高 0.07 个点。

表 20-2　2014—2015 年湖南省两化融合基础环境指数情况

指标	2014年指数	2015年指数	变化情况
城（省）域网出口带宽	71.56	63.97	↓7.59
固定宽带普及率	58.50	62.40	↑3.90
固定宽带端口平均速率	70.19	86.32	↑16.13
移动电话普及率	52.54	53.45	↑0.91
互联网普及率	53.18	55.52	↑2.34
两化融合专项引导资金	100.00	100.00	——
中小企业信息化服务平台数	112.40	135.94	↑23.54
重点行业典型企业信息化专项规划	73.49	73.42	↓0.07

数据来源：中国电子信息产业发展研究院。

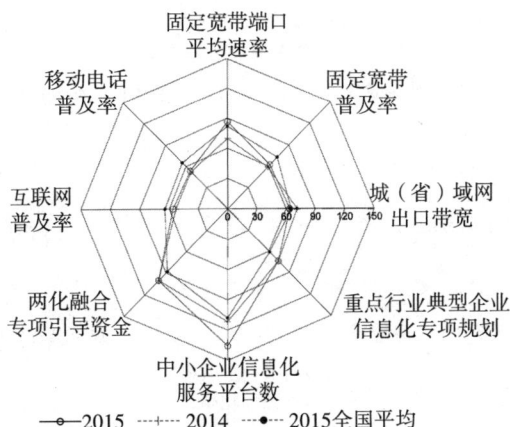

图 20-2　2014—2015 年湖南省两化融合基础环境指数情况

数据来源：中国电子信息产业发展研究院。

2. 工业应用指数

2015 年，湖南省重点行业典型企业 ERP 普及率指数为 72.7，较 2014 年增长 0.03 个点；重点行业典型企业 MES 普及率指数为 82.28，比 2014 年的 78.81 上升 3.47 个点；重点行业典型企业 PLM 普及率指数为 67.39，比 2014 年增加 3.84 个点；重点行业典型企业 SCM 普及率指数 67.39，比 2014 年的 68.43 有 1.04 个点的下降；重点行业典型企业采购环节电子商务应用普及率指数 114.46，比 2014 年增加了 5.72 个点；重点行业典型企业销售环节电子商务应用普及率指数为 121.95，比 2014 年增加了 5.2 个点；重点行业典型企业装备数控化率指数为 52.27，比 2014 年略微提高了 0.39 个点；国家新型工业化产业示范基地两化融合发展水平指数为 78.26，与 2014 年相比上升 6.52 个点。

表 20-3　2014—2015 年湖南省两化融合工业应用指数情况

指标	2014年指数	2015年指数	变化情况
重点行业典型企业ERP普及率	72.67	72.70	↑0.03
重点行业典型企业MES普及率	78.81	82.28	↑3.47
重点行业典型企业PLM普及率	63.55	67.39	↑3.84
重点行业典型企业SCM普及率	68.43	67.39	↓1.04
重点行业典型企业采购环节电子商务应用	108.74	114.46	↑5.72
重点行业典型企业销售环节电子商务应用	116.75	121.95	↑5.20
重点行业典型企业装备数控化率	51.88	52.27	↑0.39
国家新型工业化产业示范基地两化融合发展水平	71.74	78.26	↑6.52

数据来源：中国电子信息产业发展研究院。

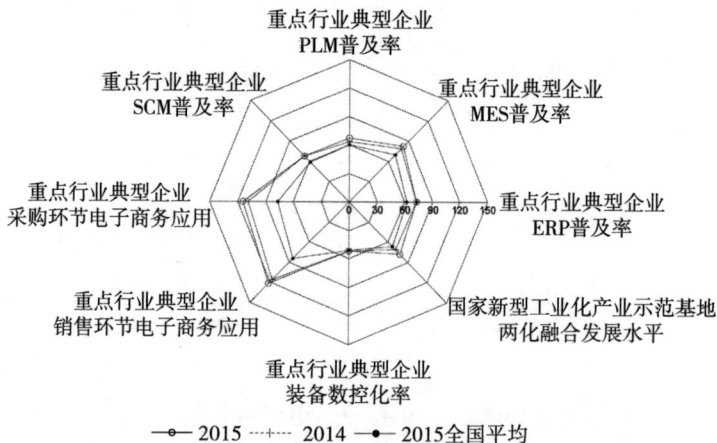

图 20-3　2014—2015 年湖南省两化融合工业应用指数情况

数据来源：中国电子信息产业发展研究院。

3. 应用效益指数

2015 年，湖南省两化融合应用效益指数达到 89.12。工业增加值占 GDP 比重指数为 47.05，比 2014 年的 47.76 下降 0.71 个点；第二产业全员劳动生产率指数为 127.1，比 2014 年增加 65.94 个点；工业成本费用利润率指数为 36.11，比 2014 年略微下降 0.77 个点；单位工业增加值工业专利量指数为 100.65，比 2014 年下降 2.24 个点。在工业节能减排方面，单位地区生产总值能耗指数为 112.84，比 2014 年增加 5.26 个点。在信息产业发展水平方面，电子信息制造业主营业务收入指数为 127.22，比 2014 年提升 6.3 个点；软件业务收入指数为 88.07，较 2014 年水平提升 8.21 个点。

表 20-4　2014—2015 年湖南省两化融合应用效益指数情况

指标	2014年指数	2015年指数	变化情况
工业增加值占GDP比重	47.76	47.05	↓ 0.71
第二产业全员劳动生产率	61.16	127.1	↑ 65.94
工业成本费用利润率	36.88	36.11	↓ 0.77
单位工业增加值工业专利量	102.89	100.65	↓ 2.24
单位地区生产总值能耗	107.58	112.84	↑ 5.26
电子信息制造业主营业务收入	120.92	127.22	↑ 6.3
软件业务收入	79.86	88.07	↑ 8.21

数据来源：中国电子信息产业发展研究院。

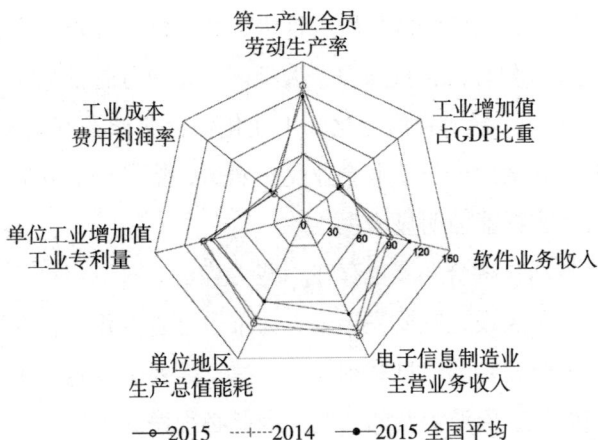

图 20-4 2014—2015年湖南省两化融合应用效益指数情况

数据来源：中国电子信息产业发展研究院。

三、优劣势评价

湖南省两化融合发展的优势有：

一是两化融合公共服务平台建设步伐较快。湖南省积极建设服务平台推广行业信息化解决方案，形成了物流公共信息服务平台、商康医药电子商务平台、裕邦智能法律服务平台、华菱钢材电子商务公共服务平台、移动支付集成应用综合服务平台等一批信息化公共服务平台，为全省的广大中小企业提供物流信息、法律咨询、移动支付等公共信息服务。同时以装备制造、钢铁有色、石油化工、食品加工等 11 个重点行业作为推进全省两化融合的重点领域，推广行业信息化解决方案，指导企业进行信息化建设。

二是互联网与工业融合创新试点示范作用突显。湖南省开展利用信息技术改造和提升传统产业试点，引导带动作用较为显著，全省工业企业信息技术应用水平提升较快。2015 年，湖南派意特、湖南华曙高科等 6 家企业被列入工信部互联网与工业融合创新试点，扶持两化深度融合重点项目建设。

三是两化融合人才培训走在全国前列。湖南省大力实施两化融合人才培训计划，面向装备制造、石油化工、钢铁有色、食品加工、烟花、造纸等传统行业组织了 20 多期培训班，培训各类管理和技术干部 5000 多人次，全面实施全省两化融合人才培训。同时，还围绕两化融合推进、数字湖南建设等主题，举办了多期全省各市（州）政府和有关省直部门、大型国有企业分管信息化工作的领导干部培训班。组织编辑了《湖南省信息化和工业化融合典型案例集》，通过会议资料或培训参考书的模式面向全省工业企业免费赠送，指导企业开展两化融合项目建设。两化融合人才支撑能力明显增强。

同时，湖南省两化融合发展也存在一些劣势：

一是两化融合顶层设计需要完善。大力推进全省两化融合发展，需要开发大量的系统资源，需要完善的信息基础设施支撑，需要引导企业主动参与，同时要避免多头管、多面投、资源浪费的问题。因此必须做好顶层设计，制定较为完善的两化融合发展规划，明确发展的路线图、时间表，建立健全政策体系、标准体系、评估认证体系、考核评价体系。

二是两化融合持续投入力度不够。湖南省两化融合总体处于市场机制自发推进状态，政府引导力度较弱。大部分中小微企业无法在较长一段时期解决资金、技术、人才等方面条件的制约，无法持续推进信息化建设。而推进信息技术在工业生产中的广泛深入应用，不可能一蹴而就，需要一个持之以恒的过程。需要对信息化建设的持续投入，形成卓有成效的制度体系，确保保障资金、人才等要素满足信息化建设和不断更新的需求。

四、相关建议

对湖南省两化融合提出以下建议：

一是贯彻落实"互联网+"战略规划。围绕传统产业改造升级和培育发展新型业态两个方面，明确智能制造发展方向，带动制造业的数字化、自动化、智慧化转型。在行业中征集和遴选一批利用互联网技术促进工业产品创新、生产过程改造、企业管理升级、产品服务创新、制造新模式培育等方面的"互联网+"项目。着力支持工业云、工业大数据、工业电子商务等公共服务平台项目的建设，提高对产业集群发展的配套支撑服务能力。

二是培育一批"传统产业+互联网"示范企业。进一步优化完善"传统产业+互联网"行动施方案，强化互联网在工业转型升级、提质增效的地位和作用。选择行业龙头企业或有发展前景的中小企业，培育"传统产业+互联网"行动的示范性企业，打造一批可看、可学、可示范的转型升级创新典型，总结推广示范建设经验。

三是继续开展信息技术企业与制造业企业对接。积极组织信息技术企业与制造业企业对接，为广大制造业企业答疑解惑，发挥各自优势特点，推动两化融合项目签订与落地建设。经常性邀请信息化知名专家、优秀信息技术企业和省内两化深度融合示范企业参会，介绍信息技术及两化融合发展趋势、行业信息化解决方案和成功案例。

四是强化两化融合智力支撑。充分利用外脑外力，发挥各领域专家在推进"传统产业＋互联网"、实现产业转型升级中的决策咨询、项目评估和科技服务作用，在省内外大专院校、科研院所、龙头企业中遴选一批专家成立专家咨询组，提供智力支持。

第二十一章　广东省两化融合发展水平分析

一、总体情况

（一）经济概况

2015年，广东省实现地区生产总值（GDP）72812.55亿元，比上年增长8.0%。其中，第一产业增加值3344.82亿元，同比增长3.4%，对GDP增长的贡献率为1.7%；第二产业增加值32511.49亿元，同比增长6.8%，对GDP增长的贡献率为41.2%；第三产业增加值36956.24亿元，同比增长9.7%，对GDP增长的贡献率为57.1%。三次产业结构为4.6∶44.6∶50.8。在现代产业中，高技术制造业增加值为8172.20亿元，同比增长9.8%；先进制造业增加值14712.70亿元，同比增长10.0%；现代服务业增加值22338.12亿元，同比增长11.9%。在第三产业中，批发和零售业增长5.0%，住宿和餐饮业增长3.0%，金融业增长15.6%，房地产业增长11.4%。民营经济增加值38846.24亿元，同比增长8.4%。2015年，广东人均GDP达到67503元，按平均汇率折算为10838美元。全年居民消费价格总水平上涨1.5%。地方一般预算收入为9364.76亿元，同比增长12.0%。全年全部工业增加值比上年增长6.8%。规模以上工业增加值增长7.2%，其中，国有及国有控股企业增长2.1%,民营企业增长11.8%,外商及港澳台投资企业增长4.1%,股份制企业增长9.8%,集体企业增长10.2%,股份合作制企业增长14.9%。分轻重工业看，轻工业增长4.6%,重工业增长8.8%。分企业规模看，大型企业增长6.3%,中型企业增长5.8%,小型企业增长10.8%。[1]

---

[1]　广东省统计局：《2015年广东省国民经济和社会发展统计公报》，2016年2月。

（二）两化融合主要进展

2015年，广东省坚持把推进两化深度融合作为加快产业转型升级、做大做强实体经济、打造全国信息化先导区的重要举措积极推进，举全省经信系统之力推动两化深度融合，取得了较好成效。

1. 以政策方案为引领，统一部署两化融合工作

广东省政府先后出台了《广东省工业转型升级攻坚战三年行动计划（2015—2017年）》《关于推动新一轮技术改造促进产业转型升级的意见》《关于加快先进装备制造业发展的意见》等政策文件，编制并出台《广东省智能制造发展规划（2015—2025年）》《广东省互联网＋行动计划（2015—2020年）》。在部署推进智能制造、技术改造、先进装备制造业发展、互联网＋等专项工作中，紧紧抓住两化深度融合这个关键，提出明确目标任务和具体要求。广东省经信委专门制订了《2015年广东省两化融合工作方案》，提出推动管理体系贯标试点、制造业智能化、创新实施工业领域"互联网＋"行动等具体措施。

2. 以贯标试点为抓手，推动两化融合措施落地实施

2015年，广东省分两批遴选部省贯标试点企业331家，服务机构8家。截至2015年年底，全省贯标试点企业达431家，服务机构达20家，其中国家级贯标试点企业达84家。试点企业涵盖全省21个地市及顺德区，覆盖主要支柱行业。在19个地市各举办1场两化融合贯标培训暨牵手工程对接会，培训地市经信部门、试点企业及贯标服务机构近3000人次，促成了128对传统企业与信息技术服务企业牵手合作，共同提高贯标水平。组织贯标服务机构深入试点企业开展本质贯标，"一企一策"量身定做贯标方案，面对面、手把手帮助企业开展两化融合标准体系建设。

3. 深度推进两化融合行业典型示范应用

广东省组织行业典型企业现场观摩会，推广信息技术应用和成熟贯标模式，分行业、分领域组织开展试点示范，带动相关行业、领域两化深度融合。2015年，对家具、家电、制造、机械、纺织等5个行业开展两化融合试点示范，组织1000余家企业到佛山维尚、美的集团、珠海优特、珠海格力、揭阳巨轮等典型优秀企业现场观摩交流，互相学习借鉴先进经验，以典型示范带动行业两化融合水平整体提升。分级分类引导企业开展对标工作。依托中国两化融合咨询服务平

台广东省两化融合评估服务分平台，实现至少 2000 家以上样本企业管理、数据在线填报、系统评分和辅助分析等功能，分级分类引导企业转型升级，促进企业核心竞争力加速提升。

4. 推动企业信息化改造取得新突破

2015 年上半年，广东省财政安排资金 34.194 亿元支持企业技术改造，预计带动投资超过 600 亿元，省技术改造项目备案系统共备案技改项目 2146 个，项目总投资 953.5 亿元。另安排 22.5 亿元中小微企业发展专项资金，用于支持中小微企业发展，推动实行技术改造。大力发展本地核心工业软件产业，编制《广东省优秀核心工业软件评选实施方案》，推广 40 个广东省优秀核心工业软件应用。积极发展云计算应用，推动广州超算中心、中国电信华南云计算数据中心、汕尾腾讯云计算数据中心、浪潮集团南方中心等重大项目建设。

二、两化融合发展水平分析

（一）综合分析

2015 年，广东省两化融合发展指数为 98.84，较 2014 年增长 17.83 个点。其中，基础环境指数为 94.94，比 2014 年的 89.77 提高 5.17 个点点；工业应用方面，2015 年工业应用指数为 82.4，比 2014 年提高 28.37 个点；应用效益方面，2015 年应用效益指数为 135.62，比 2014 年的 126.21 提高 9.41 个点。

表 21-1 2014—2015 年广东省两化融合指数情况

指标	2014年指数	2015年指数	变化情况
基础环境	89.77	94.94	↑5.17
工业应用	54.03	82.40	↑28.37
应用效益	126.21	135.62	↑9.41
发展指数	81.01	98.84	↑17.83

数据来源：中国电子信息产业发展研究院。

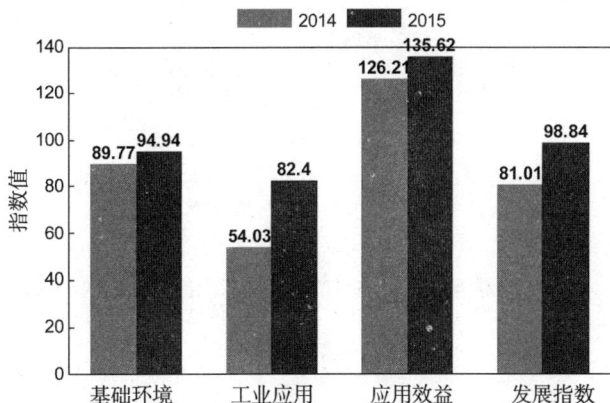

图 21-1 2014—2015年广东省两化融合指数情况

数据来源：中国电子信息产业发展研究院。

（二）具体分析

1.基础环境指数

广东省两化融合基础环境较好。在信息基础设施建设方面，2015年，城（省）域网出口带宽指数为141.05，较2014年的148.70下降了7.65个点；固定宽带普及率指数为90.37，与2014年保持不变；固定宽带端口平均速率为82.31，比2014年提高10.96个点；移动电话普及率指数为83.53，比2014年提高0.53个点。在互联网应用普及方面，2015年，广东省互联网普及率指数为80.61，比2014年提高1.8个点。在两化融合政策环境建设方面，2015年，广东省设立了两化融合专项引导资金；中小企业信息化服务平台数指数为150；重点行业典型企业信息化专项规划指数为78.36，比2014年大幅提升27.92个点。

表 21-2 2014—2015 年广东省两化融合基础环境指数情况

指标	2014年指数	2015年指数	变化情况
城（省）域网出口带宽	148.70	141.05	7.65
固定宽带普及率	90.37	90.37	—
固定宽带端口平均速率	71.35	82.31	↑10.96
移动电话普及率	83.00	83.53	↑0.53
互联网普及率	78.81	80.61	↑1.80
两化融合专项引导资金	100.00	100.00	—
中小企业信息化服务平台数	150.00	150.00	—
重点行业典型企业信息化专项规划	50.44	78.36	↑27.92

数据来源：中国电子信息产业发展研究院。

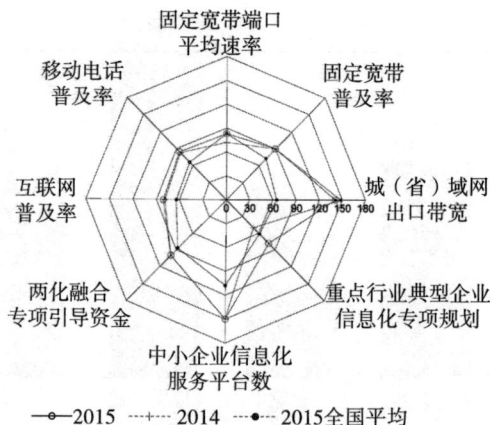

图21-2　2014—2015年广东省两化融合基础环境指数情况

数据来源：中国电子信息产业发展研究院。

2.工业应用指数

2015年，广东省工业应用指数大幅提升，其中，重点行业典型企业ERP普及率指数为75.19，比2014年提高12.9个点；重点行业典型企业MES普及率指数为87.33，比2014年提高26.01个点；重点行业典型企业PLM普及率指数为77.43，比2014年提高26.17个点；重点行业典型企业SCM普及率指数为70，比2014年提高10.35个点；重点行业典型企业采购环节电子商务应用普及率指数为116.93，比2014年大幅提高73.45个点；重点行业典型企业销售环节电子商务应用普及率指数为130.9，比2014年大幅提高78.14个点。重点行业典型企业装备数控化率指数为51.67，比2014年增加0.73个点；国家新型工业化产业示范基地两化融合发展水平指数为58.82，比2014年增加7.33个点。

表21-3　2014—2015年广东省两化融合工业应用指数情况

指标	2014年指数	2015年指数	变化情况
重点行业典型企业ERP普及率	62.29	75.19	↑12.90
重点行业典型企业MES普及率	61.32	87.33	↑26.01
重点行业典型企业PLM普及率	51.26	77.43	↑26.17
重点行业典型企业SCM普及率	59.65	70.00	↑10.35
重点行业典型企业采购环节电子商务应用	43.48	116.93	↑73.45
重点行业典型企业销售环节电子商务应用	52.76	130.90	↑78.14
重点行业典型企业装备数控化率	50.94	51.67	↑0.73
国家新型工业化产业示范基地两化融合发展水平	51.49	58.82	↑7.33

数据来源：中国电子信息产业发展研究院。

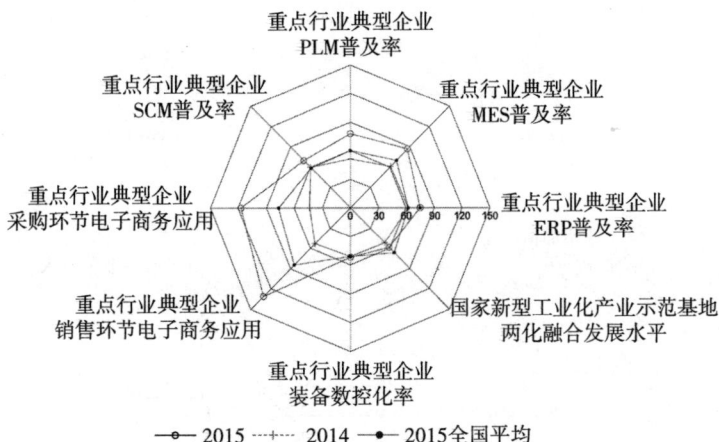

图 21-3 2014—2015年广东省两化融合工业应用指数情况

数据来源：中国电子信息产业发展研究院。

3. 应用效益指数

2015 年，广东省两化融合应用效益指数继续提升，达到 135.62。其中，工业增加值占 GDP 比重指数为 49.6，比 2014 年略微下降 0.93 个点；第二产业全员劳动生产率指数为 94.62，比 2014 年大幅提升 34.54 个点；工业成本费用利润率指数为 40.88，比 2014 年提高 1.92 个点；单位工业增加值工业专利量指数为 151.3，比 2014 年提高 6.92 个点。在工业节能减排水平方面，单位地区生产总值能耗指数为 92.21，比 2014 年提高 0.33 个点。在信息产业发展水平方面，电子信息制造业主营业务收入指数为 309.16，比 2014 年提高 7.1 个点；软件业务收入指数为 280.27，比 2014 年提高 14.41 个点。

表 21-4 2014—2015 年广东省两化融合应用效益指数情况

指标	2014年指数	2015年指数	变化情况
工业增加值占GDP比重	50.53	49.60	↓ 0.93
第二产业全员劳动生产率	60.08	94.62	↑ 34.54
工业成本费用利润率	38.96	40.88	↑ 1.92
单位工业增加值工业专利量	144.38	151.30	↑ 6.92
单位地区生产总值能耗	91.88	92.21	↑ 0.33
电子信息制造业主营业务收入	302.06	309.16	↑ 7.10
软件业务收入	265.86	280.27	↑ 14.41

数据来源：中国电子信息产业发展研究院。

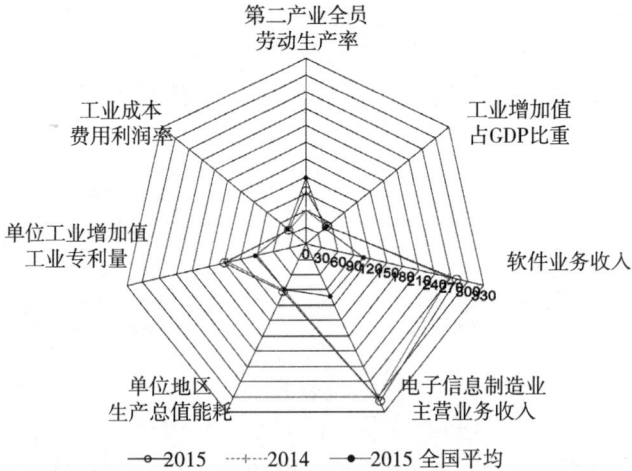

第二产业全员
劳动生产率

工业增加值
占GDP比重

工业成本
费用利润率

软件业务收入

单位工业增加值
工业专利量

电子信息制造业
主营业务收入

单位地区
生产总值能耗

—○—2015　·····2014　—●—2015 全国平均

图 21-4　2014—2015年广东省两化融合应用效益指数情况

数据来源：中国电子信息产业发展研究院。

三、优劣势评价

广东省两化融合具有如下一些优势：

一是各级政府建立了比较顺畅的工作机制。省委省政府领导高度重视，在两化融合会上统筹部署全省两化融合工作。省经济和信息化委专门成立两化融合工作领导小组，办公室设在信息化推进处，与委内相关业务处室协调合作，统筹推进。各地市经信主管部门均成立由一把手为组长的推进小组，协调配合省经济和信息化委工作部署。建立起省领导—省经济和信息化委主任—地市经信局局长—企业董事长（总经理）为责任人的全方位"一把手"工程。建立省、市、县（区）三级检查督办制度，将两化融合工作纳入各级重要督办事项。制发年度贯标督办工作方案，将贯标任务逐一分解下达到 21 个地市，组织 5 个工作小组先后到各地市进行巡回督办。

二是两化融合发展基础环境较好。2015 年，广东省两化融合基础环境指数为 94.94，高于全国平均水平 19.56 个点，其中，城（省）域网出口带宽指数为141.05，全国平均水平为 65.82，广东省远远高出 75.23 个点。光纤宽带、4G 无线网络等信息基础设施建设都位居全国前列。

三是互联网与工业融合创新实践领先全国。广东省已有 13 家企业入选全国互联网与工业融合创新试点企业，发展实现生产组织、生产运营产品及营销模式、融资方式以及全集成方向的互联网＋工业创新模式。推进工业云平台建设与应用，推动 1000 家骨干企业率先进入"广东工业云"公共服务平台，带动超过 5000 家中小企业上线应用。预计到 2017 年，将建 10 个省级以上互联网型工业设计中心、10 个智能制造产业基地、50 家智能制造示范工厂、100 家智能制造示范车间，工业互联网试点企业将达 150 家，两化融合管理体系贯标试点企业将达 500 家，开展机器人应用的规模以上工业企业将超过 2000 家。

与此同时，广东省两化融合也存在一些劣势，体现在：

一是两化融合区域发展仍不平衡。广东省各地区各城市间两化融合发展水平存在较大差异。部分地市对贯标工作认识不深，推动力度不够，导致全贯标试点企业集中在珠三角等地区，珠江三角洲工业发达，信息化水平较高，不少指标居于全国领先水平。但是粤东、粤西和粤北地区工业经济落后，信息基础设施薄弱，企业信息化水平较低。

二是两化融合推进服务体系能力亟待提升。部分两化融合贯标咨询服务机构人员贯标资质不够、缺乏企业服务经验，对两化融合管理体系理解不深入，为企业提供的贯标服务质量有限，甚至有个别机构至今尚未开展贯标服务。没有把重心放在帮助企业开展本质贯标上来，存在乱收费和低价竞争现象。尚未建立起完善的贯标咨询服务机构监督管理体系，部分地市对服务机构无监管，贯标咨询服务机构的整体服务水平、质量和管理规范有待加强。

四、相关建议

对广东省两化融合提出以下建议：

一是开展"互联网＋"示范园区建设。推动广州、深圳、珠海、佛山、东莞、惠州、汕头、揭阳等市依托互联网产业优势，建设"互联网＋"示范园区。加快培育本土互联网技术集成企业，发展移动视频、移动支付、移动定位等增值服务，鼓励基于微信等新媒介的移动商务模式创新，形成包括设备制造、网络运营、软件和信息服务的"互联网＋"产业链。

二是深化工业互联网融合创新。在国家级试点的基础上遴选一批省级试点企业，开展推广应用，推动开展O2O（线上线下）、柔性制造、大规模个性定制等制造模式创新试点，促进由基于产品的传统制造模式向基于消费者个性需求的新模式转变。推进工业云平台建设，鼓励大型企业集团建设云服务平台，服务周边地区和中小型企业，也要形成网络化企业集群，促进产品设计、制造、管理和商务各环节在线协同。

三是多渠道筹集两化融合项目资金来源。为调动企业贯标积极性，保障企业贯标工作顺利进行，广东省专门设立了两化融合专项资金，统筹部署两化融合发展，获得显著效果。建议在充分发挥政府资源整合优势基础上，探索PPP等创新投融资模式，引导民间资本投入两化融合发展，为两化融合推进工作提供充分资金保障。

第二十二章　广西壮族自治区两化融合发展水平分析

一、总体情况

（一）经济概况

2015 年，广西壮族自治区全年全区生产总值（GDP）16803.12 亿元，按可比价格计算，比上年增长 8.1%。其中，第一产业增加值 2565.97 亿元，比上年增长 4.0%；第二产业增加值 7694.74 亿元，同比增长 8.1%；第三产业增加值 6542.41 亿元，同比增长 9.7%。三次产业增加值占全区生产总值的比重分别为 15.3%、45.8% 和 38.9%，三次产业对经济增长的贡献率分别为 6.7%、51.4% 和 41.9%。全年全部工业增加值 6338.28 亿元，按可比价格计算，比上年增长 7.7%，其中规模以上工业增加值增长 7.9%。在规模以上工业中，分轻重工业看，轻工业增加值比上年增长 6.7%，重工业增长 8.3%。分行业看，40 个大类工业行业中，有 32 个行业增加值比上年增长，占行业面的 80%。其中，计算机通信和其他电子设备制造业增长 25.2%，木材加工和木竹藤棕草制品业增长 15.4%，黑色金属冶炼和压延加工业增长 14.2%，电气机械和器材制造业增长 12.9%，化学原料和化学制品制造业增长 11.9%，有色金属冶炼和压延加工业增长 10.8%，非金属矿物制品业增长 8.5%，汽车制造业增长 7.1%，农副食品加工业增长 2.5%。分产品看，精制食用植物油产量比上年增长 26.8%、十种有色金属增长 11.8%、电解铝增长 11.7%、铁合金增长 11.3%、汽车增长 9.6%、发动机增长 9.3%、钢材增长 8.0%。规模以上工业企业产品销售率 94.8%，比上年回落 0.5 个百分点。规模以上工业企业实现出口交货值 793.67 亿元，比上年增长 5.0%。[1]

---

[1]　广西壮族自治区统计局：《2015年广西国民经济和社会发展统计公报》，2016年3月。

（二）两化融合主要进展

2015 年，广西壮族自治区大力推进两化融合，保持持续财政资金支持，建立完善服务体系，大力发展信息产业，积极开展行业电商、工业物流等创新应用，取得良好成效。

1. 大力推进信息基础设施建设

广西不断加大信息基础设施建设力度，提高通信网络能力，形成了电信、移动、联通、广电网络等运营商互为补充、覆盖全区的信息传输网络。广西电话用户总数达到 4054 万户，移动电话用户所占比重达到 87.7%；电话普及率达到 85.9 部/百人，基础电信企业互联网宽带接入用户总数达到 672 万户。4G 网络建设正在加速，成效不断显现。

2. 积极开展两化融合管理作体系贯标对标

广西积极开展两化融合评估诊断与对标引导，组织召开专题工作会议和业务培训。截至 2015 年年底，已有 803 家规模以上企业开展了两化融合评估诊断与对标引导。广西国投钦州发电有限公司等 9 家企业入围工信部遴选确定的两化融合管理体系贯标试点企业。

3. 开展广西信息化和工业化深度融合标杆企业认定工作

2015 年，广西壮族自治区在全区范围内组织批准认定了广西柳州钢铁（集团）公司等 24 家企业为 2015 年广西信息化和工业化深度融合标杆企业；认定柳州市阳和工业新区等 5 个工业园区为"2015 年度广西工业园区两化融合示范园区"，9 个工业园区为"2015 年度广西工业园区两化融合试点园区"。

二、两化融合发展水平分析

（一）综合分析

2015 年，广西壮族自治区两化融合发展指数为 72.61，较 2014 年增加 4.82 个点。其中，基础环境指数为 67.25，比 2014 年提高 1.92 个点；年工业应用指数为 76.12，比 2014 年提高 1.58 个点。应用效益指数明显提高，2014 年应用效益指数为 56.77，2015 年达到 70.94，提高 14.17 个点。

表 22-1　2014—2015 年广西壮族自治区两化融合指数情况

指标	2014年指数	2015年指数	变化情况
基础环境	65.33	67.25	↑1.92
工业应用	74.54	76.12	↑1.58
应用效益	56.77	70.94	↑14.17
发展指数	67.79	72.61	↑4.82

数据来源：中国电子信息产业发展研究院。

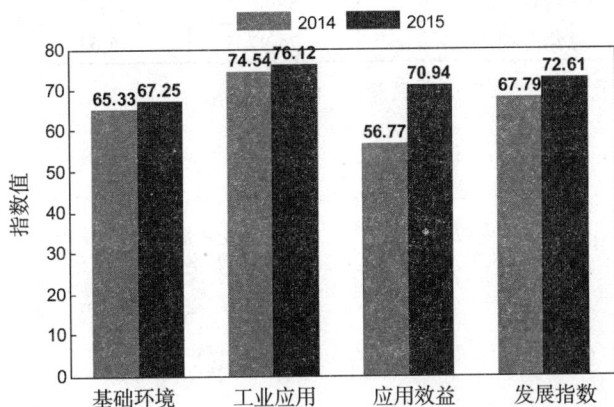

图 22-1　2014—2015年广西壮族自治区两化融合指数情况

数据来源：中国电子信息产业发展研究院。

（二）具体分析

1. 基础环境指数

2015 年，广西壮族自治区两化融合基础环境指数为 65.33，较 2014 年有所提高。在信息基础设施建设方面，城（省）域网出口带宽指数为 67.21，较 2014 年的 57.73 上升 9.48 个点；固定宽带普及率指数为 66.1，与 2014 年持平；固定宽带端口平均速率为 72.82，比 2014 年提高 3.21 个点；移动电话普及率指数为 55.92，比 2014 年提高 2.68 个点。在互联网应用普及方面，2015 年，广西互联网普及率指数为 56.12，比 2014 年提高 1.3 个点。在两化融合政策环境建设方面，2015 年，广西设立了两化融合专项引导资金；中小企业信息化服务平台数指数为 61.12，比 2014 年提高 2.62 个点；重点行业典型企业信息化专项规划指数为 75.62，比 2014 年的 74.97 提高了 0.65 个点。

表 22-2　2014—2015 年广西壮族自治区两化融合基础环境指数情况

指标	2014年指数	2015年指数	变化情况
城（省）域网出口带宽	57.73	67.21	↑9.48
固定宽带普及率	66.10	66.10	—
固定宽带端口平均速率	69.61	72.82	↑3.21
移动电话普及率	53.24	55.92	↑2.68
互联网普及率	54.82	56.12	↑1.30
两化融合专项引导资金	100.00	100.00	—
中小企业信息化服务平台数	58.50	61.12	↑2.62
重点行业典型企业信息化专项规划	74.97	75.62	↑0.65

数据来源：中国电子信息产业发展研究院。

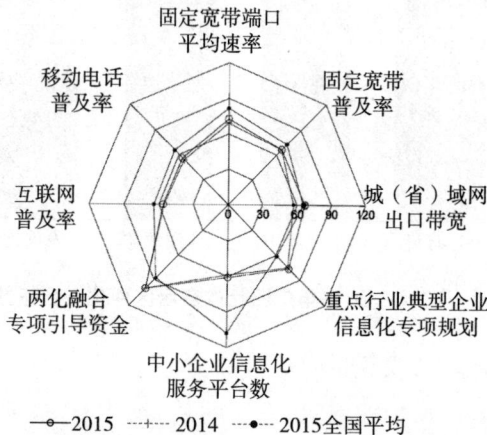

图 22-2　2014—2015年广西壮族自治区两化融合基础环境指数情况

数据来源：中国电子信息产业发展研究院。

2. 工业应用指数

2015 年，广西壮族自治区重点行业典型企业 ERP 普及率指数为 69.12，比 2014 年提高 0.94 个点；重点行业典型企业 MES 普及率指数为 89.13，比 2014 年上升 1.969 个点；重点行业典型企业 PLM 普及率指数为 78.79，比 2014 年上升 2.31 个点；重点行业典型企业 SCM 普及率指数为 64.94，比 2014 年提高 1.94 个点；重点行业典型企业采购环节电子商务应用普及率指数为 81.43，比 2014 年提高 4.81 个点；重点行业典型企业销售环节电子商务应用普及率指数为 96.96，比 2014 年提高 3.71 个点；重点行业典型企业装备数控化率指数为 68.72，比 2014 年提高 2.26

个点；国家新型工业化产业示范基地两化融合发展水平指数为 63.27，比 2014 年下降 4.35 个点。

表 22-3 2014—2015 年广西壮族自治区两化融合工业应用指数情况

指标	2014年指数	2015年指数	变化情况
重点行业典型企业ERP普及率	68.18	69.12	↑0.94
重点行业典型企业MES普及率	87.17	89.13	↑1.96
重点行业典型企业PLM普及率	76.48	78.79	↑2.31
重点行业典型企业SCM普及率	63.00	64.94	↑1.94
重点行业典型企业采购环节电子商务应用	76.62	81.43	↑4.81
重点行业典型企业销售环节电子商务应用	93.25	96.96	↑3.71
重点行业典型企业装备数控化率	66.46	68.72	↑2.26
国家新型工业化产业示范基地两化融合发展水平	67.62	63.27	↓4.35

数据来源：中国电子信息产业发展研究院。

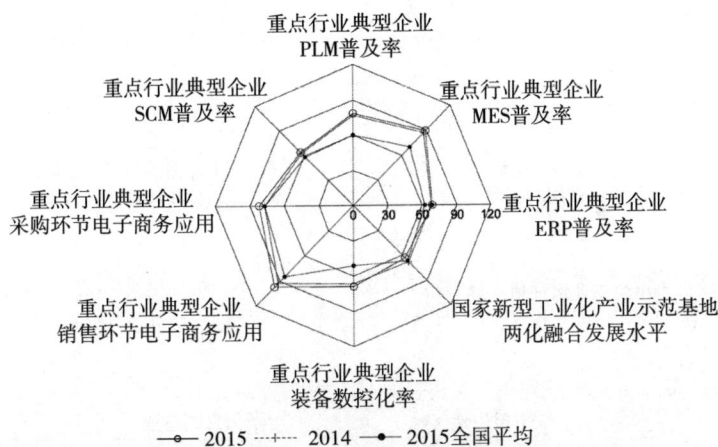

图 22-3 2014—2015 年广西壮族自治区两化融合工业应用指数情况

数据来源：中国电子信息产业发展研究院。

3. 应用效益指数

2015 年，广西两化融合应用效益指数明显提高，其中，第二产业全员劳动生产率和电子信息制造业主营业务收入增长较快。工业增加值占 GDP 比重指数为 46.18，比 2014 年下降 0.87 个点；第二产业全员劳动生产率指数为 127.1，比 2014 年提高 71.98 个点；工业成本费用利润率指数为 39.31，比 2014 年增加 2.27

个点；单位工业增加值工业专利量指数为 64.77，比 2014 年提高 1.07 个点。在工业节能减排水平方面，单位地区生产总值能耗指数为 88.2，比 2014 年上升 1.57个点。在信息产业发展水平方面，电子信息制造业主营业务收入指数为 99.26，比 2014 年提高 17.2 个点；软件业务收入指数为 33.89，比 2014 年提高 0.07 个点。

表 22-4　2014—2015 年广西壮族自治区两化融合应用效益指数情况

指标	2014年指数	2015年指数	变化情况
工业增加值占GDP比重	47.05	46.18	↓0.87
第二产业全员劳动生产率	55.12	127.10	↑71.98
工业成本费用利润率	37.04	39.31	↑2.27
单位工业增加值工业专利量	63.70	64.77	↑1.07
单位地区生产总值能耗	86.63	88.20	↑1.57
电子信息制造业主营业务收入	82.06	99.26	↑17.20
软件业务收入	33.82	33.89	↑0.07

数据来源：中国电子信息产业发展研究院。

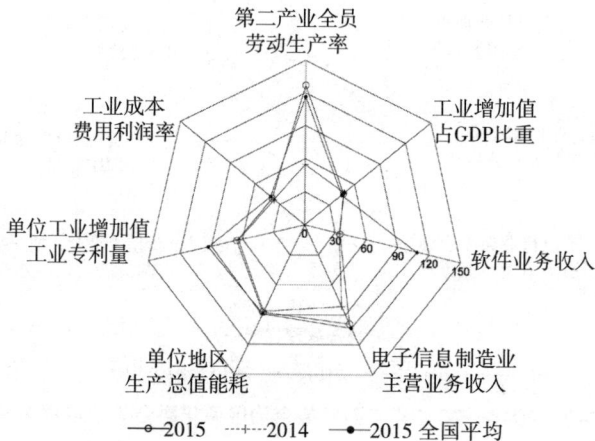

图 22-4　2014—2015年广西壮族自治区两化融合应用效益指数情况

数据来源：中国电子信息产业发展研究院。

三、优劣势评价

广西壮族自治区两化融合发展的优势有：

一是电子信息产业快速发展。近年来，广西信息产业不断壮大，保持了快速发展态势，经济运行情况良好，电子信息制造业和软件与信息服务业的增速均在两位数以上。初步形成了以北海至桂林的高速公路为主轴，以北海、南宁、桂林三个市为区域中心的电子信息产业聚集区；同时，贺州、梧州、钦州等市电子信息产业也正在逐步壮大，部分产品生产已经达到一定的规模。形成以平板电脑、液晶显示器、计算机零部件等为代表的电子计算机产品；以移动终端、光通信、微波通信设备等为代表的通信设备产品；以数显量具、医疗分析仪、医疗超声仪器等为代表的医疗电子产品；以彩色电视机、显示器等为代表的家用电子产品；以激光头、电容器、电位器等为代表的电子元器件产品；以太阳能电池、太阳能灯具等为代表的光伏产品；以及 LED 产品、电机产品、汽车电子产品等。

二是建立了比较完善的创新体系。创新平台建设取得突破，企业技术研发能力明显增强。企业创新平台总数达 5 百多家。其中，国家级技术创新示范企业 2 家，自治区级技术创新示范企业 9 家；自治区级研发中心 46 家，自治区级企业技术中心 38 家；自治区产学研用一体化企业 96 家。培育工业企业知识产权创造应用能力试点企业 37 家，总数达 69 家。培育工信部工业品牌培育试点企业 36 家，总数达 45 家。新增广西名牌产品 126 个，总数达 235 个。柳州源创电喷技术有限公司"汽油机缸内直喷喷油器总成实施方案"列入国家工业强基示范工程。桂林电力电容器有限责任公司多塔高压直流滤波电容装置获中国专利优秀奖。

同时，广西壮族自治区两化融合也存在一些劣势：

一是大部分企业两化融合水平处于起步阶段。广西虽然涌现出金桂浆纸业有限公司（轻工—造纸行业）、华润电力（贺州）有限公司（电力—生产行业）、柳工柳州铸造有限公司（机械—通用设备行业）等多家在相关行业中成效突出、突破创新的优秀企业，但通过开展企业两化融合对标诊断工作，共有 803 家（575 家完整数据录入平台）企业登录中国两化融合咨询服务平台参与评测。结果显示，42.96% 的企业处于两化融合起步建设阶段，48.35% 企业能够做到生产过程中两化融合单项覆盖，只有 6.96% 企业达到了两化融合集成提升水平，1.74% 企业做到了创新突破。

二是信息化服务支撑体系能力不强。广西电子信息及软件服务业对两化融合的支撑能力较弱，电子信息产业规模虽有所提升，但用于两化融合应用的工业软件产品，研发能力整体水平不高，缺乏核心技术支撑；信息化服务商的服务能力参差不齐，部分信息服务商为企业提出的建设方案与企业实际需求有较大差距，信息化服务支撑体系保障能力达不到企业的要求，后续服务不到位，费用较高，影响企业推进两化融合的积极性。

三是支撑两化融合的人才严重短缺。广西企业实施两化融合的基础较为薄弱，两化融合方面的人才尤其缺乏，企业只有极少量的电脑技术人员负责对计算机的维护，严重缺乏信息管理人才、技术带头人以及高层次、复合型的两化融合人才，难以支撑信息化建设的快速和可持续发展。多数大型企业尚未建立 CIO 制度，信息部门主管不能将信息系统与企业的经营目标、发展战略进行有效衔接。

四、相关建议

对广西壮族自治区两化融合提出以下建议：

一是开展互联网与工业融合试点示范。积极参加国家互联网与工业融合创新试点工作；以云计算、物联网、工业大数据、工业移动互联网的应用为切入点，重点支持云设计、云制造、生产过程实时监控、产品跟踪与检测、远程诊断管理等信息技术应用。推进企业在研发设计、数据管理、工程服务等制造资源的开放共享，实现产品全生命周期管理，鼓励发展基于互联网的工业设计创新模式。

二是积极推进重点领域信息化监测。针对重点用能行业围绕国家和自治区节能监察中心广西能源监控预警指挥平台，加强节能减排信息监测，完善监督管理体系，推动企业能源管控中心建设，推广流程工业能源在线仿真系统等节能减排信息技术。鼓励重点矿区企业及民爆生产企业建设视频监控系统等，实现在线监控，提高民爆、有色金属、滑石矿采掘等重点行业安全生产水平。

三是完善人才培养体系。加强宣传教育，强化企业主要负责人推进信息化的领导责任意识，开展面向"一把手"的培训。组织开展以智能制造、工业互联网等新技术新应用为主题的两化深度融合培训。开展面向社会的两化融合宣传教育培训，鼓励高校积极培养创新型、应用型信息化人才。鼓励建设知识共享平台，开设两化融合网络公开课程。结合国家专业技术人才知识更新工程，支持企业和高校、工业园区联合共建实训基地，开展实用人才培训。实施现代产业工人信息技能培训工程，加强对技校、中专、职高学生的信息技术教育，鼓励企业开展职工信息技能培训。

第二十三章 海南省两化融合发展水平分析

一、总体情况

（一）经济概况

2015 年，海南省地区生产总值（GDP）3702.8 亿元，比上年增长 7.8%。其中，第一产业增加值 855.82 亿元，同比增长 5.3%；第二产业增加值 875.13 亿元，同比增长 6.5%；第三产业增加值 1971.81 亿元，同比增长 9.6%。三次产业增加值占地区生产总值的比重分别为 23.1∶23.6∶53.3。人均地区生产总值 40818 元，比上年增长 6.9%。实现社会消费品零售总额 1325.1 亿元，比上年增长 8.2%。固定资产投资总额达到 3355.4 亿元，比上年增长 10.4%。地方一般公共预算收入 627.7 亿元，同比增长 8.7%。城镇常住居民人均可支配收入 26356 元，比上年增长 7.6%，农村常住居民人均可支配收入 10858 元，比上年增长 9.5%。全年实现工业增加值 485.85 亿元，比上年增长 5.2%。其中，规模以上工业增加值 448.95 亿元，同比增长 5.1%。在八大工业支柱行业增加值中，石油加工业、医药制造业增速较快，分别增长 20.4% 和 17.2%。全年列入统计监测的 382 家规模以上工业企业综合效益指数 328.3%，比上年降低 5.2 个百分点；实现主营业务收入 1485.84 亿元，同比下降 7.4%；实现利润总额 88.03 亿元，同比下降 14.1%。[1]

---

[1] 海南省统计局：《2015年海南省国民经济和社会发展统计公报》，2016年1月。

（二）两化融合工作进展

1. 工作机制和组织保障进一步完善

海南省经信委与海南省直各部门、市县、园区、协会、企业通力合作，建立了"多方参与、协力推进"的工作机制和信息沟通协调机制，制定了《海南省工业和信息化厅信息化和工业化深度融合专项行动实施计划（2013—2018年）》（琼工信信推（2013）301号），共同推进两化深度融合工作。设立了督办制，推进了两化深度融合工作措施的落实。

2. 责任单位工作任务更加明确

海南省经信委以"先易后难、实效优先、循序推进"为原则，制定了两化深化融合工作任务表，并将责任分解到具体单位，共制定了十项行动计划，包括"企业两化融合管理体系"推广行动、企业两化深度融合示范推广行动、中小企业两化融合提升行动、加快电子商务和物流信息化集成创新行动、重点领域智能化水平提升行动、智能制造生产模式培育行动、互联网与工业融合创新行动、信息产业支撑服务能力提升行动、海洋产业两化融合行动、旅游两化融合评估规范实施行动。

3. 制定了两化融合相关推进政策

海南省经信委在工业和信息产业发展专项资金中设立了两化融合专题资金，支持智能制造、电子商务等两化融合项目实施。2015年，两化融合专题资金额度约为725万元，扶持奖励6个项目和5个工信部贯标试点企业，拉动企业投资6500多万。将信息网络基础设施建设纳入园区基础设施建设内容，持续加大资金支持，提升园区信息网络服务能力。结合海南省实际，创新思路，推动和支持商贸、物流、文化、旅游等服务业企业应用信息化手段提升管理水平和综合效益，营造全省重视信息化、实施信息化项目的良好氛围。

4. 开展了企业贯标试点

海南省经信委组织了6家企业开展了国家两化融合贯标试点、互联网与工业融合创新试点。通过试点，使企业在安全生产管控、降低能源资源消耗、减少管理成本、提升创新能力、提高产品质量等方面的水平得到了显著提升，企业综合实力和竞争力明显增强。通过召开政策宣贯会、积极推广典型案例、在电视台、报刊、网络等主要媒体设置栏目等方式广泛开展两化融合宣传工作。加大了对试点企业的跟踪服务和扶持力度，不断完善统计监测体系，引导企业全面开展管理体系贯标。

二、两化融合发展水平分析

（一）综合分析

2015年，海南省两化融合发展指数为54.18，其中应用效益指数明显提高。基础环境方面，基础环境指数为68.12，比2014年提高3.15个点。工业应用方面，工业应用指数为45.27，比2014年上升6.4个点。在应用效益方面，应用效益指数为58.04，比2014年提高8.36个点。

表23-1　2014—2015年海南省两化融合指数情况

指标	2014年指数	2015年指数	变化情况
基础环境	64.97	68.12	↑3.15
工业应用	38.87	45.27	↑6.4
应用效益	49.68	58.04	↑8.36
发展指数	48.09	54.18	↑6.09

数据来源：中国电子信息产业发展研究院。

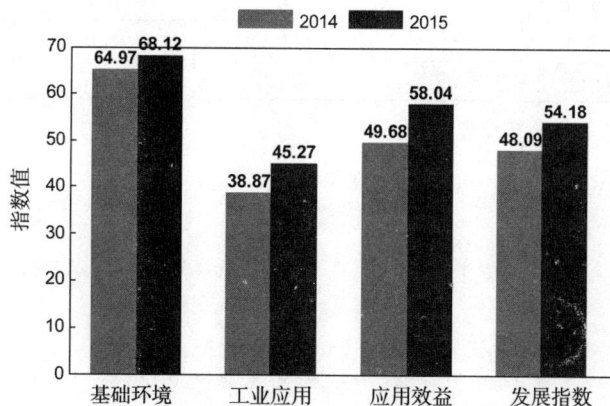

图23-1　2014—2015年海南省两化融合指数情况

数据来源：中国电子信息产业发展研究院。

（二）具体分析

1. 基础环境指数

海南省两化融合基础环境建设良好。2015年，海南省基础环境指数为

68.12，其中，城（省）域网出口带宽、固定宽带普及率、固定宽带端口平均速率、移动电话普及率、互联网普及率等指标都有明显提高。在信息基础设施建设方面，海南省城（省）域网出口带宽指数为23.31，比2014年增长13.22个点，固定宽带普及率指数为69.62，比2014年提高3.52个点；固定宽带端口平均速率为65.88，比2014年提高0.31个点；移动电话普及率指数为68.28，比2014年提高1.98个点。在互联网应用普及方面，海南省互联网普及率指数为63.49，比2014年提高0.54个点。在两化融合政策环境建设方面，设立了两化融合专项引导资金，比2014年增长了100个点；中小企业信息化服务平台数指数为92.07，比2014年下降49.15个点；重点行业典型企业信息化专项规划指数为44.77，比2014年提高4.13个点。

表23-2 2014—2015年海南省两化融合基础环境指数情况

指标	2014年指数	2015年指数	变化情况
城（省）域网出口带宽	10.09	23.31	↑13.22
固定宽带普及率	66.10	69.62	↑3.52
固定宽带端口平均速率	65.57	65.88	↑0.31
移动电话普及率	66.30	68.28	↑1.98
互联网普及率	62.95	63.49	↑0.54
两化融合专项引导资金	0	100	↑100
中小企业信息化服务平台数	141.22	92.07	↓49.15
重点行业典型企业信息化专项规划	48.90	44.77	↓4.13

数据来源：中国电子信息产业发展研究院。

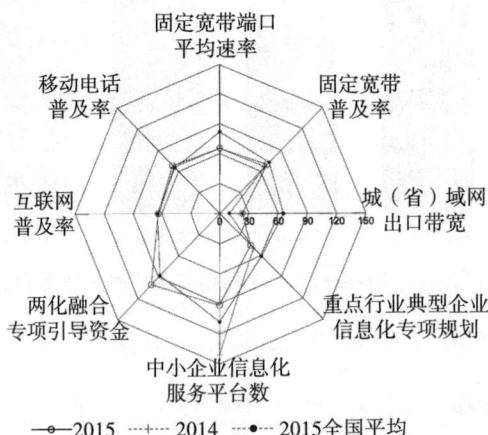

图23-2 2014—2015年海南省两化融合基础环境指数情况

数据来源：中国电子信息产业发展研究院。

2. 工业应用指数

2015 年，海南省工业应用指数为 45.27。其中，海南省重点行业典型企业 ERP 普及率指数为 54.26，比 2014 年上升 11.14 个点。重点行业典型企业 MES 普及率指数为 65.22，比 2014 年上升了 23.59 个点。重点行业典型企业 PLM 普及率指数为 41.36，与 2014 年上升了 0.5 个点。重点行业典型企业 SCM 普及率指数为 51.15，比 2014 年提高 4.31 个点。重点行业典型企业采购环节电子商务应用普及率指数为 40.6，比 2014 年上升 3.63 个点。重点行业典型企业销售环节电子商务应用普及率指数为 57.89，比 2014 年上升了 12.64 个点。重点行业典型企业装备数控化率指数为 23.02，比 2014 年提高了 2.3 点。国家新型工业化产业示范基地两化融合发展水平指数为 34.23，比 2014 年下降了 4.37 个点。

表 23-3　2014—2015 年海南省两化融合工业应用指数情况

指标	2014年指数	2015年指数	变化情况
重点行业典型企业ERP普及率	43.12	54.26	↑11.14
重点行业典型企业MES普及率	41.63	65.22	↑23.59
重点行业典型企业PLM普及率	40.86	41.36	↑0.50
重点行业典型企业SCM普及率	46.84	51.15	↑4.31
重点行业典型企业采购环节电子商务应用	36.97	40.60	↑3.63
重点行业典型企业销售环节电子商务应用	45.25	57.89	↑12.64
重点行业典型企业装备数控化率	20.72	23.02	↑2.30
国家新型工业化产业示范基地两化融合发展水平	38.60	34.23	↓4.37

数据来源：中国电子信息产业发展研究院。

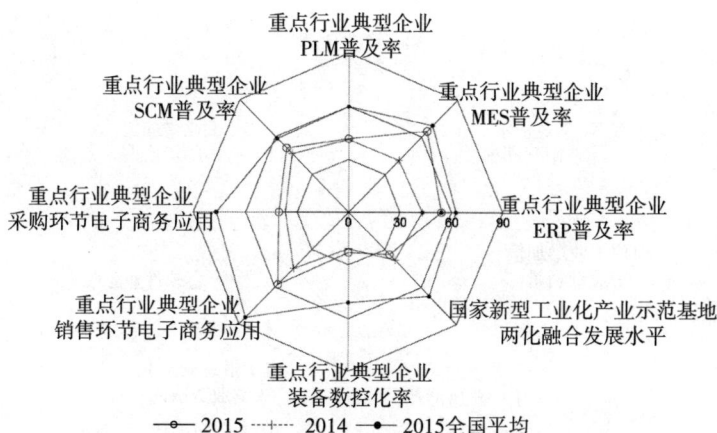

图 23-3　2014—2015年海南省两化融合工业应用指数情况

数据来源：中国电子信息产业发展研究院。

3. 应用效益指数

2015 年，海南省两化融合应用效益指数达到 58.04，其中，第二产业全员劳动生产率显著提高，工业增加值占 GDP 比重、工业成本费用利润率、电子信息制造业主营业务收入均有所下降。在地区工业生产效益和水平方面，工业增加值占 GDP 比重指数为 21.38，比 2014 年下降 3.04 个点；第二产业全员劳动生产率指数为 123.38，比 2014 年提高了 60.78 个点；工业成本费用利润率指数为 43.46，比 2014 年下降 2.94 点；单位工业增加值工业专利量指数为 90.18，比 2014 年提高 0.38 个点。在工业节能减排水平方面，单位地区生产总值电耗指数为 95.91，比 2014 年提高 1.3 个点。在信息产业发展水平方面，电子信息制造业主营业务收入指数为 7.44，比 2014 年下降了 5.83 个点；软件业务收入指数为 9.11，比 2014 年上升了 0.6 个点。

表 23-4　2014—2015 年海南省两化融合应用效益指标情况

指标	2014年指数	2015年指数	变化情况
工业增加值占GDP比重	24.42	21.38	↓3.04
第二产业全员劳动生产率	62.60	123.38	↑60.78
工业成本费用利润率	46.40	43.46	↓2.94
单位工业增加值工业专利量	89.80	90.18	↑0.38
单位地区生产总值电耗	94.61	95.91	↑1.30
电子信息制造业主营业务收入	13.27	7.44	↓5.83
软件业务收入	8.51	9.11	↑0.60

数据来源：中国电子信息产业发展研究院。

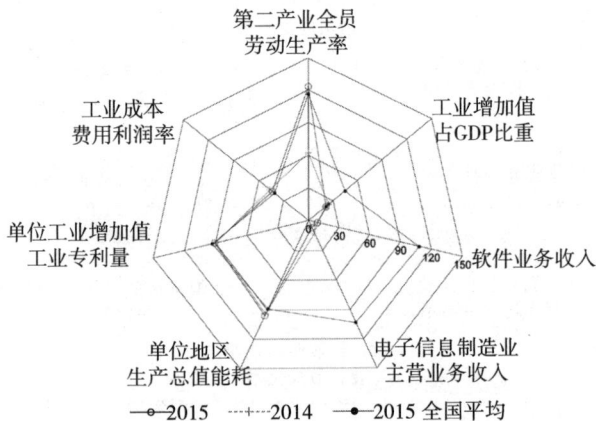

图 23-4　2014—2015年海南省两化融合应用效益指数情况

数据来源：中国电子信息产业发展研究院。

三、优劣势评价

海南省两化融合发展的优势有：

一是资源优势明显。海南省现已探明列入资源储量统计的矿产有57种,其中,列入国家统计一级的有铁、钛、石灰石、石英砂、石油和天然气,且富矿比例大（品位高）、开采条件好。海南光热充足,雨量充沛,拥有丰富的热带林木、作物和水产品等农产品资源。优势矿产资源和独特的气候资源为油气化工、浆纸及纸制品、矿产资源加工、新材料和新能源、制药、食品和热带农产品加工等新型工业的发展提供了基础和条件。

二是区位优势独特。海南是泛珠江三角洲经济圈和东盟自由贸易区经济圈的交汇点,位于北部湾经济圈重点发展区域。面向东南亚和南海,地处国际主航道中心位置,是全国承接国际航道咽喉马六甲海峡最近的物流中转区。所辖岛屿和海域毗邻港、澳、珠三角地区和东南亚,拥有便捷的海空交通运输和良好的区位、港口条件,可辐射整个华南、华东地区以及东南亚地区。东部产业加快向中西部转移有利于海南工业发展。

三是拥有一批工业园区和支柱产业。海南省境内拥有洋浦经济开发区、海口国家高新技术产业开发区、海口综合保税区4个国家级园区,老城经济开发区、东方工业园区、海口桂林洋经济开发区、临高金牌港经济开发区4个省级园区和6个市县级园区。紧紧围绕油气化工、浆纸及纸制品、汽车和装备制造、矿产资源加工、新材料和新能源、制药、电子信息、食品和热带农产品加工等支柱产业发展新型工业,建成了一批支撑海南长远发展的重大工业项目。

同时,海南省两化融合也存在一些劣势：

一是信息技术对工业转型升级的作用尚未充分发挥。重点行业典型企业 ERP 普及率（54.26）、重点行业典型企业 MES 普及率（65.22）、重点行业典型企业 PLM 普及率（41.36）、重点行业典型企业 SCM 普及率（51.15）、重点行业典型企业采购环节电子商务应用（40.6）、重点行业典型企业销售环节电子商务应用（57.89）、重点行业典型企业装备数控化率指数（23.02）均低于全国平均水平,在全国排名中较为落后。说明海南省信息技术在生产管理、产品销售等环节的应用不够深入，对于提升产业竞争力的作用还较弱。

二是企业信息化应用水平仍然较低。大型企业利用信息化促进企业全面转型升级的主动性还有待增强；中小企业信息化应用意识、利用信息化提升竞争力的能力还有待进一步提高。多数中小企业资金有限、信息化人才匮乏，缺乏应用信息技术的意识和能力，很难迈入快速发展的轨道。海南省多数大企业实现了信息化与研发设计、生产制造、运营管理等环节的初步融合，但中小企业多存在应用水平低、资金投入少等问题，信息化潜力还未得到充分挖掘。

三是支撑体系和发展环境尚需优化。工业软件、电子商务支撑体系、产业联盟支撑效果等仍不能满足需求，政策引导、资金扶持、标准规范等方面的工作力度还需进一步加强。

四、相关建议

一是加大对电子信息制造业和软件产业的扶持力度。加快产业培育，对于具有较强自主创新能力、市场前景广阔、就业吸纳力强的企业给予税收、固定资产投资等方面的优惠。强化人才支持，对于已签约的中高端信息技术人才给予相应的培训费用补贴。对于引进的电子信息制造业和软件产业重点领域的大中型企业，准予优先参与海南省信息化项目建设。

二是加强对服务机构的培育和引进。目前，全省尚无国家推荐的两化融合管理体系服务机构，需要从外省引进，实施成本相对较高，一定程度上打击了企业的积极性。未来，在进一步加大外省机构引进力度的同时，要更加注重对海南本地服务机构的政策支持，培育海南本地两化融合咨询服务能力。

三是提高各部门和全社会对两化融合的认知度。将两化融合综合水平指标纳入企业申报资金和各类支持项目的条件要求，引导企业重视两化融合工作。加大宣传力度，组织开展企业两化融合现场交流会，展示两化融合的经济效益，提高企业对两化融合重要意义的认识。开展企业 CEO 两化融合政策培训，通过一把手切实推动企业实施两化融合项目。

第二十四章　重庆市两化融合发展水平分析

一、总体情况

（一）经济概况

2015 年，重庆市全年地区生产总值达到 15719.72 亿元，比上年增长 11.0%，其中，第一产业增加值 1150.15 亿元，同比增长 4.7%；第二产业增加值 7071.82 亿元，同比增长 11.3%；第三产业增加值 7497.75 亿元，同比增长 11.5%。三次产业结构比为 7.3∶45.0∶47.7。人均地区生产总值达到 52330 元，比上年增长 10.1%。实现工业增加值 5557.52 亿元，比上年增长 10.5%。其中，规模以上工业增加值增长 10.8%。规模以上工业企业实现总产值 21404.66 亿元，同比增长 12.4%。其中，汽车制造业实现总产值 4707.87 亿元，同比增长 20.2%；电子制造业总产值 4075.56 亿元，同比增长 10.4%；装备制造业实现总产值 3390.73 亿元，同比增长 9.9%；化医行业实现总产值 1629.48 亿元，同比增长 13.7%；材料行业实现总产值 2910.73 亿元,同比增长 6.9%。规模以上工业企业利润突破 2400 亿元，增长 13% 以上 . 全市城镇居民人均可支配收入 27239 元，增长 8.3%；农村居民人均纯收入 10505 元，增长 10.7%。[1]

（二）两化融合工作进展

1. 开展两化融合示范工程和管理体系贯标

重庆市通过实施工业装备数字化智能化改造与提升应用示范、企业管理、设

---

[1]　重庆市统计局：《2015年重庆市国民经济和社会发展统计公报》，2016年3月。

计、制造智能化提升应用示范、智能产品产业化和智能工业技术服务体系培育三大工程，深化了现代信息技术在"6+1"支柱产业的广泛应用。2014年，重庆市8家企业成为国家首批两化融合管理体系试点企业，2家服务机构成为国家首批两化融合管理体系贯标服务机构，1家成为国家两化融合管理体系贯标评定机构，5家企业通过国家评定。2015年，重庆市19家企业成为国家第二批贯标试点企业。2014年，重庆市遴选了57家企业启动首批市级贯标试点工作，遴选了9家市级贯标服务机构，开展了两化融合管理体系贯标培训和考核，培训咨询服务师64人，为重庆市的两化融合管理体系贯标工作奠定了良好的人才基础。2015年已启动第二批市级贯标工作。

2. 推动了工业云创新发展

重庆市以重庆移动为项目承担主体，联合了猪八戒网络、重庆金交所、港澳大家软件及一批信息技术服务商，从体系构架、业务设定、服务范围、运行机制、商业模式等方面对工业云项目建设进行了实践探索，加快了"主平台＋分平台"的同步实施建设。截至2015年，重庆移动承建的"工业云"主平台已正式启动；重庆猪八戒网络承建的工业设计云已建设完成，提供了产品外观设计、电子产品设计、机械设计、电路设计、礼品设计、日用品设计、家具设计、体育用品设计等服务，共八大类近百个子类目，注册用户达1300余万，年交易额达1000万元以上；港澳大家软件承建的企业采购云已基本建成，服务对象已达2万多家，交易额达1.4亿元；工业金融云依托重庆市金融资产交易所并已基本建成。

3. 推进了互联网与制造业融合创新试点

重庆市组织了一批骨干企业实施互联网与制造业融合创新试点。猪八戒网建设了工业服务众包平台，提供工业设计外包技术和信息服务，涵盖工业设计交易、知识产权、法律服务、信息展示、企业孵化等功能，能够提供产品外观设计、机械设计、电路设计等近50个工业设计门类的在线交易，建立了工业设计的雇主库、设计师库、设计机构库、专家库，整合工业设计行业的产业链，打造了工业设计协作平台，完善了行业价值生态圈。截至2015年年底，众包平台已入驻工业设计师58000人，入驻设计机构和企业36000家，完成交易1532万元。重庆川仪股份的工业仪器仪表网络营销平台、重庆山外山科技的血液净化设备智能服务平台和重庆潍柴发动机的基于移动互联网的发动机故障远程诊断平台正在积极搭建中。

4. 软件和信息技术服务业加速发展

重庆市推进国际电子商务交易认证项目，实现了"打包结汇、事后监管"，促进了电子商务交易结汇进度的加快；推进第三方支付发展，四家企业获得了央行批准的《支付业务许可证》；加快建设两江国际云计算产业园。目前，太平洋电信（重庆）数据中心、中国联通西部数据中心、中国电信云计算重庆基地、中国移动（重庆）数据中心、腾讯云计算数据中心、斐讯数据中心等项目已入驻。截至2014年年底，软件业务收入达到706亿元，增长了355%。

5. 研究制定了两化融合评价指标体系

重庆市组织专家在全国开创性地提出了两化融合评价指标体系，该体系涵盖规模性、多样性、集聚性、耦合性、创新性、敏捷性、开放性、效益性、生态性等9大方面18个指标，形成了以"融合指数"为核心的评价体系。深入探讨与实践，形成了包括战略层面融合度、基础层面融合度、应用层面融合度和效益层面等4个层面、15个二级指标和51个三级指标在内的更翔实具体的两化融合评价指标体系。工信部已将重庆市列为首批国家两化融合区域评估试点省市。

二、两化融合发展水平分析

（一）综合分析

2015年，重庆市两化融合发展指数为77.25，比2014下降1.71点。基础环境指数为81.08，比2014年提高了14.64个点。工业应用指数为65.15，比2014年下降了17.45个点。应用效益指数为97.63，比2014年增长13.45个点。

表24-1 2014—2015年重庆市两化融合指数情况

指标	2014年指数	2015年指数	变化情况
基础环境	66.44	81.08	↑14.64
工业应用	82.60	65.15	↓17.45
应用效益	84.18	97.63	↑13.45
发展指数	78.96	77.25	↓1.71

数据来源：中国电子信息产业发展研究院。

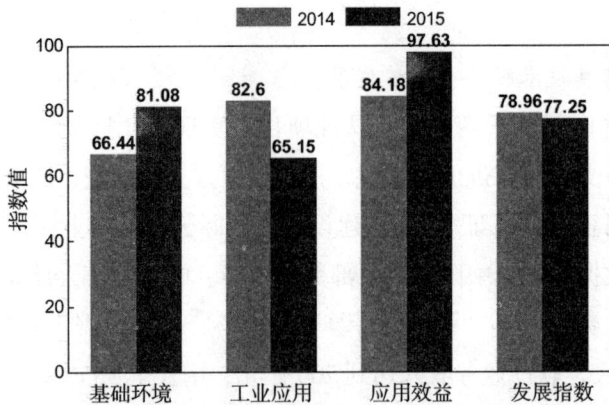

图 24-1　2014—2015年重庆市两化融合指数情况

数据来源：中国电子信息产业发展研究院。

（二）具体分析

1. 基础环境指数

重庆市两化融合基础环境建设在 2015 年有较大进展。2015 年，重庆市城（省）域网出口带宽指数为 64.84，比 2014 年增长 42.42 个点；固定宽带普及率指数为79.25，比 2014 年提高 3.07 个点；固定宽带端口平均速率指数为 76.32，比 2014年提高 8.43 个点；移动电话普及率指数为 61.82，比 2014 年提高 3.06 个点。互联网普及率指数为 62.32，比 2014 年提高 1.67 个点。重庆市重视两化融合政策环境建设，设立了两化融合专项引导资金。同时，重庆市重视对中小企业提供信息化公共服务，2015 年中小企业信息化服务平台数指数为 150，比 2014 年提高88.88 个点。重点行业典型企业信息化专项规划指数为 64.47，比 2014 年下降 6.54个点。

表 24-2　2014—2015 年重庆市两化融合基础环境指数情况

指标	2014年指数	2015年指数	变化情况
城（省）域网出口带宽	22.42	64.84	↑42.42
固定宽带普及率	76.18	79.25	↑3.07
固定宽带端口平均速率	67.89	76.32	↑8.43
移动电话普及率	58.76	61.82	↑3.06
互联网普及率	60.65	62.32	↑1.67

（续表）

指标	2014年指数	2015年指数	变化情况
两化融合专项引导资金	100	100	0
中小企业信息化服务平台数	61.12	150.00	↑88.88
重点行业典型企业信息化专项规划	71.01	64.47	↓6.54

数据来源：中国电子信息产业发展研究院。

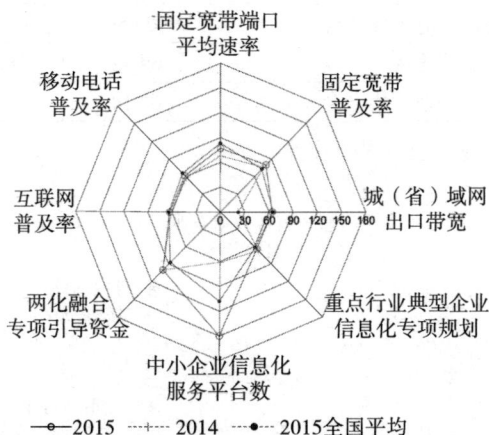

图 24-2　2014—2015年重庆市两化融合基础环境指数情况

数据来源：中国电子信息产业发展研究院。

2. 工业应用指数

2015 年，重庆市两化融合工业应用指数为 65.15，比 2014 年下降 17.45 个点。其中，重点行业典型企业 ERP 普及率指数为 68，比 2014 年下降 8.12 个点。重点行业典型企业 MES 普及率指数为 67.55，比 2014 年下降 22.87 个点，下降幅度较大。重点行业典型企业 PLM 普及率指数为 58.44，比 2014 年上升 10.68 个点。重点行业典型企业 SCM 普及率指数为 60.83，比 2014 年下降 9.54 个点。重点行业典型企业采购环节电子商务应用普及率指数为 76.04，比 2014 年下降 40.67 个点。重点行业典型企业销售环节电子商务应用普及率指数为 69.6，比 2014 年下降 58.99 个点。重点行业典型企业装备数控化率指数为 60.6，比 2014 年下降 8.82 个点。2015 年，国家新型工业化产业示范基地两化融合发展水平指数为 61.54，比 2014 年下降 5.6 个点。

表 24-3　2014—2015 年重庆市两化融合工业应用指数情况

指标	2014年指数	2015年指数	变化情况
重点行业典型企业ERP普及率	76.12	68.00	↓8.12
重点行业典型企业MES普及率	90.42	67.55	↓22.87
重点行业典型企业PLM普及率	47.76	58.44	↑10.68
重点行业典型企业SCM普及率	70.37	60.83	↓9.54
重点行业典型企业采购环节电子商务应用	116.71	76.04	↓40.67
重点行业典型企业销售环节电子商务应用	128.59	69.60	↓58.99
重点行业典型企业装备数控化率	69.42	60.60	↓8.82
国家新型工业化产业示范基地两化融合发展水平	67.14	61.54	↓5.60

数据来源：中国电子信息产业发展研究院。

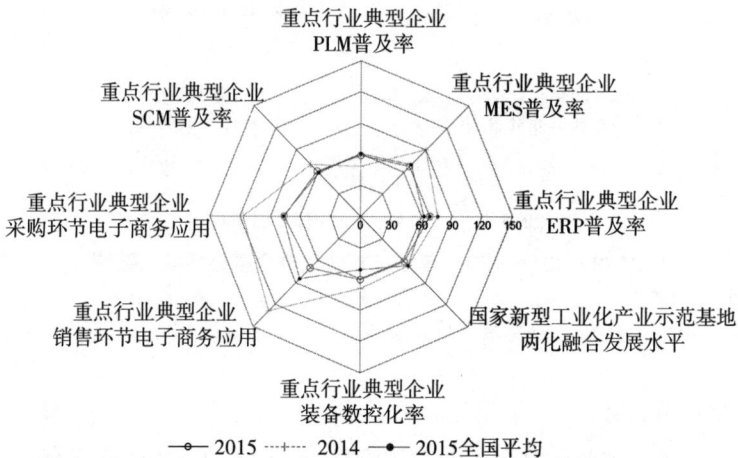

图 24-3　2014—2015 年重庆市两化融合工业应用指数情况

数据来源：中国电子信息产业发展研究院。

3. 应用效益指数

重庆市两化融合应用效益在全国处于中等偏上水平。2015年，重庆市两化融合应用效益指数为97.63，比2014年上升13.45个点。在地区工业生产效益和水平方面，工业增加值占GDP比重有略微下降，2015年工业增加值占GDP比重指数为43.51，比2014年下降4.81个点；2015年第二产业全员劳动生产率指数为104.04，比2014年上升55.26个点；工业成本费用利润率略有升高，2015年工业成本费用利润率指数为43.51，比2014年上升4.2个点；单位工业增加值工业专利量有一定增加，单位工业增加值工业专利量指数为123.33，比2014年提高 3.9 个点。在工业节能减排水平方面，2015 年单位地区生产总值电耗指数为 105.04，比 2014 年提高 3.04 个点。信息产业继续保持快速发展，2015 年电子信息制造业主营业务收入指数为 153.26，比 2014 年提高 15.62 个点；软件业务收入指数为 136.07，比 2014 年提高 15.32 个点。

表 24-4　2014—2015 年重庆市两化融合应用效益指数情况

指标	2014年指数	2015年指数	变化情况
工业增加值占GDP比重	48.32	43.51	↓4.81
第二产业全员劳动生产率	48.78	104.04	↑55.26
工业成本费用利润率	39.31	43.51	↑4.20
单位工业增加值工业专利量	119.43	123.33	↑3.90
单位地区生产总值电耗	102.00	105.04	↑3.04
电子信息制造业主营业务收入	137.64	153.26	↑15.62
软件业务收入	120.75	136.07	↑15.32

数据来源：中国电子信息产业发展研究院。

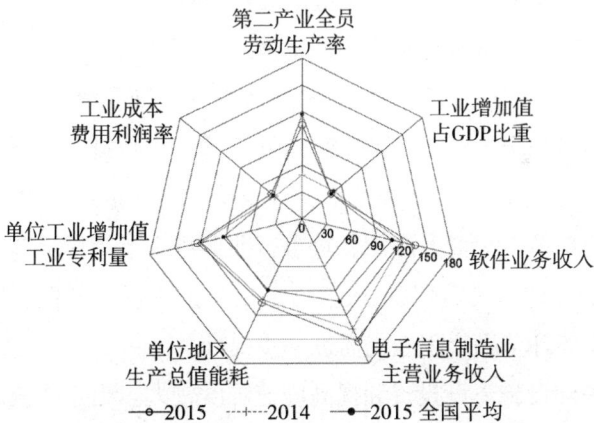

图 24-4　2014—2015年重庆市两化融合应用效益指数情况

数据来源：中国电子信息产业发展研究院。

三、优劣势评价

总体来看，重庆市两化融合发展具有如下优势：

一是两化融合服务支撑能力较强。拥有重庆市两化融合促进和服务中心、

CIO（首席信息官）协会、两化融合物流信息化技术应用中心、两化融合电子商务技术应用中心、两化融合信息技术节能降耗技术应用中心、两化融合物联网技术应用中心、工业云创新服务推进联盟等支撑服务机构，有效推动了重庆市两化融合技术对服务业形成与发展的支撑作用。

二是两化融合示范发展基础扎实。制造企业的数字化、信息化改造，全面提升了中高档产品的制造技术水平和生产能力。物流过程中信息采集、分类、传递、汇总、识别、跟踪和查询的信息化，实现了对货物流通过程的控制。摩托车行业第三方物流供应链服务平台的开发和应用，有效提升了嘉陵、隆鑫、建设、力帆等摩托车整机企业的物流管理水平，带动了上千家配套企业的信息化建设。组织机构的信息化管理，提升了企业效率、生产效益和竞争优势。

三是拥有良好的两化融合政策环境。《关于加快推进信息化与工业化深度融合的若干意见》《重庆市人民政府办公厅关于印发〈重庆市信息化和工业化深度融合专项行动计划（2014—2018年）〉的通知》等一系列政策文件的颁布实施，为全市两化融合工作的开展提供了良好的政策环境。

同时，重庆市两化融合也存在一些劣势：

一是工业应用尚未进入稳定状态。从数据分析结果来看，2014年，重庆市工业应用指数排名为全国第2，但到2015年，这一指数排名就下降到了第18名，尤其是重点行业典型企业 MES 普及率、重点行业典型企业 SCM 普及率、重点行业典型企业采购环节电子商务应用、重点行业典型企业销售环节电子商务应用等指标下降了14个点左右，表明重庆市信息化与企业自主创新、生产制造、产业链协作等核心业务环节融合程度仍需进一步提升。

二是增加基础设施建设投资和提高增速难度较大。由于建设成本高、投资回报率低、政府支持力度有限等原因，各通信运营企业和铁塔公司对加快推进农村信息基础设施建设存在动力不足的问题。国资委对投资效益指数所做的硬性要求，使通信运营企业对加大投资普遍持谨慎、保守态度。国家和地方加强了资金使用的计划性管控力度，追加投资建设计划外项目存在立项难、申报程序严格等现实困难。

三是是信息化公共服务平台的运营机制亟待完善。目前已建立的长江上游物流信息公共服务平台、摩托车行业第三方供应链管理服务平台、长安供应商协同产品开发平台、金算盘全程电子商务平台等一系列公共服务平台，在运行模式和商务模式方面尚不够完善，对于促进信息化公共服务平台的持续经营和不断壮大的保障作用不强。

四、相关建议

一是加快两化融合管理体系标准的认定和推广。按照工信部统一部署，加快推进两化融合管理体系贯标试点工作，增强两化融合管理体系贯标服务能力，做好两化融合水平评定工作，提升两化融合相关咨询、服务和认定质量。进一步明确两化融合服务支撑机构的职责设置和长效运行机制。

二是大力发展智能制造。以智能工厂为发展方向，开展智能制造试点示范，加快推动云计算、物联网、智能工业机器人、增材制造等技术在生产过程中的应用，推进生产装备智能化升级、工艺流程改造和基础数据共享。着力于工控系统、智能感知元器件、工业云平台、操作系统和工业软件等核心环节，加强工业大数据的开发与利用，构建开放、共享、协作的智能制造产业生态。

三是发展大规模个性化定制。支持企业利用互联网采集并对接用户个性化需求，推进设计研发、生产制造和供应链管理等关键环节的柔性化改造，开展基于个性化产品的服务模式和商业模式创新。鼓励互联网企业整合市场信息，挖掘细分市场需求与发展趋势，为制造企业开展个性化定制提供决策支撑。

四是提升网络化协同制造水平。鼓励制造业骨干企业通过互联网与产业链各环节紧密协同，促进生产、质量控制和运营管理系统全面互联，推行众包设计研发和网络化制造等新模式。鼓励有实力的互联网企业构建网络化协同制造公共服务平台，面向细分行业提供云制造服务，促进创新资源、生产能力、市场需求的集聚与对接，提升服务中小微企业能力，加快全社会多元化制造资源的有效协同，提高产业链资源整合能力。

五是加速制造业服务化转型。鼓励制造企业利用物联网、云计算、大数据等技术，整合产品全生命周期数据，形成面向生产组织全过程的决策服务信息，为产品优化升级提供数据支撑。鼓励企业基于互联网开展故障预警、远程维护、质量诊断、远程过程优化等在线增值服务，拓展产品价值空间，实现从制造向"制造＋服务"的转型升级。

六是扎实推进网络提速降费。持续加快宽带网络基础设施建设步伐，进一步推进固定宽带、有线宽带、移动宽带网络提速降费，不断提升服务水平，着力构建高速畅通、覆盖城乡、质优价廉、服务便捷的宽带网络基础设施和服务体系，为推动两化深度融合提供有力支撑。

第二十五章　四川省两化融合发展水平分析

一、总体情况

（一）经济概况

2015 年，四川实现地区生产总值（GDP）30103.1 亿元，按可比价格计算，比上年增长 7.9%。其中，第一产业增加值 3677.3 亿元，同比增长 3.7%；第二产业增加值 14293.2 亿元，同比增长 7.8%；第三产业增加值 12132.6 亿元，同比增长 9.4%。三次产业对经济增长的贡献率分别为 5.0%、53.9% 和 41.1%。人均地区生产总值 36836 元，同比增长 7.2%。三次产业结构由上年的 12.4∶48.9∶38.7 调整为 12.2∶47.5∶40.3。全年工业增加值 12084.9 亿元，比上年增长 7.6%，对经济增长的贡献率为 45.6%。全年规模以上工业增加值增长 7.9%。在规模以上工业中，轻工业增加值比上年增长 9.3%，重工业增加值增长 7.3%。规模以上工业 41 个行业大类中，有 36 个行业增加值呈增长之势。其中，电力、热力生产和供应业增加值比上年增长 2.3%，酒、饮料和精制茶制造业增长 11.4%，非金属矿物制品业增长 20.1%，汽车制造业增长 10.0%，农副食品加工业增长 5.6%，化学原料和化学制品制造业增长 11.6%，纺织业增长 13.2%，计算机、通信和其他电子设备制造业增长 2.5%，石油和天然气开采业增长 17.7%，医药制造业增长 12.3%。规模以上工业企业实现主营业务收入 37876.3 亿元，比上年增长 1.7%。实现利税总额 3887.9 亿元，下降 2.5%。其中，国有控股工业企业实现净利润 529.8 亿元，增长 16.5%；股份制企业 1716.5 亿元，增长 4.7%。[1]

---

[1]　四川省统计局：《2015年四川省国民经济和社会发展统计公报》，2016年3月。

（二）两化融合工作进展

2015年，四川省加快推进两化融合管理体系贯标和互联网与工业融合创新等试点工作，组织开展了"互联网＋"制造试点示范、企业两化融合评估诊断和对标引导，实施了产业园区两化深度融合示范，持续优化全省两化融合发展政策环境，两化融合工作取得显著成效。

1. 推进了两化融合管理体系贯标试点

结合四川省实际，推动了9家龙头企业的贯标试点工作，引导企业将互联网、大数据、云计算、物联网、智能制造等先进技术与业务流程、组织结构优化变革融为一体。以"数据"为核心驱动力，提升了企业适应信息时代发展需求的持续竞争优势，并完成了3家企业认定工作。开展了第二批两化融合管理体系贯标企业试点申报工作，有18家企业成功入选贯标试点。鼓励了有贯标积极性的企业结合自身情况开展贯标工作。

2. 推进了互联网与工业融合创新试点

2015年3月，四川省长虹电器股份有限公司、泸州老窖股份有限公司等4家企业入选互联网与工业融合创新领域试点示范。引导了试点企业开展试点示范工作，并结合四川省优势和支柱产业通过示范和经验提炼，培育了大规模个性化定制、线上线下（O2O）、制造服务化转型等互联网创新模式，推动了全省企业利用"互联网＋"实现转型升级发展。

3. 开展了"互联网＋"制造试点示范

四川省以五大高端成长型产业和七大优势产业为重点，引导企业从生产资源共享协同创新、个性化定制生产模式创新、营销模式和服务创新等方面，开展了互联网与工业融合创新示范工作。在全省选择了四川省宜宾五粮液集团有限公司、苏州西门子电器有限公司成都分公司等17家企业，通过示范和经验提炼，形成对重点产业的辐射和引领，促进了四川省制造业的转型升级和提质增效。

4. 组织了企业两化融合评估诊断和对标引导

四川省配合工信部开展了企业两化融合评估诊断和对标引导，全面了解省内各行业企业两化融合总体发展现状，指导企业明确了两化融合发展重点和定量目标，探索了科学、分类、定量、持续推进区域两化融合的新模式，建立了省、市、区（县）等协同推进两化融合工作机制。

5.实施了产业园区两化深度融合示范

四川在全省域范围内选择了一批产业园区,开展两化融合数字园区示范建设。加强了园区信息基础设施、综合管理和公共服务平台建设,重点支持了园区特色信息平台以及产品检测等技术服务平台建设。加快了园区内企业信息化改造提升步伐,打造"数字工厂(企业)",提高了企业设计研发、生产制造、管理运营、市场营销环节信息化应用水平。编制了涵盖信息基础设施、应用系统、公共平台、信息安全等内容在内的园区信息化建设规范。

二、两化融合发展水平分析

(一)综合分析

2015年,四川省两化融合发展指数为78.31,比2014年提升了8.84个点。基础环境方面,2015年基础环境指数为76.7,比2014年增加6.17个点;工业应

表25-1 2014—2015年四川省两化融合指数情况

指标	2014年指数	2015年指数	变化情况
基础环境	70.53	76.70	↑6.17
工业应用	57.98	66.09	↑8.11
应用效益	91.41	104.37	↑12.96
发展指数	69.47	78.31	↑8.84

数据来源:中国电子信息产业发展研究院。

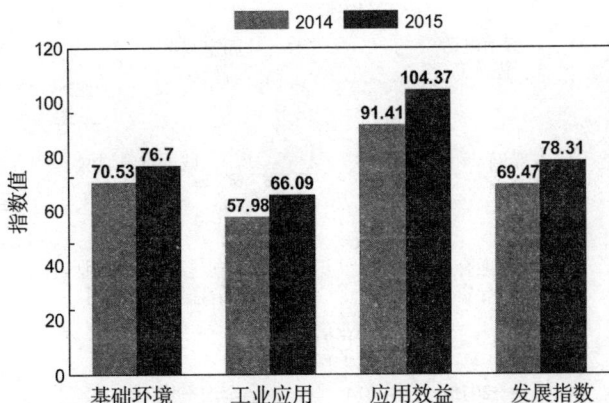

图25-1 2014—2015年四川省两化融合指数情况

数据来源:中国电子信息产业发展研究院。

用方面，2015年工业应用指数为66.09，比2014年增加8.11个点；应用效益方面，2015年应用效益指数为104.37，比2014年增加12.96个点。

（二）具体分析

1.基础环境指数

2015年，四川省基础环境指数为76.7，比2014年增加6.17个点。在信息基础设施建设方面，四川省城（省）域网出口带宽指数为98.44，与2014年相比增加4.12个点；固定宽带普及率指数为62.4，与2014年相比提高3.9个点；固定宽带端口平均速率指数为111.16，比2014年提高38.74个点；移动电话普及率指

表25-2 2014—2015年四川省两化融合基础环境指数情况

指标	2014年指数	2015年指数	变化情况
城（省）域网出口带宽	94.32	98.44	↑4.12
固定宽带普及率	58.50	62.40	↑3.90
固定宽带端口平均速率	72.42	111.16	↑38.74
移动电话普及率	57.20	59.06	↑1.86
互联网普及率	51.92	54.21	↑2.29
两化融合专项引导资金	100	100	0
中小企业信息化服务平台数	108.50	93.72	↓14.78
重点行业典型企业信息化专项规划	61.12	63.50	↑2.38

数据来源：中国电子信息产业发展研究院。

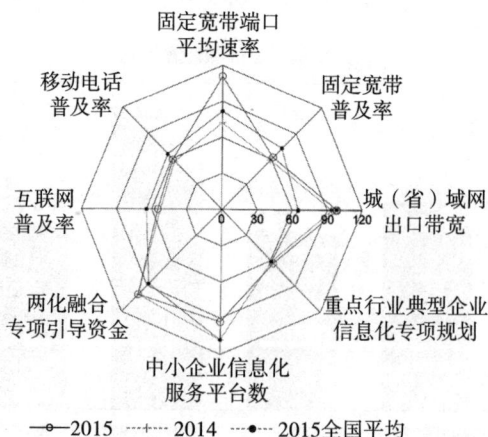

图25-2 2014—2015年四川省两化融合基础环境指数情况

数据来源：中国电子信息产业发展研究院。

数为59.06，比2014年提高1.86个点。在互联网应用普及方面，互联网普及率指数为54.21，比2014年提高2.29个点。在两化融合政策环境建设方面，中小企业信息化服务平台数量指数为93.72，比2014年降低14.78个点；重点行业典型企业信息化专项规划指数为63.5，比2014年的61.12提高2.38个点。

2. 工业应用指数

2015年，四川省工业应用指数为66.09，比2014年增加8.11个点。具体来看，重点行业典型企业ERP普及率指数为66.15，比2014年提高1.29个点；重点行业典型企业MES普及率指数为57.23，比2014年提高6.33个点；重点行业典型企业PLM普及率指数为53.99，比2014提高0.47个点；重点行业典型企业SCM

表25-3　2014—2015年四川省两化融合工业应用指数情况

指标	2014年指数	2015年指数	变化情况
重点行业典型企业ERP普及率	64.86	66.15	↑1.29
重点行业典型企业MES普及率	50.90	57.23	↑6.33
重点行业典型企业PLM普及率	53.52	53.99	↑0.47
重点行业典型企业SCM普及率	60.43	61.64	↑1.21
重点行业典型企业采购环节电子商务应用	62.89	67.73	↑4.84
重点行业典型企业销售环节电子商务应用	83.78	82.21	↓1.57
重点行业典型企业装备数控化率	35.23	35.55	↑0.32
国家新型工业化产业示范基地两化融合发展水平	56.27	103.17	↑46.90

数据来源：中国电子信息产业发展研究院。

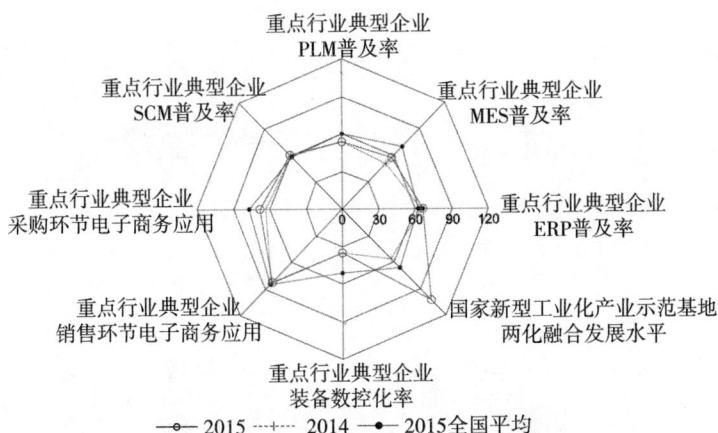

图25-3　2014—2015年四川省两化融合工业应用指数情况

数据来源：中国电子信息产业发展研究院。

普及率指数为61.64，比2014年提高1.21个点；重点行业典型企业采购环节电子商务应用普及率指数为67.73，比2014年提高4.84个点；重点行业典型企业销售环节电子商务应用普及率指数为82.21，比2014年下滑1.57个点；重点行业典型企业装备数控化率指数为35.55，比2014年上升0.32个点；国家新型工业化产业示范基地两化融合发展水平指数为103.17，比2014年提高46.9个点。

3. 应用效益指数

2015年，四川省应用效益指数为104.37，比2014年增加12.96个点。具体来看，2015年四川省工业增加值占GDP比重指数为48.76，比2014年下降1.74个点；第二产业全员劳动生产率指数为113，比2014年提高58.83个点；工业成本费用利润率指数40.1，比2014年下降2.18个点；单位工业增加值工业专利量指数为

表25-4 2014—2015年四川省两化融合应用效益指数情况

指标	2014年指数	2015年指数	变化情况
工业增加值占GDP比重	50.50	48.76	↓1.74
第二产业全员劳动生产率	54.17	113.00	↑58.83
工业成本费用利润率	42.28	40.10	↓2.18
单位工业增加值工业专利量	89.80	100.33	↑10.53
单位地区生产总值电耗	94.28	96.92	↑2.64
电子信息制造业主营业务收入	163.09	169.86	↑6.77
软件业务收入	188.69	200.08	↑11.39

数据来源：中国电子信息产业发展研究院。

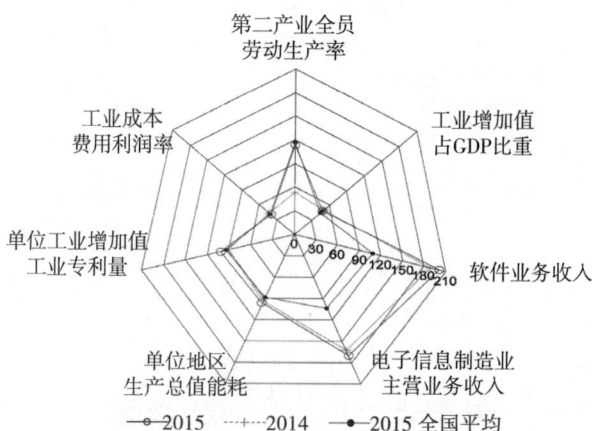

图25-4 2014—2015年四川省两化融合应用效益指数情况

数据来源：中国电子信息产业发展研究院。

100.33，比 2014 年提高 10.53 个点。在工业节能减排水平方面，单位地区生产总值电耗指数为 96.92，比 2014 年提高 2.64。在信息产业发展水平方面，电子信息制造业主营业务收入指数为 168.86，比 2014 年提高 6.77 个点；软件业务收入指数为 200.08，比 2014 年提高 11.39 个点。

三、优劣势评价

四川省两化融合发展具有以下优势：

一是具有较好的工业基础。2015 年，四川省工业发展成效显著，为两化深度融合奠定了良好的基础。据调查数据显示，四川省单位工业增加值占 GDP 的比重为 48.76，高于全国平均水平 4 个点；单位工业增加值工业专利量为 100.33，高于全国平均水平 8 个点；电子信息制造主营业务收入和软件业务收入分别达到 169.86 和 200.08，位居全国第六和第八名。

二是电子信息产业实力雄厚。2014 年，四川省电子信息制造业主营业务收入全国排名第六，软件业务收入全国排名第八。目前，已有 40 多家世界 500 强电子企业、20 多家国内电子百强企业在川落户。集成电路方面，英特尔、德州仪器、富士通、联发科等龙头企业在四川发展良好。全球约 50% 的笔记本电脑芯片在成都封装测试，成都已成为与北京、上海比肩的中国集成电路产业重要发展极。除此之外，四川是全国四大便携式电脑生产基地之一、全国最大的信息安全产品研发生产基地、第三大游戏产品研发运营中心和中西部新一代通信技术企业聚集度最高的区域，拥有"中国软件名城"称号。四川还是国家级数字视听产品产业基地，彩电产量居全国第四。

三是两化融合基础环境良好。2015 年，城（省）域网出口带宽达到 98.44，固定宽带端口平均速率 111.16，分别高于全国平均水平近 30 个点。"光网四川"建设的加快推进，使 50M/100M 宽带进入广大百姓家庭。目前，全省已经建成 1 个全光城市，22 个全光县，205 个全光乡镇，1015 个全光小区，有数万家庭用户开始使用 100M 宽带。

同时，与全国相比，四川省两化融合还存在以下劣势：

一是信息网络普及率相对较低。2015 年的评估结果显示，四川省固定宽带普及率 62.4，互联网普及率 54.21，分别低于全国平均水平 10 个点。移动电话普及率59.06，略低于全国平均水平。究其原因，主要是因为四川省人口数量庞大，尽管互联网普及数量增长较快，但普及率仍然落后全国多数地区。

二是工业领域的信息化应用水平不高。2015年，四川省重点行业典型企业装备数控化率为35.55，重点行业典型企业MES普及率为57.23，分别低于全国平均水平16个点和12个点。虽然工业企业信息化单项技术应用已基本普及，如财务、物料、人事、办公等系统，但是没有进入信息集成应用阶段。工业企业的装备数控化程度低，反映出四川省工业装备老旧，没有实现智能化生产，亟须进行数控化改造。

四、相关建议

一是加快信息基础设施建设。全面落实《四川省推进宽带基础设施建设重点工作方案》等相关文件要求，加快推进以管道、基站为主的信息基础设施网络建设，扩大IPTV和光纤网络覆盖率。拓展数字化工厂示范应用和典型应用。建设创新创业科技服务平台、中小企业信息化服务平台等，提升两化融合服务水平。制定《四川省信息基础设施保护条例》，为全省信息基础设施建设营造良好的法制环境。

二是加强两化融合管理体系贯标的政策保障。开展两化融合管理体系贯标试点，是落实国家两化深度融合战略的创新举措，也是企业提升核心竞争力的有效途径。为调动企业开展两化融合管理体系贯标工作的积极性，加快全国两化融合管理体系贯标工作的全面推进，建议在实施《中国制造2025》《"互联网+"行动指导意见》等相关战略及工程时，优先扶持积极开展两化融合管理体系贯标工作的企业。研究建立对制造企业知识产权的保护机制，加强对制造企业的知识产权保护。

三是加大对信息化复合型人才的培养。企业在信息化建设过程中，缺乏既懂IT技术又懂业务流程、企业管理的复合型人才，是导致部分地区和单位工作推动慢的主要因素。建议加快信息化复合型人才体系建设，推进两化融合工作开展，支撑《中国制造2025》的顺利实施。

第二十六章　贵州省两化融合发展水平分析

一、总体情况

（一）经济概况

2015 年，贵州省地区生产总值 10502.56 亿元，比上年增长 10.7%。其中，第一产业增加值 1640.62 亿元，比上年增长 6.5%；第二产业增加值 4146.94 亿元，比上年增长 11.4%；第三产业增加值 4715.00 亿元，比上年增长 11.1%。贵州省人均地区生产总值 29847 元，比上年增长 10.3%。全省第一产业、第二产业和第三产业增加值占地区生产总值增加值的比重分别为 15.6%、39.5% 和 44.9%。与上年相比，第一产业、第三产业比重分别提高 1.8 个和 0.3 个百分点，第二产业比重比上年下降 2.1 个百分点。全年规模以上工业增加值达到 3550.13 亿元，比上年增长 9.9 个百分点。全省四大传统行业实现增加值 2069.07 亿元，占规模以上工业增加值的比重为 58.3%。其中，酒、饮料和精制茶制造业增加值 716.05 亿元，同比增长 10.2%；煤炭开采和洗选业增加值 684.68 亿元，比上年增长 5.6%；电力、热力生产和供应业增加值 364.53 亿元，比上年增长 4.2%；医药制造业、计算机、通信和其他电子设备制造业增加值分别突破 100 亿元和 50 亿元，分别比上年增长 6.9% 和 102.0%；装备制造业和高技术产业工业增加值分别比上年增长 24.0% 和 22.5%。全年规模以上工业企业主营业务收入 9376.20 亿元，比上年增长 11.4%；实现利润总额 616.10 亿元，比上年增长 10.7%。全省财政总收入 2294.25 亿元，比上年增长 7%。全年城镇居民人均可支配收入达到 24579.64 元，比上年增长 9.0%；农村居民人均纯收入达到 7386.87 元，比上年增长 10.7%。[1]

（二）两化融合工作进展

近年来，贵州省以两化深度融合为主线，着力发展以大数据产业为引领的电子信息产业，下大力气改造升级传统产业，陆续出台了 10 多项政策和意见，重点开展试点示范工程、两化融合评估和研究、人才培训、贵州工业云建设等工作，两化融合发展水平显著提升，对推动贵州经济结构调整和转型升级起到了积极作用。

1. 出台了一系列政策文件

贵州省先后制定了《贵州省信息化和工业化深度融合专项行动计划实施方案（2014—2017 年）》《贵州省"十二五"推进信息化发展专项规划》《贵州省"十二五"物联网产业发展规划》《贵州省新一代信息技术产业发展规划》等政策文件，两化融合均作为重要内容给予强调。率先出台了《贵州省信息基础设施条例》《关于加快大数据产业发展应用若干政策的意见》《贵州省大数据产业发展应用规划纲要》等一系列政策法规，发布了《关于加快大数据产业发展的实施意见》《贵州省信息基础设施建设三年会战实施方案》等重要文件，推进了两化深度融合的发展。

2. 实施了传统产业试点示范工程

截至 2014 年年底，贵州省两化融合国家试点示范项目达到 12 个，获得资金支持 310 万，贵州茅台酒股份有限公司、中国振华集团新云电子元器件有限责任公司被列为工信部两化深度融合示范企业，贵州汇通华城股份有限公司"公共机构智能节能监控系统研发与示范"被列为工信部两化深度融合试点示范工程，贵州众智博信科技有限公司"'优随享'移动社区连锁电子商务平台"、贵州西拓科技有限公司"医药产品信息追踪追溯平台"被列为工信部电子商务集成创新试点工程，《贵州航空工业云建设》被列为工信部两化深度融合试点示范项目。省级两化融合专项资金支持项目 45 个，支持资金约 3400 多万元，全省各部门累计培育制造业信息化工程示范企业 200 余家，实施示范项目 2000 余项，支持资金 4000 多万元，六盘水市钟山区、遵义市汇川区被列为省级信息化与工业化融合试验区，瓮福（集团）有限责任公司、贵州久联民爆器材发展股份有限公司被列

---

[1] 贵州省统计局：《2015年贵州省国民经济和社会发展统计公报》，2016年3月。

为省级两化融合示范企业。

3. 加快发展以大数据为引领的信息产业

贵州省加快三大基础电信运营商贵安数据中心建设、块数据聚集试点和一批国家级、行业级龙头企业在贵州的落户，不断夯实数据资源聚集基础。建成了全国第一个省级政府数据集聚共享的统一云计算平台——"云上贵州"，推动数据共享交换，目前平台日均访问量近2亿次，最高峰值达10亿次以上。挂牌成立了贵阳大数据交易所和贵阳众筹金融交易所，启动数据交易。呼叫中心和服务外包产业初具规模，一批电商平台项目启动建设。开展了国家级大数据产业集聚发展示范区申报创建工作，将在数据整合、标准制定、交换交易、法治政府建设等方面开展更多试点示范，为国家的大数据战略做探索，积累经验。重点打造了大数据信息产业"基础设施层、系统平台层、云应用平台层、增值服务层、配套端产品层"的五个层级产业链。涉及大数据、增值电信服务、电子商务等新兴产业的特色企业相继入驻贵州并成长迅速，极大地带动电子信息产业的发展，形成了新的经济增长点。大数据、云计算、物联网等新一代电子信息技术的广泛应用，加快了传统产业改造升级步伐，推动了大数据和健康、旅游等产业的融合发展，催生了电子商务、网络新媒体、导航服务等一批新型业态。

4. 工业云建设成效显著

贵州省与中国航天科工集团第二研究院合作，开展基于政务网和互联网两个平台的工业云平台搭建工作。目前，政务网产业监测平台已经实现全省工业经济运行的实时监测，可以随时查看全省十大产业、各市州重点产业、工业园区经济运行状况。互联网平台汇集了海量数据，催生了一批提供云服务和端产品的企业，带动形成了产业链，目前，该平台能提供云服务应用近200个，集聚和培育云服务相关企业达到15家，包括2家是省外企业在贵州省注册成立的新公司，通过龙头企业带动了6000多家本地企业使用工业云，具备为10万家以上企业提供云服务的能力。贵州工业云平台在提升企业创新水平上成效显著。

5. 工业电子商务应用不断深化

根据对500家企业的抽样调查，截至2014年年底，贵州省约40%企业实现互联网采购，33%的企业实现互联网销售，重点行业典型企业销售环节电子商务应用指数增长率约56%，重点行业典型企业采购环节电子商务应用指数增长率约

47%，重点行业 200 家典型企业电子商务采购总额约为 123 亿元，重点行业 200 家典型企业电子商务销售总额约为 86 亿元。有 17.9% 的企业实现互联网订单交互，25.6% 的企业实现互联网报价，18.3% 的企业实现互联网结算，18.7% 的企业实现互联网物流配送，13.7% 的企业实现互联网客户个性化定制服务，有 7.5% 的企业在采购、销售等环节全面应用电子商务。

6. 强化信息安全保障体系建设

贵州省加强信息安全基础设施建设及运行维护，改造升级了省社会公共服务信息系统安全测评模拟实验室，建立省网络与信息安全事件应急支援中心，建立病毒库、漏洞库、政府门户网站漏洞信息发布及整改建议数据库。成立了省网络与信息安全事件应急管理专家组，提高对突发事件的应急处置能力。加强了网络信任体系建设和信息安全培训，信息安全保障体系建设取得显著成效。加强了网络与信息安全监测、预警和应急处置，对全省 800 个重要党政网站和重要新闻网站进行 24 小时监测预警。筛选出 72 家政府信息系统、重要党政网站、新闻网站组织组织开展现场检查和风险评估工作，分别出具各家单位检查评估报告，及时反馈促进整改。

二、两化融合发展水平分析

（一）综合分析

2015 年，贵州省两化融合发展总指数为 66.71，比 2014 年提高 9.63 个点。基础环境方面，2015 年基础环境指数为 72.82，比 2014 年提高 10.24 个点。工业应用方面，2015 年工业应用指数为 67.11，比 2014 年提高 9.68 个点。应用效益方面，2015 年应用效益指数为 66.71，比 2014 年提高 8.94 个点。

表 26-1　2014—2015 年贵州省两化融合指数情况

指标	2014年指数	2015年指数	变化情况
基础环境	62.58	72.82	↑10.24
工业应用	57.43	67.11	↑9.68
应用效益	50.86	59.80	↑8.94
发展指数	57.08	66.71	↑9.63

数据来源：中国电子信息产业发展研究院。

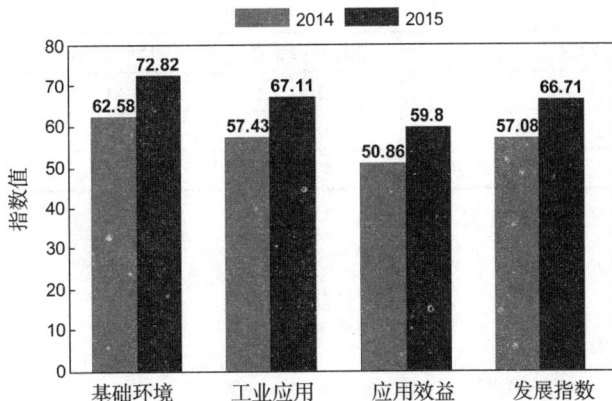

图 26-1　2014—2015年贵州省两化融合指数情况

数据来源：中国电子信息产业发展研究院。

（二）具体分析

1.基础环境指数

2015 年，贵州省两化融合基础环境条件良好，基础环境指数为 72.82，比 2014 年提高 10.24 个点。具体来看，2015 年，贵州省城（省）域网出口带宽指数值为 46.73，与 2014 年相比提高 17.44 个点；固定宽带普及率指数为 54.37，比 2014 年提高 4.37 个点；固定宽带端口平均速率为 78.32，比 2014 年提高 13.18 个点；移动电话普及率指数为 59.5，比 2014 年提高 3.01 个点。在互联网应用普及方面，贵州省互联网普及率指数为 51.71，比 2014 年提高 2.14 个点。在两化融合政策环境建设方面，中小企业信息化服务平台数指数为 150，比 2014 年提高 47.06 个点；重点行业典型企业信息化专项规划指数为 49.39，比 2014 年提高 2.17 个点。

表 26-2　2014—2015 年贵州省两化融合基础环境指数情况

指标	2014年指数	2015年指数	变化情况
城（省）域网出口带宽	29.29	46.73	↑17.44
固定宽带普及率	50.00	54.37	↑4.37
固定宽带端口平均速率	65.14	78.32	↑13.18
移动电话普及率	56.49	59.50	↑3.01
互联网普及率	49.57	51.71	↑2.14

（续表）

指标	2014年指数	2015年指数	变化情况
两化融合专项引导资金	100	100	0
中小企业信息化服务平台数	102.94	150.00	↑47.06
重点行业典型企业信息化专项规划	47.22	49.39	↑2.17

数据来源：中国电子信息产业发展研究院。

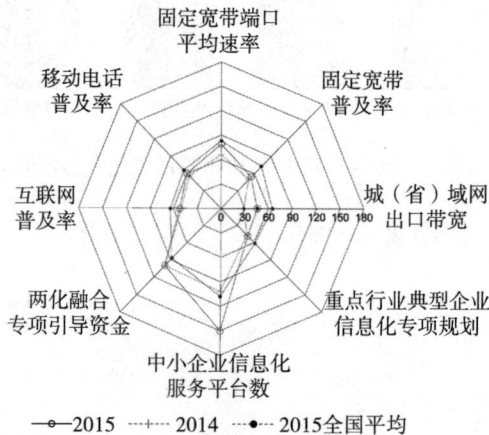

图26-2 2014—2015年贵州省两化融合基础环境指数情况

数据来源：中国电子信息产业发展研究院。

2. 工业应用指数

2015年，贵州省工业应用指数为67.11，比2014年提高9.68个点。具体来看，2015年，贵州省重点行业典型企业ERP普及率指数为68.67，比2014年提高7.83个点。重点行业典型企业MES普及率指数为83.94，比2014年提高9.6个点。重点行业典型企业PLM普及率指数为60.66，与2014年上升16.52个点。重点行业典型企业SCM普及率指数为60.51，比2014年提高6.56个点。重点行业典型企业采购环节电子商务应用普及率指数为60.51，比2014年提高16.03个点。重点行业典型企业销售环节电子商务应用普及率指数为80.11，比2014年提高9.88个点。重点行业典型企业装备数控化率指数为64.72，比2014上升9.04个点。国家新型工业化产业示范基地两化融合发展水平指数为43.71，比2014年提高3.18个点。

表 26-3 2014—2015 年贵州省两化融合工业应用指数情况

指标	2014年指数	2015年指数	变化情况
重点行业典型企业ERP普及率	60.84	68.67	↑7.83
重点行业典型企业MES普及率	74.34	83.94	↑9.60
重点行业典型企业PLM普及率	44.14	60.66	↑16.52
重点行业典型企业SCM普及率	53.95	60.51	↑6.56
重点行业典型企业采购环节电子商务应用	62.87	78.90	↑16.03
重点行业典型企业销售环节电子商务应用	70.23	80.11	↑9.88
重点行业典型企业装备数控化率	55.68	64.72	↑9.04
国家新型工业化产业示范基地两化融合发展水平	40.53	43.71	↑3.18

数据来源：中国电子信息产业发展研究院。

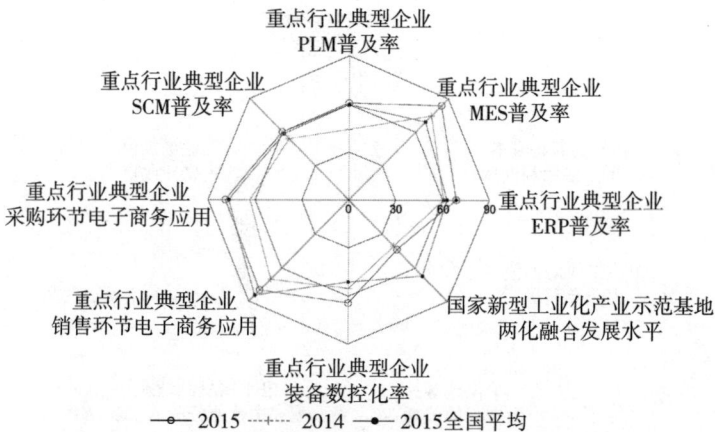

图 26-3 2014—2015年贵州省两化融合工业应用指数情况

数据来源：中国电子信息产业发展研究院。

3. 应用效益指数

2015 年，贵州省两化融合应用效益指数达到 59.8，比 2014 年提高 8.94 个点。具体来看，2015 年，在地区工业生产效益和水平方面，工业增加值占 GDP 比重指数为 41.67，比 2014 年提高 0.42 个点；第二产业全员劳动生产率指数为 106.82，比 2014 年提高 46.43 个点；工业成本费用利润率指数为 48.31，比 2014 年上升 1.15 个点；单位工业增加值工业专利量指数为 87.11，比 2014 年提高 0.39 个点。在工业节能减排水平方面，单位地区生产总值电耗指数为 68.34。在信息产业发展水平方面，电子信息制造业主营业务收入指数为 13.1，比 2014 年下滑 0.82

个点；软件业务收入指数为 38.36，比 2014 年提高 6.27 个点。

表 26-4　2014—2015 年贵州省两化融合应用效益指数情况

指标	2014年指数	2015年指数	变化情况
工业增加值占GDP比重	41.25	41.67	↑0.42
第二产业全员劳动生产率	60.39	106.82	↑46.43
工业成本费用利润率	47.16	48.31	↑1.15
单位工业增加值工业专利量	86.72	87.11	↑0.39
单位地区生产总值电耗	63.80	68.34	↑4.54
电子信息制造业主营业务收入	13.92	13.10	↓0.82
软件业务收入	32.09	38.36	↑6.27

数据来源：中国电子信息产业发展研究院。

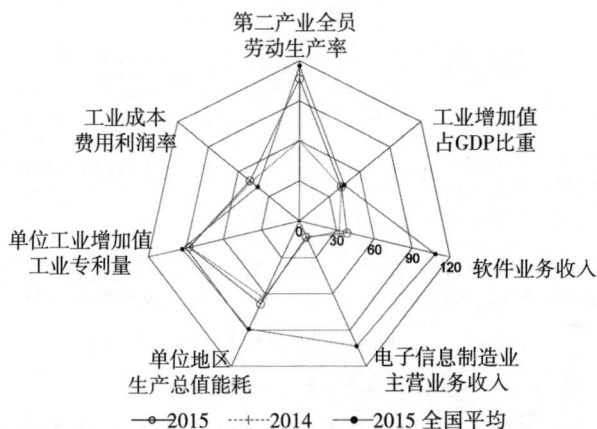

图 26-4　2014—2015年贵州省两化融合应用效果指数情况

数据来源：中国电子信息产业发展研究院。

三、优劣势评价

贵州省两化融合发展具有以下优势：

一是拥有一批新型工业化示范园区。工业园区已经成为贵州工业经济的主导力量，贵阳市小河—孟关装备制造业生态工业园区、贵阳麦架—沙文高新技术产业园、仁怀名酒工业园区、福泉市磷化工基地等 4 个园区被认定为国家新型工业化示范基地，开阳县工业园区、遵义市汇川机电制造工业园区等16个园区被认定为省新型工业化示范基地，贵阳国家经济技术开发区小孟工业园区、遵义市仁怀—习水名酒工业园区等20个园区被列为"511"示范园区。园区工业经济不断壮大，提高了工业产业集中度，有力地带动了上下游企业两化融合的发展。

二是大型企业生产装备信息化水平排名全国前列。2015年，贵州重点行业典型企业MES普及率达到83.94，远高于全国平均水平。重点行业典型企业装备数控化率达到64.72，全国排名第8，表明贵州工业生产装备与信息技术融合发展成效显著。工业成本费用利润率达到48.31，全国排名第6，表明贵州在工业应用效益方面具有明显的优势。

但与全国相比，贵州省两化融合还存在一些劣势：

一是地理位置偏僻。贵州在地缘上具有"不沿边、不沿海、不沿江"的特点，喀斯特地貌、沟壑纵深等导致修建基础设施往往要花费在北方平原地区几倍的成本和时间。交通不便、信息等基础设施建设滞后、基本建设力度不够、社会投资和招商引资进展缓慢等因素，阻碍了贵州两化融合的发展。

二是信息基础设施水平偏低。2015年，贵州省基础环境指数为72.82，低于全国平均水平，其中城（省）域网出口带宽、固定宽带普及率等指标与全国平均水平差距达到20个点，固定宽带端口平均速率、移动电话普及率等略低于全国平均水平，互联网普及率与全国平均水平相差12个点，说明贵州省信息基础环境薄弱，无法满足工业快速转型升级发展的需要，减弱了对贵州省两化融合的支撑作用。

四、相关建议

一是大力发展智能制造。促进工业互联网、云计算、大数据在企业研发设计、生产制造、经营管理、销售服务等全流程和全产业链的综合集成应用。推进生产装备、工艺流程智能化升级，推动研发、设计、制造、供应链管理等关键环节的柔性化改造。加强智能制造工业控制系统网络安全保障能力建设，健全综合保障体系。

二是推广应用智能制造装备和产品。推进机器人自主行走、可积累式知识系统和平台、三维地图实时创建等的基础性研发和产业化应用。支持企业实施以工业机器人、高档数控机床等智能化装备应用为主的自动化、智能化改造，促进化工、医药、特色食品、新型建材等传统特色优势行业生产装备自动化升级改造。依托先进制造业聚集区，重点发展智能手机、平板电脑、服务器、液晶面板、互联网电视、教育多媒体机、北斗终端设备、可穿戴设备和智能家电等智能终端产品。

三是推进制造过程智能化。将新一代信息技术、智能科学技术与先进制造技术融合，改造提升传统产业，推动制造业设计、生产、管理、服务等过程智能化。打造航空发动机、航天、汽车等智能制造示范基地。在高端装备制造、新型建材、特色食品、能矿等领域实施一批智能工厂或车间、关键工序智能化等示范工程。

四是探索发展工业互联网。规划建设覆盖贵州省工业十大产业领域的贵州工业云服务平台，建立中小企业云服务中心，打造"创客中国"服务平台。推动互联网＋协同制造，培育基于互联网的个性化定制、众包设计、云制造等新型制造模式，支持企业发展行业网络协同制造，为制造企业提供技术、产品和业务撮合。支持企业开展个性化定制、O2O等制造模式创新试点，构建以互联网为依托的产业体系。推动工业互联网基础设施建设，快制造业集聚区光纤网、移动通信网和无线局域网的部署和建设，实现信息网络宽带升级。重点加强一线高端智能装备、生产线设备的集成互联。

五是深化发展应用工业大数据。研究推动大数据在研发设计、生产制造、经营管理、市场营销、售后服务等产业链各环节的应用，研发面向不同行业、不同环节的大数据分析应用平台，促进工业大数据集成应用。推动大数据在工业行业管理和经济运行中的跨领域、跨平台应用，为政府决策和管理提供支持。在汽车及零部件、电梯等制造行业，鼓励企业应用大数据分析、智能化软件等技术和产品，将大数据、移动互联网与数字建模、仿真技术等制造技术融合，实现产品在线故障诊断及维护。

第二十七章 云南省两化融合发展水平分析

一、总体情况

（一）经济概况

2015 年，云南省生产总值完成 13717.88 亿元，比上年增长 8.7%，高于全国平均值 1.8 个百分点。其中，第一产业完成增加值 2055.71 亿元，同比增长 5.9%；第二产业完成增加值 5492.76 亿元，同比增长 8.6%，第三产业完成增加值 6169.41 亿元，同比增长 9.6%。三次产业结构为 15.0∶40.0∶45.0。人均生产总值（GDP）达 29015 元，比上年增长 8.1%。全年全部工业增加值 3925.18 亿元，比上年增长 6.7%。规模以上工业增加值 3623.08 亿元，同比增长 6.7%。烟草制品业增加值 1300.17 亿元，比上年增长 4.4%；电力热力生产和供应业增加值 535.76 亿元，同比增长 7.9%。六大高耗能行业增加值 1255.4 亿元，比上年增长 5.6%。[1]

（二）两化融合工作进展

为贯彻落实中央提出的"大力推进信息化与工业化融合发展，构建现代产业体系"的战略任务，按照云南省委省政府的安排部署，2015 年，云南省工信委坚持立足实际，紧贴云南省工业和信息化发展特点，围绕理顺机制、强化基础服务、试点先行、营造环境等方面推进两化融合工作。

---

[1] 云南省统计局：《云南省2015年国民经济和社会发展统计公报》，2016年4月。

1. 政策环境持续完善

云南省工信委编制了《省级两化融合工作方案》，制订下发了《云南省 2015 年"两化"融合重点工作计划》，研究制定了两化融合工作方案，就方案中确定的重点工作，以部门文件的形式下发到 16 个市（州）贯彻执行。通过"一方案一计划"，为全年两化融合工作的顺利推进指明了方向，明确了工作重点和目标，形成了比较好的省—市（州）—县（区）三级协同推进两化融合的工作格局。

2. 组织了两化融合管理体系贯标活动

为确保贯标试点工作的顺利推进，云南制定了《云南省 2015 年两化融合管理体系贯标试点工作方案》，按照"政府 + 企业两级管理模式"，在省工信委成立了两化融合管理体系贯标试点领导小组，负责全省企业贯标试点工作方案的制定、思想发动与宣传、培训组织、贯标过程督促检查及达标企业奖励等工作。成功组织了昆船、云铜、玉溪卷烟厂 3 家企业两化融合管理体系贯标试点认定，遴选推荐上报了 23 家企业申报工信部 2015 年两化融合管理体系贯标（第二批）试点，6 户被确定为试点企业。

3. 组织开展了两化融合培训

2015 年，云南组织开展了 9 期全省两化融合培训、两化融合昆明高峰论坛、工业园区两化融合论坛等活动，通过两化融合政策宣讲、管理体系贯标经验及云南省工业企业两化融合服务支撑能力建设项目成果分享，使各级各部门和相关企业深刻领会国家相关部署和要求，推动全省企业两化融合管理体系贯标活动广泛开展，进而科学有效地、多层次推进全省两化融合向纵深发展。

4. 开展了两化融合发展水平评估

云南研究制定了《2015 年云南省区域两化融合发展水平评估工作方案》，启动了全省 16 各州市两化融合发展水平评估工作。积极开展"云南两化融合网暨两化融合评估系统"的推广应用，对全省各市（州）、规模以上工业企业开展两化融合发展水平调研普查和两化融合发展水平评估；开展了对调研数据的整理、统计、分析和计算，客观地反映全省各州市、各行业及各工业企业两化融合水平发展程度；建立了区域、企业两化融合工作情况实时上报和评估的长效机制，加强和完善了云南省两化融合支撑服务体系。

5. 加快推进工业云、工业大数据及互联网工业融合创新发展

在互联网与工业融合创新领域，昆明钢铁控股有限公司基于移动互联的移动办公系统建设，在个人事务、公文流转、流程管理等方面得到全面的应用，建立了昆钢内部物资快捷、高效、敏捷的阳光采购平台、产品销售及贸易平台，实现了供应商、客户与昆钢的业务协同，建立了面向社会的公共服务平台，提供采购、销售、物流及相关增值服务。在工业云领域，云南冶金集团工业云建设项目完成了集团工业云基础平台建设，昆钢控股有限公司进行了企业私有云的建设。通过工业云计算的建设，为企业内外部提供平台开发服务，逐步调整现有生产经营管理系统，调整架构实现云端化，为集团、其他企业、社会提供个性化软件按需服务。在工业大数据领域，昆钢控股有限公司已经构建以信息资源标准为基础、信息安全为保障的数据交换服务平台、数据加工存储平台和数据分析应用平台，初步形成云南铜业决策分析系统。

二、两化融合发展水平分析

（一）综合分析

2015 年，云南省两化融合水平整体呈现上升趋势，全省两化融合发展指数为 46.57，比 2014 年的 33.62 上升 12.95 个点。基础环境方面，基础环境指数为 47.11，比 2014 年的 45.89 提升 1.22 个点。工业应用方面，工业应用指数为 44.15，比 2014 年的 22.23 上升了 21.92 个点。应用效益方面，应用效益指数为 50.86，比 2014 年的 44.13 提升 6.73 个点。

表 27-1　2014—2015 年云南省两化融合指数情况

指标	2014年指数	2015年指数	变化情况
基础环境	45.89	47.11	↑1.22
工业应用	22.23	44.15	↑21.92
应用效益	44.13	50.86	↑6.73
发展指数	33.62	46.57	↑12.95

数据来源：中国电子信息产业发展研究院。

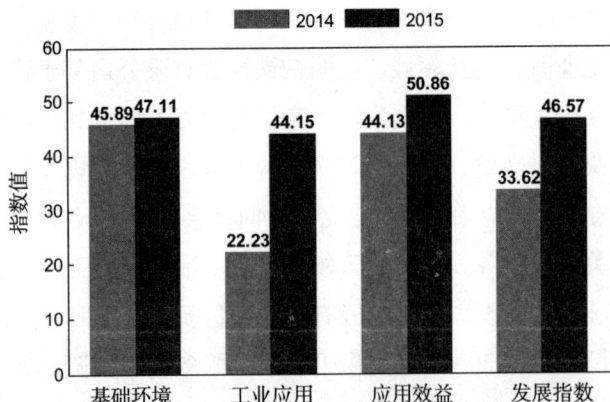

图 27-1　2014—2015年云南省两化融合指数情况

数据来源：中国电子信息产业发展研究院。

（二）具体分析

1. 基础环境指数

2015 年，云南省加快推进通信互联互通、信息沟通交流平台、"宽带云南"工程 3 个重点项目建设，着力在加快国际信息大通道建设上下功夫，两化融合基础环境不断改善。2015 年，云南省两化融合基础环境指数为 47.11，比 2014 年提升 1.22 个点。具体来看，2015 年云南省城（省）域网出口带宽指数为 45.98，与 2014 年相比下滑 4.47 个点；固定宽带普及率指数为 54.37，与 2014 年持平；固定宽带端口平均速率指数为 69.31，比 2014 年提升 1.3 个点；移动电话普及率指数为 58.31，比 2014 年提升 3.64 个点。在互联网普及应用方面，2015 年云南省互联网普及率指数为 51.92，比 2014 年提升 2.46 个点。在两化融合政策环境建设方面，2014 和 2015 年云南省均没有设立两化融合专项引导资金；中小企业信息化服务平台数指数 11.12，比 2014 年下滑 25.73 个点；重点行业典型企业信息化专项规划指数为 54.24，比 2014 年上升 27.49 个点。

表 27-2　2014—2015 年云南省两化融合基础环境指数情况

指标	2014年指数	2015年指数	变化情况
城（省）域网出口带宽	50.45	45.98	↓4.47
固定宽带普及率	54.37	54.37	0
固定宽带端口平均速率	68.01	69.31	↑1.3

（续表）

指标	2014年指数	2015年指数	变化情况
移动电话普及率	54.67	58.31	↑3.64
互联网普及率	49.46	51.92	↑2.46
两化融合专项引导资金	0	0	0
中小企业信息化服务平台数	36.85	11.12	↓25.73
重点行业典型企业信息化专项规划	26.75	54.24	↑27.49

数据来源：中国电子信息产业发展研究院。

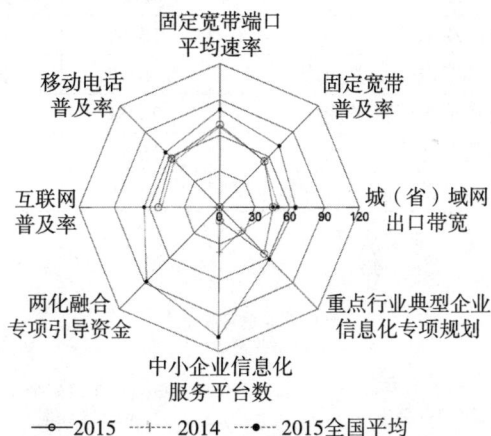

图 27-2　2014—2015年云南省两化融合基础环境指数情况

数据来源：中国电子信息产业发展研究院。

2. 工业应用指数

2015 年，云南省两化融合工业应用指数为 44.15，比 2014 年上升 21.92 个点，重点行业典型企业 ERP 普及率、重点行业典型企业 MES 普及率、重点行业典型企业 PLM 普及率、重点行业典型企业 SCM 普及率、重点行业典型企业装备数控化率均上升超过 24 个点，表明云南省中小企业在信息化建设方面取得显著成效。具体来看，2015 年，云南省重点行业典型企业 ERP 普及率指数为 49.9，比 2014 年上升 33.65 个点；重点行业典型企业 MES 普及率指数为 44.54，比 2014 年提升 33.3 个点；重点行业典型企业 PLM 普及率指数为 50，比 2014 年提升 45.4 个点；重点行业典型企业 SCM 普及率指数为 41.5，比 2014 年上升 24.64 个点；重点行业典型企业采购环节电子商务应用普及率指数为 26.27，比 2014 年上升 0.26 个点；重点行业典型企业销售环节电子商务应用普及率指数为 51.77，比 2014 年上升

28.69 个点；重点行业典型企业装备数控化率指数为 47.4，比 2014 年上升 31.07
个点；国家新型工业化产业示范基地两化融合发展水平指数为 41.7，比 2014 年
下滑 16.71 个点。

表 27-3 2014—2015 年云南省两化融合工业应用指数情况

指标	2014年指数	2015年指数	变化情况
重点行业典型企业ERP普及率	16.25	49.90	↑33.65
重点行业典型企业MES普及率	11.24	44.54	↑33.30
重点行业典型企业PLM普及率	4.60	50.00	↑45.40
重点行业典型企业SCM普及率	16.86	41.50	↑24.64
重点行业典型企业采购环节电子商务应用	26.01	26.27	↑0.26
重点行业典型企业销售环节电子商务应用	23.08	51.77	↑28.69
重点行业典型企业装备数控化率	16.33	47.40	↑31.07
国家新型工业化产业示范基地两化融合发展水平	58.41	41.70	↓16.71

数据来源：中国电子信息产业发展研究院。

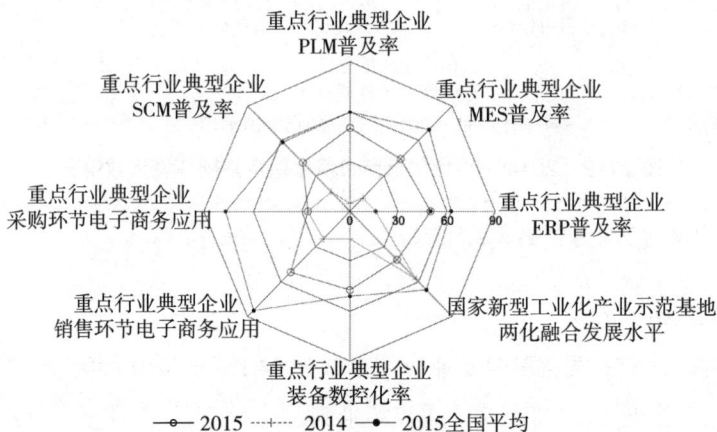

图 27-3 2014—2015年云南省两化融合工业应用指数情况

数据来源：中国电子信息产业发展研究院。

3. 应用效益指数

2015 年，云南省两化融合应用效益指数为 50.86，比 2014 年提升 6.73 个点。
具体来看，2015 年云南省工业增加值占 GDP 比重指数为 37.85，比 2014 年下滑
2.07 个点；第二产业全员劳动生产率指数为 104.65，比 2014 年提升 48.1 个点；
工业成本费用利润率指数为 35.22，比 2014 年下滑 5.71 个点；单位工业增加值

工业专利量指数为 64.77，比 2014 年提升 3.28 个点；单位地区生产总值电耗指数为 71，比 2014 年上升 1.91 个点；电子信息制造业主营业务收入指数为 6.66，比 2014 年下降 0.63 个点；软件业务收入指数为 22.83，比 2014 年下滑 3.37 个点。

表 27-4　2014—2015 年云南省两化融合应用效益指数情况

指标	2014年指数	2015年指数	变化情况
工业增加值占GDP比重	39.92	37.85	↓ 2.07
第二产业全员劳动生产率	56.55	104.65	↑ 48.10
工业成本费用利润率	40.93	35.22	↓ 5.71
单位工业增加值工业专利量	61.49	64.77	↑ 3.28
单位地区生产总值电耗	69.09	71.00	↑ 1.91
电子信息制造业主营业务收入	7.29	6.66	↓ 0.63
软件业务收入	26.20	22.83	↓ 3.37

数据来源：中国电子信息产业发展研究院。

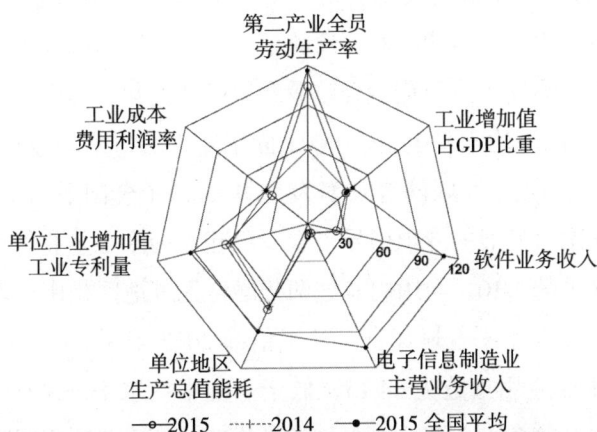

图 27-4　2014—2015年云南省两化融合应用效益指数情况

数据来源：中国电子信息产业发展研究院。

三、优劣势评价

云南省两化融合发展具有如下优势：

一是具有得天独厚的区位优势。云南是中国通往东南亚、南亚的窗口和门户，地处中国与东南亚、南亚三大区域的结合部，是我国面向西南开放的重要桥头堡。拥有国家一类口岸 13 个、二类口岸 7 个，与缅甸、越南、老挝 3 国接壤；与泰国和柬埔寨通过澜沧江—湄公河相连，并与马来西亚、新加坡、印度、孟加拉等国邻近，是我国毗邻周边国家最多的省份之一。

二是拥有多个国家新型工业化产业基地。截至 2015 年年底，云南省已有安宁工业园区、昆明高新技术产业开发区、个旧市有色金属（锡）新材料产业基地、祥云财富工业园区、昆明经济技术开发区、云南曲靖煤化工工业园区、玉溪红塔工业园区等 7 个产业集聚区成为国家新型工业化产业示范基地，在产业集聚、技术创新、品牌创建、公共服务环境等方面有了较大提升，成为推动信息化与工业化深度融合的重要载体。

与 2014 年相比，2015 年云南省两化融合水平整体呈现上升趋势，但两化融合存在的几个劣势仍不容忽视：

一是信息化基础设施建设亟待加速。2015 年，云南省基础环境指数仅为 47.11，低于全国平均水平（75.38），反映了云南省网络基础设施建设水平明显偏低，财政资金支持力度小，两化融合政策环境亟待优化。其中，固定宽带普及率为 54.37，低于全国平均水平近 18 个点；固定宽带端口平均速率为 69.31，低于全国平均水平 13 个点；互联网普及率为 51.92，低于全国平均水平 12 个点；尚未设立支持两化融合发展的专项引导资金；已建立的中小企业信息化服务平台数仅为全国平均水平的 1/10，与国内其他两化融合先进地区相比，差距更是悬殊。

二是企业信息化水平普遍偏低。从工信部 2015 年评估结果中的工业应用指数看，云南省工业应用指数为 44.15，低于全国平均水平（66.04），反映全省企业信息化应用水平较低，大部分企业的信息化普遍处于单项应用阶段，有的企业甚至尚未开始应用信息技术。

四、相关建议

一是要贯彻落实国家《关于推进"互联网 +"行动的指导意见》以及云南省的实施意见要求，在服装、家具、家电、手工艺品等产业领域组织开展"互联网 + 协同制造"试点，探索定制化生产新模式。搭建 C2M 平台，开展用户参与的个性化、定制化生产方式创新，支持"消费者 + 互联网 + 产品研发 + 定制化生产"

的新型生产体系构建，加快发展定制订单生产制造新业态新模式。组织云南省规模以上工业企业开展两化融合管理体系贯标活动，使更多企业参与到两化融合管理体系贯标活动，提升企业信息化水平。

二是强化支撑服务能力建设，构建国家、省市协调统一的两化融合推进体系；研究建立市场化的两化融合推进机构，形成政、产、学、研、用相结合的两化深度融合推进格局；引导企业建立信息化推进机制，全面推动规模以上企业设立首席信息官制度，建立职责清晰、协调有力、运转高效的企业信息化工作机制。

三是组织全省区域、行业、重点企业开展两化融合发展水平评估评价，发布年度水平指数排名及评估分析报告，引导全省两化融合工作协同推进。

四是加强人才培养，培训交流工作经常化，制度化；围绕两化深度融合对复合型高端人才的需求，鼓励高校和各类培训机构，设置专业课程，开展专业培训，努力构建符合云南省实际，满足工作需要的高、中、低搭配的人才队伍。

第二十八章　西藏自治区两化融合发展水平分析

一、总体情况

（一）经济概况

2015 年，西藏实现地区生产总值 1026.39 亿元，按可比价格计算，比上年增长 11.0%。其中，第一产业增加值 96.89 亿元，同比增长 3.9%；第二产业增加值 376.19 亿元，同比增长 15.7%；第三产业增加值 553.31 亿元，同比增长 8.9%。人均地区生产总值 31999 元，同比增长 8.9%。在全区生产总值中，第一、二、三产业增加值所占比重分别为 9.4%、36.7%、53.9%，与上年相比，第一产业比重下降 0.5 个百分点，第二产业提高 0.1 个百分点，第三产业提高 0.4 个百分点。全年全部工业实现增加值 69.88 亿元，比上年增长 13.3%。规模以上工业实现增加值 56.19 亿元，比上年增长 14.5%。其中，轻工业实现增加值 21.44 亿元，同比增长 11.6%；重工业实现增加值 34.75 亿元，同比增长 16.5%。全年规模以上工业企业完成水泥产量 467.9 万吨，比上年增长 36.7%；发电量 35.69 亿千瓦时，同比增长 49.3%；啤酒 15.81 万吨，同比下降 0.3%；中成药（藏医药）2009 吨，同比增长 12.8%；自来水 13181 万吨，同比增长 7.5%；包装饮用水 24.45 万吨，同比增长 113.5%；铬矿石 91731 吨，同比增长 0.7%。[1]

（二）两化融合工作进展

在西藏自治区党委政府、工业和信息化部的正确领导下，在全区工业、信息技术服务企业的共同努力下，"十二五"期间西藏自治区两化融合工作稳步推进。

---

[1]　西藏自治区统计局：《2015年西藏自治区国民经济和社会发展统计公报》，2016年5月。

1. 信息化技术应用逐步深入

信息化技术在重点企业生产、经营、管理的主要领域、主要环节开始逐步应用，产生了良好的经济效益。民爆、优势矿产业等重点高危行业企业生产自动化水平不断提高，计算机辅助设计在藏毯、皮革制造等传统产业中试点应用，天然饮用水、食饮品、藏医药等重点民生行业质量安全信息追溯体系逐步建设。华泰龙数字矿山信息化建设、西藏高争民爆两化融合安全生产、西藏珂尔信息技术有限公司藏药追踪溯源等一批两化融合重点项目陆续建成。西藏高原之宝牦牛乳业有限公司、西藏华泰龙矿业开发有限公司两家企业被选为"全国信息化和工业化融合管理体系贯彻试点企业"，5家企业试点推广首席信息官制度建设。《中国信息化与工业化融合发展水平评估报告》评估结果显示，2015年，全区规模以上企业中50.81%实施企业资源计划管理（ERP），重点行业典型企业采购环节电子商务应用率达31.59%，销售环节电子商务应用率达56.65%，重点行业典型企业装备数控化率达40.16%。

2. 信息基础设施水平显著提升

西藏自治区深化实施宽带西藏战略，加快城市光纤宽带网络发展，推进光纤到户工程，继续加大城市老旧小区光纤网络成片改造力度，进一步提升城市宽带接入能力和城域网传输交换能力。截至2014年年底，宽带网络覆盖能力进一步加强，通光缆乡镇为668个，占全区乡镇总数的97%；加快农村通信基础设施建设，累计完成行政村通宽带3816个，村通宽带率达72%。2014年，西藏还消除了639个行政村的移动通信信号盲区。这标志着西藏所有行政村实现移动通信信号全覆盖。西藏互联网用户总数达217万户，西藏广大农牧民搭上信息化快车道，全区逾七成百姓使用互联网。其中固定互联网宽带用户家庭普及率达32%。

3. 有序推进物联网健康发展

2014年，西藏自治区共推荐上报了6个重点领域物联网系统研制项目，其中，西藏高原之宝牦牛乳业股份有限公司"牦牛奶婴幼儿配方乳粉质量安全追溯系统"和西藏牦牛王生态食品有限公司"西藏牦牛制品可追溯平台建设"两个项目分别获批550万元、300万元补助资金。会同拉萨市工信局、拉萨市财政局相关人员组成专项检查组两次赴企业实地督查项目进展。对2012年以来获得国家物联网发展专项资金项目进展和资金使用情况进行了督查，保证了项目进度和资金安全。

4. 推进两化深度融合

2015 年，西藏自治区草拟了《西藏自治区两化融合五年行动计划（2015—2019 年）》。积极申报了国家支持，华泰龙、高原之宝两家公司成功入选国家 2014 年两化融合管理体系贯标 500 家试点企业之一，正在认真组织开展贯标评估。在自治区内部组织了规模以上工业企业开展两化融合水平评估。有关企业和部门 9 名信息化主管人员被授予"全国首席优秀信息官"。

二、两化融合发展水平分析

（一）综合分析

2015 年，西藏自治区两化融合发展指数为 41.1，比 2014 年提升 5.74 个点。基础环境方面，2015 年西藏自治区基础环境指数为 38.87，比 2014 年提升 1.43 个点。工业应用方面，2015 年西藏自治区工业应用指数为 34.3，比 2014 年上升 1.34 个点。应用效益方面，2015 年西藏自治区应用效益指数为 56.94，比 2014 年上升 18.88 个点。

表 28-1　2014—2015 年西藏自治区两化融合指数情况

指标	2014年指数	2015年指数	变化情况
基础环境	37.44	38.87	↑1.43
工业应用	32.96	34.30	↑1.34
应用效益	38.06	56.94	↑18.88
发展指数	35.36	41.10	↑5.74

数据来源：中国电子信息产业发展研究院。

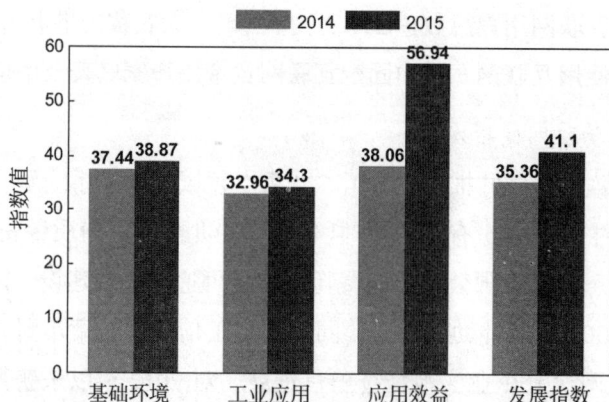

图 28-1　2014—2015年西藏自治区两化融合指数情况

数据来源：中国电子信息产业发展研究院。

（二）具体分析

1. 基础环境指数

西藏自治区两化融合基础环境建设水平在国内较为落后，但建设速度较快。2015年，西藏自治区城（省）域网出口带宽指数为8.75，与2014年相比上升5.49个点；固定宽带普及率指数为45.34，与2014年相比上升4.97个点；固定宽带端口平均速率指数为51.3，比2014年下滑14.33个点；移动电话普及率指数为64.76，比2014年提升3.27个点。在互联网应用普及方面，西藏自治区互联网普及率指数为56.32，比2014年提升2.01个点。在两化融合政策环境建设方面，2014、

表28-2　2014—2015年西藏自治区两化融合基础环境指数情况

指标	2014年指数	2015年指数	变化情况
城（省）域网出口带宽	3.26	8.75	↑5.49
固定宽带普及率	40.37	45.34	↑4.97
固定宽带端口平均速率	65.63	51.30	↓14.33
移动电话普及率	61.49	64.76	↑3.27
互联网普及率	54.31	56.32	↑2.01
两化融合专项引导资金	0	0	0
中小企业信息化服务平台数	0	0	0
重点行业典型企业信息化专项规划	15.21	30.70	↑15.49

数据来源：中国电子信息产业发展研究院。

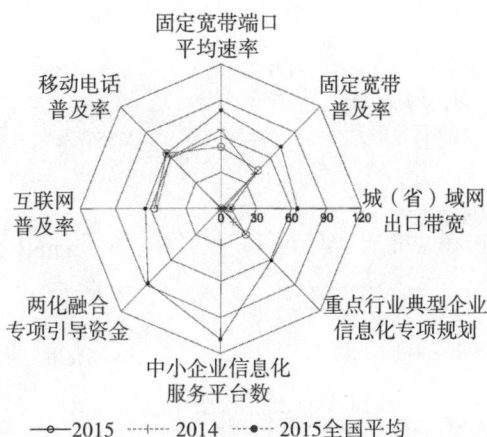

图28-2　2014—2015年西藏自治区两化融合基础环境指数情况

数据来源：中国电子信息产业发展研究院。

2015年西藏自治区均没有设立两化融合专项引导资金，也尚未建立中小企业信息化服务平台；重点行业典型企业信息化专项规划指数为30.7，比2014年上升15.49个点。

2. 工业应用指数

2015年，西藏自治区重点行业典型企业ERP普及率指数为50.81，比2014年上升17.19个点；重点行业典型企业MES普及率指数为38.97，比2014年上升20.39个点；重点行业典型企业PLM普及率指数为11.12，比2014年下降0.33个点；重点行业典型企业SCM普及率指数为50，比2014年上升19.88个点；重点行业典型企业采购环节电子商务应用普及率指数为31.59，比2014年上升0.81个点；

表28-3　2014—2015年西藏自治区两化融合工业应用指数情况

指标	2014年指数	2015年指数	变化情况
重点行业典型企业ERP普及率	33.62	50.81	↑17.19
重点行业典型企业MES普及率	18.58	38.97	↑20.39
重点行业典型企业PLM普及率	11.45	11.12	↓0.33
重点行业典型企业SCM普及率	30.02	50.00	↑19.98
重点行业典型企业采购环节电子商务应用	32.40	31.59	↓0.81
重点行业典型企业销售环节电子商务应用	49.45	56.65	↑7.20
重点行业典型企业装备数控化率	47.01	40.16	↓6.85
国家新型工业化产业示范基地两化融合发展水平	37.99	0	↓37.99

数据来源：中国电子信息产业发展研究院。

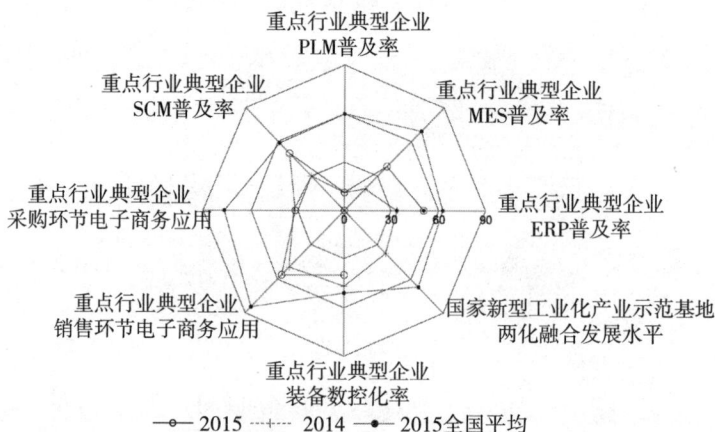

图28-3　2014—2015年西藏自治区两化融合工业应用指数情况

数据来源：中国电子信息产业发展研究院。

重点行业典型企业销售环节电子商务应用普及率指数为 56.65，比 2014 年上升 7.2 个点；重点行业典型企业装备数控化率指数为 40.16，比 2014 年下滑 6.85 个点；国家新型工业化产业示范基地两化融合发展水平指数为 0，比 2014 年下滑 37.99 个点。

3. 应用效益指数

2015 年，西藏自治区两化融合应用效益指数达到 56.94，比 2014 年上升 5.74 个点。在地区工业生产效益和水平方面，工业增加值占 GDP 比重指数为 10.77，比 2014 年下滑 0.81 个点；第二产业全员劳动生产率指数为 155.02，比 2014 年提升 91.31 个点；工业成本费用利润率指数为 60.62，比 2014 年上升 14.76 个点；

表 28-4　2014—2015 年西藏自治区两化融合应用效益指数情况

指标	2014年指数	2015年指数	变化情况
工业增加值占GDP比重	11.58	10.77	↓0.81
第二产业全员劳动生产率	63.71	155.02	↑91.31
工业成本费用利润率	45.86	60.62	↑14.76
单位工业增加值工业专利量	17.40	28.81	↑11.41
单位地区生产总值电耗	132.42	134.13	↑1.71
电子信息制造业主营业务收入	0	0.13	↑0.13
软件业务收入	0	0	0

数据来源：中国电子信息产业发展研究院。

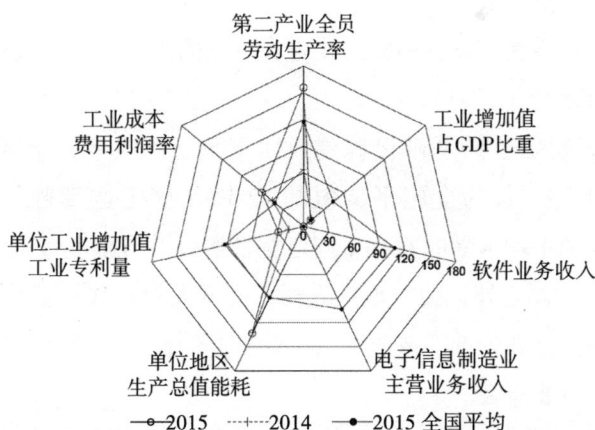

图 28-4　2014—2015 年西藏自治区两化融合应用效益指数情况

数据来源：中国电子信息产业发展研究院。

单位工业增加值工业专利量指数为 28.81，比 2014 年上升 11.41 个点；单位地区生产总值电耗指数为 134.13，比 2014 年上升 1.71 个点。在信息产业发展水平方面，西藏才刚刚起步，电子信息制造业主营业务收入指数仅为 0.13。

三、优劣势评价

西藏自治区两化融合发展具有以下优势：

一是区位和地缘优势明显。西藏与印度、尼泊尔等多个国家和地区接壤，西藏是中国与南亚国家之间的通商要道。西藏有着得天独厚的自然和人文景观，旅游、藏医藏药、矿业、绿色饮料业、特色农畜产品加工业等作为亟待发展的支柱产业，蕴藏着巨大的商机。

二是工业成本费用利润率较高。2015 年，西藏工业成本费用利润率（60.62）、第二产业全员劳动生产率（155.02）等指标均高于全国平均水平（依次为 41.02、116.76），说明西藏的工业生产成本及费用投入较低，平均每个职工的工业产值较高，在应用效益方面并不落后。

三是特色产业信息化优势显著。拥有 5100 冰川矿泉水、甘露藏药、拉萨啤酒、藏毯等一大批特色产业，集聚发展效应凸显。传统产业与多种信息技术的融合发展，提高了特色产品的技术含量和附加值，强化了特色企业的竞争力，提升了西藏特色产业发展的整体水平。

尽管以上优势不断拉动着西藏两化融合水平的提升，但西藏两化融合发展仍受到以下劣势的影响：

一是两化深度融合的基础设施建设水平低。2015 年，全区城（省）域出口带宽指数为 8.75，仅为全国平均值的 12.5%；固定宽带普及率指数指数为 45.34%，仅为全国平均水平的 60%；固定宽带端口平均速率为 51.3，仅为全国平均水平的 62%。除此之外，西藏地广人稀，光纤入户和移动基站建设成本较高，电信普遍服务补偿标准较低，造成电信运营企业的投资积极性不高等均成为信息基础设施落后的重要原因。

二是政府对两化融合资金支持力度不够。根据工业和信息化部《信息化和工业化深度融合专项行动计划（2013—2018 年）》的要求，各省（自治区、直辖市）应设立两化融合专项资金，主要用于两化融合重点技术改造与创新项目、示范工程、公共技术服务平台建设、关键技术开发、企业两化融合管理体系贯标等的资助、贴息和奖励。但目前，西藏尚未设立两化融合专项引导资金，尚未达到工信部的要求，在全国范围内来看属于较为落后的省份。

三是企业推进两化融合动力不足。除了企业竞争压力大，利润率不高，造成投资能力有限等原因之外，信息化应用对企业竞争能力的价值，大多数时候是间接的，并不是说企业只要应用了信息化，竞争力和盈利能力就能立竿见影得到提高，都是造成企业推进两化融合动力不足的重要原因。

四、相关建议

对西藏自治区两化融合发展提出以下建议：

一是加快推进信息基础设施建设。加大通信基础设施整合力度，促进各类管线集约化建设。增加进出藏光缆通道，建设区、地、县三级应急通信体系，完善党政专网通信基础设施。实施移动网广覆盖和宽带通信工程，支持边防覆盖工程建设。推进无线通信网络建设，力争使全区所有乡镇、重要道路和景区（点）实现无线网络覆盖，加快农牧区通信建设，有序推进宽带通信工程，建立健全电信普遍服务补偿机制，实现乡乡通光缆，村村能上网。

二是拓展信息技术在特色优势产业中的应用。完善全区电子商务认证应用环境，鼓励企业利用第三方平台开展电子商务活动。加快信息技术在藏毯等特色手工业发展中的应用推广，提升企业设计工艺水平。加快生产自动化、过程控制自动化技术在建材行业、制造业企业中的应用推广，提高产能和产品产量。加快节能控制和污染监控信息技术在建材、造纸、藏医药、食饮品、制革等行业企业中的应用推广，促进节能高效生产。

三是加强政府对两化融合的资金和政策支持。设立西藏自治区两化融合专项引导资金，积极利用好自治区产业发展和企业改革专项资金、中小企业发展专项资金等资金，加大对两化融合的资金支持力度。制定扶持企业信息化发展的优惠政策，支持信息产业发展、企业技术创新和信息化建设，为两化融合营造良好的政策环境。

第二十九章　陕西省两化融合发展水平分析

一、总体情况

（一）经济概况

2015 年，陕西省地区生产总值 18171.86 亿元，比上年增长 8.0%。其中，第一产业增加值 1597.63 亿元，同比增长 5.1%，占生产总值的比重为 8.8%；第二产业增加值 9360.30 亿元，同比增长 7.3%，占 51.5%；第三产业增加值 7213.93 亿元，同比增长 9.6%，占 39.7%。人均生产总值 48023 元，比上年增长 7.6%。全年全部工业增加值 7634.19 亿元，比上年增长 6.9%。其中，规模以上工业增加值增长 7.0%。规模以上工业中，重工业增加值增长 5.8%，轻工业增加值增长 13.5%；从行业来看，采矿业增加值增长 3.4%，制造业增加值增长 11.1%，电力、热力、燃气及水生产和供应业增加值下降 0.3%；能源工业增加值增长 1.5%，非能源工业增加值增长 13.0%；六大高耗能行业增加值增长 7.2%。全年规模以上工业主营业务收入 18336.34 亿元，比上年下降 0.3%；利润 1339.75 亿元，同比下降 21.8%；税金总额 1491.79 亿元，同比下降 6.9%。[1]

（二）两化融合工作进展

2014 年，陕西省大力推进两化融合，加快信息基础设施建设，开展两化融合贯标、工业大数据、工业云试点示范，探索具有西部特色的两化融合道路。

1. 网络基础设施逐步完善

陕西省各大运营商持续加快基础设施建设和改造，基础网络覆盖率不断提高。

---

[1] 陕西省统计局：《2015年陕西省国民经济和社会发展统计公报》，2016年3月。

主要工业园区、工业集聚区宽带接入能力提升。2014 年，全省百人宽带用户数达到 14.91 户，百人手机用户达到 103.62 部；电信总收入达到 453.01 亿元，年平均增长 9.16%。

2. 两化融合管理体系贯标试点推进顺利

陕西省根据工信部《两化融合专项行动计划 2013—2018 年》工作部署安排，开展了不同层级 3 批次两化融合管理体系试点贯标。第一批国家级两化融合管理体系贯标试点企业共遴选了 13 家，其中 8 户已通过国家评定。第二批国家级两化融合管理体系贯标试点企业共遴选了 20 家，另外还遴选了省级两化融合管理体系贯标试点企业 11 家，试点工作紧锣密鼓推进。全省有 3 家具有国家资质的贯标咨询服务机构，并成立了以陕西省信息化工程研究院为牵头单位的两化融合咨询服务联盟。开展了西安—咸阳国家级两化融合试验区及宝鸡、榆林两化融合试验区建设。西咸国家级两化融合试验区成为全国第二批 8 个示范试验区之一。

3. 两化融合评估诊断与对标引导稳步推进

2015 年，陕西省内企业的两化融合评估工作正式启动，参与评估的有效企业数量超过 537 家。全省近 700 户企业参与了 2015 年两化融合评估工作，537 户企业完成了评估数据采集和上报并形成了自评估报告，通过对评估结果进行汇总和分析，为陕西省两化融合发展规划、政策提供了有效参考信息，为推动陕西省两化融合管理体系贯标奠定了基础。

4. 重点项目及示范引领工程效益明显

陕西省实施了两化融合项目引领和典型示范带动工程，投入省级扶持引导资金近 1.4 亿元，重点支持装备制造、能源化工、有色等支柱产业、行业、园区信息化综合服务平台、陕西省工业云平台建设等新一代信息技术应用类项目近 500 个，拉动企业及社会投资 13 亿元以上。大型企业基本达到信息化集成应用阶段，618 所、西电西变、陕鼓动力、陕重汽等企业信息化已达到协同创新阶段，处于行业领先地位，示范作用明显。目前，陕西省已累计树立两化融合典型示范企业 102 家，为各行业的两化融合开展提供了参考样本，起到了引领示范作用，信息化对全省大中型企业经济效益的贡献率达到 30% 以上。

5. 省级工业云中心上线运行

2015 年，陕西省形成了工业云中心设计方案，确定了陕西联通为陕西工业云中心基础设施运营商，组建了陕西工业云运营公司，成立了陕西省工业云中心管理机构。挂牌成立了陕西省工业云中心，第一批20户服务商签约入住陕西省工业云中心。8月28日，陕西工业云上线运行，一期提供包括提供云资源、云智慧、云应用、高性能计算以及工业设计协同平台五大类服务在内的108项服务。审议通过了《陕西省大数据与云计算产业发展五年行动计划》《陕西省大数据与云计算产业示范工程实施方案》，明确实施秦云、城市信息融合、大数据应用示范、产业基地示范四大工程。

6. 建立了大数据产业生态体系

2015年，陕西省下发实施了《陕西省人民政府办公厅关于加快高速宽带网络建设推进网络提速降费的实施意见》。西咸新区、省信息化工程研究院和美林数据联合成立的西咸新区大数据交易所正式挂牌。陕西省第一个大数据产业创新投资基金——陕西大数据产业创新投资基金正式签约。审议通过了《陕西省云计算和大数据产业五年行动计划》《陕西省大数据与云计算产业示范工程实施方案》，通过示范工程带动，探索了总结大数据"汇聚、开放、交易"规则，把握大数据产业发展规律，促使陕西省大数据产业生态体系不断完善。

二、两化融合发展水平分析

（一）综合分析

2015年，陕西省两化融合发展指数为66.23，指数比2014年上升4.77个点。基础环境方面，2015年陕西省基础环境指数为65.69，比2014年提升个点。工业应用方面，2015年陕西省工业应用指数为56.55，比2014年提升9.46个点。应用效益方面，2015年陕西省应用效益指数为86.13，比2014年提升9.55个点。

表29-1　2014—2015年陕西省两化融合指数情况

指标	2014年指数	2015年指数	变化情况
基础环境	75.08	65.69	↓9.39
工业应用	47.09	56.55	↑9.46
应用效益	76.58	86.13	↑9.55
发展指数	61.46	66.23	↑4.77

数据来源：中国电子信息产业发展研究院。

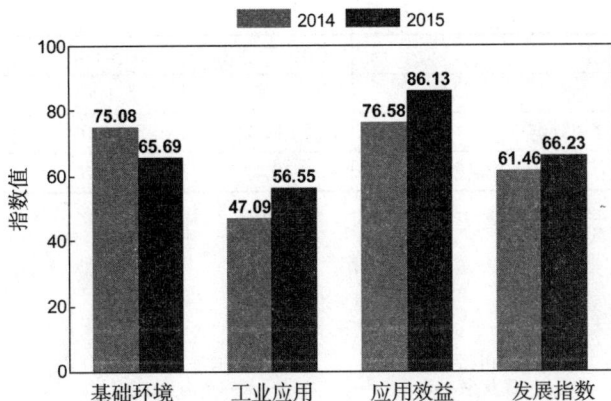

图 29-1　2014—2015年陕西省两化融合指数情况

数据来源：中国电子信息产业发展研究院。

（二）具体分析

1.基础环境指数

陕西省两化融合基础环境水平提升较快，有力支撑了全省信息化与工业化融合发展。2015 年，陕西省城（市）域网出口带宽指数为 82.32，与 2014 年相比降低了 5.11 个点；固定宽带普及率指数为 76.18，比 2014 年提升 6.56 个点；固定宽带端口平均速率指数为 83.43，比 2014 年提升 15.66 个点；移动电话普及率指数为 65.8，与 2014 年基本持平。在互联网应用普及率方面，陕西省互联网普及率指数为 62.95，比 2014 年提升 1.28 个点。在两化融合政策环境建设方面，陕西省设有两化融合专项引导资金，中小企业信息化服务平台数指数为 16.1；信息化重点行业典型企业信息化专项规划指数为 52.7，比 2014 年上升了 13.28 个点。

表 29-2　2014—2015 年陕西省两化融合基础环境指数情况

指标	2014年指数	2015年指数	变化情况
城（省）域网出口带宽	87.43	82.32	↓5.11
固定宽带普及率	69.62	76.18	↑6.56
固定宽带端口平均速率	67.77	83.43	↑15.66
移动电话普及率	64.81	65.80	↑0.99
互联网普及率	61.67	62.95	↑1.28

（续表）

指标	2014年指数	2015年指数	变化情况
两化融合专项引导资金	100	100	0
中小企业信息化服务平台数	138.63	16.10	↓122.53
重点行业典型企业信息化专项规划	39.42	52.70	↑13.28

数据来源：中国电子信息产业发展研究院。

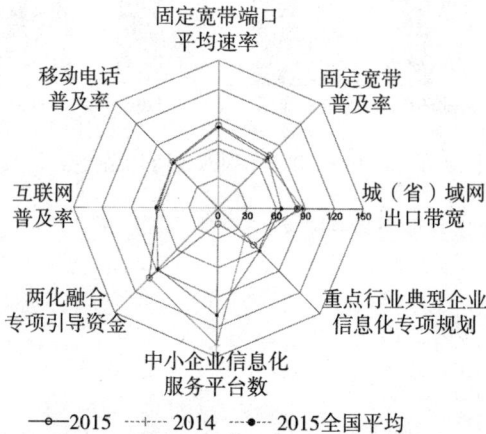

图29-2　2014—2015年陕西省两化融合基础环境指数情况

数据来源：中国电子信息产业发展研究院。

2. 工业应用指数

2015年，陕西省重点行业典型企业ERP普及率指数为31.74，比2014年提升15.71个点；重点行业典型企业MES普及率指数为54.65，比2014年上升12.36个点；重点行业典型企业PLM普及率指数为32.97，比2014年下滑9.43个点；重点行业典型企业SCM普及率指数为25.48，比2014年下滑21.41个点；重点行业典型企业采购环节电子商务应用普及率指数为78.06，比2014年上升20.20个点；重点行业典型企业销售环节电子商务应用普及率指数为94.94，比2014年下滑43.85个点；重点行业典型企业装备数控化率指数为44.18，比2014年上升8.35个点；国家新型工业化产业示范基地两化融合发展水平指数为87.3，比2014年提升33.58点。

表 29-3 2014—2015 年陕西省两化融合工业应用指数情况

指标	2014年指数	2015年指数	变化情况
重点行业典型企业ERP普及率	47.45	31.74	↓15.71
重点行业典型企业MES普及率	42.29	54.65	↑12.36
重点行业典型企业PLM普及率	42.40	32.97	↓9.43
重点行业典型企业SCM普及率	46.89	25.48	↓21.41
重点行业典型企业采购环节电子商务应用	57.86	78.06	↑20.20
重点行业典型企业销售环节电子商务应用	51.09	94.94	↑43.85
重点行业典型企业装备数控化率	35.83	44.18	↑8.35
国家新型工业化产业示范基地两化融合发展水平	53.72	87.30	↑33.58

数据来源：中国电子信息产业发展研究院。

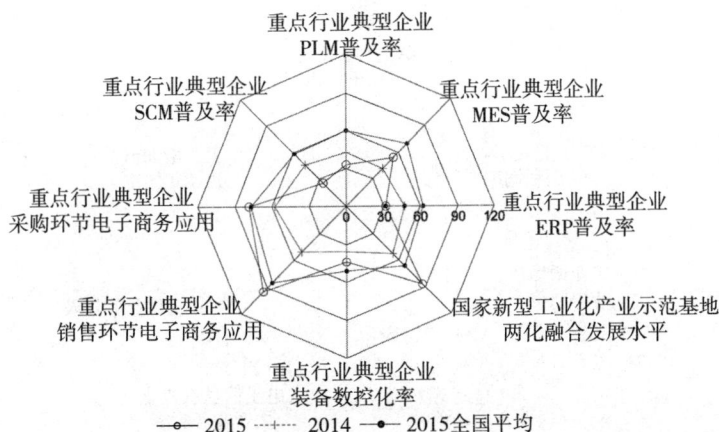

图 29-3 2014—2015年陕西省两化融合工业应用指数情况

数据来源：中国电子信息产业发展研究院。

3. 应用效益指数

2015 年，陕西省两化融合应用效益稳步提升，应用效益指数达到 86.13，比 2014 年提升 9.55 个点。在地区工业生产效益和水平方面，2015 年陕西省工业增加值占 GDP 比重指数为 51.25，比 2014 年下滑 1.44 个点；第二产业全员劳动生产率发展水平指数为 121.47，比 2014 年上升 54.18 个点；工业成本费用利润率发展水平指数为 60.06，比 2014 年下滑 6.82 个点；单位工业增加值工业专利量指数为 70.92，比 2014 年下降 2.41 个点；单位地区生产总值电耗指数为 97.91，比 2014 年上升 1.89 个点；电子信息制造业主营业务收入指数为 64.27，比 2014

年提升 3.96 个点；软件业务收入指数为 150.2，比 2014 年大幅提升 15.7 个点。

表 29-4　2014—2015 年陕西省两化融合应用效益指数情况

指标	2014年指数	2015年指数	变化情况
工业增加值占GDP比重	52.69	51.25	↓1.44
第二产业全员劳动生产率	67.29	121.47	↑54.18
工业成本费用利润率	66.88	60.06	↓6.82
单位工业增加值工业专利量	73.33	70.92	↓2.41
单位地区生产总值电耗	96.02	97.91	↑1.89
电子信息制造业主营业务收入	60.76	64.72	↑3.96
软件业务收入	134.50	150.20	↑15.70

数据来源：中国电子信息产业发展研究院。

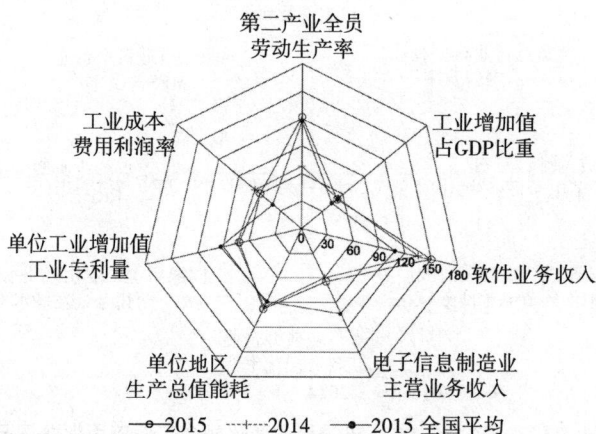

图 29-4　2014—2015 年陕西省两化融合应用效益指数情况

数据来源：中国电子信息产业发展研究院。

三、优劣势评价

陕西省两化融合发展具有以下优势：

一是具有独特的区位优势。陕西是古丝绸之路的起点，是东中部进入大西北的主要门户，也是整个中国北方进入西南地区的主通道，与资源丰富的西部和经济发达的东部具有良好的通达性，在铁路、公路、航空及信息等方面均是连接中国东西的重要枢纽。

二是信息基础设施服务能力西部领先。陕西省信息化基础环境不断改善，各项指标均处于西部地区领先水平，部分指标值在全国处于上游水平。2015 年，陕西省基础环境指数达到 65.69，城（省）域网出口宽带指数达到 82.32，高于全国平均水平 17 个点。固定宽带普及率、移动电话普及率、固定宽带端口平均速率和互联网普及率等指数分别达到 76.18、65.8、83.43 和 62.95，以上指数排名均居于全国前 15 名的行列。

三是软件产业发展优势明显。陕西是全国电子信息技术强省，是国内最早从事软件产品研发、生产和服务的省份之一。先后建设了一批国家工程实验室和省级企业研究中心，研发能力和水平相对较高。2015 年，全省软件业务收入指数达到 150.2，高于全国平均水平 43 个点，排名位居全国前列。

四是具有一定的工业成本优势。2015 年，陕西省在工业成本利润率方面优势明显。据统计，全省工业成本费用利润率指标值为 60.06，高于全国平均水平（41.02）将近 20 个点，第二产业全员劳动生产率指标值达到 121.47，高于全国平均水平（116.76）5 个点，说明在应用效益方面，陕西省工业生产成本及费用投入较低，单位从业人员的工业产值较高，优势明显。

当然，陕西省两化融合发展也存在一些劣势：

一是工业企业信息化应用水平较低。2014 年，陕西省在工业领域的信息化应用方面，多个指数低于全国平均水平。如重点行业典型企业 MES、重点行业典型企业装备数控化率等指标居于全国中等偏下水平，重点行业典型企业 ERP 普及率、重点行业典型企业 PLM 普及率、重点行业典型企业 SCM 等指数在全国排名倒数第 1 和第 2，严重阻碍了全省两化深度融合工作的开展。

二是两化融合推进资金保障不足。国家、地方关于加快两化融合建设的鼓励政策及资金支持需要加大，支持两化融合的多元化投融资体系尚未形成；对龙头企业政策支持力度不够；对能够争取国家重点项目及专项资金支持的企业，缺乏鼓励政策，影响两化融合项目的实施质量。

三是两化融合所需复合型人才比较缺乏。一些企业员工的整体 IT 水平有限，对于两化融合中涉及的信息化基本知识、创新思维能力、技术掌握能力等方面存在明显差距，还不能满足企业发展需要。面向行业应用信息技术的培训及认证体系不健全，具有行业应用背景的专业信息技术人才和掌握信息技术的管理人才、复合型人才匮乏。

四、相关建议

对陕西省两化融合提出以下建议：

一是积极推行智能制造。陕西省以提升企业产品质量竞争力和企业效益为目标，构建计算机辅助设计平台，提高企业技术创新能力；推进重点企业智能化改造，加快产业转型升级步伐；推进企业实施生产执行系统（MES），打造精益管控能力；推进企业开展数据治理，打造数据资源高效开发利用能力；推进业务流程再造，打造业务创新能力。

二是实施"互联网+"行动计划。鼓励金融机构建立基于互联网的大数据金融服务平台，支持基于资信评价面向小微企业的小额信贷、加快发展基于供应风险评估的供应链金融服务，创新制造业金融服务。积极探索"互联网+"、"众包"研发模式。推广"互联网+"定制生产模式，支持企业通过工业云平台建立客户定制与设计人员交互式的产品设计机制、订单管理机制、产品服务交付机制。发展"互联网+"服务制造新业态，支持建设基于网络的制造系统管理和营销生态体系、基于网络的产品设计与开发服务生态体系和基于网络的制造资源生态体系等三大服务制造生态体系。

三是完善两化融合服务体系。重点发展具有自动感知、智能决策、自动执行功能的高端数控机床、工业机器人、传感器、工业仪器仪表等智能制造装备，大力发展计算机和通信装备和工业控制应用软件。加快完善人才培养、规划咨询、工程设计、大数据服务、科技攻关服务等两化融合技术服务产业体系，发展两化融合技术服务产业。

四是加强两化融合管理体系建设。以"建立适宜于企业的两化融合管理体系以提升产品和服务竞争力和企业竞争力和效益"为目标，大力推进工业企业开展两化融合评估，加强两化融合管理体系建设，构建新的企业竞争力。

第三十章 甘肃省两化融合发展水平分析

一、总体情况

（一）经济概况

2015年，甘肃省实现生产总值6790.32亿元，比上年增长8.1%。其中，第一产业增加值954.54亿元，同比增长5.4%；第二产业增加值2494.77亿元，同比增长7.4%；第三产业增加值3341.01亿元，同比增长9.7%，其中批发和零售贸易业增加值508.00亿元，同比增长2.3%，住宿和餐饮业增加值196.37亿元，同比增长7.4%，金融业增加值443.12亿元，增长21.5%，房地产业增加值244.82亿元，同比增长5.6%。第一产业增加值占生产总值的比重为14.06%，第二产业增加值比重为36.74%，第三产业增加值比重为49.20%。按常住人口计算，人均生产总值26165元，比上年增长7.7%。全年完成全部工业增加值1778.1亿元，比上年增长7.0%。规模以上工业企业完成工业增加值1662.0亿元，同比增长6.8%。高技术产业完成工业增加值59.5亿元，比上年增长14.5%，占全省规模以上工业增加值的3.6%。石化、有色、食品、电力、冶金、机械和煤炭等重点支柱行业完成工业增加值1447.1亿元，比上年增长7.4%，占规模以上工业增加值的87.1%。[1]

（二）两化融合主要进展

2015年，甘肃省加大信息基础建设，积极推进区域、行业、企业三个层面的两化融合联动，推动节能降耗，促进新一代信息技术的推广应用，信息化和工业化融合工作取得显著成效。

---

[1] 甘肃省统计局：《2015年甘肃省国民经济和社会发展统计公报》，2016年3月。

1. 进一步优化政策环境

2015 年，甘肃省印发《中国制造 2025 甘肃行动纲要》（甘政发〔2015〕90 号），提出加快推进制造业数字化、网络化、智能化，发展工业互联网，实施智能制造工程，大幅提升两化融合水平。初步完成《中国制造 2025 甘肃行动"互联网＋制造"专项实施方案》编制工作，着手开展《甘肃省智能制造专项实施方案》编制工作。推动工业云平台发展。甘肃省工信委会同省科技厅联名印发《关于推进甘肃省中小企业集成制造服务平台应用的通知》，推动工业云服务和工业大数据平台建设，推进工业大数据应用示范。由兰州市政府、甘肃移动、IBM 公司共同建设的西北中小企业云服务平台在甘肃省快速推广，客户单位近万家，业务使用成员达到 36 万人。

2. 积极开展两化融合管理体系对标引导

在《甘肃省信息化和工业化深度融合专项行动计划任务分工及进度安排（2013—2018 年）》基础上，印发了《甘肃省两化融合评估诊断和对标引导工作方案（2015 年—2018 年）》，结合甘肃本地情况和发展趋势，明确了甘肃省两化融合管理体系推广目标，落实了对标引导和贯标工作责任，安排了各阶段工作重点，并量化了具体工作任务。2015 年，共有酒泉钢铁（集团）有限责任公司等 6 户企业被工信部列为第二批两化融合管理体系贯标试点。甘肃省工信委联合中国船级社认证公司甘肃分公司共同对甘肃省内国家级两化融合管理体系贯标试点企业、重点工业企业、相关咨询服务机构、各市州工信委及兰州新区经发局等有关单位进行了两化融合管理体系宣贯和培训。

3. 促进云计算和大数据发展

2015 年，甘肃省印发《促进云计算创新发展培育信息产业新业态的实施方案》（甘政办发〔2015〕30 号）、《关于加快大数据、云平台建设促进信息产业发展的实施方案》（甘政办发〔2015〕119 号）等文件，推动云计算数据中心建设，为"工业云"发展夯实基础。落实《甘肃省人民政府 阿里巴巴（集团）有限公司战略合作框架协议》，建成投资 1.1 亿元的甘肃广电网络阿里飞天云平台。中国移动投资 5.1 亿元的兰州新区数据中心一期工程建成交付，甘肃电信投资 6.7 亿元的兰州新区数据中心封顶。甘肃省工信委与九次方财富资讯（北京）有限公司积极开展战略合作，推进甘肃省大数据交易中心、大数据研究院及大数据产业创新创业基地建设。甘肃省国有资产投资集团有限公司、白银有色集团股份有限公司与九次方大数据公司三方共同出资 5000 万元设立了甘肃省大数据公司。

4.加大信息基础设施建设

一是积极推动宽带网络提速降费工作，出台了甘肃省《关于加快高速宽带网络建设推进网络提速降费的实施意见》（甘政办发〔2015〕111 号），科学规划宽带网络等信息基础设施建设，开展网络建设和提速降费工作专项督查，推动通信运营企业加大投资力度，加快全光纤网络城市、铜缆光纤化改造、通信基础设施共建共享、广电宽带业务发展、应用基础设施和公共服务平台建设，提高服务质量，降低网络资费。二是积极开展试点示范建设。甘肃省不断提高信息基础设施建设水平，2015 年兰州市、张掖市被列为"宽带中国"示范城市；同时，完善地方政策措施配套，指导协调兰州市、酒泉市、张掖市、武威市、平凉市等 5 个地市成功申报国家电信普遍服务补偿试点，争取国家专项资金支持甘肃省提高信息基础设施建设水平。

5.推进区域、行业、企业三层联动

甘肃省积极推进区域、行业、企业三个层面两化融合。区域层面，重点利用信息技术提升产业层次，提高中小企业自主创新能力，推动工业做优做强，带动区域协同发展。在行业和企业层面，推动生产装备智能化、生产过程自动化，加快普及先进过程控制和制造执行系统，实现生产过程的实施检测、故障诊断、质量控制和调度优化，推进企业管理信息系统的综合集成。在重点领域，倡导以信息化推动绿色发展，建立工业主要污染物排放自动连续监测和工业固体废弃物综合利用信息管理体系，加强对能源、资源的实时监测、精确控制和集约利用。同时，通过开展两化融合标准体系宣传推广、组织推荐贯标试点企业和服务机构等工作，推动企业生产管理逐步与两化融合管理体系标准对接。

6.推动节能降耗

在节能降耗和循环经济方面，重点推进节能减排信息技术的普及和深入应用，加大主要耗能、耗材设备和工艺流程的信息化改造。中国铝业连城分公司"淘汰落后、环保节能"技术改造项目已建成投产，是目前国际上科技含量最高、容量最大、单系列产能最大的铝电解系列工程。祁连山水泥集团通过实施两化融合促进节能减排，创造直接效益 2.61 亿元。兰州市热力总公司高效煤粉锅炉成功点火运营，彻底了解决了传统锅炉污染严重、热电联产电厂供热效率低下、天然气

供应严重不足等诸多问题，实现了安全环保、节能降耗的目标，为煤粉锅炉大规模推广打下很好的基础。

二、两化融合发展水平分析

（一）综合分析

2015年，甘肃省两化融合发展指数为53.13，比2014年提升8.17个点，在基础环境、工业应用、应用效益方面都有显著提升。基础环境方面，2015年基础环境指数为71.33，比2014年提升9.75个点。工业应用方面，2015年工业应用指数为46.67，比2014年提升8.64个点。应用效益方面，2015年应用效益指数为47.86，比2014年提升5.66个点。

表30-1　2014—2015年甘肃省两化融合指数情况

指标	2014年指数	2015年指数	变化情况
基础环境	61.58	71.33	↑9.75
工业应用	38.03	46.67	↑8.64
应用效益	42.20	47.86	↑5.66
发展指数	44.96	53.13	↑8.17

数据来源：中国电子信息产业发展研究院。

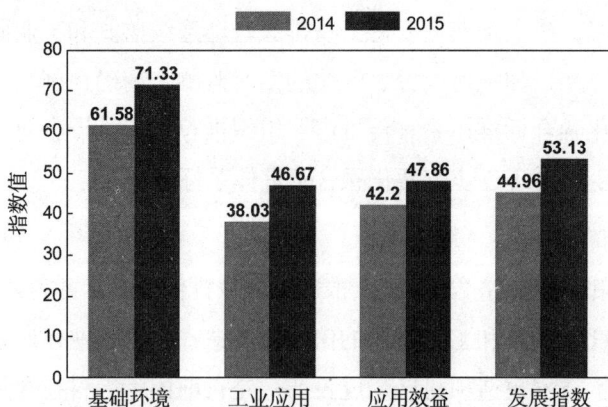

图30-1　2014—2015年甘肃省两化融合指数情况

数据来源：中国电子信息产业发展研究院。

（二）具体分析

1.基础环境指数

2015年，甘肃省两化融合信息基础设施建设稳步推进。具体来看，2015年甘肃省城（省）域网出口带宽指数为45.54，比2014年提升10.23个点；固定宽带普及率指数为50，比2014年提升4.66个点；固定宽带端口平均速率指数为87.16，比2014年提升18.5个点；移动电话普及率指数为58.16，比2014年提升1.52个点。在互联网应用普及方面，互联网普及率指数为53.69，比2014年提升2.19个点。在两化融合政策环境建设方面，2015年和2014年甘肃省均设有两化

表30-2 2014—2015年甘肃省两化融合基础环境指数情况

指标	2014年指数	2015年指数	变化情况
城（省）域网出口带宽	35.31	45.54	↑10.23
固定宽带普及率	45.34	50.00	↑4.66
固定宽带端口平均速率	68.66	87.16	↑18.5
移动电话普及率	56.64	58.16	↑1.52
互联网普及率	51.50	53.69	↑2.19
两化融合专项引导资金	100	100	—
中小企业信息化服务平台数	105.77	150.00	↑44.23
重点行业典型企业信息化专项规划	32.80	30.57	↓2.23

数据来源：中国电子信息产业发展研究院。

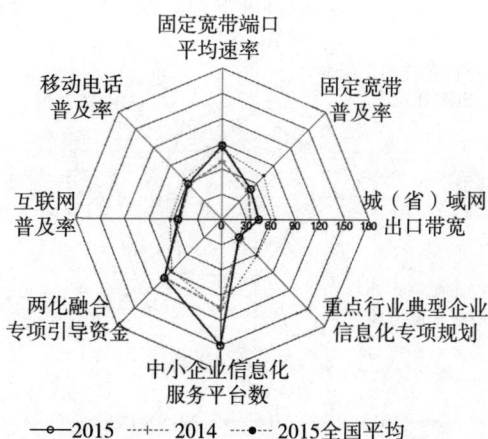

图30-2 2014—2015年甘肃省两化融合基础环境指数情况

数据来源：中国电子信息产业发展研究院。

融合专项引导资金；中小企业信息化服务平台数指数为150，比2014年大幅提高44.23个点；重点行业典型企业信息化专项规划指数为30.57，比2014年下滑2.23个点。

2. 工业应用指数

2015年，甘肃省两化融合工业应用指数为46.67，比2014年提升8.64个点。从具体指标看，重点行业典型企业ERP普及率指数为51.98，比2014年上升2.88个点；重点行业典型企业MES普及率指数为38.19，比2014年下降12.76个点；重点行业典型企业PLM普及率指数为50.38，比2014年提升1.22个点；重点行

表30-3　2014—2015年甘肃省两化融合工业应用指数情况

指标	2014年指数	2015年指数	变化情况
重点行业典型企业ERP普及率	49.10	51.98	↑2.88
重点行业典型企业MES普及率	50.95	38.19	↓12.76
重点行业典型企业PLM普及率	49.16	50.38	↑1.22
重点行业典型企业SCM普及率	41.50	41.94	↑0.44
重点行业典型企业采购环节电子商务应用	34.90	49.72	↑14.82
重点行业典型企业销售环节电子商务应用	30.45	28.88	↓1.57
重点行业典型企业装备数控化率	30.98	47.34	↑16.36
国家新型工业化产业示范基地两化融合发展水平	21.21	62.20	↑40.99

数据来源：中国电子信息产业发展研究院。

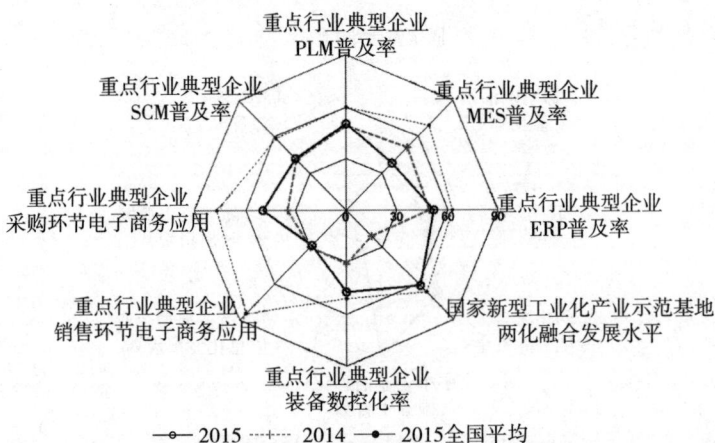

图30-3　2014—2015年甘肃省两化融合工业应用指数情况

数据来源：中国电子信息产业发展研究院。

业典型企业 SCM 普及率指数为 41.94，比 2014 年提升 0.44 个点；重点行业典型企业采购环节电子商务应用普及率指数为 49.72，比 2014 年提升 14.82 个点；重点行业典型企业销售环节电子商务应用普及率指数为 28.88，比 2014 年下降 1.57 个点；重点行业典型企业装备数控化率指数为 47.34，比 2014 年提升 16.36 个点；国家新型工业化产业示范基地两化融合发展水平指数为 62.2，比 2014 年提升 40.99 个点。

3. 应用效益指数

2015 年，甘肃省两化融合应用效益有所提升，应用效益指数为 47.86，比 2014 年提升 5.66 个点。具体来看，工业增加值占 GDP 比重指数为 40.74，比 2014 年下滑 2.32 个点；第二产业全员劳动生产率指数为 96.02，比 2014 年提升 38.86

表 30-4   2014—2015 年甘肃省两化融合应用效益指数情况

指标	2014年指数	2015年指数	变化情况
工业增加值占GDP比重	43.06	40.74	↓2.32
第二产业全员劳动生产率	57.16	96.02	↑38.86
工业成本费用利润率	25.86	20.26	↓5.60
单位工业增加值工业专利量	79.25	80.55	↑1.30
单位地区生产总值能耗	55.82	58.44	↑2.62
电子信息制造业主营业务收入	9.25	9.58	↑0.33
软件业务收入	12.80	14.08	↑1.28

数据来源：中国电子信息产业发展研究院。

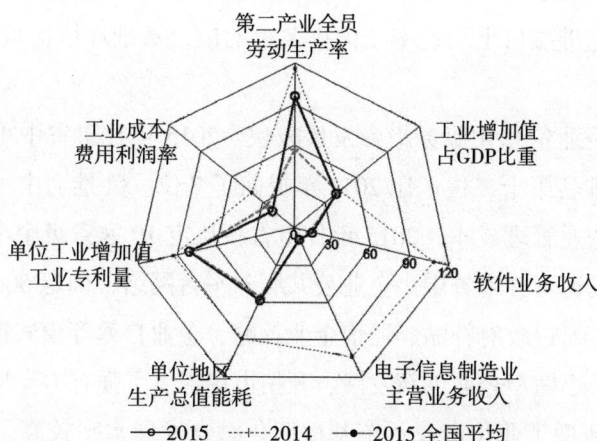

图 30-4   2014—2015年甘肃省两化融合应用效益指数情况

数据来源：中国电子信息产业发展研究院。

个点；工业成本费用利润率指数为 20.26，比 2014 年下滑 5.6 个点；单位工业增加值工业专利量指数为 80.55，比 2014 年提升 1.3 个点；单位地区生产总值能耗指数为 58.44，比 2014 年上升 2.62 个点；电子信息制造业主营业务收入指数为 9.58，比 2014 年提升 0.33 个点；软件业务收入指数为 14.08，比 2014 年上升 1.28 个点。

三、优劣势评价

甘肃省两化融合发展主要具有以下优势：

一是"一带一路"战略成为甘肃经济转型升级的新机遇。甘肃"一带一路"的发展机遇众多，丝绸之路经济带东边牵着亚太经济圈，西边系着欧洲经济圈，是"世界上最长、最具有发展潜力的经济大走廊"，有利于开拓甘肃新的经济增长点，带动经济实力较为薄弱的西部地区形成新的开放前沿。

二是信息通信基础设施进一步完善，两化融合的基础支撑能力进一步增强。截至 2015 年 12 月底，甘肃省局用交换机容量 278.1 万门（其中接入网设备容量达到 68.5 万门），移动电话交换机容量达到 2997 万户，光缆总长度达到 46.82 万公里，移动电话基站达到 8.67 万个（其中 3G 基站为 2.85 万个，4G 基站为 2.99 万个），互联网宽带接入端口达到 611 万个。电话用户数 2434.09 万户，其中移动电话用户达到 2108.1 万户；固定互联网用户达到 255.73 万户，其中固定互联网宽带接入用户达到 245.34 万户；移动互联网用户数达到 1598.81 万户。2015 年甘肃省固定宽带端口平均速率全国排名第七位，基础环境指数比 2014 年提升 9.75 个点。

三是中小企业信息化服务平台发展较快。2015 年甘肃省中小企业信息化服务平台数全国排名第十二位，比 2014 年提前了 7 位。为推动中小微型企业信息化应用，降低企业管理成本，2015 年甘肃省新认定 10 家省级中小企业公共服务平台，全面建成运营甘肃省中小企业公共服务平台网络，确定 500 家中小企业云平台试点企业，通过政府补贴、通信企业补贴、企业自筹等模式推进中小企业信息化应用，为中小微型企业创新发展、开拓市场提供了强有力支持。

四是国家新型工业化产业示范基地两化融合发展水平较高。2015 年，甘肃省国家新型工业化产业示范基地两化融合发展水平全国排名第十八位，说明国家新型工业化产业示范基地发展水平并不落后。2015 年 7 月，全国首个 " 一带一

路 " 创业创新产业基地示范园区落户甘肃，该示范园区由协会、企业、甘肃政府共同推动，打破了传统模式，集产、学、研、融、服、创为一体，是一个真正为中小企业服务、为创业创新服务、为区域经济建设服务的示范平台。

同时，甘肃省两化融合发展还存在以下劣势：

一是投资力度不够。企业筹集资金难、投资规模小，企业信息化总体投入不足，信息化关键共性技术投资力度不大，一些具有很好发展前景的项目和产品以及市场状况良好的企业得不到及时的资金支持，造成项目建设周期长、见效慢。

二是单位地区生产总值能耗偏高。2015 年，甘肃省单位地区生产总值能耗全国排名第 28 位，工业成本费用利润率全国排名第 30 位，说明多数传统产业在信息技术升级改造、提高效益、控制污染、节能降耗等方面尚未取得明显成效。

四、相关建议

对甘肃省两化融合提出以下建议：

一是拓宽融资渠道。紧盯国际国内市场需求，围绕推进丝绸之路经济带甘肃段建设，采取参股、控股、并购、重组等多种方式开展产业招商、精准招商、以商招商，争取更多投资落户甘肃。鼓励金融机构进一步完善信贷管理、评审和考核制度，简化贷款审批手续，缩短贷款审批时限，加大对两化融合企业的信贷支持。支持金融机构创新金融产品，开展知识产权等质押贷款业务。鼓励符合条件的中小微企业借助全国中小企业股份转让系统或省股权交易中心挂牌融资。支持上市公司通过增资扩股、股权转让、定向增发等方式再融资，鼓励拥有自主知识产权、核心竞争力强、发展前景好的企业到境内外上市。

二是推动工业节能降耗。全面推行循环生产方式，支持原生、共生稀贵金属矿物的综合提取及高效分离提纯技术攻关和技术集成，推广应用难采选矿、低品位矿选矿和富集技术，提升矿渣、冶金渣、煤矸石、选矿废石等资源回收分选回用和综合利用水平。加快制造业绿色改造升级，加快钢铁、有色、化工、建材、轻工等传统制造业清洁生产步伐，大力降低工业生产过程中的资源能源消耗和污染物产生量。推广应用余热余压回收、水循环利用、有毒有害原料替代、废渣资源化、脱硫脱硝除尘等清洁高效生产工艺，促进生产过程中废物和能源的循环利用，实现少排放甚至"零排放"。

三是大力推进智能制造。以国家"互联网+"战略为契机，推动工业互联网配置市场资源和"智能制造"，推进大型企业研发、生产和经营管理各环节信息集成和业务协同创新发展。推动重点工业企业电子商务示范，促进重点行业节能减排信息技术的普及应用。落实国家智能制造三年专项行动计划，争取国家级工业云、工业大数据、工业电子商务集成创新试点。加快布局建设云计算数据中心，建成引领西北的云计算技术研发和综合应用示范核心区，带动行业、中小企业云计算应用；建成RFID产业基地和物联网应用示范基地。

四是推进两化融合管理体系贯标和认定试点。利用管理体系借助两化融合评估服务分平台，做好两化融合管理体系贯标和认定试点工作，组织企业在线评估，明确企业两化融合发展现状和重点，组织开展企业对标、培训交流、咨询服务活动，探索区域两化融合推进的创新工作模式。选择若干地区、行业开展贯标示范企业应用推广。

第三十一章　青海省两化融合发展水平分析

一、总体情况

（一）经济概况

2015 年，青海省地区生产总值 2417.05 亿元，按可比价格计算，比上年增长 8.2%。分产业看，第一产业增加值 208.93 亿元，同比增长 5.1%；第二产业增加值 1207.31 亿元，同比增长 8.4%；第三产业增加值 1000.81 亿元，同比增长 8.6%。第一产业增加值占全省地区生产总值的比重为 8.6%，第二产业增加值比重为 50.0%，第三产业增加值比重为 41.4%。人均地区生产总值 41252 元，比上年增长 7.2%。全省工业增加值 893.87 亿元，按可比价格计算，比上年增长 7.4%。规模以上工业增加值比上年增长 7.6%。工业优势产业中，新材料产业增加值比上年增长 34.2%，新能源产业增长 29.7%，装备制造业增长 22.0%，生物产业增长 21.9%，有色金属产业增长 11.8%，轻工纺织业增长 9.7%，盐湖化工产业增长 2.7%，油气化工产业增长 4.2%，钢铁产业下降 0.5%。其中装备制造业增加值占规模以上工业增加值的 5.6%，比重比上年提高 1.0 个百分点。高技术产业增加值比上年增长 26.6%，占规模以上工业增加值的 6.2%，比重比上年提高 1.3 个百分点。[1]

（二）两化融合主要进展

2015 年，青海省信息基础设施不断完善，出台多项保增稳产政策，开展了智能制造试点示范专项行动、工业云创新服务试点、信息化促进安全生产和节能减排等专项工作，信息化和工业化深度融合取得显著成效。

---

[1]　青海省统计局：《2015青海省国民经济和社会发展统计公报》，2016年2月。

1. 信息基础设施不断完善

2015年，宽带中国青海专项行动有序开展，宽带青海重点工程进展顺利，推动村通工程、驻地网及三网融合。2015年，青海通信行业累计完成业务总量91.3亿元，同比增长30.1%。全省电话用户累计达到648.3万户，普及率达111.1部/百人，全省互联网用户达到463.1万户。完成主营业务收入48亿元，同比增长2.7%。预计完成全年业务总量98亿元，同比增长27%，主营收入51.4亿元，同比增长3%。信息消费完成投入93.2亿元，信息消费规模达到188.4亿元。宽带青海建设投入100亿元，已连续两年行业投入超百亿，仅2013年以来行业投入超"十二五"规划投入（规划预计投入86亿）近200亿元。

2. 两化融合政策环境不断完善

青海省相继出台了《关于加快推进信息化与工业化深度融合的意见》《关于加快推进物联网发展的实施意见》《关于信息化推进工业经济转型升级和提质增效的实施方案（2014—2018年）》《青海省工业企业两化融合发展水平评估办法（试行）》等政策措施，从加强组织领导、完善政策环境、加大政策支持等方面，进一步强化了信息化与工业化融合保障措施，培育了一批国家级两化融合管理体系贯标试点企业和省级两化融合示范企业。

3. 实施多项惠企举措

青海省大力实施减负放权，连续四年出台保增稳产政策，取消、停征、免征中央和省级设立的行政事业性收费69项，2015年又取消了行政审批许可项目2项、非行政审批许可项目1项，制定出台两委权力清单、责任清单和《青海省产业结构调整负面清单（2015年本）》。促进企业融资多元化，鼓励企业发行企业债、中期票据、短期融资券等；推动有发展潜力、科技含量高的中小企业在青海股权交易中心挂牌，进行股权、债权融资。大力支持创新，启动实施100项企业技术创新项目，淘汰落后产能，支持企业采用新技术、新工艺、新设备。

4. 开展两化融合专项工程

青海省围绕工业重点领域和关键环节，相继开展了国家级两化融合管理体系贯标、省级两化融合示范企业创建、信息化促进工业经济转型升级提质增效专项、物联网应用示范"1035"工程、智能制造试点示范专项行动、工业云创新服务试点、信息化促进安全生产和节能减排、两化融合发展水平评估、中小企业信息化体验计划等专项工作。

二、两化融合发展水平分析

（一）综合分析

2015 年，青海省两化融合发展指数为 49.52，比 2014 年提高 1.24 个点。基础环境方面，2015 年基础环境指数为 72.8，比 2014 年大幅提升 2.09 个点。工业应用方面，2015 年工业应用指数为 40，比 2014 年略微下降 2.8 个点。应用效益方面，2015 年应用效益指数为 45.29，比 2014 年提升 8.49 个点。

表 31-1　2014—2015 年青海省两化融合指数情况

指标	2014年指数	2015年指数	变化情况
基础环境	70.71	72.80	↑2.09
工业应用	42.80	40.00	↓2.80
应用效益	36.80	45.29	↑8.49
发展指数	48.28	49.52	↑1.24

数据来源：中国电子信息产业发展研究院。

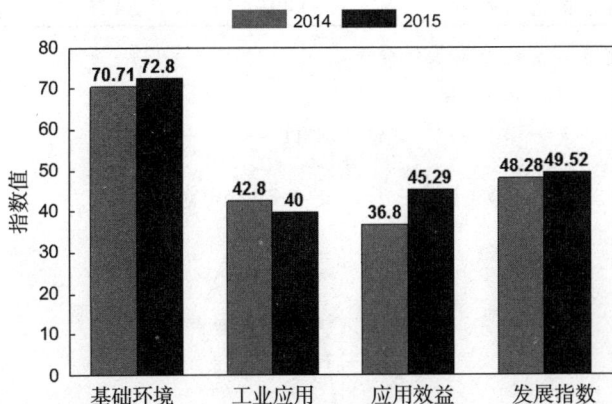

图 31-1　2014—2015年青海省两化融合指数情况

数据来源：中国电子信息产业发展研究院。

（二）具体分析

1. 基础环境指数

2015 年，青海省两化融合基础设施建设稳步推进，两化融合基础环境有较大改善。具体来看，青海省城（省）域网出口带宽指数为 13.4，比 2014 年提升 0.94 个点；固定宽带普及率指数为 62.4，比 2014 年提升 3.9 个点；固定宽带端口平均速率指数为 69.49，比 2014 年提升 4.79 个点；移动电话普及率指数为 65.03，比 2014 年下降 0.28 个点。在互联网应用普及方面，2015 年青海省互联网普及率指数为 66.14，比 2014 年提升 1.93 个点。在两化融合政策环境建设方面，2015 年青海省设立了两化融合专项引导资金；中小企业信息化服务平台数指数为 150，与 2014 年持平；重点行业典型企业信息化专项规划指数为 34.75，比 2014 年提升 3.26 个点。

表 31-2　2014—2015 年青海省两化融合基础环境指数情况

指标	2014年指数	2015年指数	变化情况
城（省）域网出口带宽	12.46	13.40	↑0.94
固定宽带普及率	58.50	62.40	↑3.90
固定宽带端口平均速率	64.70	69.49	↑4.79
移动电话普及率	65.31	65.03	↓0.28
互联网普及率	64.21	66.14	↑1.93
两化融合专项引导资金	100	100	—
中小企业信息化服务平台数	150.00	150.00	—
重点行业典型企业信息化专项规划	31.49	34.75	↑3.26

数据来源：中国电子信息产业发展研究院。

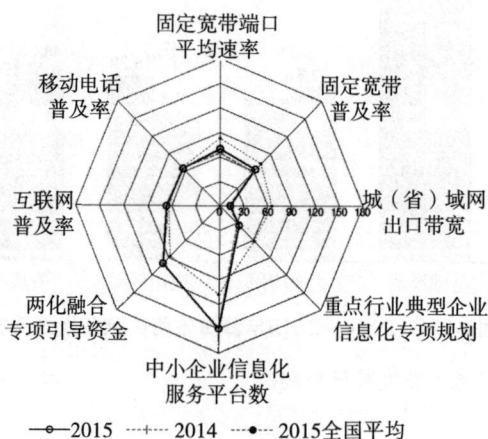

图 31-2　2014—2015 年青海省两化融合基础环境指数情况

数据来源：中国电子信息产业发展研究院。

2. 工业应用指数

2015 年，青海省两化融合工业应用指数为 40，比 2014 年略微下降 2.8 个点。具体来看，重点行业典型企业 ERP 普及率指数为 40.84，比 2014 年下降 2.11 个点；重点行业典型企业 MES 普及率指数为 48.89，比 2014 年下降 0.38 个点；重点行业典型企业 PLM 普及率指数为 50.77，比 2014 年下降 3.38 个点；重点行业典型企业 SCM 普及率指数为 38.27，比 2014 年下降 0.31 个点；重点行业典型企业采购环节电子商务应用普及率指数为 34.95，比 2014 年下滑 8.21 个点；重点行业典型企业销售环节电子商务应用普及率指数为 36.11，比 2014 年下滑 10.31 个点；重点行业典型企业装备数控化率指数为 33.18，比 2014 年下滑 6.65 个点；国家新型工业化产业示范基地两化融合发展水平指数为 38.42，比 2014 年提升 7.83 个点。

表 31-3　2014—2015 年青海省两化融合工业应用指数情况

指标	2014年指数	2015年指数	变化情况
重点行业典型企业ERP普及率	42.95	40.84	↓2.11
重点行业典型企业MES普及率	49.27	48.89	↓0.38
重点行业典型企业PLM普及率	54.15	50.77	↓3.38
重点行业典型企业SCM普及率	38.58	38.27	↓0.31
重点行业典型企业采购环节电子商务应用	43.16	34.95	↓8.21
重点行业典型企业销售环节电子商务应用	46.42	36.11	↓10.31
重点行业典型企业装备数控化率	39.83	33.18	↓6.65
国家新型工业化产业示范基地两化融合发展水平	30.59	38.42	↑7.83

数据来源：中国电子信息产业发展研究院。

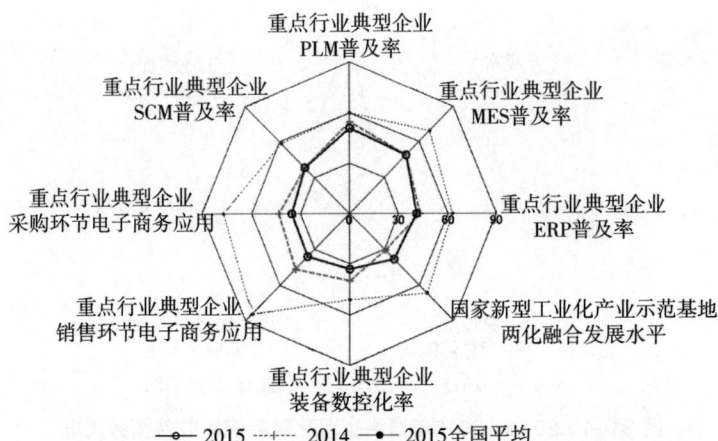

图 31-3　2014—2015 年青海省两化融合工业应用指数情况

数据来源：中国电子信息产业发展研究院。

3. 应用效益指数

2015年，青海省两化融合应用效益有所提升，应用效益指数为45.29，比2014年提升8.49个点。具体来看，2015年青海省工业增加值占GDP比重指数为47.91，比2014年下降4.3个点；第二产业全员劳动生产率指数为130.54，比2014年提升63.64个点；工业成本费用利润率指数为32.54，比2014年下滑13.77个点；单位工业增加值工业专利量指数为39.42，比2014年提升4.7个点；单位地区生产总值能耗指数为35.55，比2014年提升0.69个点；电子信息制造业主营业务收入指数为7.26，比2014年提升2.81个点；软件业务收入指数为0.68，提升0.17个点。

表31-4　2014—2015年青海省两化融合应用效益指数情况

指标	2014年指数	2015年指数	变化情况
工业增加值占GDP比重	52.21	47.91	↓4.30
第二产业全员劳动生产率	66.90	130.54	↑63.64
工业成本费用利润率	46.31	32.54	↓13.77
单位工业增加值工业专利量	34.72	39.42	↑4.70
单位地区生产总值能耗	34.86	35.55	↑0.69
电子信息制造业主营业务收入	4.45	7.26	↑2.81
软件业务收入	0.51	0.68	↑0.17

数据来源：中国电子信息产业发展研究院。

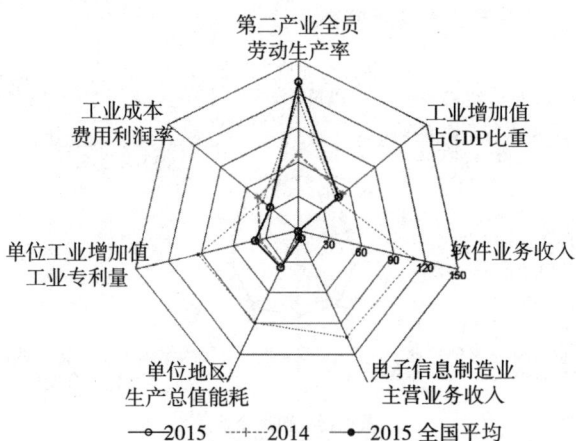

图31-4　2014—2015年青海省两化融合应用效益指数情况

数据来源：中国电子信息产业发展研究院。

三、优劣势评价

青海省两化融合发展具有以下优势：

一是国家实施西部大开发、推进"一带一路"建设、强化生态文明建设、支持藏区发展等政策利好叠加，为青海经济带来前所未有的机遇。丝绸之路经济带范围广阔，青海与沿线国家的经济、社会、民族文化既存在着诸多共性，又存在着各自的特点，具有一定的互补性，为青海基础设施建设、能源合作、建材和现代服务业对外合作提供较大的市场开拓空间。

二是两化融合网络基础环境较好。2015 年，青海省基础环境指数全国排名19 位，处于中等水平，其中移动电话普及率全国排名第 13 位，互联网普及率全国排名第 11 位，高于全国平均水平。2015 年，青海省移动电话用户普及率为92.13 部 / 百人，互联网用户 469.2 万户，移动互联网用户 394.04 万户，同比上升 20.86%。

三是青海十大特色优势产业发展较好。2015 年，青海省依托特色资源，新能源、新材料、盐湖化工、有色金属、油气化工、煤化工、装备制造、钢铁、轻工纺织、生物产业等十大特色优势产业规模不断扩大，挑起了全省工业经济"大梁"，其中，新能源与新材料产业占规模以上工业比重的三成。因而在数据分析中，2015 年，青海省第二产业全员劳动生产率全国排名第 4 位，工业增加值占 GDP比重全国排名第 17 位，并不落后。

同时，青海省两化融合还存在以下劣势：

一是气候地理环境相对恶劣。青海省地广人稀，海拔高，气候高寒，昼夜温差大，气象灾害多，地理环境相对封闭，导致基础设施建设难度较大，干扰因素较多，建设成本偏高，对青海地域经济发展的制约巨大。

二是青海信息化底子薄，起步晚，信息技术服务企业数量少、规模小、人才缺、能力弱，同时，信息技术行业技术门槛高、人才需求大、资金投入多，青海信息技术服务企业在与省外企业竞争中处于劣势。

三是由于青海产业结构偏重、发展方式粗放等多种因素叠加影响，招商引资企业、项目和资金绝大多数集中在资源依赖型产业，几乎未涉及信息化领域，青海日益增长的信息技术服务需求与本土信息技术服务能力不相适应。

四、相关建议

对青海省两化融合提出以下建议：

一是进一步完善信息基础设施，提升两化融合发展支撑能力。以"宽带青海·数字青海"战略规划为指引，加快新一代移动通信网络建设，推进"三网融合"试点。大力改进西宁通往北京、上海、广州等城市的光纤宽带通道，有效提升青海节点在全国互联网络格局地位；优化陕西、新疆、西藏、甘肃等方向的链路网络，提升数据中心周边辐射能力。积极推进光缆路由优化改造，实现青海省与西安、成都国家骨干直连点的互联互通，降低出省路由延时。建设西宁到国际通信业务出入口局的国际数据通信专用通道，满足数据中心、产业园区国际数据通信需求。进一步完善4G等宽带移动通信网络，实现开发区、产业园区宽带网络无缝覆盖。加快骨干传输网、无线宽带网及新一代移动通信网络的建设和升级，推进千兆光纤到楼，百兆光纤到户。

二是推进云计算平台建设，促进信息产业发展。加快推进云计算服务，培育信息产业新业态。创新云计算服务模式，推进"云上青海基础支撑"加四大"云朵"应用为一体的"1＋4"云平台建设，增强云计算服务能力，形成云技术应用新业态。不断推动互联网与各领域深度融合，以数据采集、分析、认证、计算、挖掘等新一代信息技术手段为载体，强化云计算在电子商务、工业制造、物流等行业的推广应用。

三是完善提升产业链，加快两化深度融合。围绕信息产业园区、国家新型工业化产业示范基地建设和大数据应用，推动工业互联网、智能制造实施进度。积极引进国内外电子信息制造业龙头企业，大力发展电器元件、光纤、锂离子电池等电子信息材料产品，逐步发展传感器、蓝牙、条形码、射频识别等数据采集设备产品，重点发展高性能低功耗储能产品、存储设备等云端设备。引进发展智能电子产品、可穿戴设备等配套端产品，构建配套体系，带动电子信息制造业做实做大，提高大数据产业配套能力。

四是加强节能减排，发展循环经济。建立完善能耗在线监测系统，强化约束性指标管理，实行能源和水资源消耗、建设用地等总量和强度双控行动，提高节能、节水、节地、节材、节矿标准和资源利用效率，开展能效、水效领跑者引领行动。发挥政府扶持资金的引导作用，支持企业技术改造，提升传统产业，扶持一批专业化节能环保服务企业，开展碳排放、水权、污染物排放等市场化交易。树立节约集约循环利用的资源观，积极发展清洁能源和可再生能源，主动控制碳排放，加强能耗管控，实施近零碳排放区示范工程，实现节能减排降碳控制目标和环境质量总体改善。

五是积极引导企业应用电子商务，发展互联网经济。提升电子商务产业聚集度，加快电子商务网络购物平台建设，深化大中型企业电子商务应用，鼓励本行业龙头企业组建本行业或跨行业商务服务平台，发展大宗原材料网上交易、工业产品网上定制等业务，建立产供销一体的农畜产品专业网络批发市场。加快电子商务物流配送聚集区、配送中心、末端网点城乡配送网络体系建设，结合上下游产品对接，鼓励省内企业开展同城和异地配送。加强网络基础设施建设和电子商务信用体系、统计监测体系建设。

第三十二章　宁夏回族自治区两化融合发展水平分析

一、总体情况

（一）经济概况

2015年，宁夏回族自治区实现地区生产总值2911.77亿元，按可比价计算，比上年增长8.0%，比全国高1.1个百分点。分产业看，第一产业增加值238.47亿元，同比增长4.6%；第二产业增加值1379.04亿元，同比增长8.5%；第三产业增加值1294.26亿元，同比增长7.9%。2015年，全区规模以上工业实现增加值972.2亿元，比上年增长7.8%，比全国高1.7个百分点。从轻重工业看，轻工业实现增加值173.8亿元，同比增长15.7%；重工业实现增加值798.3亿元，同比增长6.4%。从主导产业看，医药增长28.2%、化工增长27.7%、机械增长23.6%、轻纺增长15.4%、煤炭增长11.0%、其他工业行业增长7.3%、有色增长3.3%；电力下降3.7%、建材下降9.2%、冶金下降21.9%。从产品产量看，树脂增长90.4%、精甲醇增长74.0%、葡萄酒增长42.9%、钢材增长21.1%、铁合金增长19.1%；石墨及碳素制品下降19.1%、原铝下降13.7%、水泥下降9.2%。[1]

（二）两化融合主要进展

2015年，宁夏通过完善信息网络基础设施，优化两化融合政策环境，开展"三百"企业示范与升级行动，大力推动工业云创新服务，有效推进了宁夏工业结构调整和产业转型升级。

1. 建设和完善公共信息网络基础设施

宁夏建设和完善公共信息网络基础设施，优化网络结构，提高网络性能，推

---

[1]　宁夏回族自治区统计局：《2015年宁夏回族自治区国民经济和社会发展统计公报》，2016年4月。

动电信网、广电网、互联网三网融合，实现向下一代网络的转型。建成大容量、高带宽、广覆盖的骨干传输和宽带接入的通信网络。截至 2015 年年底，光缆总长度超过 7 万千米，光纤铺设到了全区各市、县（区），乡镇和 85% 的行政村；移动宽带 FTTH 建设已覆盖 245 个小区、14.3 万用户，提供 8M、10M、20M 带宽，主流资费降幅最高达到 32%。4G 网络快速推进，已建成 4G 基站接近 4400 个，实现了 5 个地、市区域的连片覆盖、道路区域的不间断覆盖，WLAN 公共运营接入点 (AP) 数达到 3.3 万个；建设物理站址 0.7 万座，通信基站 1.7 万座，通信杆路 7.3 万杆程公里，光纤覆盖用户 102 万户，全区光纤覆盖率达 46%。全区互联网固定宽带接入用户达到 78 万户，全区互联网有线宽带接入端口数量为 175.6 万个。

2. 两化融合政策环境进一步完善

宁夏两化融合推进机制日益完善，探索建立了自治区、市、县（区）和企业四级合力推进的工作格局，基本形成了全社会共同推进的良好氛围。政策环境不断优化，出台了《关于推进全区信息化和工业化深度融合五年行动计划实施的意见》，制定了《宁夏回族自治区两化融合管理体系贯标工作方案》等政策、指导文件。标准建设取得突破，委托工信部电子一所，建立了宁夏两化融合评估体系，推动企业信息化等标准的制定。不断加大两化融合投资力度，确保每年两化融合专项资金的持续投入，近 5 年累计投资约 3000 万元。

3. 全面开展两化融合管理体系贯标工作

宁夏通过政策、资金引导和企业的积极参与，制定了《宁夏回族自治区两化融合管理体系贯标工作方案》，专门成立了两化融合管理体系工作领导小组，建立了由宁夏经信委产业信息化处统一协调，各相关业务处室分工协作的推进机制，对宁夏列入贯标试点的宁夏共享、吴忠仪表等 13 家企业，多次召开座谈会跟踪贯标工作进展情况，按照确定的进度及时调整推进方案，邀请贯标咨询服务机构深入试点企业开展贯标的指导。2014 年的试点企业中，宁夏共享集团股份有限公司已通过全国首批 200 家两化融合管理体系评定，吴忠仪表有限责任公司、宁夏伊品生物科技股份公司已提交了申请评定文件，其余企业也均按计划进入体系试运、内审管理等阶段，2015 年争取的巨能机器人系统有限公司、汇川服装有限公司等 6 家企业正进入两化融合贯标的前期启动阶段。2015 年，宁夏开展自治区级两化融合管理体系贯标试点工作，经严格评审，确定了宁夏中银绒业股份有限公司、宁夏共享化工有限公司等 10 家公司为 2015 年自治区级两化融合管理体系贯标试点企业，贯标试点工作的开展，为企业树立了典范，为提升全区工业企业两化融合整体水平起到了积极的引导作用。

4. 全力推动工业云创新服务

宁夏作为全国十六个"工业云"创新服务试点省市之一，鼓励支持服务特定领域、示范带动效应明显的"工业云"平台，推动宁夏工业云创新服务快速发展。一是加强宣传培训。2014年，宁夏经信委组织区内外装备制造业企业、软件服务商、科研院校、电信运营商共100余人召开了宁夏工业云项目启动会。通过培训引导，增强了企业对于工业云的理解，为相关企业工业云项目推广、交流合作提供了平台。二是为扩大工业云在不同行业的应用，宁夏经信委和三大电信运营商进行沟通交流，发挥电信运营商在技术、资源、网络等方面优势，创新商业运营模式，共同推进宁夏工业云服务平台建设。三是完成宁夏菲麦森流程控制技术有限公司工业云项目。积极和宝信集团、中欧互联等公司进行对接，不断帮助丰富工业云平台的应用，2014年自治区经信委又安排125万元专项资金支持该平台建设。实现了基于云计算方式部署的研发、设计服务功能。截至2015年年底，宁夏工业云项目能够覆盖企业50家，用户2000人的规模，年底将完成项目验收工作。

二、两化融合发展水平分析

（一）综合分析

2015年，宁夏两化融合发展指数为53.25，比2014年上升4.47个点。基础环境方面，2015年宁夏基础环境指数为54.85，比2014年下降4.56个点。工业应用方面，2015年宁夏工业应用指数为53.98，比2014年提升7.96个点。应用效益方面，2015年宁夏应用效益指数为50.17，比2014年上升6.51个点。

表32-1　2014—2015年宁夏回族自治区两化融合指数情况

指标	2014年指数	2015年指数	变化情况
基础环境	59.41	54.85	↓4.56
工业应用	46.02	53.98	↑7.96
应用效益	43.66	50.17	↑6.51
发展指数	48.78	53.25	↑4.47

数据来源：中国电子信息产业发展研究院。

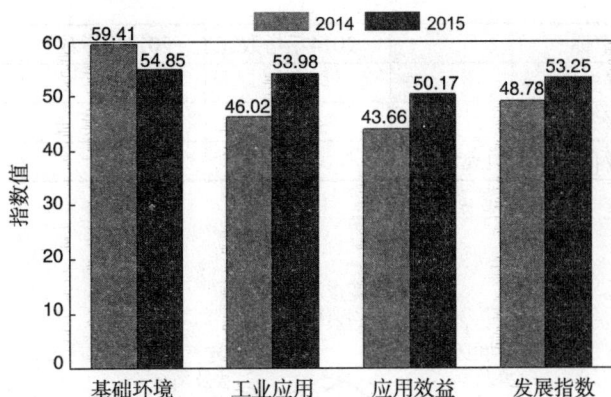

图 32-1　2014—2015年宁夏回族自治区两化融合指数情况

数据来源：中国电子信息产业发展研究院。

（二）具体分析

1.基础环境指数

2015 年，宁夏自治区基础环境指数为 54.85，比 2014 年下降 4.56 个点。在信息基础设施建设方面，2015 年宁夏自治区城（省）域网出口带宽指数为 15，比 2014 年提升 3.01 个点；固定宽带普及率指数为 66.1，比 2014 年提高 3.7 个点；固定宽带端口平均速率指数为 84.11，比 2014 年提高 17.31 个点；移动电话普及率指数为 69.92，比 2014 年提高 3.62 个点。在互联网应用普及方面，2015 年宁夏自治区互联网普及率指数 61.77，比 2014 年提高 1.3 个点。在两化融合政策环境建设方面，2015 年宁夏自治区没有设立两化融合专项引导资金；中小企业信息化服务平台指数为 33.15，比 2014 年下降 7.22 个点；重点行业典型企业信息化专项规划指数为 43.12，比 2014 年上升 0.4 个点。

表 32-2　2014—2015 年宁夏回族自治区两化融合基础环境指数情况

指标	2014年指数	2015年指数	变化情况
城（省）域网出口带宽	11.99	15.00	↑3.01
固定宽带普及率	62.40	66.10	↑3.70
固定宽带端口平均速率	66.80	84.11	↑17.31
移动电话普及率	66.30	69.92	↑3.62
互联网普及率	60.47	61.77	↑1.30

（续表）

指标	2014年指数	2015年指数	变化情况
两化融合专项引导资金	100	0	↓100
中小企业信息化服务平台数	40.37	33.15	↓7.22
重点行业典型企业信息化专项规划	42.72	43.12	↑0.40

数据来源：中国电子信息产业发展研究院。

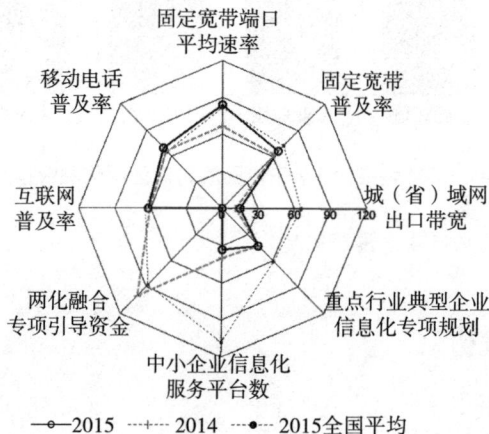

图 32-2　2014—2015年宁夏回族自治区两化融合基础环境指数情况

数据来源：中国电子信息产业发展研究院。

2. 工业应用指数

2015 年，宁夏回族自治区工业应用指数为 53.98，比 2014 年提升 7.96 个点。具体来看，重点行业典型企业 ERP 普及率指数为 48.97，比 2014 年下降 5.79 个点；重点行业典型企业 PLM 普及率指数为 48.84，比 2014 年下降 11.75 个点；重点行业典型企业 MES 普及率指数为 55.77，比 2014 年提升 13.37 个点；重点行业典型企业 SCM 普及率指数 53.14，比 2014 年上升 0.09 个点；重点行业典型企业采购环节电子商务应用普及率指数为 42.62，比 2014 年下滑 1.6 个点；重点行业典型企业销售环节电子商务应用普及率指数 40.92，比 2014 年下滑 6.62 个点；重点行业典型企业装备数控化率指数为 21.39，比 2014 年下降 11.14 个点；国家新型工业化产业示范基地两化融合发展水平指数为 115.42，比 2014 年提升 78.58 个点。

表 32-3　2014—2015 年宁夏回族自治区两化融合工业应用指数情况

指标	2014年指数	2015年指数	变化情况
重点行业典型企业ERP普及率	54.76	48.97	↓5.79
重点行业典型企业MES普及率	60.59	48.84	↓11.75
重点行业典型企业PLM普及率	42.40	55.77	↑13.37
重点行业典型企业SCM普及率	53.05	53.14	↑0.09
重点行业典型企业采购环节电子商务应用	44.22	42.62	↓1.60
重点行业典型企业销售环节电子商务应用	47.54	40.92	↓6.62
重点行业典型企业装备数控化率	32.53	21.39	↓11.14
国家新型工业化产业示范基地两化融合发展水平	36.84	115.42	↑78.58

数据来源：中国电子信息产业发展研究院。

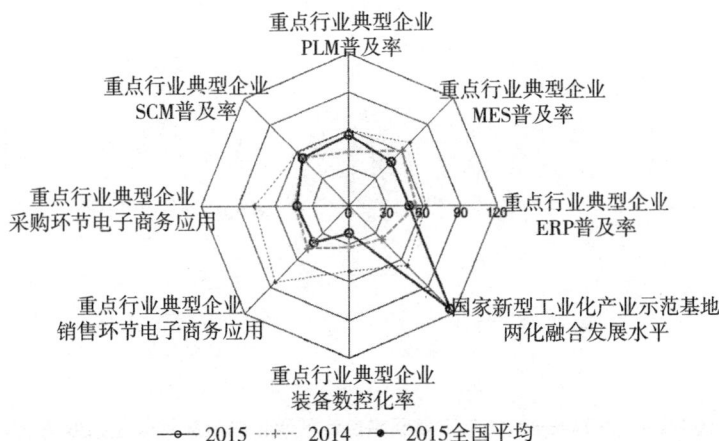

图 32-3　2014—2015年宁夏回族自治区两化融合工业应用指数情况

数据来源：中国电子信息产业发展研究院。

3. 应用效益指数

2015 年，宁夏回族自治区应用效益指数为 50.17，比 2014 年上升 6.51 个点。具体来看，工业增加值占 GDP 比重指数为 42.6，比 2014 年下降 1.65 个点；第二产业全员劳动生产率指数为 126.82，比 2014 年上升 44.15 个点；工业成本费用利润率指数为 24.65，比 2014 年下降 5.51 个点；单位工业增加值工业专利量指数为 83.08，比 2014 年下降 0.41 个点。在信息产业发展水平方面，电子信息制造业主营业务收入指数为 7.28，比 2014 年提升 3.94 个点；软件业务收入指数 5.18，比 2014 年略微提升 0.78 个点。

表 32-4　2014—2015 年宁夏回族自治区两化融合应用效益指数情况

指标	2014年指数	2015年指数	变化情况
工业增加值占GDP比重	44.25	42.60	↓ 1.65
第二产业全员劳动生产率	82.67	126.82	↑ 44.15
工业成本费用利润率	30.16	24.65	↓ 5.51
单位工业增加值工业专利量	83.49	83.08	↓ 0.41
单位地区生产总值能耗	35.35	36.06	↑ 0.71
电子信息制造业主营业务收入	3.34	7.28	↑ 3.94
软件业务收入	4.40	5.18	↑ 0.78

数据来源：中国电子信息产业发展研究院。

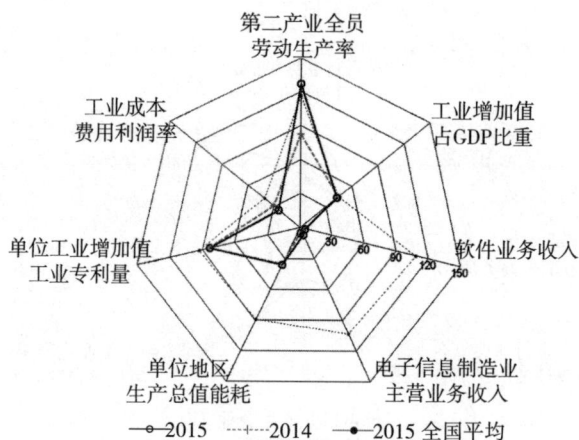

图 32-4　2014—2015年宁夏回族自治区两化融合应用效益指数情况

数据来源：中国电子信息产业发展研究院。

三、优劣势评价

宁夏回族自治区两化融合发展具有以下优势：

一是宁夏得天独厚的文化和地域优势。宁夏位居"一带一路"的枢纽，宁夏和伊斯兰国家的合作有着得天独厚的优势，与中国其他地方相比，宁夏开展对外经济合作潜力很大。

二是国家新型工业化产业示范基地两化融合发展水平高。2015年，宁夏回族自治区国家新型工业化产业示范基地两化融合发展水平全国排名第二位，遥遥领先于全国大部分省份，说明宁夏重要工业示范园区内的龙头企业，信息化应用水平不比沿海地区落后，两化融合发展水平很高。

三是企业创新能力强，专利申请量高。2015 年，宁夏回族自治区单位工业增加值工业专利量全国排名第 16 位，排名靠前。宁夏印发《宁夏回族自治区知识产权战略实施行动计划（2015—2020 年）》，开展知识产权强企工程、知识产权质押融资、知识产权服务等一系列工作，提高了企业发明专利创造的水平和能力，提高了企业申请专利的积极性。2015 年，宁夏发明专利年申请量达到 2626 件，同比增长 20.3%，发明专利申请占三种专利申请的比例为 59.8%，占比列全国第 2 位；发明专利年授权量 442 件，同比增长 81.9%，增幅排全国第 5 名，PCT 国际专利申请 4 件。

同时，宁夏自治区两化融合存在以下劣势：

一是基础设施建设水平低。宁夏回族自治区两化融合基础环境建设相对落后，绝大多数基础环境指标都处于全国中等偏下水平。2015 年，宁夏城（省）域网出口带宽全国排名第 29 位，固定宽带普及率全国排名第 22 位，互联网普及率全国排名第 20 位。

二是中小企业两化融合程度很低。宁夏相当一部分企业是中小企业，他们资金有限，对信息化的重视程度不够，不愿在信息化上进行过多的投入，目前大多数中小企业还处于两化融合的初级阶段，对于更高层次上的整体集成应用、业务协同应用还未涉及，需要政府帮扶。

四、相关建议

对宁夏回族自治区两化融合提出以下建议：

一是加快中阿网上丝绸之路建设。加大通信基础设施建设力度，加快"光网城市"建设，通过 4G/LTE 辅以无线局域网热点覆盖推进"无线宽带城市"建设，拓展出省通道，提升城域网和骨干网承载多种业务、处理海量数据的能力。按照国家中阿丝绸之路经济带的规划，充分发挥中阿经济带战略支点的作用，在建设空中丝绸之路的同时，建设网上丝绸之路。通过中阿跨境电子商务、中阿在线工业博览、中阿在线论坛和中阿人文交流等，开拓中阿国际数据服务，为迪拜等阿拉伯国家主要城市提供数据存储和备份服务，争取国家设立宁夏至中东国家的国际直达电路，带动宁夏回族自治区中阿互联网经济发展。

二是分类推进企业信息化应用，夯实两化融合基础。充分发挥企业主体作用，分类推进企业两化融合实践，对于中小企业，建立和完善信息化公共服务平台，建设中小企业信息化应用服务网络；对于大型企业，鼓励企业实施制造执行系统（MES）、企业资源规划（ERP）、数据挖掘系统、商业智能和决策支持系统等先进信息系统，加快集团管控、系统集成、业务协同和流程再造；对于行业龙头企业，推动建立全球供应链管理、协同研发设计制造系统和跨地域经营管理系统。

三是加快推进智能制造生产模式。优选基础条件好、需求迫切的行业、地区和企业，开展智能制造试点示范建设工程，推动物联网、大数据、云计算等在制造业领域的广泛深入应用，提升关键智能部件、装备和系统的自主化能力，建立健全智能制造标准化体系，全面提升制造业产品、装备、生产、管理和服务的智能化水平。

四是大力发展工业互联网。实施物联网专项工程，推进物联网在石化、冶金、食品、药品、大型装备、安全生产等领域的应用，培育智能检测、全产业链追溯等工业互联网新模式。制定工业互联网整体网络架构方案，对工业互联网IPv6地址资源进行前期规划和部署。

五是加快培育发展新兴产业。加快工业软件的研发和应用，大力发展汽车电子、交通电子、智能终端等领域的核心嵌入式软件平台；突破微型智能传感、虚拟工厂模型和仿真平台等关键技术；加快下一代移动通信网络增值业务、云计算技术和应用服务系统的开发，支撑战略性新兴产业发展，鼓励IT企业和新兴产业对接合作；组织工业电子商务试点示范，优化电子商务发展环境。

第三十三章　新疆维吾尔自治区两化融合发展水平分析

一、总体情况

（一）经济概况

2015 年，新疆实现地区生产总值（GDP）9324.80 亿元，同比增长 8.8%。分三次产业看，第一产业增加值 1559.09 亿元，同比增长 5.8%；第二产业增加值 3564.99 亿元，同比增长 6.9%；第三产业增加值 4200.72 亿元，同比增长 12.7%。从三次产业贡献率来看，第一产业对经济增长的贡献率为 10.8%，第二产业为 38.1%，第三产业为 51.1%。全区全年实现规模以上工业增加值 2500.10 亿元，比上年增长 5.2%。分经济类型看，非公有制经济增长 8.9%，公有制经济增长 4.0%。分石油非石油看，非石油工业增长 9.0%，石油工业增长 0.8%。优势产业增势较好，其中，有色工业增长 25.7%，装备制造业增长 32.4%，纺织工业增长 5.7%。完成出口交货值 64.04 亿元，同比增长 21.1%，增速位居全国第 2 位；工业产品产销率 97.2%，比上年提高 0.4 个百分点。全年规模以上工业企业实现利润总额 341.62 亿元，比上年下降 50.1%。规模以上工业企业每百元主营业务收入中的成本为 80.76 元，比上年增长 2.6%；主营业务收入利润率为 4.25%。[1]

（二）两化融合主要进展

2015 年，新疆维吾尔自治区进一步开展了信息通信基础设施建设，优化了两化融合政策环境，开展了两化融合评估诊断和对标引导及两化融合管理体系贯标试点，两化融合取得显著成效。

---

[1]　2015年新疆国民经济运行情况发布 GDP增速西北五省第1位，央广网，2016年2月1日。

1. 优化两化融合政策环境

新疆通过制定和印发《自治区两化融合示范工程实施方案》（新经信推进[2011]570号）、《自治区2012年两化融合示范工程实施方案》、《自治区2013年两化融合示范工程实施方案》（新经信推进〔2013〕67号）、《自治区经信委2014年"十大工程"实施方案》（新经信综合〔2014〕21号）、印发了《新疆维吾尔自治区信息化和工业化深度融合专项行动计划（2015—2018年）实施方案》（新经信推进〔2015〕76号）等文件，明确了新疆两化深度融合的目标、任务和措施等内容，并引导各地编制了相应的实施方案。以石化重点优势行业为先导、以乌鲁木齐—昌吉等地的工业园区为载体，以新疆特变电工等典型企业为着力点全方位推动两化深度融合。已在石化、装备制造、特色矿产、轻工等传统产业中的重点优势行业开展两化深度融合对标试点，并在全区8个地州开展"数字企业"试点，助推部分重点行业企业的信息化程度大幅提升，加快了全区产业优化升级和资源整合利用的步伐。截至2014年年底，自治区两化融合示范企业总数达到310家，两化融合试验区10家，全疆新增"数字企业"2000家。

2. 开展信息基础设施建设

2014年，新疆行政村宽带覆盖率达95%，3G移动通讯网络覆盖所有乡镇，行政村和有条件的自然村覆盖率为90%以上。乌鲁木齐三网融合有序推进，克拉玛依市建成全疆第一个三网融合城市。新疆84个县市网络中已有68个实现行政整合或业务整合，其中62个县市网络通过干线联网实现了互联互通。目前网内传输节目达199套，其中86套数字电视公共频道、72套专业付费频道、40套高清电视频道、1套3D频道，完成全疆90万户的户户通工程建设，全部采用"直播卫星＋地面数字电视"双模方式覆盖。截至2014年年底，各主要农区乡镇均设立农村综合信息服务站，初步形成覆盖全区的农村综合信息服务体系。60%以上的地州开展了乡镇农业信息服务机构建设，已建设信息服务机构的乡镇达333个，占全疆乡镇总数32.4%。

3. 开展两化融合评估诊断和对标引导

按照《工业和信息化部信息化推进司关于开展企业两化融合评估诊断和对标引导工作的通知》（工信函〔2015〕32号）的工作部署，2015年，新疆经信委印发了《关于全面开展企业两化融合评估诊断和对标引导工作的通知》（新经信推进〔2015〕82号），积极有序开展了新疆企业两化融合评估诊断和对标引导工作。目前，依托中国两化融合咨询服务平台新疆评估服务分平台（www.cspiii.com/pg/），新疆天衡信息系统咨询管理有限公司开展日常咨询工作，截至2015年10月20日，共有221家企业在线注册和填报基本情况，144家企业（含兵团）完成自评估工作。

4. 开展两化融合管理体系贯标试点

2014年，经工信部遴选，新疆推荐上报贯标试点企业和贯标服务机构，最终确定新疆蓝山屯河型材有限公司、中国石油天然气股份有限公司塔里木油田分公司、中国石油天然气股份有限公司新疆油田分公司、新疆众和股份有限公司、特变电工股份有限公司、新疆九州通医药有限公司6家企业为2014年全国首批两化融合管理体系贯标试点企业，新疆天衡信息系统咨询管理有限公司为贯标咨询服务机构。在2015年，新特能源股份有限公司、特变电工新疆新能源股份有限公司、新疆特变电工自控设备有限公司、新疆天山毛纺织股份有限公司、新疆中泰（集团）有限责任公司5家企业确定为两化融合管理体系贯标试点企业。2015年4月，新疆众和股份有限公司、特变电工股份有限公司通过评定，跨入全国首批通过评定的200家企业的行列。截至2015年年底，新疆油田分公司、塔里木油田分公司、蓝山屯河型材都处于现状调研及诊断、体系分析策划、文件编写与发布并行阶段，新疆中泰（集团）有限责任公司处于贯标启动阶段。

5. 促进重点企业的信息技术应用

围绕石油石化和电子信息等行业中发展潜力大的重点企业，积极促进信息技术在其工业产品研发设计、企业管理、市场营销和人力资源开发等方面的全面渗透和广泛应用，推广企业资源管理（ERP）、客户关系管理（CRM）和供应链管理（SCM）等应用，其中使用财务系统、人力资源管理系统和销售管理系统的企业分别占96.3%、58.9%和59.4%。通过信息技术持续创新研发设计手段，提高生产装备智能化和自动化程度，优化企业物资流、信息流、资金流，从而推动了企业内现代经管体系以及企业间资源整合和业务协同的发展。一批中小企业，因地制宜地结合各自行业特点和自身实际，大力推进企业信息化，并取得一定成效。特变电工股份有限公司、新疆众合股份有限公司两家企业被工信部列为2015年互联网与工业融合创新试点企业。

二、两化融合发展水平分析

（一）综合分析

2015 年，新疆两化融合发展指数为 56.96，比 2014 年提高 0.19 个点。基础环境方面，2015 年新疆基础环境指数为 68.63，比 2014 年提升了 0.21 个点。工业应用方面，2015 年新疆工业应用指数为 51.94，比 2014 年下降 2.1 个点。应用效益方面，2015 年新疆应用效益指数为 55.35，比 2014 年提升 4.75 个点。

表 33-1　2014—2015 年新疆维吾尔自治区两化融合指数情况

指标	2014年指数	2015年指数	变化情况
基础环境	68.42	68.63	↑0.21
工业应用	54.04	51.94	↓2.10
应用效益	50.60	55.35	↑4.75
发展指数	56.77	56.96	↑0.19

数据来源：中国电子信息产业发展研究院。

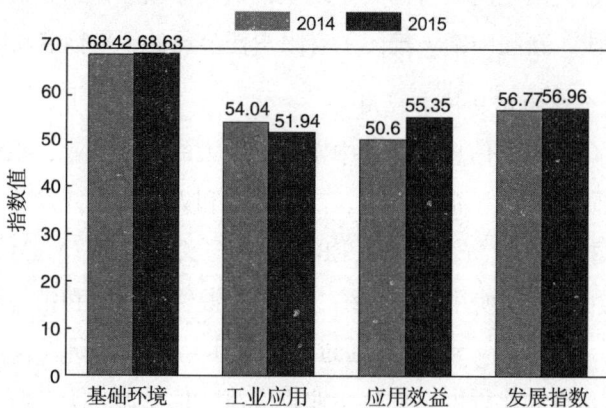

图 33-1　2014—2015年新疆维吾尔自治区两化融合指数情况

数据来源：中国电子信息产业发展研究院。

（二）具体分析

1. 基础环境指数

2015 年，新疆维吾尔自治区两化融合发展基础环境持续改善，基础环境指数为 68.63，比 2014 年提升了 0.21 个点。具体来看，城（省）域网出口带宽指数为 26.45，比 2014 年下降 2.93 个点；固定宽带普及率指数为 69.62，与 2014 年持平；固定宽带端口平均速率指数为 106.05，比 2014 年提升了 40.48 个点；移动电话普及率指数为 63.93，比 2014 年下降了 1.78 个点。在互联网应用普及方面，2015 年新疆互联网普及率指数为 66.4，比 2014 年提升了 1.13 个点。在两化融合政策环境建设方面，2015 年新疆没有设两化融合专项引导资金；中小企业信息化服务平台数指数为 112.4，比 2014 年提升 22.03 个点；重点行业典型企业信息化专项规划指数为 42.72，比 2014 年下降 5.73 个点。

表 33-2 2014—2015 年新疆维吾尔自治区两化融合基础环境指数情况

指标	2014年指数	2015年指数	变化情况
城（省）域网出口带宽	29.38	26.45	↓2.93
固定宽带普及率	69.62	69.62	—
固定宽带端口平均速率	65.57	106.05	↑40.48
移动电话普及率	65.71	63.93	↓1.78
互联网普及率	65.27	66.40	↑1.13
两化融合专项引导资金	100	0	↓100
中小企业信息化服务平台数	90.37	112.40	↑22.03
重点行业典型企业信息化专项规划	48.45	42.72	↓5.73

数据来源：中国电子信息产业发展研究院。

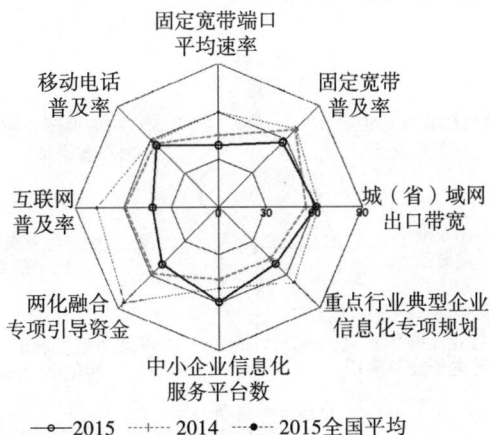

图 33-2 2014—2015年新疆维吾尔自治区两化融合基础环境指数情况

数据来源：中国电子信息产业发展研究院。

2. 工业应用指数

2015 年，新疆维吾尔自治区工业应用指数为 51.94，比 2014 年下降 2.1 个点。具体来看，重点行业典型企业 ERP 普及率指数为 61.45，比 2014 年提升了 6.39 个点；重点行业典型企业 MES 普及率指数为 57.37，比 2014 年下降了 11.4 个点；重点行业典型企业 PLM 普及率指数为 38.75，比 2014 年下降了 6.79 个点；重点行业典型企业 SCM 普及率指数为 54.69，比 2014 年下降了 2.19 个点；重点行业典型企业采购环节电子商务应用普及率指数为 41.63，比 2014 年下降了 17.17 个点；重点行业典型企业销售环节电子商务应用普及率指数为 50.63，比 2014 年下降了 8.17 个点；重点行业典型企业装备数控化率指数为 59.75，比 2014 年提升 14.49 个

表 33-3 2014—2015 年新疆维吾尔自治区两化融合工业应用指数情况

指标	2014年指数	2015年指数	变化情况
重点行业典型企业ERP普及率	55.06	61.45	↑6.39
重点行业典型企业MES普及率	68.77	57.37	↓11.40
重点行业典型企业PLM普及率	45.54	38.75	↓6.79
重点行业典型企业SCM普及率	56.88	54.69	↓2.19
重点行业典型企业采购环节电子商务应用	58.80	41.63	↓17.17
重点行业典型企业销售环节电子商务应用	58.80	50.63	↓8.17
重点行业典型企业装备数控化率	45.26	59.75	↑14.49
国家新型工业化产业示范基地两化融合发展水平	45.98	50.23	↑4.25

数据来源：中国电子信息产业发展研究院。

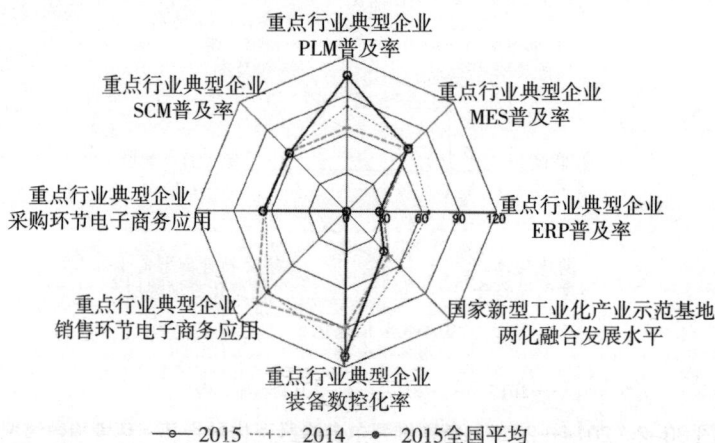

图 33-3 2014—2015年新疆维吾尔自治区两化融合工业应用指数情况

数据来源：中国电子信息产业发展研究院。

点；国家新型工业化产业示范基地两化融合发展水平指数为50.23，比2014年上升了4.25个点。

3. 应用效益指数

2015年，新疆两化融合应用效益有所提升，应用效益指数为55.35，比2014年提升4.75个点。在地区工业生产效益和水平方面，2015年，新疆工业增加值占GDP比重指数为41.67，比2014年下滑了2个点；第二产业全员劳动生产率指数为123.42，比2014年提升了29.62个点；工业成本费用利润率指数为51.02，比2014年下滑了7.91个点；单位工业增加值工业专利量指数为63.15，比2014年提升了1.1个点。在信息产业发展水平方面，电子信息制造业主营业务收入指数为15.77，比2014年提升15.69个点；软件业务收入指数为23.99，比2014年提升了0.06个点。

表33-4 2014—2015年新疆维吾尔自治区两化融合应用效益指数情况

指标	2014年指数	2015年指数	变化情况
工业增加值占GDP比重	43.67	41.67	↓2.00
第二产业全员劳动生产率	93.80	123.42	↑29.62
工业成本费用利润率	58.93	51.02	↓7.91
单位工业增加值工业专利量	62.05	63.15	↑1.10
单位地区生产总值能耗	53.03	49.13	↓3.90
电子信息制造业主营业务收入	0.08	15.77	↑15.69
软件业务收入	23.93	23.99	↑0.06

数据来源：中国电子信息产业发展研究院。

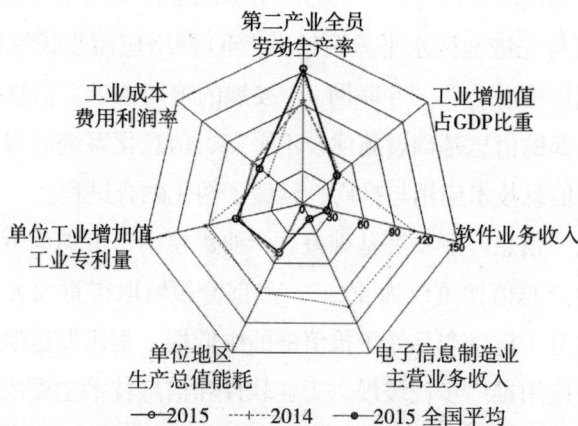

图33-4 2014—2015年新疆维吾尔自治区两化融合应用效益指数情况

数据来源：中国电子信息产业发展研究院。

三、优劣势评价

2015年，新疆维吾尔自治区两化融合发展具有以下优势：

一是"丝绸之路经济带"核心区的地域优势。新疆位于我国内地与亚欧国家的中间地带，毗邻中西南亚八国，是我国最大的沿边自治区，在区位、资源、特色产业、跨境贸易、少数民族语种等方面具有独特的优势，是"丝绸之路经济带"上重要的交通枢纽、商贸物流和文化科教中心，是"丝绸之路经济带"的核心区。

二是大型工业企业实力强。新疆部分特色行业的大企业在利用信息技术方面达到全国领先水平，如石油企业，实力很强，对信息化的认识和理解程度较深，两化融合发展基础较好。因而，2015年，新疆第二产业全员劳动生产率全国排名第11位，工业成本费用利润率全国排名第3位，重点行业典型企业装备数控化率全国排名第11位，领先于全国平均水平。

三是移动电话普及率和互联网普及率较高。2015年，新疆自治区移动电话普及率全国排名第17位，互联网普及率全国排名第10位，固定宽带端口平均速率全国排名第3位，排名相对靠前，说明虽然新疆信息基础设施需要进一步加强建设，但是互联网和移动电话普及率并不落后，仍有较大的发展潜力。

同时，新疆自治区两化融合发展还存在以下劣势：

一是信息基础设施建设薄弱。虽然网络基础覆盖率和互联网普及率较高，但省域网出口带宽与先进地区水平差距较大，4G网络应用步伐缓慢，网络基础设施无法满足两化深度融合和"互联网＋"发展的迫切需求。信息基础设施仍处于完善阶段，东西部的信息基础设施建设不平衡，信息化系统的规范化和标准化建设薄弱，制约了信息技术应用与推广，延缓了两化融合进程。

二是新疆电子信息产业发展基础差、产业规模小、市场竞争力弱。信息产业增加值占全区生产总值比重仅为4%。虽然部分领域取得重大突破，但成果产业化程度低，多数电子信息产品处于价值链的中低端。相比发达地区，云计算、大数据等新兴产业应用推广步伐缓慢，工业软件和信息技术主要依赖于其他地区的信息技术企业，本地化服务水平、能力有待进一步提高。

四、相关建议

对新疆维吾尔自治区两化融合提出以下建议：

一是提升信息产业对两化融合支撑服务能力。构建宽带、融合、泛在、安全的新一代信息基础网络，加快推进丝绸之路经济带信息高速公路和通信枢纽建设，提升乌鲁木齐国际通信出入口局和国际互联网节点地位。实施云计算工程，大力提升新疆云计算产业园的公共云服务能力，引导行业信息化应用向云计算平台迁移。提升石油化工、机电装备、建材、轻工、纺织服装等行业的大数据采集获取和挖掘使用能力，提高企业产品附加值和生产效率，促进战略性新兴产业发展，探索形成跨领域、跨行业协同发展的新业态、新模式。推进物联网在设备进程监控及检修、产品质量追溯、智能电网等方面的应用，加快物联网技术产业化。以云计算、大数据、物联网的发展为带动，促进新疆电子制造业、软件及信息技术服务业的快速发展，提高对工业领域发展的配套能力。

二是提高生产性服务业的信息化水平。促进金融信息系统互联互通，创新金融产品和服务，鼓励金融机构运用信息技术提升管理效率，更好满足企业发展需求。完善建立国际物流、区域物流、城市配送三个层次的信息化物流体系，促进建设跨行业、跨区域的物流信息服务平台，完善物流运作流程和仓储体系，推动物流信息共享和互联互通。推进工业与服务业融合发展，促进制造业服务化，鼓励企业增加服务环节投入，发展个性化定制服务、全生命周期管理、网络精准营销和在线支持服务等，促进生产型制造向服务型制造转变。

三是提升中小企业两化融合发展水平。通过推进中小企业信息化应用及公共服务信息化平台建设，为中小企业提供信息咨询、投资融资、企业管理、技术创新、人才培养等综合服务，激发中小企业发展活力。开展中小企业信息化应用试点建设，发挥示范带动作用。支持中小企业在研发设计、生产制造、经营管理、市场营销等核心业务环节的信息化应用，培育"数字企业"，促进中小企业的创新成果转换应用。推动中小企业公共服务平台网络建设，各中小企业信息化平台实现互联互通、信息共享和数据开放，鼓励中小企业使用云计算、大数据服务，整合调配资源，促进中小企业与大企业合作，培育和孵化具有良好商业模式的中小企业。

四是促进产业园区两化融合发展。以园区两化深度融合示范为牵引，整体提升园区内企业的两化融合发展水平，促进园区企业间和产业集群发展，打造一批高水平、高标准产业园区。提升工业园区信息化服务能力。打造产业园区运营管理服务平台，探索利用物联网、云计算、大数据、移动互联网等新技术，打造园区内部运营管理、园企服务、综合社区服务三大体系。启动智慧园区建设，科学规划、实施，统筹布局"公共管理、基础配套、经济发展、生态保护、安全保障、社会服务"，推进园区产业从研发设计、生产制造、物流服务、营销等环节整体融合发展，促进智慧园区建设稳步推进。

第三十四章 相关建议

"十三五"时期是确保全面建成小康社会、确保转变经济发展方式取得实质性进展的关键时期,作为工业转型升级的重要路径,信息化与工业化深度融合是党中央、国务院作出的重大战略部署,是应对新一轮科技革命和产业变革、适应经济发展新常态、实现发展动力新转换、积极应对发展新趋势的必由之路。为此,我们提出应着重从以下几方面着力创造和完善推动我国两化融合的制度和政策环境。

一、完善统筹协调机制

推进两化深度融合,是走中国特色新型工业化道路的一项长期任务。一是依托国家制造强国建设领导小组,完善制造业与互联网融合发展推进机制,加强对制造业与互联网融合发展重大问题、重大政策和重大工程的统筹协调,强化落实情况的督促检查。二是强化两化融合发展的组织领导,建立健全跨部门、跨行业、中央与地方协同的推进机制,加强相关部门在两化融合发展重大问题、重大政策和重大工程等方面的协调配合,强化落实情况的督促检查。各地方政府要结合实际,建立统筹部署、协同推进工作机制,制定相应的实施方案,将两化融合相关工作纳入政府考核体系及区域发展规划。充分发挥相关行业协会、央企集团、中介组织、高等院校和专家队伍等在评估咨询、公共服务、标准制定等方面的积极作用。三是完善工业行业管理服务体系,在各级政府和部门建立首席信息官制度,负责统筹本级政府或部门信息化建设,重点推进两化融合。完善政绩考核制度，改变地方政府以经济增长速度和财政收入等指标为主要考核内容的政绩考核制度，将两化融合发展水平纳入各级政府的业绩考核体系中，督促各地政府加强推进区域两化融合。组织国家级两化融合管理体系贯标试点，鼓励和推动各地开展省市级贯标试点工作，引导企业有效识别和打造信息化环境下新型能力。

二、培育"互联网+"新业态新模式

把握"互联网+"时代大融合的趋势，拓展"互联网+"制造业融合的深度和广度，大力积极培育"互联网+"的新业态、新模式。一是深化互联网在制造领域的应用。制定互联网与制造业融合发展的路线图，明确发展方向、目标和路径。发展基于互联网的个性化定制、众包设计、云制造等新型制造模式，推动形成基于消费需求动态感知的研发、制造和产业组织方式。建立优势互补、合作共赢的开放型产业生态体系。加快开展物联网技术研发和应用示范，培育智能监测、远程诊断管理、全产业链追溯等工业互联网新应用。实施工业云及工业大数据创新应用试点，建设一批高质量的工业云服务和工业大数据平台，推动软件与服务、设计与制造资源、关键技术与标准的开放共享。二是培育开放式研发设计。充分发挥互联网的创新驱动作用，重点面向消费品、装备制造行业，鼓励骨干企业建立网络协同设计平台，打通企业与社会资源合作渠道，整合多种设计资源，探索创新协同设计、众创、众包等研发模式，实现产品设计环节互联网化，加快构建用户深度参与、产业链高度协同的开放式新型研发体系。推动产学研合作，利用移动互联网、云计算、大数据等新一代信息技术及平台，建设一批提供虚拟在线、敏捷高效、按需供给的新型研发服务机构。三是推广个性化定制。推动家电、家具、服装、家纺等行业建立客户体验中心、在线设计平台、电子商务平台，发展动态感知、实时响应消费需求的大规模个性化定制模式。鼓励飞机、船舶、汽车等行业建立基于网络的开放式个性化定制平台，推动重点产品数据库开放共享，提升高端产品和装备模块化设计、柔性化制造、定制化服务能力。推动建设增材制造等共性服务平台和线上线下展示中心，提供面向中小企业的工业设计、快速原型、模具开发和产品定制等在线服务，培育"互联网+"新型手工作坊等小批量个性化定制模式。四是建设基于互联网的"双创"平台和兴办众创空间。政府应支持制造企业利用闲置厂房、仓库建设基于互联网的"双创"平台和兴办创客空间、创业咖啡、创新工场等众创空间，形成大众创业、万众创新的局面。

三、健全制造业"双创"服务体系

加快完善创业创新服务体系，对于提升中小企业两化融合水平，具有重要意义。一是构建中小微企业创业创新服务体系。支持制造业集聚区建设众创、众包、众扶、众筹等综合服务平台，培育低门槛、广覆盖、有活力的"双创"生态系统。鼓励发展创客空间、创新工场、开源社区等新型众创空间，打造市场化与专业化结合、线上与线下互动、孵化与投资衔接的创新载体。围绕支持新技术、新产品、新业态发展，推动国家实验室、重点实验室、工程实验室、工程（技术）研究中心研发资源在线有序开放和共享，鼓励检验检测、测试认证、知识产权、技术交易等专业研发服务的网络化和平台化，促进研发成果转化和市场拓展。二是提升中小企业信息化公共服务水平。发挥基础电信企业和大型互联网企业的优势，打造开放共享的信息化综合服务平台，为小微企业提供覆盖全生命周期的信息化应用服务。推动以互联网金融、供应链金融、电子商务信用等服务缓解小微企业融资难的新模式和新渠道。推动中小企业公共服务平台网络建设，为中小企业提供政策咨询、创业辅导、技术创新、人才培训、市场开拓等线上线下相结合的服务。三是提高中小企业信息化应用水平。基于工业云平台为小微企业提供研发设计以及在线监控、优化控制、设备管理等工程服务。实施中小企业信息化推进工程，支持中小企业应用信息技术开展研发设计、生产管理和经营管控。鼓励中小微企业基于电子商务创新业务模式，运用信息化服务平台和第三方外包服务促进基础和集成应用。

四、提升两化融合基础保障能力

加强信息基础设施建设，提升信息技术产业体系的支撑能力，为两化融合的"深度"和"广度"建设提供基础保障。一是加快提升互联网基础设施服务能力。加强工业互联网基础设施建设规划与布局，建设低时延、高可靠、广覆盖的工业互联网。加快制造业集聚区光纤网、移动通信网和无线局域网的部署和建设，实现信息网络宽带升级，提高企业宽带接入能力。针对信息物理系统网络研发及应用需求，组织开发智能控制系统、工业应用软件、故障诊断软件和相关工具、传感和通信系统协议，实现人、设备与产品的实时联通、精确识别、有效交互与智能控制。二是加快发展应用电子和工业软件，创新产业投融资方式，突破核心电子器件，以及高端芯片、关键工艺、装备、材料的核心技术和产业化瓶颈。组织实施智能工厂关键软硬件产品产用联合攻关工程（用户与提供方联合研发），突破汽车、医疗、机床、电力、航空产品智能化核心软硬件技术瓶颈。三是持续支持国产研发设计工具、制造执行系统、工业控制系统、大型管理软件的研发和产业化。开展 CPS 研究和行业应用试点，支持检测认证、标准验证、系统集成等能力建设。

五、促进资源整合与产业化应用

加强基础信息科技条件平台建设，促进研发资源和创新资源共建共享。一是加快建设一批产业技术开发平台和技术创新服务平台。建设原始创新和自主知识产权的专利池，夯实企业自主创新的主体地位。基于产业链、产品链、分工链、技术链、专利和标准链，整合创新资源，加强技术创新、制度创新和商业模式创新的互动。二是突破和掌握一批核心关键技术。以核心装备、系统软件、关键材料、基础零部件等关键领域为重点，结合国家科技重大专项和重大工程建设，突破和掌握先进制造、节能减排、国防科技等领域的一批关键核心技术，研制一批重大装备和关键产品。加强军民科技资源集成融合创新。三是突破综合集成关键共性问题。针对不同行业两化融合综合集成关键共性问题，联合行业组织、软硬件服务商、关键企业用户等相关主体以业务集成为切入点，探索形成面向综合集成的标准、技术、产品和共性解决方案等，并进行普及推广。鼓励企业以两化融合周期性自评估、自诊断、自对标为抓手，实现在产品设计与生产制造集成、产供销集成、经营管理与生产控制集成等方面的全面集成，以及在产品全生命周期管控与服务、产业链协同、集团型企业一体化管控等跨企业协同创新应用上的重大进展，推动我国工业企业两化融合水平由单项覆盖阶段全面进入集成提升阶段。

六、大力发展智能制造

加快推动新一代信息技术与制造技术融合发展，着力发展智能装备和智能产品，推进生产过程智能化，培育新型生产方式，全面提升企业研发、生产、管理和服务的智能化水平。一是研究制定智能制造发展战略。编制智能制造发展规划，明确发展目标、重点任务和重大布局。加快制定智能制造技术标准，建立完善智能制造和两化融合管理标准体系。强化应用牵引，建立智能制造产业联盟，协同推动智能装备和产品研发、系统集成创新与产业化。促进工业互联网、云计算、大数据在企业研发设计、生产制造、经营管理、销售服务等全流程和全产业链的综合集成应用。加强智能制造工业控制系统网络安全保障能力建设，健全综合保障体系。二是加快发展智能制造装备和产品。组织研发具有深度感知、智慧决策、自动执行功能的高档数控机床、工业机器人、增材制造装备等智能制造装备以及智能化生产线，突破新型传感器、智能测量仪表、工业控制系统、伺服电机及驱动器和减速器等智能核心装置，推进工程化和产业化。加快机械、航空、船舶、汽车、轻工、纺织、食品、电子等行业生产设备的智能化改造，提高精准制造、敏捷制造能力。统筹布局和推动智能交通工具、智能工程机械、服务机器人、智能家电、智能照明电器、可穿戴设备等产品研发和产业化。三是推进制造过程智能化。在重点领域试点建设智能工厂/数字化车间，加快人机智能交互、工业机器人、智能物流管理、增材制造等技术和装备在生产过程中的应用，促进制造工艺的仿真优化、数字化控制、状态信息实时监测和自适应控制。加快产品全生命周期管理、客户关系管理、供应链管理系统的推广应用，促进集团管控、设计与制造、产供销一体、业务和财务衔接等关键环节集成，实现智能管控。加快民用爆炸物品、危险化学品、食品、印染、稀土、农药等重点行业智能检测监管体系建设，提高智能化水平。

七、促进工业应用集成创新

工业应用水平是两化融合评估体系的重要指标，工业应用集成创新能力的强弱反映企业两化融合水平的高低。一是利用大数据推动信息化和工业化深度融合，推动大数据在工业研发设计、生产制造、经营管理、市场营销、售后服务等产品全生命周期、产业链全流程各环节的应用，分析感知用户需求，提升产品附加价值，打造智能工厂。建立面向不同行业、不同环节的工业大数据资源聚合和分析应用平台。抓住互联网跨界融合机遇，促进大数据、物联网、云计算和三维（3D）打印技术、个性化定制等在制造业全产业链集成运用，推动制造模式变革和工业转型升级。二是鼓励企业根据数据资源基础和业务特色，积极发展互联网金融和移动金融等新业态。推动大数据与移动互联网、物联网、云计算的深度融合，深化大数据在各行业的创新应用，积极探索创新协作共赢的应用模式和商业模式。加强大数据应用创新能力建设，建立政产学研用联动、大中小企业协调发展的大数据产业体系。三是发展工业云与智能服务平台。支持重点行业骨干企业建设工业云服务平台，推动工业设计模型、数字化模具、产品和装备维护知识库等制造资源的开放和共享。鼓励制造企业建立面向生产全过程、产品全生命周期的工业大数据应用和智能服务平台，推广基于工业大数据的个性化定制、智能化生产、在线维护服务等新型制造模式。建设国家工业大数据中心，推动工业产品质量、试验检测认证等基础数据的开发集成和开放共享，培育一批行业工业大数据服务平台和示范基地。支持制造、互联网和信息通信企业跨界联合，加快构建以工业云、工业大数据、工业操作系统和工业 APP 为核心的智能制造产业生态。四是深化工业电子商务应用。支持石化、冶金、汽车、电子等重点行业骨干企业建立在线采购、销售和服务平台，引导企业平台向行业电子商务交易平台转型，推动供需精准对接，创新去产能、去库存、降成本的手段和模式。鼓励信息通信企业建立工业电子商务服务平台，完善大宗商品在线交易的支付、物流等基础设施和政策环境，规范电子商务税收征管，创造公平、透明的发展环境，形成一批集网上交易、加工配送、大数据分析等于一体的第三方工业电子商务综合服务平台。支持跨区域、跨行业的物流信息平台建设，加强工业电子商务与物流集成发展，推动制造业采购、生产、仓储、配送的数字化、可视化和智能化。

八、完善财税金融政策

　　财税金融政策是政府资源优化配置、促进经济增长的基本手段，在推进两化融合、促进工业结构优化升级方面发挥着至关重要的作用。一是加大财税支持力度。加大对工业企业两化融合资金支持力度，引导地方对开展两化融合示范工程和项目的企业设立奖励资金，并给予相应的资金配套政策，用于支持企业采用信息技术改造提升传统产业，支持面向行业的关键、共性技术的推广应用。完善税收支持政策，对有重大推广应用前景的两化融合产品、技术、系统和解决方案，在进口自用设备以及按照合同随设备进口的技术及配套件、备件，免征进口关税。对企业利用信息技术开发新技术、新工艺、新产品的研发费用，在审查立项、投融资贴息等方面给予优先支持。二是创新政府财政资金支持方式，鼓励政府采购云计算、大数据等专业化的第三方服务，支持中小微企业信息化能力提升。落实和完善使用首台（套）重大技术装备等鼓励政策，研究制定新材料首批（次）风险补偿机制。三是拓宽多元化投融资渠道。引导和鼓励金融机构对企业两化融合创新项目予以信贷支持，鼓励企业利用资本市场、外资、民间投资、风险投资等，拓宽中小企业融资渠道。鼓励金融机构为企业的两化融合创新项目提供股权和债权相结合的融资服务，与创业投资、股权投资机构实现投贷联动，开展金融产品和服务方式创新，对符合条件的企业创新活动加大信贷支持力度。四是选择一批重点城市和重点企业组织开展产融结合试点，支持信用贷款、融资租赁、质押担保等金融产品和服务创新。鼓励中央企业设立创新投资基金，引导地方产业投资基金和社会资本，重点支持大企业"双创"平台建设、创业孵化融资、重大并购重组以及新技术新业务商业化。

九、加强人才队伍建设

人才队伍是推进两化深入融合的决定性因素，同时，人才短缺又是大多数企业普遍存在的问题，因此，要加快培育和引进两化融合的领军人才，推进人才市场建设，为推进两化融合奠定基础。一是深化人才体制机制改革，完善激励创新的股权、期权等风险共担和收益分享机制，营造制造业与互联网融合优秀人才脱颖而出的发展环境。二是支持高校设置"互联网+"、中国制造2025等经济社会发展急需专业，推进高等院校专业学位建设，加强高层次应用型专门人才培养。在重点院校、大型企业和产业园区建设一批产学研用相结合的专业人才培训基地，积极开展企业新型学徒制试点。结合国家专业技术人才知识更新工程、企业经营管理人才素质提升工程、高技能人才振兴计划，加强职业人才和高端人才培养。在大中型企业推广首席信息官制度，壮大互联网应用人才队伍。三是加快推进人才市场建设。推进市场配置人才资源，消除人才市场发展的体制性障碍，规范人才市场管理，营造人才辈出、人尽其才的社会环境。重点发展和建设企业经营者人才市场、信息技术人才市场等，加快网上人才市场建设，努力形成布局合理、种类齐全、网络健全、服务规范、规模经营的统一开放的人才市场体系。

后 记

　　信息化与工业化深度融合是走中国特色新型工业化道路的重要内容。未来，我国工业各行业推进两化深度融合的积极性更高，智能制造政策红利将持续释放，制造业线上线下（O2O）将进一步深度融合，工业软件将加速云化，工业大数据为制造业带来的巨大价值将日益凸显，互联网与工业融合创新将日益加速，跨境电商将成为制造业拓展海外市场的重要通道。为摸清我国区域两化融合发展现状，正确评价各地两化融合发展水平，帮助政府部门准确把握发展趋势和规律，务实推进两化融合工作，中国电子信息产业发展研究院信息化研究中心组织专门团队，历时12个月，经反复研讨、多次修订，最终形成《中国信息化与工业化融合发展水平评估蓝皮书（2015年）》。

　　在本书编撰过程中，信息化领域专家、地方工业和信息化一线工作的许多同志提出了大量宝贵意见和建议。工业和信息化部信息化和软件服务业司谢少锋司长、安筱鹏副司长、王建伟处长对本研究报告的撰写给予了悉心指导。

　　参加本课题研究、数据调研及文稿撰写的人员有：樊会文、杨春立、肖拥军、潘文、姚磊、刘鹏宇、徐靖、鲁金萍、刘若霞、许旭、王伟玲、高婴劢、王薤、汤敏贤、李格、赵争朝、袁晓庆、张朔、卢竹等。各省（区、市）人员主要包括：彭建雄、戴顺、吴向勇、薛利杰、昭日格图、余海龙、杨飞、岳欣、石伯明、金雷、顾绣敏、潘峰、林朝通、申甲林、孙志强、李洋、董爱军、欧柳、高玉华、劳创志、梁启健、耿雯俊、胡巍、陈议、许建明、王涛、韩丽、张琦、罗文贵、俞发军、曹雷等上述同志对数据收集工作给予了大力支持和帮助。本书的出版还得到了赛迪院软科学处的大力支持，在此一并表示诚挚感谢。

　　本书的内容和观点虽然经过广泛而深入的讨论，在编写过程中也经过多次修改和提炼，但由于涉及领域宽、研究难度大，有些实践还待时间考验，加之编者的理论水平、眼界和视野所限，难免存在不少缺点和不足，敬请广大读者批评指正。